수능특강

국어영역 언어와 매체

기획 및 개발

허 림(EBS 교과위원)
김희민(EBS 교과위원)
문혜은(EBS 교과위원)

감수

한국교육과정평가원

책임 편집

김지우

정답과 해설은 EBS*i* 사이트(www.ebs*i*.co.kr)에서 다운로드 받으실 수 있습니다.

교재 내용 문의
교재 및 강의 내용 문의는
EBS*i* 사이트(www.ebs*i*.co.kr)의 학습 Q&A 서비스를
활용하시기 바랍니다.

교재 정오표 공지
발행 이후 발견된 정오 사항을
EBS*i* 사이트 정오표 코너에서 알려 드립니다.
교재 → 교재 자료실 → 교재 정오표

교재 정정 신청
공지된 정오 내용 외에 발견된 정오 사항이 있다면
EBS*i* 사이트를 통해 알려 주세요.
교재 → 교재 정정 신청

수능특강

국어영역 **언어와 매체**

이 책의 **특징과 구성** Structure

이 책의 **특징**

01 2025학년도 대학수학능력시험에 대비하여 국어영역 '언어와 매체' 과목을 충실히 공부할 수 있도록 개발한 수능 연계 교재입니다. 고등학교 교육 과정 및 교과서를 바탕으로 출제된 여러 문항을 통해 다양한 제재와 유형을 학습할 수 있도록 구성하였습니다.

02 '교과서 개념 학습 → 적용 학습 → 실전 학습'의 단계를 통해 기초부터 심화까지 체계적인 학습이 가능하도록 구성하였습니다.

이 책의 **구성**

1부 교과서 개념 학습

'언어와 매체' 과목의 기초를 충실히 다질 수 있도록 교과서와 교육 과정의 주요 개념 및 이론을 정리하였습니다. 또한 '문제로 이해하기'를 통해 앞서 설명한 개념 및 이론을 문제에 적용할 수 있도록 하였습니다. 서답형 문항을 해결하는 과정에서 개념을 확인하고, 부족한 부분을 보충할 수 있습니다.

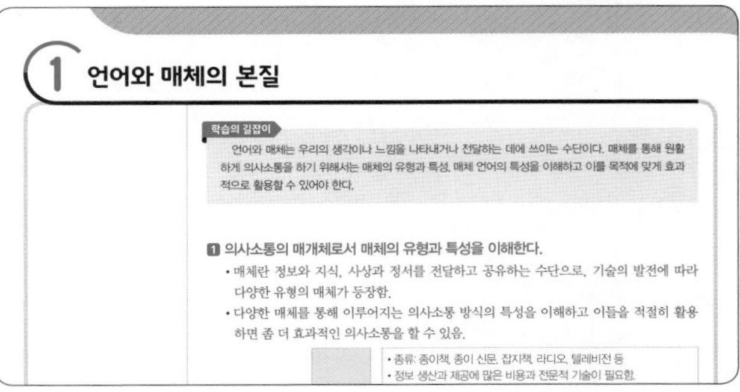

1 언어와 매체의 본질

학습의 길잡이

언어와 매체는 우리의 생각이나 느낌을 나타내거나 전달하는 데에 쓰이는 수단이다. 매체를 통해 원활하게 의사소통을 하기 위해서는 매체의 유형과 특성, 매체 언어의 특성을 이해하고 이를 목적에 맞게 효과적으로 활용할 수 있어야 한다.

1 의사소통의 매개체로서 매체의 유형과 특성을 이해한다.

• 매체란 정보와 지식, 사상과 정서를 전달하고 공유하는 수단으로, 기술의 발전에 따라 다양한 유형의 매체가 등장함.
• 다양한 매체를 통해 이루어지는 의사소통 방식의 특성을 이해하고 이들을 적절히 활용하면 좀 더 효과적인 의사소통을 할 수 있음.

• 종류: 종이책, 종이 신문, 잡지책, 라디오, 텔레비전 등
• 정보 생산과 제공에 많은 비용과 전문적 기술이 필요함.

2부 적용 학습

'언어' 15강, '매체' 12강, '통합' 6강으로 구성하여 여러 유형의 수능형 문항을 학습하는 과정에서 문제 해결 능력을 기를 수 있도록 하였습니다.

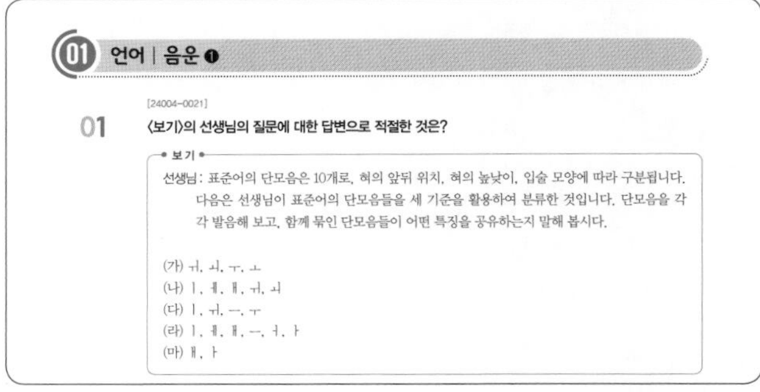

01 언어 | 음운 ❶

[24004-0021]

01 〈보기〉의 선생님의 질문에 대한 답변으로 적절한 것은?

보기

선생님: 표준어의 단모음은 10개로, 혀의 앞뒤 위치, 혀의 높낮이, 입술 모양에 따라 구분됩니다. 다음은 선생님이 표준어의 단모음들을 세 기준을 활용하여 분류한 것입니다. 단모음을 각각 발음해 보고, 함께 묶인 단모음들이 어떤 특징을 공유하는지 말해 봅시다.

(가) ㅟ, ㅚ, ㅜ, ㅗ
(나) ㅣ, ㅔ, ㅐ, ㅟ, ㅚ
(다) ㅣ, ㅟ, ㅡ, ㅜ
(라) ㅣ, ㅔ, ㅐ, ㅡ, ㅓ, ㅏ
(마) ㅐ, ㅏ

3부 실전 학습

수능과 동일한 문항 수로 구성하였으며, 총 2회 분량을 수록하였습니다.

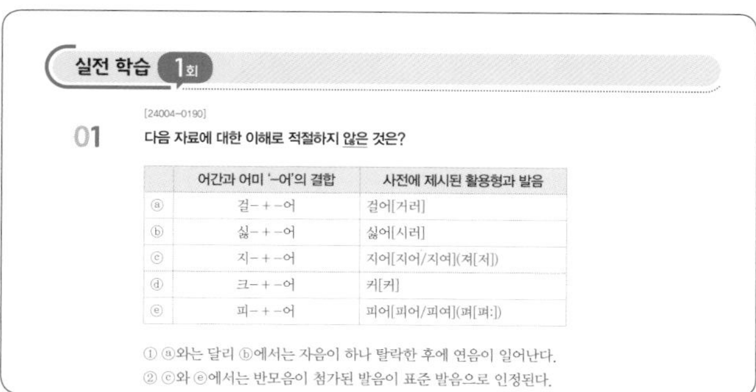

실전 학습 1회

[24004-0190]

01 다음 자료에 대한 이해로 적절하지 않은 것은?

	어간과 어미 '-어'의 결합	사전에 제시된 활용형과 발음
ⓐ	걸-+-어	걸어[거러]
ⓑ	싫-+-어	싫어[시러]
ⓒ	지-+-어	지어[지어/지여](져[저])
ⓓ	크-+-어	커[커]
ⓔ	피-+-어	피어[피어/피여](펴[펴:])

① ⓐ와는 달리 ⓑ에서는 자음이 하나 탈락한 후에 연음이 일어난다.
② ⓒ와 ⓔ에서는 반모음이 첨가된 발음이 표준 발음으로 인정된다.

정답과 해설

학습한 내용을 스스로 점검할 수 있도록 자세한 해설을 제시하였습니다. 깊이 있는 학습이 가능하도록 '정답이 정답인 이유'와 '오답이 오답인 이유'를 모두 수록하였습니다.

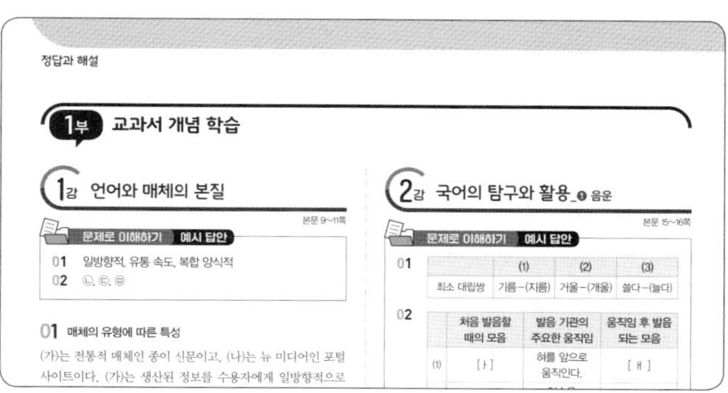

정답과 해설

1부 교과서 개념 학습

1강 언어와 매체의 본질

본문 9~11쪽

문제로 이해하기 예시 답안

01 일방향적, 유통 속도, 복합 양식적
02 ㉡, ㉢, ㉤

01 매체의 유형에 따른 특성

(가)는 전통적 매체인 종이 신문이고, (나)는 뉴 미디어인 포털 사이트이다. (가)는 생산된 정보를 수용자에게 일방향적으로

2강 국어의 탐구와 활용_❶ 음운

본문 15~16쪽

문제로 이해하기 예시 답안

01

	(1)	(2)	(3)
최소 대립쌍	기름-(지름)	거울-(개울)	쓸다-(놀다)

02

	처음 발음할 때의 모음	발음 기관의 주요한 움직임	움직임 후 발음되는 모음
(1)	[ㅏ]	혀를 앞으로 움직인다.	[ㅐ]

학생

인공지능 DANCHOQ 푸리봇 문|제|검|색

EBS*i* 사이트와 **EBS*i* 고교강의 APP** 하단의 **AI 학습도우미 푸리봇**을 통해 문항코드를 검색하면 푸리봇이 해당 문제의 해설과 해설 강의를 찾아 줍니다. **사진 촬영으로도 검색**할 수 있습니다.

문제별 문항코드 확인

[24004-0001]

1. 아래 그래프를 이해한 내용으로 가장 적절한 것은?

문항코드 검색

24004-0001

사진 촬영 검색

선생님

EBS 교사지원센터 교재 관련 자|료|제|공

교재의 문항 한글(HWP) 파일과 교재이미지, 강의자료를 무료로 제공합니다.

한글다운로드 교재이미지 강의자료

- 교사지원센터(teacher.ebsi.co.kr)에서 '교사인증' 이후 이용하실 수 있습니다.
- 교사지원센터에서 제공하는 자료는 교재별로 다를 수 있습니다.

이 책의 **차례** Contents

1부 교과서 개념 학습

2부 적용 학습

3부 실전 학습

1부

교과서 개념 학습

1 언어와 매체의 본질

학습의 길잡이

언어와 매체는 우리의 생각이나 느낌을 나타내거나 전달하는 데에 쓰이는 수단이다. 매체를 통해 원활하게 의사소통을 하기 위해서는 매체의 유형과 특성, 매체 언어의 특성을 이해하고 이를 목적에 맞게 효과적으로 활용할 수 있어야 한다.

1 의사소통의 매개체로서 매체의 유형과 특성을 이해한다.

- 매체란 정보와 지식, 사상과 정서를 전달하고 공유하는 수단으로, 기술의 발전에 따라 다양한 유형의 매체가 등장함.
- 다양한 매체를 통해 이루어지는 의사소통 방식의 특성을 이해하고 이들을 적절히 활용하면 좀 더 효과적인 의사소통을 할 수 있음.

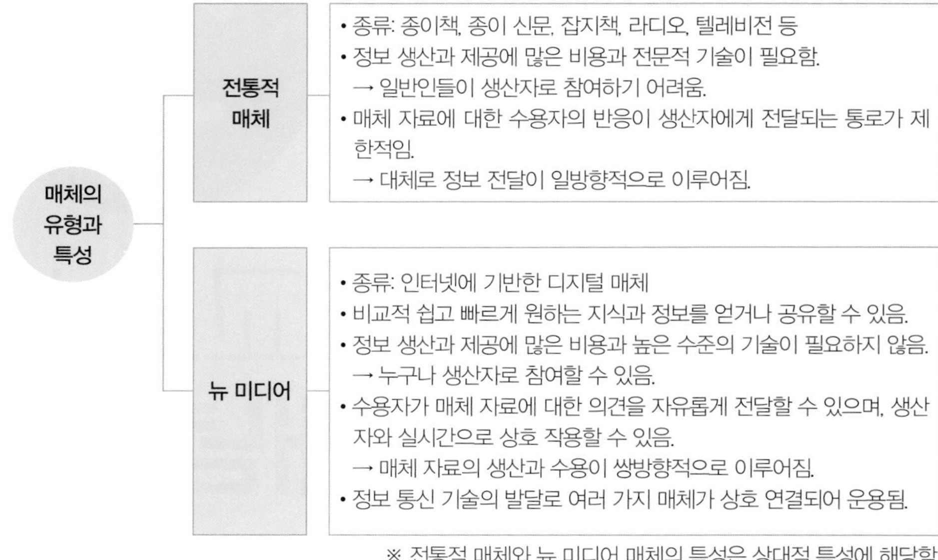

※ 전통적 매체와 뉴 미디어 매체의 특성은 상대적 특성에 해당함.

뉴 미디어
정보 통신 기술이 발달하면서 등장한 새로운 전달 매체를 가리킴. 다양한 매체 언어를 복합적으로 활용하며, 시간적·공간적 제약을 넘어 쌍방향적 의사소통의 가능성을 확대함.

2 현대 사회의 소통 현상과 관련하여 매체 언어의 특성을 이해한다.

- 매체 언어: 매체를 통한 의사소통에 사용되는 언어로 소리, 음성, 이미지, 문자, 동영상 등 여러 양식을 복합적으로 사용하는 확장된 개념의 언어임.
- 매체 언어의 특성: 오늘날 의사소통의 주요 도구로 활용되는 매체 언어들은 대부분 복합 양식적 특성을 지님.

복합 양식적 특성	하나의 매체에서 소리(음향), 음성, 이미지(그림, 사진 등), 문자, 동영상 등이 복합적으로 결합되는 특성

문제로 이해하기

[01~02] (가)는 종이 신문의 기사이고, (나)는 학생이 (가)를 보고 인터넷 포털 사이트에서 뉴스를 검색한 화면이다. 물음에 답하시오.

가

3면 ◎◎신문 **사회** 2024년 *월 *일 *요일

디지털 전환 가속… "유사시 대비해 디지털 블랙아웃 막아야"

개인 정보 유출도 문제… 체계적인 보안 대응 필요해

일상의 각종 정보가 디지털화되는 디지털 전환이 사회 전반으로 빠르게 확산됨에 따라 우리의 삶은 좀 더 편리해지고 있지만, 이에 따른 부작용 또한 분명하다. 그중에서도 디지털화된 정보를 처리, 분석하는 대용량 정보 저장소인 데이터 센터의 관리 부실 문제와 디지털화된 개인 정보의 유출 문제 등이 대표적인 문제점으로 지적되고 있다.

기업의 디지털 전환에 필수적 요소 중 하나로 꼽히는 것이 데이터 센터이다. 만약 지진, 홍수, 화재 등의 재해가 일어나 기업의 정보가 모여 있는 데이터 센터에 시스템 하드웨어의 손상, 소프트웨어 오류 등의 문제가 발생하면 해당 기업을 이용하는 고객들도 큰 피해를 보게 된다. 특히 주요 온라인 플랫폼 기업의 데이터 센터에 문제가 생겨 서비스가 중단될 경우, 대규모 네트워크 장애, 즉 '디지털 블랙아웃'이 발생하여 국민의 경제 활동에 막대한 피해를 초래하게 된다. 전문가들은 유사시를 대비하여 데이터 센터를 지역적으로 분산하여 운영해야 한다고 말한다. 그래야 하나의 데이터 센터에 문제가 발생해도 다른 데이터 센터에서 서비스를 제공할 수 있음은 물론, 기업이 보다 효과적인 데이터 백업 및 복구 계획을 수립할 수 있게 되어 시스템 오류 및 서비스 중단 사태가 발생할 위험성을 낮출 수 있다는 것이다. 정치권에서도 데이터 센터의 안정적인 운영을 위한 데이터 센터 운영 사업자 및 정부 관련 부처의 보호 조치 의무를 강화하는 법안 마련을 추진 중에 있다.

이름, 주소, 전화번호, 주민 등록 번호 등 민감한 개인 정보의 경우도 디지털화되어 온라인상에서 수집, 저장되면서 해킹 등으로 개인 정보가 유출되는 피해 사례 또한 급속히 늘고 있다. 개인 정보 유출은 이러한 정보를 저장하고 있는 기업뿐만 아니라 공공 기관에서도 발생하고 있어 문제가 더욱 심각하다. 보안 위협이 갈수록 늘어나는 상황에서 개인 정보를 안전하게 보호하기 위해서는 보안 및 암호화 기술 등의 기술적 대책을 마련하고 개인 정보 보호에 대한 교육 및 훈련을 실시해야 한다. 또한 기업 및 공공 기관의 개인 정보 보안에 대한 국가적 차원의 관리, 감독을 강화하는 제도적 개선책 도입이 필요하다.

문○○기자 moon@xxxx.com

나

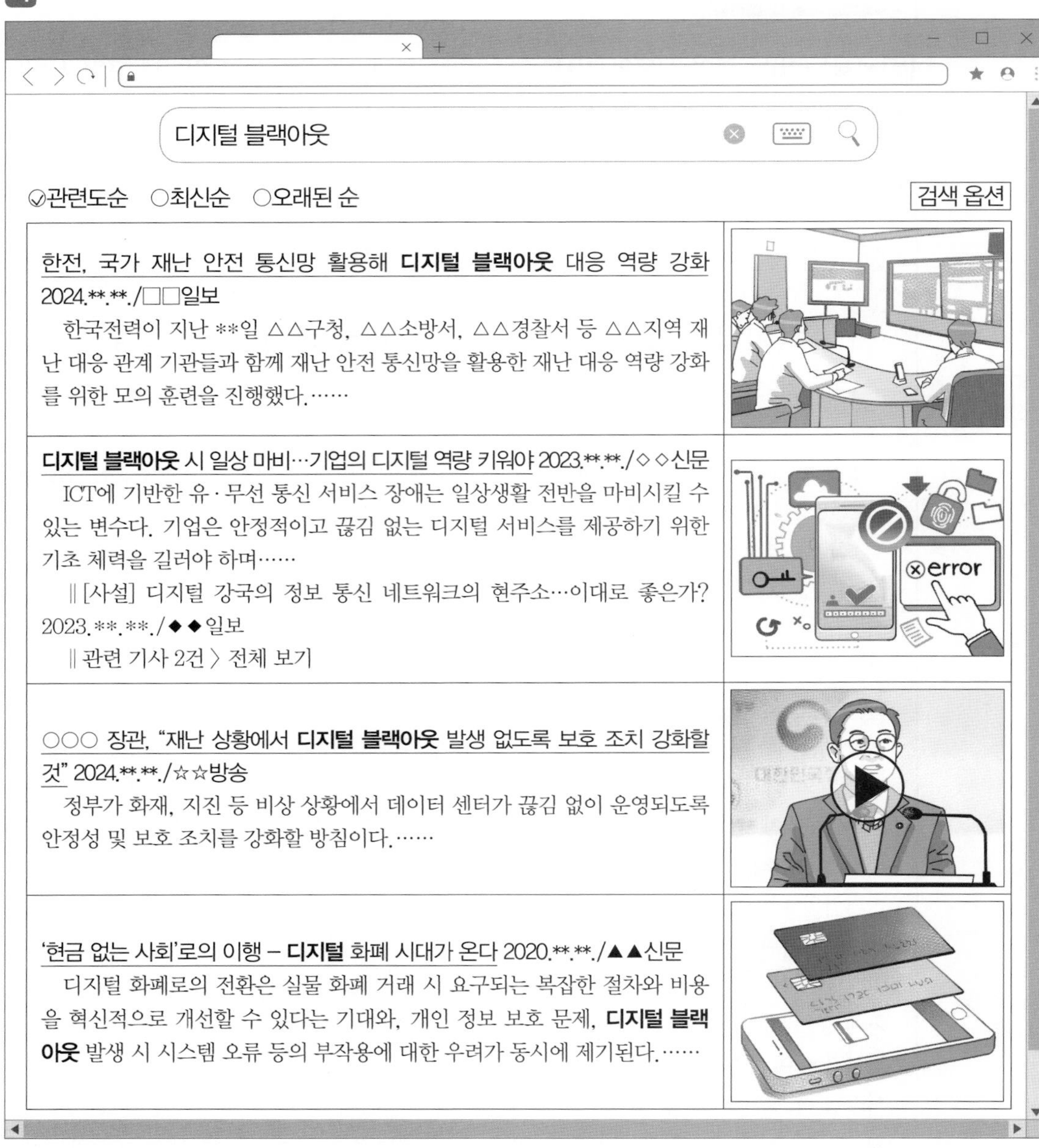

디지털 블랙아웃

◎관련도순 ○최신순 ○오래된 순 검색 옵션

한전, 국가 재난 안전 통신망 활용해 **디지털 블랙아웃** 대응 역량 강화 2024.**.**./□□일보

한국전력이 지난 **일 △△구청, △△소방서, △△경찰서 등 △△지역 재난 대응 관계 기관들과 함께 재난 안전 통신망을 활용한 재난 대응 역량 강화를 위한 모의 훈련을 진행했다.……

디지털 블랙아웃 시 일상 마비…기업의 디지털 역량 키워야 2023.**.**./◇◇신문

ICT에 기반한 유·무선 통신 서비스 장애는 일상생활 전반을 마비시킬 수 있는 변수다. 기업은 안정적이고 끊김 없는 디지털 서비스를 제공하기 위한 기초 체력을 길러야 하며……

‖ [사설] 디지털 강국의 정보 통신 네트워크의 현주소…이대로 좋은가? 2023.**.**./◆◆일보

‖ 관련 기사 2건 〉 전체 보기

○○○ 장관, "재난 상황에서 **디지털 블랙아웃** 발생 없도록 보호 조치 강화할 것" 2024.**.**./☆☆방송

정부가 화재, 지진 등 비상 상황에서 데이터 센터가 끊김 없이 운영되도록 안정성 및 보호 조치를 강화할 방침이다.……

'현금 없는 사회'로의 이행 – **디지털** 화폐 시대가 온다 2020.**.**./▲▲신문

디지털 화폐로의 전환은 실물 화폐 거래 시 요구되는 복잡한 절차와 비용을 혁신적으로 개선할 수 있다는 기대와, 개인 정보 보호 문제, **디지털 블랙아웃** 발생 시 시스템 오류 등의 부작용에 대한 우려가 동시에 제기된다.……

[24004-0001]

01 **다음은 (가), (나)의 매체 특성에 대한 설명이다. 빈칸에 들어갈 말을 쓰시오.**

○ (가)는 생산된 정보를 수용자에게 □□□□(으)로 전달하므로, 생산자가 수용자와 쌍방향적으로 소통하는 데에 적합하지 않은 매체이다.
○ 인터넷망을 통해 정보가 전달되는 (나)와 달리 (가)는 인쇄되어 유포되는 과정으로 인해 수용자에게 생산된 정보를 즉각적으로 전달하기가 어려우므로, 상대적으로 정보의 □□ □□이/가 느리다.
○ (나)는 (가)와 달리 생산된 정보를 제시할 때, 문자와 함께 이미지, 동영상 등을 활용함으로써 매체 자료의 □□ □□□ 특성을 보여 주고 있다.

[24004-0002]

02 **(나)를 통해 인터넷 포털 사이트에서 검색한 뉴스의 특성을 추론한 내용으로 적절한 것을 〈보기〉에서 있는 대로 고르시오.**

보기

㉠ 변화하는 정보에 수용자가 실시간으로 접근하여 정보의 내용을 수정할 수 있다.
㉡ 정렬 기준을 선택할 수 있으므로 수용자의 필요에 따라 기사의 제시 순서를 조절할 수 있다.
㉢ 한 화면에서 여러 언론사의 기사를 확인할 수 있으므로 수용자는 화제와 관련된 다양한 정보를 접할 수 있다.
㉣ 수용자가 자신의 필요에 따라 한 화면 안에 표시된 글자 크기와 굵기를 조절하여 정보의 중요도에 차이를 둘 수 있다.
㉤ 주요 기사와 연관된 다른 기사들이 함께 제시되어 수용자는 자신의 선택에 따라 관련 정보를 추가로 확인할 수 있다.

2 국어의 탐구와 활용_❶ 음운

◎ 최소 대립쌍
'날-살'과 같이 하나의 음운에 의해서만 뜻이 구별되는 단어들의 쌍

◎ 반모음
반모음은 발음할 때 공기의 흐름이 방해를 받지 않는다는 점에서 모음과 비슷하고 홀로 발음될 수 없다는 점에서 자음과 비슷하므로, 음성적으로 자음과 모음의 중간적 존재임. 그래서 '반자음'이라고도 부름. 그러나 국어에서는 이들이 단모음과 어울려 이중 모음을 이루는 점을 더 중시하여 흔히 '반모음'으로 부름.

◎ 장단(長短)
국어의 장음은 원칙상 단어의 첫머리에만 올 수 있음. 가령 '눈[눈:]'과 같이 장음을 지니는 단어가 합성어를 이루어 '첫눈[천눈]'과 같이 되면 장음이 단음으로 바뀜.

◎ 경구개음
구개음이라고도 함. 음운의 변동에서 구개음화는 치조음 'ㄷ, ㅌ'이 경구개음 'ㅈ, ㅊ'으로 바뀌는 현상임.

1 음운의 이해

(1) **음운**: 말의 뜻을 구별해 주는 가장 작은 소리 단위
예 불－풀(ㅂ : ㅍ), 불－볼(ㅜ : ㅗ)

(2) **음운의 종류**: 분절 음운, 비분절 음운

1) **분절 음운**: 자음과 모음처럼 다른 소리와 잘 나누어지는 음운. 음소(音素)라고도 함. 자음, 모음, 반모음이 있음.

	특성
자음	발음할 때 공기의 흐름이 방해를 받으며, 모음과 함께 발음되어야 음절을 이룰 수 있음. 예 ㄱ, ㄴ, ㄷ, ㄹ…
모음	발음할 때 공기의 흐름이 방해를 받지 않으며, 발음할 때 입술이나 혀가 고정되어 움직이지 않는 단모음과 입술 모양이나 혀의 위치가 달라지는 이중 모음이 있음. 예 단모음: ㅏ, ㅓ, ㅗ, ㅜ…, 이중 모음: ㅑ, ㅕ, ㅛ, ㅠ…
반모음	발음할 때 공기의 흐름이 방해를 받지 않으나, 단모음과 함께 이중 모음을 이루어야 음절을 이룰 수 있음. 예 j, w

2) **비분절 음운**: 고저(高低), 강약(强弱), 장단(長短)과 같이 다른 소리와 잘 나누어지지 않는 음운. 음소에 얹혀 실현되며, 운소(韻素)라고도 함. 현대 국어 표준어에는 장단만이 비분절 음운임. 예 눈〔目〕－눈:〔雪〕, 말〔馬〕－말:〔言〕

2 국어의 음운 체계

(1) **자음 체계**: 자음은 공기 흐름에 방해가 일어나는 자리인 조음 위치와 방해가 일어나는 방식인 조음 방법에 따라 다음과 같이 분류됨.

조음 방법 \ 조음 위치		양순음(입술소리)	치조음(잇몸소리)	경구개음(센입천장소리)	연구개음(여린입천장소리)	후음(목청소리)
파열음	평음(예사소리)	ㅂ	ㄷ		ㄱ	
	경음(된소리)	ㅃ	ㄸ		ㄲ	
	격음(거센소리)	ㅍ	ㅌ		ㅋ	
파찰음	평음(예사소리)			ㅈ		
	경음(된소리)			ㅉ		
	격음(거센소리)			ㅊ		
마찰음	평음(예사소리)		ㅅ			
	경음(된소리)		ㅆ			ㅎ
	격음(거센소리)					
비음		ㅁ	ㄴ		ㅇ	
유음			ㄹ			

(2) **단모음 체계**: 혀의 위치(혀의 최고점의 위치)가 앞쪽에 있는지 뒤쪽에 있는지에 따라, 혀의 위치(혀의 최고점의 위치)가 높은지 중간인지 낮은지에 따라, 입술을 동그랗게 오므리는지 아닌지에 따라 다음과 같이 분류됨.

혀의 앞뒤 / 입술 모양 / 혀의 높낮이	전설 모음		후설 모음	
	평순 모음	원순 모음	평순 모음	원순 모음
고모음	ㅣ	ㅟ	ㅡ	ㅜ
중모음	ㅔ	ㅚ	ㅓ	ㅗ
저모음	ㅐ		ㅏ	

3 국어의 음운 변동

(1) **음운 변동의 개념**: 음운이 환경에 따라 바뀌는 현상. 음운 변동 전후의 변화 양상을 기준으로 크게 네 가지(교체, 첨가, 탈락, 축약)로 구분됨.

(2) **음운 변동의 유형**

1) 교체(대치): 한 음운이 다른 한 음운으로 바뀌는 현상

음절의 끝소리 규칙 (음절 말 평파열음화)	음절의 끝에서 발음되는 자음은 'ㄱ, ㄴ, ㄷ, ㄹ, ㅁ, ㅂ, ㅇ'뿐으로, 나머지 자음이 음절의 끝에 오면 'ㄱ, ㄷ, ㅂ' 중 하나로 소리가 바뀌어 발음되는 현상 예 박 → [박], 부엌 → [부억], 꽃 → [꼳], 잎 → [입]
비음화	파열음 'ㄱ, ㄷ, ㅂ'이 비음 'ㄴ, ㅁ' 앞에서 각각 동일한 조음 위치의 비음 'ㅇ, ㄴ, ㅁ'으로 바뀌는 현상 예 국물 → [궁물], 받는다 → [반는다], 입는다 → [임는다]
유음화	비음 'ㄴ'이 유음 'ㄹ'의 앞 또는 뒤에서 유음 'ㄹ'로 바뀌는 현상 예 신라 → [실라], 칼날 → [칼랄]
구개음화	끝소리가 'ㄷ, ㅌ'인 형태소가 모음 'ㅣ'나 반모음 'j'로 시작되는 형식 형태소와 만나 각각 구개음인 'ㅈ, ㅊ'으로 바뀌는 현상 ※ 'ㄷ' 뒤에 형식 형태소 '-히-'가 올 때 'ㄷ'과 'ㅎ'이 결합하여 이루어진 'ㅌ'이 'ㅊ'으로 발음되는 경우도 구개음화임. 예 굳이 → [구지], 같이 → [가치], 닫히다 → [다치다]
경음화 (된소리되기)	평음이 일정한 조건에서 경음으로 바뀌는 현상 • 받침 'ㄱ, ㄷ, ㅂ' 뒤의 경음화 예 국밥 → [국빱], 믿지 → [믿찌], 춥고 → [춥꼬] • 어간 받침 'ㄴ, ㅁ' 뒤의 경음화 예 신고 → [신:꼬], 감다 → [감:따] • 한자어에서, 'ㄹ' 받침 뒤에 연결되는 'ㄷ, ㅅ, ㅈ'의 경음화 예 발달 → [발딸], 질서 → [질써], 물질 → [물찔] • 관형사형 어미 '-(으)ㄹ' 뒤의 경음화 예 할 것을 → [할꺼슬]

이중 모음
단모음과 반모음이 결합하여 이루어지며, 현대 국어의 이중 모음은 반모음의 종류에 따라 j-계 이중 모음(ㅑ, ㅒ, ㅕ, ㅖ, ㅛ, ㅠ, ㅢ)과 w-계 이중 모음(ㅘ, ㅙ, ㅝ, ㅞ)이 있음.

'ㅚ, ㅟ'의 발음
표준 발음법 제4항에서는 'ㅚ, ㅟ'는 원칙적으로 단모음이지만, 이중 모음으로 발음할 수도 있다고 규정함.

음절(音節)
독립해서 발음할 수 있는 최소 단위로 규정함. 몇 개의 음운으로 이루어지며, 모음은 단독으로 한 음절이 되기도 함.

'ㄹ'의 비음화
'ㄹ'을 제외한 자음 뒤에서 'ㄹ'이 'ㄴ'으로 바뀌는 현상으로 한자어나 외래어에서만 적용됨. '종로 → [종노], 홈런 → [홈넌]'과 같은 예를 들 수 있음.

연음(連音)
'밖이[바끼]', '앞을[아플]' 등에서 보듯이 연음은 뒤 음절이 모음으로 시작되는 형식 형태소인 경우 앞 음절의 끝 자음이 뒤 음절의 초성으로 이어져 소리 나는 것으로, 음운 변동이 아님.

2) 첨가 : 없던 음운이 생겨나는 현상

'ㄴ' 첨가	합성어 및 파생어에서 앞말이 자음으로 끝나고 뒷말이 모음 'ㅣ'나 반모음 'j'로 시작할 때 'ㄴ'이 그 사이에 첨가되는 현상 예 맨입 → [맨닙], 솜이불 → [솜:니불], 한여름 → [한녀름]
반모음 첨가	모음으로 끝나는 형태소 뒤에 단모음으로 시작하는 형태소가 올 때 반모음 'j'가 첨가되는 현상. 반모음 첨가를 하거나 하지 않은 발음 모두 표준 발음임. 예 피어 → [피어/피여], 되어 → [되어/되여]

3) 탈락 : 있던 음운이 없어지는 현상

자음군 단순화	음절의 끝에 두 개의 자음이 올 때, 이 중에서 한 자음이 탈락하는 현상 예 몫 → [목], 값 → [갑], 젊다 → [점:따], 읊다 → [읍따]
자음 탈락	• 'ㄹ' 탈락: 실질 형태소의 끝소리 'ㄹ'이 'ㄴ, ㅅ' 등의 앞에서 탈락하는 현상 예 알- + -니 → [아:니], 알- + -시- + -고 → [아:시고] • 'ㅎ' 탈락: 어간의 끝소리 'ㅎ'이 모음으로 시작하는 형식 형태소와 결합할 때 탈락하는 현상 예 넣어 → [너어], 쌓이다 → [싸이다]
모음 탈락	• 'ㅡ' 탈락: 어간의 끝소리 'ㅡ'가 '아/어'로 시작하는 어미 앞에서 탈락하는 현상 예 끄- + -어서 → [꺼서], 담그- + -아도 → [담가도] • 동일 모음 탈락: 어간 말 모음과 어미 첫 모음이 동일할 때 한 모음이 탈락하는 현상 예 자- + -아서 → [자:서], 서- + -어 → [서]

4) 축약 : 두 음운이 합쳐져 제삼의 음운으로 바뀌는 현상

격음화 (거센소리되기)	예사소리 'ㄱ, ㄷ, ㅂ, ㅈ'과 'ㅎ'이 만나 각각 거센소리 'ㅋ, ㅌ, ㅍ, ㅊ'으로 바뀌는 현상 예 입학 → [이팍], 좋다 → [조:타], 각하 → [가카], 넣지 → [너:치]

◘ 합성어나 파생어에서의 'ㄹ' 탈락

필수적으로 적용되는 것은 아니지만, 합성어나 파생어가 만들어질 때 'ㄹ'이 'ㄴ, ㄷ, ㅅ, ㅈ' 앞에서 탈락하기도 함. '하늘+-님 → 하느님, 활+살 → 화살, 바늘+-질 → 바느질'과 같은 예가 있음.

문제로 이해하기

[24004-0003]

01 **(1)~(3)에 주어진 단어의 '최소 대립쌍'을 〈보기〉에서 찾아 빈칸에 쓰시오.**

보기

개울, 더욱, 날다, 늘다, 주름, 지름

	(1)	(2)	(3)
최소 대립쌍	기름 – (　　　　)	거울 – (　　　　)	쓸다 – (　　　　)

[24004-0004]

02 **다음의 모음 체계 표를 참고하여 발음의 원리를 파악할 때, 처음 발음할 때의 모음이 '발음 기관의 주요한 움직임' 후 어떠한 모음으로 바뀌어 발음되는지 쓰시오.**

혀의 앞뒤 / 입술 모양 / 혀의 높낮이	전설 모음		후설 모음	
	평순 모음	원순 모음	평순 모음	원순 모음
고모음	ㅣ	ㅟ	ㅡ	ㅜ
중모음	ㅔ	ㅚ	ㅓ	ㅗ
저모음	ㅐ		ㅏ	

	처음 발음할 때의 모음	발음 기관의 주요한 움직임	발음되는 모음
(예)	[ㅡ]	혀를 앞으로 움직인다.	[ㅣ]
(1)	[ㅏ]	혀를 앞으로 움직인다.	[　　]
(2)	[ㅡ]	입술을 동그랗게 한다.	[　　]
(3)	[ㅓ]	입을 약간 다물어 혀를 높인다.	[　　]

[24004-0005]

03 **〈보기〉에 제시된 단어를, 발음할 때 음운 변동이 한 번 일어나는 단어와 두 번 이상 일어나는 단어로 구분하시오.**

보기

구급약[구:금냑], 막일[망닐], 앞어금니[아버금니], 젖병[전뼝], 책장[책짱], 맨입[맨닙]

음운 변동이 한 번 일어나는 단어	음운 변동이 두 번 이상 일어나는 단어

2 국어의 탐구와 활용_❷ 단어

1 단어의 분류

(1) **품사(品詞)**: 단어를 형태적 · 기능적 · 의미적 성질의 공통성에 따라 갈래를 나누어 놓은 것. 국어의 품사에는 명사, 대명사, 수사, 동사, 형용사, 관형사, 부사, 조사, 감탄사의 아홉 가지가 있음.

(2) **품사 분류의 기준**

1) 형태: 단어의 형태 변화 여부에 따라 가변어와 불변어로 나눌 수 있음. 가변어는 활용을 하여 형태가 변하는 단어(동사, 형용사, 서술격 조사)이고, 불변어는 형태가 고정되어 변하지 않는 단어(가변어를 제외한 모든 단어)임.

예 • 가변어: 먹다(먹고, 먹니, 먹어서, 먹습니다…), 예쁘다(예쁘고, 예쁘니, 예뻐서, 예쁩니다…), 이다(이고, 이니, 이어서, 입니다…)
• 불변어: 달, 우리, 넷, 헌, 무척, 을/를, 아이고

2) 기능: 문장 내에서 해당 단어가 수행하는 기능(역할)을 기준으로 용언, 체언, 수식언, 관계언, 독립언으로 나눌 수 있음.

3) 의미: 단어 부류가 지닌 의미에 따라 나눌 수 있음.

[품사의 분류]

(3) **품사별 특성**

1) 체언: 문장에서 주어, 목적어, 보어 등으로 쓰일 수 있으며, 관형어의 꾸밈을 받을 수 있고, 뒤에 조사를 취할 수 있음.

품사	특성
명사	• 사람이나 사물, 장소나 시간, 행위 등의 이름을 나타내는 단어 • 어떤 속성을 지닌 대상들에 두루 쓰이는 보통 명사와 특정한 하나의 대상에만 쓰이는 고유 명사로 나뉨. 예 책상, 평화(보통 명사) / 신라, 이황(고유 명사) • 홀로 쓰일 수 있는 자립 명사와 반드시 관형어의 꾸밈을 받아야 하는 의존 명사로 나뉨. 예 바다, 마을(자립 명사) / 것, 때문(의존 명사)

▶ **서술격 조사 '이다'**
문장 안에서, 체언이나 체언 구실을 하는 말 또는 일부 부사나 연결 어미 뒤에 붙음. 또한 이들과 결합하여 서술어를 형성하고 '이고', '이니', '이면', '이지' 따위로 '이-'에 어미가 붙어 활용을 함. 이 모두를 고려하여 '서술격 조사'라고 함.
예 일하는 솜씨가 제법이다.
(부사 뒤에 붙음.)
오늘 아침 잠을 깬 것은 9시가 넘어서이다.
(연결 어미 뒤에 붙음.)

▶ **의존 명사**
의존 명사는 의미가 형식적이어서 다른 말 아래에 기대어, 즉 관형어의 수식을 받아야 문장에 쓰일 수 있음.

대명사	• 사람이나 사물, 장소나 시간, 행위 등의 이름을 대신하는 단어 • 사람을 표시하는 인칭 대명사와 사물이나 장소를 표시하는 지시 대명사가 있음. 예 인칭 대명사: 나, 너, 그, 우리… / 지시 대명사: 여기, 그곳, 저것… • 모르는 사람, 사물, 장소 따위를 가리키는 대명사를 미지칭이라 하고, 정해지지 아니한 사람, 물건, 방향, 장소 따위를 가리키는 대명사를 부정칭이라 함. 주로 한 문장 안에서 앞에 나온 체언을 다시 나타내는 대명사를 재귀칭이라고 하며, 국어에서 재귀칭은 3인칭에서 나타남. 예 미지칭: 저 꽃의 이름은 무엇일까? / 과제 마감이 언제까지지? 부정칭: 아직 아무도 안 왔다. / 누구든지 할 수 있다. 재귀칭: 형은 자기가 먼저 가겠다고 나섰다. / 할머니는 당신의 어린 시절을 그리워하신다.
수사	• 수량이나 순서를 가리키는 단어 • 수량을 나타내는 양수사와 순서를 가리키는 서수사가 있음. 예 양수사: 하나, 둘, 셋, 일(一), 이(二), 삼(三), 서넛… / 서수사: 첫째, 둘째… • 수사에는 정확한 수와 대략의 수가 있음. 예 정확한 수: 하나, 둘, 셋, 넷, 다섯, 일, 이, 삼, 사, 첫째, 둘째… 대략의 수: 한둘, 서넛, 너덧, 한두째… • 고유어 수사와 한자어 수사가 있음.

미지칭과 부정칭
같은 대명사가 미지칭 대명사로 쓰일 수도 있고 부정칭 대명사로 쓰일 수도 있음.
예 너 지금 어디에 있니?
(미지칭 대명사)
어디나 마찬가지이다.
(부정칭 대명사)

2) 용언 : 문장에서 주어의 동작이나 작용, 성질이나 상태 등을 나타내는 단어로 동사와 형용사가 있음. 주로 서술어로 쓰이고, 일반적으로 부사어의 꾸밈을 받음.

품사	특성
동사	• 사람이나 사물 따위의 동작이나 작용을 나타내는 단어 • 목적어가 필요한 동사를 타동사, 필요하지 않은 동사를 자동사라고 함. 예 타동사: 알다, 부르다… / 자동사: 피다, 솟다…
형용사	• 사람이나 사물 따위의 성질이나 상태를 나타내는 단어 • 성질이나 상태를 직접 나타내는 성상 형용사, 성상 형용사를 대신하여 가리키는 지시 형용사가 있음. 예 성상 형용사: 크다, 푸르다, 차갑다… 지시 형용사: 그러하다, 어떠하다, 아무러하다…

☞ 동사와 형용사는 활용하는 양상이 다름.

- 동사 어간에는 현재 시제 선어말 어미 '-ㄴ-/-는-'이 붙을 수 있지만, 형용사 어간에는 붙지 않음.
  예 현재 시제 평서형 : 잔다/먹는다(동사), *예쁜다/*좁는다(형용사)
- 일반적으로 동사 어간에는 현재 시제의 관형사형 어미로 '-는'이 붙지만, 형용사 어간에는 '-(으)ㄴ'이 붙음.
  예 현재 시제 관형사형 : 자는/먹는(동사), 예쁜/좁은(형용사)
- 형용사는 원칙적으로 명령형이나 청유형으로 쓰이지 않음.
  예 명령형/청유형 : 자라/먹자(동사), *예뻐라/*좁자(형용사)
- 일반적으로 동사 어간에는 목적 · 의도를 나타내는 '-(으)려고', '-고자' 등이 결합할 수 있지만, 형용사에는 결합할 수 없음.
  예 -(으)려고/-고자 : 먹으려고/먹고자(동사), *좁으려고/*좁고자(형용사)

동사와 형용사의 구별에서 주의해야 할 단어
- '햇살이 밝다.'에서의 '밝다'는 상태를 나타내는 형용사이고, '날이 밝는다.'에서의 '밝다'는 상태의 변화를 나타내는 동사임.
- '존재', '소유'와 같이 상태의 의미를 나타내는 '있다'는 형용사로, '한 장소에 머묾'의 의미인 '있다'는 동사로 분류됨. 형용사 '있다', '없다'는 관형사형 어미 '-는'과 결합할 수 있음.

유의해야 할 지시 동사와 지시 형용사
'이러하다(이렇다)', '그러하다(그렇다)', '저러하다(저렇다)' 등은 지시 형용사이지만 '이리하다(이러다)', '그리하다(그러다)', '저리하다(저러다)' 등은 지시 동사임.

3) 수식언 : 문장에서 다른 말을 꾸며 주는 구실을 하는 단어로, 관형사와 부사가 있음.

품사	특성
관형사	• 체언을 꾸며 주는 구실을 하는 단어. 조사와 결합할 수 없음. • 체언의 성질이나 상태를 제한하는 성상 관형사, 대상을 가리키는 지시 관형사, 사물의 수량이나 순서를 나타내는 수 관형사가 있음. 예 성상 관형사: 새, 헌, 옛, 맨… 지시 관형사: 이, 그, 저, 요, 고, 조, 이런, 그런, 저런… 수 관형사: 한, 두, 세/서/석, 네/너/넉, 댓/다섯…
부사	• 용언이나 문장을 꾸며 주는 구실을 하는 단어 예 활짝, 아주, 실로, 비록… • 관형사나 다른 부사를 꾸미기도 하고 드물게 체언을 꾸미기도 함. 예 아주 새 책 그는 노래를 매우 잘 부른다. 바로 너 • 문장 내에서의 위치가 비교적 자유로움. 예 빨리 밥을 먹어라. / 밥을 빨리 먹어라. • 특정 문장 성분을 꾸미는 성분 부사와 문장 전체를 꾸며 주는 문장 부사가 있음. 문장 부사에는 '그리고, 그런데'와 같은 접속 부사도 포함됨. 예 성분 부사: 날이 더워서 땀을 뻘뻘 흘린다. 문장 부사: 설마 그런 일이 일어나겠어?

4) 관계언 : 다른 단어의 뒤에 붙어서 그 말과 다른 말의 문법적 관계를 표시하거나 특별한 의미를 더해 주는 기능을 하는 단어로, 조사가 있음. 문장에서 자립적으로 쓰이지 않고 자립성이 있는 말(주로 체언) 뒤에 붙어서 나타남. 쓰임에 따라 격 조사, 보조사, 접속 조사로 나뉨.

품사		특성
조사	격 조사	앞에 오는 체언이 문장 안에서 일정한 자격을 가지도록 하는 조사로, 주격 조사, 목적격 조사, 보격 조사, 서술격 조사, 관형격 조사, 부사격 조사, 호격 조사가 있음. 예 이/가, 께서, 을/를, 이다, 의, 에, 에서, (으)로, 아/야…
	보조사	체언, 부사, 어미 등에 붙어서 특별한 의미를 더해 주는 조사 예 은/는(대조), 만(단독), 도(포함)…
	접속 조사	두 단어나 구를 같은 자격으로 이어 주는 구실을 하는 조사 예 와/과, 하고, (이)랑…

5) 독립언 : 다른 문장 성분과 문법적인 관계를 맺지 않고 독립성을 가지는 단어로, 감탄사가 있음. 독립언은 다른 말과 떨어져 혼자서 쓰일 수 있음.

품사	특성
감탄사	• 놀람, 느낌, 부름, 대답 등을 나타내는 말 예 앗, 와, 얼씨구, 오호, 야, 네, 음… • 문장의 다른 요소들과 문법적 관계를 맺지 않는 독립적인 요소임을 나타내기 위해 감탄사 뒤에는 흔히 쉼표(,)를 찍음.

관형사, 부사와 조사의 결합
관형사는 격 조사뿐만 아니라 보조사와도 결합하지 않음. 부사도 관형사처럼 격 조사를 취할 수 없지만, 보조사를 취하는 경우는 있음.
예 차가 빨리도/는 간다.

조사의 생략
격 조사는 생략되는 경우가 자주 있음. 보조사는 생략되면 의미가 달라지므로 생략이 어려움.

2 단어의 형성

(1) 형태소

1) 형태소: 의미를 가진 말의 최소 단위

예문	나는 잘 익은 과일을 아이에게 먹였다.
형태소	나, 는, 잘, 익-, -은, 과일, 을, 아이, 에게, 먹-, -이-, -었-, -다

2) 형태소의 종류

자립성의 유무에 따라	자립 형태소	다른 형태소와 결합하지 않고 홀로 쓰일 수 있는 형태소 예 나, 잘, 과일, 아이
	의존 형태소	다른 형태소와 결합해야 쓰일 수 있는 형태소 예 는, 익-, -은, 을, 에게, 먹-, -이-, -었-, -다
의미의 성격에 따라	실질 형태소	실질적인 의미를 나타내는 형태소. 어휘 형태소라고도 함. 예 나, 잘, 익-, 과일, 아이, 먹-
	형식 형태소	문법적인 의미를 나타내는 형태소. 문법 형태소라고도 함. 예 는, -은, 을, 에게, -이-, -었-, -다

(2) 단어

1) 단어: 분리하여 자립적으로 쓸 수 있는 말이나 이에 준하는 말. 또는 그 말의 뒤에 붙어서 문법적 기능을 나타내는 말.

예문	저 넓은 밭을 갈고 있는 사람은 이 마을에 오래 살았다.
단어	저, 넓은, 밭, 을, 갈고, 있는, 사람, 은, 이, 마을, 에, 오래, 살았다

2) 단어의 구조

① 단어의 구성 요소: 어근과 접사

어근	단어의 실질적인 의미를 나타내는 부분 예 '헛소리'의 '소리', '맨발'의 '발', '가위질'의 '가위', '놀이'의 '놀-'
접사	어근에 붙어 어근에 특정한 뜻을 더하거나 제한하는 부분 예 '헛소리'의 '헛-', '맨발'의 '맨-', '가위질'의 '-질', '놀이'의 '-이'

② 구조에 따른 단어의 분류: 어근이나 접사의 결합 여부에 따라 단일어와 복합어로 나누고, 복합어를 다시 합성어와 파생어로 나눔.

단일어		하나의 어근으로만 이루어진 단어 예 바다, 물, 깊다, 빠르다
복합어	합성어	단어를 직접 구성 요소로 분석했을 때 둘 다 어근인 단어 예 집밥('집'과 '밥'으로 분석되며 둘 다 어근에 속함.) 잘못('잘'과 '못'으로 분석되며 둘 다 어근에 속함.)
	파생어	단어를 직접 구성 요소로 분석했을 때 둘 중 하나가 접사인 단어 예 헛돌다('헛-'과 '돌다'로 분석되며 '헛-'이 접사임.) 빼기('빼-'와 '-기'로 분석되며 '-기'가 접사임.)

직접 구성 요소
어떤 말을 의미를 고려하여 둘로 나누었을 때, 그 둘 각각을 가리키는 말. '직접 구성 성분'이라고도 함.

3) 합성어의 형성과 분류

통사적 합성어	단어 형성 방식이 문장을 구성하는 방식과 같은 합성어 예 팥죽(명사+명사), 어린이(용언의 관형사형+명사), 걸어가다(용언의 연결형+용언 어간) → '명사+명사', '용언의 관형사형+명사', '용언의 연결형+용언 어간'은 국어의 문장 구성 방식에 맞음.
비통사적 합성어	단어 형성 방식이 문장을 구성하는 방식과 같지 않은 합성어 예 접칼(용언 어간+명사), 검붉다(용언 어간+용언 어간), 보슬비(비자립적 어근+명사) → 어간이 어미 없이 바로 명사에 연결된 '접칼', 어간이 어미 없이 다른 용언의 어간과 바로 연결된 '검붉다'나 자립성이 없는 어근이 바로 명사를 꾸며 주는 '보슬비'와 같은 단어는 국어의 문장 구성 방식에 맞지 않음.

4) 파생어의 형성과 분류

접두 파생어	어근의 앞에 접사(접두사)가 결합한 파생어 예 헛-: 헛기침, 헛수고, 헛디디다 군-: 군침, 군소리, 군식구
접미 파생어	어근의 뒤에 접사(접미사)가 결합한 파생어 예 -질: 빗질, 걸레질, 도둑질 -(으)ㅁ: 믿음, 웃음, 잠

⊙ 접사의 기능

접두사는 어근의 품사를 바꾸는 경우가 극히 드물지만, 접미사는 어근의 품사를 바꾸는 경우가 많음. 예를 들어, 명사 '먹이'나 '넓이'는 각각 동사와 형용사의 어근에 접미사 '-이'가 붙어 형성된 단어임. 이때 '먹이'와 '넓이'의 '먹-'과 '넓-'은 용언의 어간이 단어 형성의 재료인 어근으로 쓰인 것임.

3 단어의 의미

(1) 단어의 의미 관계: 단어들 간에는 여러 종류의 의미적 관련성이 있음.

유의 관계	말소리는 다르지만 서로 비슷한 의미를 가지고 있는 의미 관계. 한쪽이 다른 한쪽의 유의어가 됨. 예 '간혹'과 '이따금', '걱정'과 '염려'
반의 관계	둘 이상의 단어가 의미상 서로 짝을 이루어 반대되거나 대립하는 의미 관계. 한쪽이 다른 한쪽의 반의어가 됨. 예 '아버지'와 '어머니', '위'와 '아래'
상하 관계	한 단어가 의미상 다른 단어를 포함하거나 다른 단어에 포함되는 의미 관계. 포함하는 말을 상위어, 포함되는 말을 하위어라고 함. 예 '식물'(상위어)과 '소나무'(하위어), '현악기'(상위어)와 '가야금'(하위어)

⊙ 다의어와 동음어

서로 의미적 연관성을 갖는 둘 이상의 의미를 지닌 하나의 단어를 다의어라고 하고, 발음할 때 같은 소리가 나지만 의미적 연관성이 없는 둘 이상의 단어를 동음어(=동음이의어)라고 함. 동음어는 표기가 같은 경우와 표기가 다른 경우로 나뉨.

예 같은 표기: 다리(脚)/다리(橋)
다른 표기: 붙이다/부치다

(2) 단어의 의미 변화: 언어가 생성, 변화, 소멸하는 과정에서 의미 역시 변화함.

의미 확대	어떤 단어의 사용 영역이 넓어지는 경우 예 손: 신체의 일부분을 가리킴. → '노동력'의 의미가 추가됨.
의미 축소	어떤 단어의 사용 영역이 좁아지는 경우 예 ᄉᆞ랑ᄒᆞ다(>사랑하다): '생각하다' 또는 '사랑하다'의 뜻 → '사랑하다'의 뜻만 남음.
의미 이동	어떤 단어의 사용 영역이 넓어지거나 좁아지는 일 없이 단어의 의미가 변화하는 경우 예 어엿브다(>어여쁘다): '불쌍하다'의 의미 → '예쁘다'의 의미로 바뀜.

4 단어의 표기

(1) **외래어 표기법**: 외래어를 한글로 표기하는 방법을 정해 놓은 규범. 표기의 기본 원칙, 표기 일람표, 표기 세칙, 인명 · 지명 표기의 원칙으로 구성됨.

1) 외래어 표기의 기본 원칙

① 외래어는 현용 24 자모만 사용하여 적음을 원칙으로 함.

② 외래어의 1 음운은 원칙적으로 1 기호로 표기함.

③ 받침에는 'ㄱ, ㄴ, ㄹ, ㅁ, ㅂ, ㅅ, ㅇ'만을 사용함.

예 coffee shop: 커피숍(◯), 커피숖(×)

④ 파열음 표기에는 된소리를 쓰지 않는 것을 원칙으로 함.

예 bus: 버스(◯), 뻐스(×)

⑤ 이미 굳어진 외래어는 관용을 존중하되, 그 범위와 용례는 따로 정함.

예 camera: 카메라(◯), 캐머러(×)

현용 24 자모
- 자음자: ㄱ, ㄴ, ㄷ, ㄹ, ㅁ, ㅂ, ㅅ, ㅇ, ㅈ, ㅊ, ㅋ, ㅌ, ㅍ, ㅎ(총 14자)
- 모음자: ㅏ, ㅑ, ㅓ, ㅕ, ㅗ, ㅛ, ㅜ, ㅠ, ㅡ, ㅣ(총 10자)

(2) **국어의 로마자 표기법**: 우리말을 로마자로 표기하는 방법을 정해 놓은 규범. 표기의 기본 원칙, 표기 일람, 표기상의 유의점으로 구성됨.

1) 로마자 표기의 기본 원칙

① 국어의 로마자 표기는 표준 발음법에 따라 적음을 원칙으로 함.

② 로마자 이외의 부호는 되도록 사용하지 않음.

2) 로마자 표기법의 주요 내용

① 자음의 로마자 표기

ㄱ	ㄲ	ㅋ	ㄷ	ㄸ	ㅌ	ㅂ	ㅃ	ㅍ	ㅈ	ㅉ	ㅊ	ㅅ	ㅆ	ㅎ	ㄴ	ㅁ	ㅇ	ㄹ
g, k	kk	k	d, t	tt	t	b, p	pp	p	j	jj	ch	s	ss	h	n	m	ng	r, l

※ 'ㄱ, ㄷ, ㅂ'은 모음 앞에서는 'g, d, b'로, 자음 앞이나 어말에서는 'k, t, p'로 적음. 'ㄹ'은 모음 앞에서는 'r', 자음 앞이나 어말에서는 'l'로 적되 'ㄹㄹ'은 'll'로 적음.

② 단모음의 로마자 표기

ㅏ	ㅓ	ㅗ	ㅜ	ㅡ	ㅣ	ㅐ	ㅔ	ㅚ	ㅟ
a	eo	o	u	eu	i	ae	e	oe	wi

③ 이중 모음의 로마자 표기

ㅑ	ㅕ	ㅛ	ㅠ	ㅒ	ㅖ	ㅘ	ㅙ	ㅝ	ㅞ	ㅢ
ya	yeo	yo	yu	yae	ye	wa	wae	wo	we	ui

④ 음운 변동의 로마자 표기

- 자음 동화, 'ㄴ' 첨가, 구개음화, 격음화(거센소리되기)는 변화가 일어난 대로 표기함.

예 백마[뱅마]: Baengma, 신라[실라]: Silla, 학여울[항녀울]: Hangnyeoul, 해돋이[해도지]: haedoji, 놓다[노타]: nota

- 경음화(된소리되기)는 표기에 반영하지 않음.

예 죽변[죽뼌]: Jukbyeon, 팔당[팔땅]: Paldang

체언에서 일어나는 격음화(거센소리되기)의 표기
체언에서 'ㄱ, ㄷ, ㅂ' 뒤에 'ㅎ'이 따를 때에는 'ㅎ'을 밝혀 적음.
예 묵호[무코]: Mukho

문제로 이해하기

[24004-0006]

01 **형태소는 자립성의 유무와 의미의 성격에 따라 분류할 수 있다. 제시된 문장의 ⓐ~ⓕ 중, ㉠과 ㉡ 각각에 해당하는 유형의 형태소를 있는 대로 고르시오.**

> ⓐ모두가 ⓑ바라던 꿈ⓒ이 ⓓ드디어 이루어지ⓔ게 되ⓕ었다.

의미의 성격 \ 자립성의 유무	자립 형태소	의존 형태소
실질 형태소	㉠	
형식 형태소		㉡

[24004-0007]

02 **(1)~(4)의 복합어들을 〈보기〉와 같은 방식으로 설명하시오.**

보기

- 집밥 : 어근 '집'과 어근 '밥'이 결합한 합성어.
- 검붉다 : 어근 '검-'과 어근 '붉-'이 결합한 합성어.
- 헛돌다 : 어근 '돌-'에 접두사 '헛-'이 결합한 파생어.

(1)	구경꾼	
(2)	높푸르다	
(3)	풋사랑	
(4)	뽑히다	

[24004-0008]

03 **어떤 단어가 여러 의미를 지니는 경우 각각의 의미에 따라 반의어나 유의어도 달라질 수 있다. 제시된 예문의 맥락을 고려하여, ㉠과 ㉡에 적절한 반의어와 ㉢과 ㉣에 적절한 유의어를 〈보기〉에서 고르시오.**

예문	반의어
그는 반지를 돌려 뺐다.	끼다
5에서 3을 ㉠빼면 2가 된다.	
벽에 튀어나와 있는 못을 ㉡뺐다.	

예문	유의어
다음 주까지 방을 ㉢빼고 나가라고 합니다.	
고치에서 실을 ㉣빼다.	
필요할 때는 통장에서 돈을 빼 써라.	찾다

보기

끼다, 넣다, 덜다, 박다, 뽑다, 찾다, 더하다, 비우다, 찌우다

2 국어의 탐구와 활용_❸ 문장

1 문장 성분

문장에서 일정한 문법적인 기능을 하는 문장의 구성 요소들

예 경찰이 도둑을 잡았다.

→ '경찰'은 행위의 주체, '도둑'은 행위의 대상, '잡았다'는 행위를 가리키는 말임. 이 문장에서 '경찰이'는 주어, '도둑을'은 목적어, '잡았다'는 서술어임.

2 문장 성분의 종류

(1) **주성분** : 문장을 이루는 데 골격이 되는 부분으로 필수 성분임. 주어, 목적어, 보어, 서술어가 있음.

(2) **부속 성분** : 주로 주성분을 꾸며 주는 성분임. 관형어, 부사어가 있음.

(3) **독립 성분** : 문장에서 다른 성분들과 문법적 관계를 맺지 않는 성분임. 독립어가 있음.

3 문장 성분별 특성

(1) 주어와 서술어

문장 성분	특성
주어	• 문장이나 절에서 동작이나 작용의 주체, 성질이나 상태를 지닌 대상을 나타내는 문장 성분 • 문장을 '무엇이 무엇이다/어떠하다/어찌하다'로 나타낼 때, '무엇이'에 해당함. • 주어는 체언 혹은 체언 구실을 하는 구나 절에 주격 조사 '이/가', '께서', '에서(단체를 나타내는 명사 뒤)'가 붙어 나타나는데, 주격 조사는 생략될 수도 있고 주격 조사 대신 보조사가 붙을 수도 있음. 예 누나가 공부를 한다. (주격 조사 '가'가 붙음.) 누나 지금 공부해. (주격 조사가 생략됨.) 누나도 공부를 한다. (보조사 '도'가 붙음.)
서술어	• 주어의 동작이나 작용, 성질이나 상태 등을 나타내는 문장 성분 • 문장을 '무엇이 무엇이다/어떠하다/어찌하다'로 나타낼 때, '무엇이다, 어떠하다, 어찌하다'에 해당함. 예 삼촌은 경찰이다. (무엇이 무엇이다) 하늘이 노랗다. (무엇이 어떠하다) 형이 노래를 부른다. (무엇이 어찌하다) • 서술어의 자릿수: 서술어가 필수적으로 요구하는 문장 성분의 개수 ① 한 자리 서술어: 주어만을 필수적으로 요구함. 예 명수는 학생이다. 꽃이 피었다. ② 두 자리 서술어: 주어 이외에 목적어, 보어, 부사어 중 하나를 필수적으로 요구함. 예 그가 밥을 먹었다. (목적어를 필수적으로 요구함.) 형은 의사가 되었다. (보어를 필수적으로 요구함.) 민들레는 씀바귀와 비슷하다. (부사어를 필수적으로 요구함.) ③ 세 자리 서술어: 주어 이외에 목적어와 부사어를 필수적으로 요구함. 예 할머니께서 우리에게 용돈을 주셨다.

'구'와 '절'

• 구(句): 둘 이상의 단어가 모여 하나의 단어와 동등한 기능을 하는 말

• 절(節): 주어와 서술어 관계를 갖춘 의미 단위로서 더 큰 문장의 일부를 이루는 말

서술어의 구성

서술어는 보통 하나의 용언 혹은 '체언+이다'로 이루어지지만, 둘 이상의 용언으로 이루어지기도 함.

예 이 음식을 먹어 보아라.

☞ '먹어 보아라'는 본용언 '먹다'와 보조 용언 '보다'가 연결 어미를 매개로 결합하여 하나의 서술어가 됨.

본용언과 보조 용언

보조 용언은 문장에서 홀로 쓰이지 못하고 다른 용언(본용언) 뒤에서 특정한 의미를 더해 주는 기능을 함. 이때 '본용언+보조 용언' 구성은 하나의 서술어처럼 기능함.

▶ 관형어와 다른 문장 성분의 관계

관형어는 흔히 다른 문장 성분 속에 나타남.

예 모든 사람이 우리 형을 좋아 한다.

☞ 주어는 '모든 사람이'이고 관형어 '모든'은 주어 속에 포함되어 나타남. 목적어는 '우리 형을'이고, 관형어 '우리'는 목적어 속에 포함되어 나타남.

▶ 필수적 부사어를 요구하는 서술어

서술어 중에 부사어를 반드시 필요로 하는 것들이 있음.

- 세 자리 서술어
  예 넣다, 주다, 삼다 등
- 두 자리 서술어 중 일부
  예 같다, 맞서다, 다르다 등

(2) 목적어와 보어

문장 성분	특성
목적어	• 서술어의 동작이나 작용의 대상이 되는 문장 성분 • 목적어는 체언이나 체언 구실을 하는 구나 절에 목적격 조사 '을/를'이 붙어 나타나는데, 목적격 조사는 생략될 수도 있고 목적격 조사 대신 보조사가 붙을 수도 있음. 예 나는 빵을 먹었다. (목적격 조사 '을'이 붙음.) 나는 빵 먹을래. (목적격 조사가 생략됨.) 나는 빵도 먹었다. (보조사 '도'가 붙음.)
보어	• 주어를 제외하고 '되다, 아니다'가 필수적으로 요구하는 문장 성분 • 보어는 체언이나 체언 구실을 하는 구나 절에 보격 조사 '이/가'가 붙어서 실현됨. 보격 조사는 생략될 수도 있고 보격 조사 대신 보조사가 붙을 수도 있음. 예 언니가 대학생이 되었다. (보격 조사 '이'가 붙음.) 언니가 대학생 되었어. (보격 조사가 생략됨.) 언니가 대학생은 아니야. (보조사 '은'이 붙음.)

(3) 관형어와 부사어

문장 성분	특성
관형어	• 체언을 꾸며 주는 문장 성분 • 관형사가 그대로 관형어가 되기도 하고, 체언이 그대로 관형어로 쓰이기도 하며 체언에 관형격 조사 '의'가 결합된 형태나 용언의 관형사형(용언 어간+관형사형 어미 '-(으)ㄴ, -는, -(으)ㄹ, -던')으로도 나타남. 예 그녀는 옛 물건을 꺼냈다. (관형사) / 시골 풍경이 아름답다. (체언) 나는 어머니의 모자를 집었다. (체언에 관형격 조사 '의'가 붙음.) 어머니께서 예쁜 꽃을 사 오셨다. (용언의 어간에 관형사형 어미 '-ㄴ'이 붙음.)
부사어	• 주로 용언을 꾸며 주지만 관형사, 다른 부사 또는 절이나 문장 전체를 꾸며 주기도 함. 예 아주 오랜 세월이 흘렀다. (관형사를 꾸밈.) 회의는 정말 빨리 끝났다. (다른 부사를 꾸밈.) 과연 이 일은 앞으로 어떻게 될 것인가? (문장 전체를 꾸밈.) • 부사가 그대로 부사어가 되기도 하고, 체언에 부사격 조사가 결합된 형태나 용언의 부사형(용언 어간+부사형 어미)으로도 나타남. 예 일단 생각해 보고 결정하겠습니다. (부사가 부사어가 됨.) 나는 집으로 발길을 돌렸다. (체언에 부사격 조사 '으로'가 붙음.) 그늘이 깊게 드리워졌다. (용언의 어간에 부사형 어미 '-게'가 붙음.) • 부사어는 부속 성분이므로 문장에서 필수적이지 않지만 세 자리 서술어는 반드시 부사어가 필요함. 또 두 자리 서술어 중의 일부도 반드시 부사어가 필요함. 예 나는 그를 친구로 여긴다. / 이 옷이 너에게 어울린다.

(4) 독립어

문장 성분	특성
독립어	• 문장의 어느 성분과도 문법적 관계를 맺지 않는 문장 성분 • 일반적으로 독립어는 문장의 맨 앞에 위치하지만 문장의 중간 혹은 끝에 올 수도 있음. 예 그렇게는, 음, 어렵겠네요. / 그렇게 하지요, 뭐. • 감탄사는 독립어로 쓰이며, 체언의 단독 형태나 체언에 호격 조사 '아/야, (이)여'가 결합된 형태로도 나타남. 예 앗, 아기가 넘어졌구나. (감탄사) / 선생님, 질문이 있어요. (체언의 단독 형태) 민수야, 우리 영화 보러 갈래? (체언에 호격 조사 '야'가 붙음.)

4 문장의 구조(짜임)

(1) **홑문장**: 주어와 서술어의 관계가 한 번 나타나는 문장

(2) **겹문장**: 주어와 서술어의 관계가 두 번 이상 나타나는 문장으로, 이어진문장과 안은문장이 있음.

1) 이어진문장: 두 절이 연결 어미에 의하여 결합된 문장

대등하게 연결된 이어진문장	앞 절과 뒤 절의 의미가 '나열, 대조' 등의 대등한 관계에 있는 문장. '–고', '–(으)나', '–지만' 등의 대등적 연결 어미로 이어짐. • 나열: 예 기온도 높고 습도도 높다. • 대조: 예 기온은 높지만 습도는 낮다.
종속적으로 연결된 이어진문장	앞 절의 의미가 뒤 절의 의미에 종속된 문장으로, 앞 절이 뒤 절의 '원인 · 이유, 배경 상황, 조건 · 가정, 의도 · 목적, 양보, 중단 · 전환, 정도의 심화' 등의 의미를 지님. '–아서/–어서', '–(으)면' 등의 종속적 연결 어미로 이어짐. • 원인 · 이유: 예 비가 많이 오니까 지금은 나가지 마. • 배경 상황: 예 집에 가는데 중학교 때 친구를 만났다. • 조건 · 가정: 예 내일 날씨가 좋으면 공원에 놀러 가자. • 의도 · 목적: 예 나는 어제 책을 사러 서점에 갔다. • 양보: 예 아무리 힘들어도 희망을 잃지 마라. • 중단 · 전환: 예 희주는 책을 읽다가 전화를 받았다. • 정도의 심화: 예 산이 높을수록 골짜기가 깊다.

2) 안은문장: 한 절이 다른 절을 문장 성분의 일부로서 안고 있는 문장으로, 이때 안겨 있는 절을 '안긴절'이라고 함.

명사절을 가진 안은문장	명사의 기능(주어, 목적어, 보어 등)을 하는 절을 안고 있는 문장. 명사절은 명사형 어미 '–(으)ㅁ', '–기' 등으로 실현됨. 예 우리는 그가 옳았음을 깨달았다. 지금 다시 돌아가기는 힘들다.
관형사절을 가진 안은문장	관형어의 기능을 하는 절을 안고 있는 문장. 관형사절은 관형사형 어미 '–(으)ㄴ, –는, –(으)ㄹ, –던' 등으로 실현됨. 예 나는 형이 요리한 음식을 좋아한다. 우리는 그가 밥을 먹는 모습을 보았다. 저것은 내가 신을 신발이다. / 저것은 내가 쓰던 모자이다.
부사절을 가진 안은문장	부사어의 기능을 하는 절을 안고 있는 문장. 부사절은 '–이, –게, –도록, –듯(이)' 등으로 실현됨. 예 영수가 돈도 없이 여행을 떠났다. / 사람들이 지나가도록 길을 비켜 주자.
서술절을 가진 안은문장	서술어의 기능을 하는 절을 안고 있는 문장. 서술절로 안길 경우에는 어미나 조사와 같은 표지가 없음. 예 할머니께서 건강이 좋으시다. / 언니는 마음씨가 곱다.
인용절을 가진 안은문장	어떤 말이나 생각을 인용한 것을 절의 형식으로 안고 있는 문장. 인용절이 될 절에 조사 '(이)라고, 고'를 붙여 실현됨. 직접 인용에는 '(이)라고'를, 간접 인용에는 '고'를 사용함. 예 동생이 친구에게 "어디로 가니?"라고 물었다. (직접 인용) 동생이 친구에게 어디로 가냐고 물었다. (간접 인용)

◎ 문장 구조의 단계적 파악

겹문장에서는 문장의 짜임을 단계적으로 파악하여야 함.

예 • 그가 범인임이 밝혀졌다.
☞ 전체 문장의 주어는 '그가 범인임이'이고 전체 문장의 서술어는 '밝혀졌다'임. 명사절 '그가 범인임'에서 주어는 '그가'이고 서술어는 '범인임'임.

• 이 집은 마당이 넓다.
☞ 전체 문장의 주어는 '이 집은'이고 서술어는 '마당이 넓다'임. 서술절 '마당이 넓다'에서 주어는 '마당이'이고 서술어는 '넓다'임.

• 인생은 짧고 예술은 길다는 말은 명언이다.
☞ 전체 문장의 주어는 '인생은 짧고 예술은 길다는 말은'이고 서술어는 '명언이다'임. '인생은 짧고 예술은 길다는'은 '말'을 꾸며 주는 관형어임. '인생은 짧고 예술은 길다'는 대등하게 연결된 이어진문장이고, '인생은 짧고 예술은 길다는'은 관형사형 어미 '–는'이 쓰인 관형사절임.

◎ 관형사절과 관형절

'관형사절'은 줄여서 '관형절'이라고도 함.

◎ 인용절에서의 조사 생략

인용절에 붙은 조사는 생략이 가능함.

예 할머니께서는 나에게 "키가 많이 자랐구나!" 하셨다.

5 문장의 표현

(1) **문장 종결 표현**: 화자가 종결 어미를 통해 청자에게 자신의 생각이나 느낌을 나타내는 문법 범주. 줄여서 종결 표현이라고도 함. 평서문, 의문문, 명령문, 청유문, 감탄문으로 나뉨.

종결 표현	특성
평서문	화자가 청자에게 특별히 요구하는 바가 없이 자기의 생각을 단순하게 전달하는 문장 예 어제는 하루 종일 비가 내렸다.
의문문	일반적으로 화자가 청자에게 질문하여 대답을 요구하는 문장 • 판정 의문문: '예/아니요'의 긍정이나 부정의 대답을 요구하는 의문문 예 밖에 비가 오니? • 설명 의문문: '언제, 누구, 무엇' 등의 의문 대명사가 포함되어 있어서 듣는 이에게 설명하는 대답을 요구하는 의문문 예 언제부터 비가 내렸니? • 수사 의문문: 형태는 의문문이지만 굳이 대답을 요구하는 것이 아니면서 서술, 명령, 감탄 등의 효과를 나타내는 의문문 예 누가 그 사실을 모르겠어? (→ 누구나 그 사실을 안다.)
명령문	화자가 청자에게 어떤 행동을 하도록 요구하는 문장 예 학교에 일찍 와라.
청유문	화자가 청자에게 어떤 행동을 함께하도록 요청하거나 제안하는 문장 예 우리 만나서 다 같이 출발하자.
감탄문	화자가 청자를 별로 의식하지 않거나 거의 독백하는 상태에서 자기의 느낌을 표현하는 문장 예 그 사람은 정말 열심히 노력했구나!

▶ 명령문과 청유문의 공통점과 차이점

명령문과 청유문의 서술어는 보통 동사로 한정되며, 시간 표현의 선어말 어미 '-았-/-었-, -겠-, -더-'와 함께 쓰이지 않음. 일반적으로 명령문의 주어는 청자로 한정되는 반면, 청유문의 주어는 화자와 청자를 모두 포함함.

(2) **높임 표현**: 화자가 어떤 대상에 대해 높이거나 낮추는 태도를 나타내는 표현. 높이려는 대상이 누구인가에 따라 주체 높임, 상대 높임, 객체 높임으로 나뉨.

1) 주체 높임

① 화자가 주체, 곧 문장의 주어가 지시하는 대상에 대해 높임의 태도를 나타내는 표현. 주로 선어말 어미 '-(으)시-'에 의해 실현되지만, 주격 조사 '께서'나 특수 어휘 '계시다, 주무시다' 등을 통해 실현되기도 함.

② 주체 높임 표현은 높여야 할 대상의 신체 일부, 소유물, 생각 등을 주어로 삼는 서술어에 '-(으)시-'를 결합하여 간접적으로 실현되기도 하는데, 이를 간접 높임이라고 함. '있다'의 주체 높임 표현은 '계시다'인데, 간접 높임에서는 '있으시다'로 쓰임.

예
- 선생님께서는 책을 읽으십니다. (직접 높임)
- 선생님께서는 댁에 책이 많으십니다. (간접 높임)

- 선생님께서는 댁에 계신다. (직접 높임)
- 선생님께서는 수업이 있으시다. (간접 높임)

2) **상대 높임**: 화자가 청자, 곧 말을 듣는 상대에게 높임이나 낮춤의 태도를 나타내는 표현으로, 주로 종결 어미로 실현됨. 상대 높임은 상대를 높이는 정도에 따라 여러 등급으로 나뉘며, 격식을 갖추었는지 여부에 따라 격식체와 비격식체로 나뉨.

격식체				비격식체	
하십시오체	하오체	하게체	해라체	해요체	해체

3) **객체 높임**: 화자가 문장의 객체, 곧 목적어나 부사어가 지시하는 대상에 대한 높임의 태도를 나타내는 표현. '드리다, 모시다, 여쭈다/여쭙다, 뵈다/뵙다' 등의 몇몇 동사에 의해 실현되거나 부사격 조사 '께'를 통해 실현됨.

예 나는 그 책을 아버지께 드렸다.
동생이 할머니를 모시러 갔다.

(3) 시간 표현

1) **시제**: 어떤 시점을 기준으로 하여 어떤 사태의 시간적 위치를 나타내는 문법 범주로, 발화시(화자가 말하는 시점)와 사건시(동작이나 상태가 나타나는 시점)의 관계에 따라 '과거, 현재, 미래'로 나뉨.

시제	특성
과거 시제	• 사건시가 발화시보다 선행하는 시간 표현 • 주로 선어말 어미 '-았-/-었-'에 의해 실현됨. 예 우리가 그를 막았다. / 어제는 오랜만에 라면을 먹었다. • 아주 오래전에 일어난 일이나 현재에는 그렇지 않은 상태임을 표현하기 위해 '-았었-/-었었-'과 같은 형태를 쓰기도 함. 과거 어느 때의 일이나 경험을 회상할 때에는 '-더-'를 사용함. 예 우리는 어릴 때 같은 집에 살았었다. / 어제 보니 새로 가게가 생겼더라. • 관형사절로 안길 때 동사에는 관형사형 어미 '-(으)ㄴ', '-던'이, 형용사와 '이다'에는 '-던'이 쓰임. 또 '-았-/-었-' 다음에 '-던'을 덧붙여 쓸 수 있음. 예 저것은 제가 {읽은/읽던/읽었던} 책입니다. 나는 그녀가 {학생이던/학생이었던} 시절을 회상했다.
현재 시제	• 사건시와 발화시가 일치하는 시간 표현 • 동사의 경우에는 선어말 어미 '-는-/-ㄴ-'에 의해 실현되고, 형용사나 '이다'의 경우에는 특정 어미가 결합되지 않은 상태로 실현됨. 예 나는 지금 학교에 간다. / 들판의 꽃이 정말 예쁘다. • 관형사절로 안길 때는 일반적으로 동사에는 관형사형 어미 '-는'이, 형용사와 '이다'에는 '-(으)ㄴ'이 쓰임. 예 책을 읽는 사람들이 많다. / 그녀는 슬픈 표정을 지었다. 우리 학교 회장인 선주가 도착했다.
미래 시제	• 사건시가 발화시 이후인 시간 표현 • 주로 선어말 어미 '-겠-'에 의해 실현되며, 관형사형 어미와 의존 명사가 합쳐진 '-(으)ㄹ 것(이)-'에 의해 실현되기도 함. 예 잠시 후에 수업을 시작하겠습니다. / 그는 오후에 도착할 것입니다. • 관형사절로 안길 때에는 관형사형 어미 '-(으)ㄹ'이 쓰임. 예 저녁에 먹을 음식은 따로 덜어 두자.

◘ 현재 시제의 사용

미래에 일어날 일이라도 확정적이라고 판단하면 현재 시제를 사용함. 또 보편적인 사실을 말할 때도 현재 시제를 사용함.

예 버스가 곧 도착한다.
해는 동쪽에서 뜬다.

◘ 선어말 어미 '-겠-'

추측이나 의지와 같은 화자의 태도를 나타낼 수도 있음.

예 지금쯤 형은 부산에 도착했겠지.
앞으로는 공부를 열심히 하겠어.

◎ '-고 있다'의 중의적 의미

'-고 있다'는 완료상과 진행상의 두 가지 의미를 나타내는 경우가 있음.

예 형은 모자를 쓰고 있다.

☞ 문맥에 따라 모자를 쓰는 동작을 진행함을 나타낸다고 볼 수도 있고, 모자를 쓰는 동작이 완료된 후 그 결과의 상태가 지속됨을 나타낸다고 볼 수도 있음.

◎ 직접 사동과 간접 사동

직접 사동은 행위를 시키는 주체가 행위를 하는 사람과 함께 행위에 참여하는 것이고, 간접 사동은 행위에 참여하지 않는 것(말 등을 통해 간접적으로 시키는 것)임.

예 엄마가 아기에게 젖을 물렸다. (직접 사동)

엄마가 아이에게 책을 읽게 한다. (간접 사동)

◎ 그 밖의 피동, 사동 표현

피동 표현은 접미사 '-되다', '-받다', '-당하다'에 의해 실현되기도 함. 또한 사동 표현은 접미사 '-시키다'에 의해 실현되기도 함.

예 그는 윗사람들에게 사랑받는 사람이다.

아버지께서 동생을 병원에 입원시키셨다.

◎ 명령문과 청유문의 부정 표현

명령문과 청유문에서는 '-지 말다' 형태의 긴 부정 표현이 쓰임.

예 그 길로 가지 마라.

이 길로 가지 말자.

2) 동작상: 완료, 진행과 같이 사건을 이루는 동작의 시간적 모습을 표시하는 문법 범주. 어미로 표현되거나 보조 용언 구성 등에 의해 표현됨.

① 진행상: 동작이 진행되고 있음을 나타냄.

예 아이들이 운동장에서 놀고 있다.

② 완료상: 동작이 이미 완료되었거나 완료된 결과 상태가 지속됨을 나타냄.

예 밥을 다 먹어 버렸다. (완료)

꽃이 피어 있다. (완료된 결과 상태의 지속)

(4) 피동과 사동 표현

피동 표현		사동 표현	
의미	주어가 다른 힘에 의해 동작을 당하게 되는 것을 나타내는 표현 ↔ 능동 표현	의미	주어가 남에게 동작을 하도록 시키는 것을 나타내는 표현 ↔ 주동 표현
피동사 피동	피동 접미사 '-이-, -히-, -리-, -기-'가 쓰임. 예 아이가 어머니 품에 안겼다.	사동사 사동	사동 접미사 '-이-, -히-, -리-, -기-, -우-, -구-, -추-'가 쓰임. 예 언니가 나에게 물을 먹였다.
'-아지다/-어지다' 피동	용언 어간에 '-아지다/-어지다'가 결합함. 예 많은 음식들이 아깝게 버려졌다.	'-게 하다' 사동	용언 어간에 '-게 하다'가 결합함. 예 선생님께서 나를 집에 가게 하셨다.

(5) 부정 표현

	'안' 부정문(단순 부정, 의지 부정)	'못' 부정문(능력 부정)
의미	어떤 상태가 그렇지 않음을 나타내거나, 동작을 행하는 주어의 의지에 의해 어떤 동작이 일어나지 않음을 나타냄.	주어의 능력이나 그 밖의 다른 상황 때문에 그 일이 일어나지 못함을 나타냄.
짧은 부정	부정하려는 말 앞에 '안/아니'를 사용함. 예 기름진 음식은 안 먹을래.	부정하려는 말 앞에 '못'을 사용함. 예 동생은 아파서 죽도 못 먹는다.
긴 부정	부정하려는 말 뒤에 '-지 않다/-지 아니하다'를 사용함. 예 기름진 음식은 먹지 않을래.	부정하려는 말 뒤에 '-지 못하다'를 사용함. 예 동생은 아파서 죽도 먹지 못했다.

(6) 인용 표현

1) 직접 인용: 원래의 말이나 글을 그대로 큰따옴표(" ")나 작은따옴표(' ')에 넣어 인용함. 직접 인용된 절에는 조사 '(이)라고'가 쓰임.

2) 간접 인용: 인용된 말이나 글을 자신의 관점에서 다시 서술하여 표현함. 인용절 속의 대명사, 시간 표현, 공간 표현, 서술어에 실현되는 높임 표현, 종결 표현 등이 원래의 발화와 달라질 수 있음. 간접 인용된 절에는 조사 '고'가 쓰임.

문제로 이해하기

[24004-0009]

01

(1)~(2)에서 관형어를 모두 찾고, 각각의 관형어가 실현된 방식을 〈보기〉에서 찾아 쓰시오.

보기

- 관형어가 실현되는 방식
  - ㉠ 관형사가 그대로 관형어로 쓰이는 경우
  - ㉡ 체언이 그대로 관형어로 쓰이는 경우
  - ㉢ 체언에 관형격 조사가 결합하여 관형어로 쓰이는 경우
  - ㉣ 용언의 관형사형이 관형어로 쓰이는 경우

		관형어	실현 방식
(1)	그때 다쳤던 손톱이 빠지고 새 손톱이 조금씩 돋고 있다.	다쳤던	㉣
(2)	맑은 날에는 동생의 손을 잡고 동네 근처를 산책하곤 했다.		

[24004-0010]

02

(1)~(3)의 문장에서 안긴절을 찾고, ㉠~㉣을 채우시오.

	문장	안긴절의 종류	안긴절을 실현하는 어미	문장에서 안긴절이 하는 역할
(1)	종일 피곤해하던 동생이 지금까지 자고 있다.	관형사절	㉠	관형어의 기능
(2)	현서는 이곳에 집을 짓기로 결심하였다.	㉡	㉢	조사 '로'와 결합하여 부사어의 기능
(3)	지현이가 그 행사에 참여했음이 밝혀졌다.	명사절	-음	㉣

[24004-0011]

03 **(1)~(3)에서 〈보기〉의 ㉠~㉤에 해당하는 표현의 실현 유무를 표시하시오.**

보기

● 주체 높임 실현 방법
㉠ 선어말 어미에 의해 실현
㉡ 주격 조사에 의해 실현
㉢ 주체를 높이는 용언에 의해 실현

● 객체 높임 실현 방법
㉣ 부사격 조사에 의해 실현
㉤ 객체를 높이는 용언에 의해 실현

	㉠	㉡	㉢	㉣	㉤
(1) 선생님께서는 지금 강당에 계신다.	×				
(2) 언니는 외국에서 사 온 선물을 할아버지께 드렸다.					
(3) 어머니는 할머니를 모시고 시골에 가셨다.	○				

2 국어의 탐구와 활용_❹ 담화/국어사

담화

1 담화의 개념과 특성

(1) **개념**: 기본적으로 둘 이상의 발화나 문장이 맥락 속에서 연속되어 이루어지는 말의 단위. 드물게 하나의 발화나 문장으로 이루어진 담화도 성립할 수 있음.

(2) **특성**: 발화나 문장들이 모여서 적절하고 자연스러운 담화를 이루기 위해서는 내용 면에서 통일성, 형식 면에서 응집성을 갖추어야 함.

담화의 통일성
통일성이란 담화를 이루는 발화나 문장들이 하나의 주제 아래 내용상 유기적으로 관련을 맺고 있는 것을 가리킴.

담화의 응집성
응집성이란 담화를 이루는 발화나 문장들이 지시 표현, 대용 표현, 접속 표현 등의 형식적인 요소들에 의해 긴밀하게 연결되는 것을 가리킴.

2 직접 발화와 간접 발화

문장 종결 표현의 유형과 화자의 의도가 일치하는 발화를 직접 발화라고 하고, 일치하지 않는 발화를 간접 발화라고 함.

직접 발화의 예	간접 발화의 예
(상대방의 목소리가 들리지 않아 크게 말해 달라는 의도로) 조금만 크게 말씀해 주십시오.	(창가에 앉은 친구에게 창문을 닫아 달라는 의도로) 창문으로 바람이 들어와 추워.

3 언어적 맥락과 비언어적 맥락

담화에서 맥락은 화자와 청자를 둘러싸고 존재하며, 발화를 표현하고 발화의 의미를 이해하는 데 결정적인 역할을 함. 맥락은 크게 언어적 맥락과 비언어적 맥락으로 나뉨.

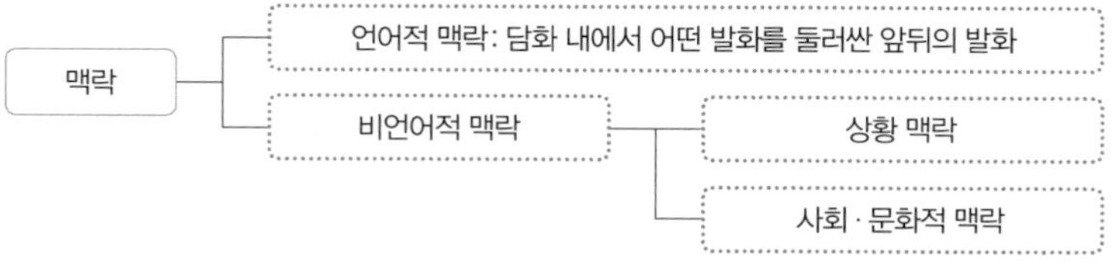

상황 맥락	사회 · 문화적 맥락
담화의 수용이나 생산 활동에 직접적으로 개입하는 맥락. 화자(필자), 청자(독자), 목적, 시간, 공간, 환경 등이 구성 요소임.	담화의 수용이나 생산 활동에 간접적으로 개입하는 맥락. 국가 및 권력 기관, 제도, 역사적 · 사회적 상황, 이데올로기, 공동체의 가치 · 신념 등이 포함됨.

국어사

1 국어사의 시대 구분

국어는 시대 변화에 따라 크고 작은 변화를 겪으면서 발전해 왔으며, 이러한 국어의 변화는 표기, 어휘, 음운, 문법 등의 여러 층위에서 이루어졌음. 국어의 역사는 일반적으로 고대 국어(고려 건국 이전), 중세 국어(고려 건국 이후부터 16세기 말), 근대 국어(17세기 초부터 19세기 말), 현대 국어(20세기 이후)로 구분할 수 있음.

2 고대 국어

(1) **표기**: 한자의 음과 뜻을 빌려 우리말을 표기함.

1) **고유 명사 표기**: 한자의 음과 뜻을 이용하여 인명, 지명 등을 표기함.

예 素那(或云金川) 白城郡蛇山人也

[현대어 풀이] 소나(素那)〔또는 금천(金川)이라고 한다.〕는 백성군(白城郡) 사산(蛇山) 사람이다.

한자	뜻	음	한자	뜻	음
素	흴	㉦소	金	㉦쇠	금
那	어찌	㉦나	川	㉦내	천

→ '素那'와 '金川'은 각기 다른 인명을 나타내는 것이 아니라, 동일한 인명을 한자의 음을 이용한 방식과 뜻을 이용한 방식으로 표기한 것임.

2) 이두, 구결, 향찰

① **이두**: 한자의 음과 뜻을 빌려 우리말을 적은 표기법으로, 일반적으로는 우리말의 문장 구성 방식에 따라 한문의 어순을 조정하고 조사나 어미 등을 차자 표기로 적은 것

② **구결**: 한문을 읽을 때 그 의미를 쉽게 파악할 수 있도록 각 구절 아래 해당 부분에 조사, 어미 등의 문법적 요소를 표기한 것

③ **향찰**: 한자의 음과 뜻을 빌려 우리말 문장 전체를 적은 표기법으로, 향가 표기에 사용됨. 우리말 어순으로 배열하여 우리말 문장을 전면적으로 기록한 표기 체계임.

(2) **어휘**

중세 국어의 어형과 일치하는 단어들이 많이 발견됨. '공주(公主), 생사(生死), 혜성(彗星)' 등의 일반적인 한자어뿐 아니라 '왕생(往生), 자비(慈悲)'와 같은 불교계 한자어도 나타남. '붇(筆), 먹(墨)'과 같은 외래어도 나타남.

3 중세 국어

(1) 표기

1) **종성 표기**: 종성에서 발음되는 자음의 종류가 여덟 가지(ㄱ, ㄴ, ㄷ, ㄹ, ㅁ, ㅂ, ㅅ, ㆁ)이었기 때문에 받침에도 이 자음들로 표기하는 것을 원칙으로 함.

2) **이어 적기**: 기본 형태를 밝혀 적지 않고 소리 나는 대로 적으며, 원칙적으로 받침이 있는 체언이나 용언 어간에 모음으로 시작하는 조사나 어미가 붙을 때 받침의 종성을 다음 자의 초성으로 내려서 적음.

예 누니(눈이), 소ᄂᆞᆯ(손을), 노파(높아)

(2) 음운

1) 자음

① 경음(된소리) 계열이 등장함.

예 ᄭᅮᆷ(꿈), ᄯᆞᆯ(딸), ᄲᅳᆯ(뿔)

② 'ᄠ, ᄢ' 등과 같은 어두 자음군이 존재함.

예 ᄠᅳᆮ(뜻), ᄢᅮᆯ(꿀)

③ 'ㅸ(순경음 ㅂ), ㅿ(반치음)' 등 현대 국어에 없는 자음이 쓰였음.

예 셔ᄫᅳᆯ(서울), ᄀᆞᅀᅳᆯ(가을)

2) 모음

① 일곱 개의 단모음(ㆍ, ㅡ, ㅣ, ㅏ, ㅗ, ㅓ, ㅜ)과 다양한 이중 모음(ㆎ, ㅐ, ㅚ, ㅢ, ㅔ, ㅟ, ㅑ, ㅛ, ㅕ, ㅠ……) 등이 사용됨.

② **모음 조화**: 'ㆍ, ㅏ, ㅗ, ㆎ, ㅐ, ㅚ, ㅑ, ㅛ, ㅘ'는 양성 모음이었고 'ㅡ, ㅓ, ㅜ, ㅢ, ㅔ, ㅟ, ㅕ, ㅠ, ㅝ'는 음성 모음이었음. 'ㅣ'는 중성 모음. 현대 국어와 달리 '체언+조사'나 '용언 어간+어미' 결합에서 모음 조화가 비교적 잘 지켜졌음.

예 ᄭᅮᆷ+을 → ᄭᅮ믈, 가-+-ᄂᆞᆫ → 가ᄂᆞᆫ

(3) 문법

1) 조사

① 주격 조사가 환경에 따라 '이, ㅣ, Ø(영형태)'로 실현됨. 자음 뒤에서는 '이', 모음 'ㅣ'나 반모음 'j' 이외의 모음 뒤에서는 'ㅣ', 모음 'ㅣ'나 반모음 'j' 뒤에서는 'Ø'로 나타남.

예 말ᄊᆞ미(말ᄊᆞᆷ+이), 네(너+ㅣ), 불휘(불휘+Ø)

② 목적격 조사는 'ᄋᆞᆯ/을, ᄅᆞᆯ/를, ㄹ'로 실현됨. 선행 체언이 자음으로 끝날 때는 'ᄋᆞᆯ/을', 모음으로 끝날 때는 'ᄅᆞᆯ/를'로 나타남. 모음으로 끝나는 체언 뒤에서 'ᄅᆞᆯ/를' 대신 'ㄹ'이 사용되기도 함.

예 바ᄇᆞᆯ(밥+ᄋᆞᆯ), 나ᄅᆞᆯ(나+ᄅᆞᆯ), ᄠᅳ들(ᄠᅳᆮ+을), 너를(너+를), 머릴(머리+ㄹ)

▶ 띄어쓰기

띄어쓰기는 하지 않았음.

예 제ᄠᅳ들시러펴디몯ᄒᆞᇙ노미하니라(제 뜻을 능히 펴지 못하는 사람이 많다.)

▶ 성조의 표기

소리의 고저(높낮이)를 이용하여 단어의 뜻을 구분하기도 했음. 이러한 소리의 고저를 '성조'라고 부름. 성조는 방점으로 표기되었음.

예 나·랏:말ᄊᆞ·미(우리나라 말이)

ⓞ 유정 체언과 무정 체언
일반적으로 유정 체언은 사람이나 동물을 가리키고, 무정 체언은 사물을 가리킴.

ⓞ 이인칭 주어 의문문
높임이 아닌 평칭에서 이인칭 주어 의문문에 '-ㄴ다', '-ㄹ다' 등을 사용하였음.
예 네 겨집 그려 가던다(네가 아내를 그리워하여 갔느냐?), 네 가 어느 쁴 올다(네가 가 어느 때 오겠느냐?)

ⓞ 성조와 방점의 소멸
16세기 후반부터 동요하던 성조가 사라짐에 따라 점차 방점 표기가 없어짐.

③ 관형격 조사는 'ㆍ|/의' 계열과 'ㅅ' 계열이 존재함. 평칭의 유정 체언에는 'ㆍ|/의'로 나타남. 높임의 유정 체언, 또는 무정 체언에는 'ㅅ'이 나타남.
예 사ᄉᆞ미(사ᄉᆞᆷ+ㆍ|), 거부븨(거붑+의), 부텻(부텨+ㅅ), 나못(나모+ㅅ)

④ 높임의 호격 조사로 '하'가 있었음.
예 님금**하** 아ᄅᆞ쇼셔(임금이시여, 아소서.)

2) 의문문

① 의문사에 대한 대답을 요구하는 설명 의문문은 '-뇨', '-료' 등의 종결 어미나, 체언 뒤에 바로 붙는 의문 보조사 '고/오'에 의해 실현됨.
예 **므슴** 마를 니ᄅᆞᄂᆞ**뇨**(무슨 말을 이르느냐?)
이 **엇던** 사ᄅᆞᆷ**고**(이 어떤 사람인가?)

② 가부(可否)를 묻는 판정 의문문은 '-녀', '-려' 등의 종결 어미나, 체언 뒤에 바로 붙는 의문 보조사 '가/아'에 의해 실현됨.
예 져므며 늘구미 잇ᄂᆞ**녀**(젊으며 늙음이 있느냐?)
이 ᄯᆞ리 너희 죵**가**(이 딸이 너희들의 종이냐?)

3) 객체 높임 표현

- 목적어나 부사어의 지시 대상인 객체를 높이는 선어말 어미가 존재함. 객체 높임 선어말 어미는 어간 말음이 'ㄱ, ㅂ, ㅅ, ㅎ'일 때는 '-ᅀᆞᆸ-', 'ㄷ, ㅈ, ㅊ'일 때는 '-ᄌᆞᆸ-', 모음이나 'ㄴ, ㅁ, ㄹ'일 때는 '-ᅀᆞᆸ-'으로 실현됨. 또한 객체 높임 선어말 어미 뒤에 모음으로 시작하는 어미가 오면, '-ᄉᆞᆸ-, -ᄌᆞᆸ-, -ᅀᆞᆸ-'은 각각 '-ᄉᆞᇦ-, -ᄌᆞᇦ-, -ᅀᆞᇦ-'으로 실현됨.

예 如來ㅅ 우희 둡**ᄉᆞᆸ**고(부처님의 위에 덮고)
父母씌 安否 묻**ᄌᆞᆸ**고(부모께 안부 여쭙고)
스승니믈 보**ᅀᆞᆸ**고져(스승님을 뵙고자)

4 근대 국어

(1) 표기

1) **종성 표기**: 'ㄱ, ㄴ, ㄹ, ㅁ, ㅂ, ㅅ, ㅇ'의 7개를 주로 사용하였음. 발음상으로는 종성의 'ㅅ'이 'ㄷ'으로 발음되었으나, 표기상으로는 오히려 'ㄷ' 대신 'ㅅ'을 사용함.
예 밋어(믿어), 듯보다(듣보다)

2) **거듭 적기**: 이어 적기 방식이 끊어 적기 방식으로 바뀌어 가는 과도기적 표기가 나타남.
예 먹글(먹을), 깁피(깊이)

(2) 음운

1) 자음

① 'ㅿ'이 16세기부터 약화되다가 소실됨.

예 ᄉᆞᅀᅵ > ᄉᆞ이 > 사이, 어버ᅀᅵ > 어버이

② 'ㅂ'계, 'ㅄ'계 어두 자음군이 사라지면서 된소리로 바뀜.

예 ᄠᅳᆮ > ᄯᅳᆮ(뜻), ᄣᅢ > ᄯᅢ(때)

③ 일부 단어들에서 격음화(거센소리되기)나 경음화(된소리되기)가 나타남.

예 고키리 > 코키리(코끼리), 곳고리 > ᄭᅬᄭᅩ리(꾀꼬리)

④ 17~18세기에 구개음화가 점진적으로 나타남.

예 티다 > 치다, 옮기디 > 옮기지

2) 모음

① 'ㆍ'가 16세기부터 둘째 음절 이하에서 주로 'ㅡ'로 바뀌고, 18세기에는 첫째 음절에서 주로 'ㅏ'로 변화함.

예 ᄀᆞᄅᆞ치다 > ᄀᆞ르치다 > 가르치다

② 중세 국어에서 이중 모음이었던 'ㅐ, ㅔ'가 단모음화하여 8개의 단모음 체계(ㅡ, ㅣ, ㅏ, ㅗ, ㅓ, ㅜ, ㅐ, ㅔ)가 됨. 19세기에는 'ㅚ, ㅟ'의 단모음화가 일어남.

③ 양순음 아래에서 평순 모음인 'ㅡ'가 원순 모음 'ㅜ'로 변화함.

예 믈 > 물, 블 > 불, 븕다 > 붉다

(3) 문법

1) **주격 조사** : '가'가 등장함. '가'는 초기에는 반모음 'j'로 끝나는 체언 뒤에 오다가 점차 모음으로 끝나는 체언 전체로 확대되어 현대 국어와 같은 모습을 보이게 됨.

예 ᄇᆡ**가** 올 거시니(배가 올 것이니), 우리**가** 모로ᄂᆞᆫ가(우리가 모르는가?)

2) **불규칙 활용** : 'ㅿ'이 소실되면서 'ㅅ' 불규칙 활용으로 변함.

예 지ᅀᅥ > 지어, 니ᅀᅥ > 니어(이어)

3) **과거 시제 선어말 어미** : 과거 시제 선어말 어미 '-앗-/-엇-'이 확립됨.

예 머거 ᄀᆞ초**앗**ᄂᆞ니(먹어 갖추었느니), 어미 병들**엇**거ᄂᆞᆯ(어미 병들었거늘)

두음 법칙의 변화
두음 법칙에 변화가 나타나 모음 'ㅣ'나 반모음 'j' 앞에 오는 어두의 'ㄴ'이 탈락되기 시작함.
예 님금 > 임금

주격 조사 '가'의 출현 시기
16세기 후반의 중세 국어 시기에도 출현한다는 견해도 있지만, 근대 국어 시기가 되어서야 본격적으로 쓰임.

문제로 이해하기

[24004-0012]

01 **담화 맥락을 고려할 때 〈보기〉의 ㉠~㉤ 중 가리키는 대상이 같은 것을 찾으시오.**

보기

(가은, 나영, 다희 세 사람이 만나 대화하고 있다.)

가은: ㉠우리 오늘 도서관에 갈까? 오후 두 시부터 ○○○ 작가 강연이 있어.
나영: 매달 첫째 일요일에 있는 강연이지? 지난달에는 ㉡우리 엄마하고 갔었는데.
다희: 나도 ○○○ 작가 팬이야. 그런데 어쩌나. 오늘 오후에는 ㉢우리 집에 일이 있어.
가은: 그래? 그럼 이번에는 ㉣우리끼리 가야겠구나. 잘 듣고 와서 전해 줄게.
다희: 그렇게 해 주면 고맙고. 그런데 정말 아쉽다.
나영: 다희야, 너무 아쉬워하지 마. 다음 달에는 ㉤우리 모두 같이 가자.

[24004-0013]

02 **(1)~(4)에서 중세 국어에 쓰인 조사를 있는 대로 찾아 그 종류를 밝히시오.**

	조사의 종류
(1) 나랏 말ᄊᆞ미(나라의 말이)	(　　　) 조사, 주격 조사
(2) 무릐 ᄃᆞ니ᄂᆞᆫ(물에 다니는)	(　　　) 조사
(3) 내 이ᄅᆞᆯ 위ᄒᆞ야(내가 이를 위해서)	(　　　) 조사, (　　　) 조사
(4) 彌勒(미륵)아 아라라(미륵아 알아라.)	(　　　) 조사

[24004-0014]

03 **중세 국어에서는 모음 조화가 비교적 잘 지켜졌다. 이와 관련하여 다음의 자료를 통해 탐구한 내용의 근거로 삼을 수 있는 어절을 각각 찾으시오.**

[자료]

(가)	– 므슴 마ᄅᆞᆯ 니ᄅᆞᄂᆞ뇨(무슨 말을 말하느냐?) – 닐굽 거르믈 거르샤(일곱 걸음을 걸으시며)
(나)	– ᄆᆞᆯᄀᆞᆫ 믈로(맑은 물로) – 어드븐 길헤(어두운 길에)

[자료]에서 탐구한 내용	근거가 되는 어절
체언과 조사가 결합할 때 모음 조화가 지켜졌음.	(가)의 (　　　)과 (　　　)
용언의 어간에 어미가 결합할 때 모음 조화가 지켜졌음.	(나)의 (　　　)과 (　　　)

3 매체 언어의 탐구와 활용

학습의 길잡이

매체 기술이 발달함에 따라 다양한 매체를 통해 유통되는 정보의 양도 급격하게 증가하고 있다. 따라서 다양한 매체 자료를 적절하게 수용하고 생산할 수 있는 능력을 배양해야 한다. 또한 매체 언어의 표현 방법과 심미적 가치를 알고 매체를 바탕으로 형성되는 문화를 주체적으로 향유할 수 있어야 한다.

▶ 매체 기술의 발달에 따른 정보의 양과 질의 변화
매체 기술이 발달함에 따라 정보 생산에 참여하는 사회 구성원들이 크게 늘어나 정보의 양도 급격하게 증가함. 이로 인해 전문성이 부족하거나 신뢰도가 낮은 정보의 유통 사례도 증가하고 있음.

1 매체의 특성에 따라 정보가 구성되고 유통되는 방식을 알고 이를 의사소통에 활용한다.

- 기술의 발달에 따라 새로운 매체가 등장하여 정보가 구성되고 유통되는 방식에 변화가 생김.
- 매체의 특성에 따라 정보를 제시하는 언어, 정보의 양과 질, 정보 제공의 속도와 보존 방법, 정보 제공자 범위의 폐쇄성과 개방성 등에서 차이를 보임.

	종이책	웹사이트
정보를 제시하는 언어	문자, 사진, 그림, 도표 등	음성, 영상, 문자, 사진, 그림, 도표 등
정보의 양과 질	• 웹사이트에 비해 정보 생산에 참여하는 사람이 적어 정보의 양이 제한됨. • 웹사이트보다는 전문성과 신뢰성을 인정받음.	• 책에 비해 정보 생산에 참여하는 사람이 많아 정보의 양이 증가함. • 책에 비해 검증되지 않은 다수의 정보 제공자가 참여하여 상대적으로 정보의 신뢰성이 떨어짐.
정보 제공의 속도와 보존 방법	• 웹사이트에 비해 정보의 가공과 유통에 많은 시간이 소요되어 정보 제공 속도가 느림. • 종이 등의 물리적 실체로 보존함.	• 책에 비해 정보 제공 속도가 빠름. • 디지털 저장 장치 등의 저장 기기에 보존함.
정보 제공자의 범위	웹사이트에 비해 소수의 사람이 정보를 제공하고 있어 폐쇄성을 띰.	책에 비해 정보 제공자가 다양하여 개방성을 띰.

※ 전통적 매체와 뉴 미디어의 대표적 사례로 '(종이)책'과 '웹사이트'를 선정했으며, 이들의 상대적이고 일반적인 특징을 서술한 것임.

2 다양한 관점과 가치를 고려하여 매체 자료를 수용한다.

• 동일한 매체 자료라도 이를 바라보는 관점과 가치에 따라 평가와 해석이 달라질 수 있음. 예를 들어 동일한 텔레비전 드라마에 대해서도 가치 판단이 다를 수 있음.

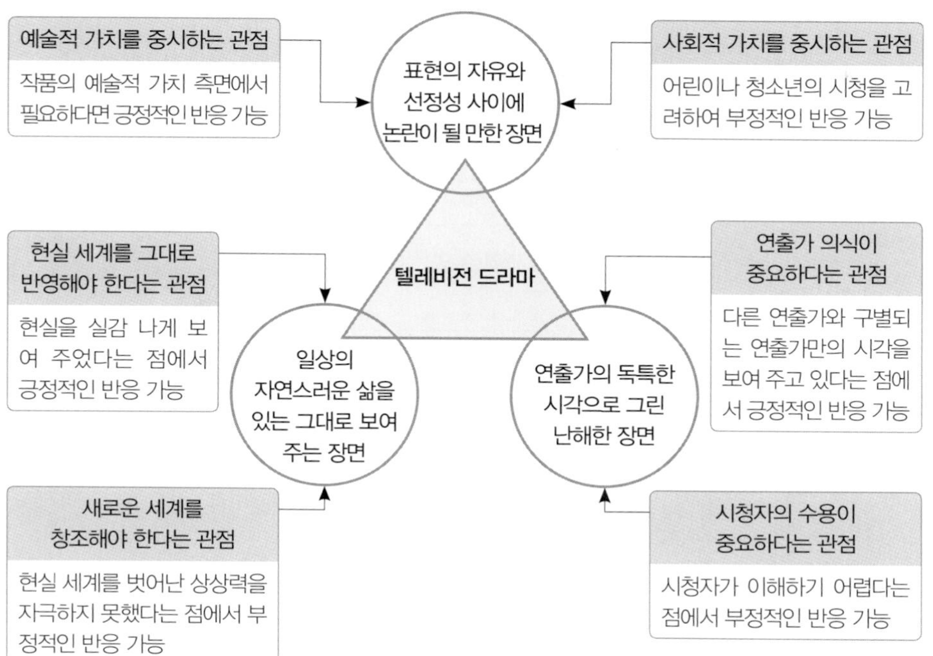

• 정보의 질적 수준에 차이가 있을 수 있으므로 이를 비판적이고 주체적으로 수용해야 함.

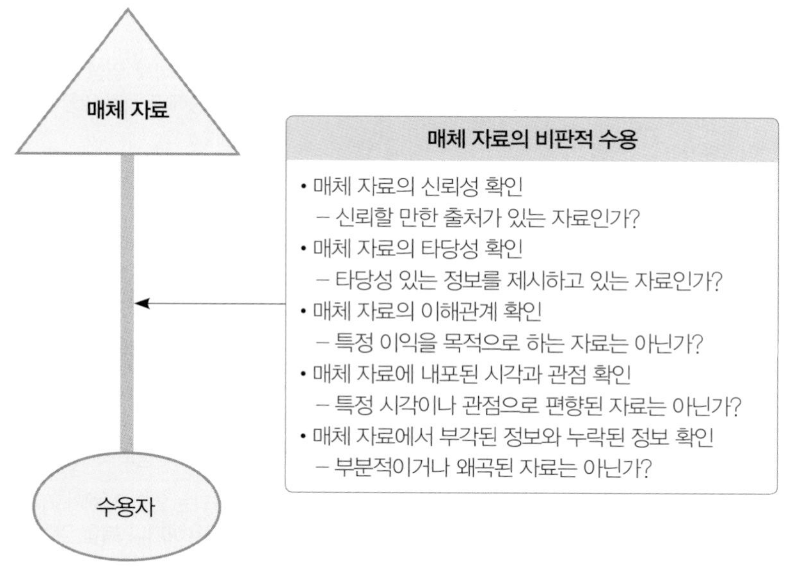

관점
사물이나 현상을 관찰할 때, 그 사람이 보고 생각하는 태도나 방향 또는 처지

3 소통 목적, 수용자, 매체의 특성을 고려하여 다양한 매체 자료를 생산한다.

• 소통 목적을 고려한 매체 자료 생산

소통 목적	방법	매체 활용의 예
정보 전달과 설득	• 객관적이고 신뢰할 수 있는 내용을 명확하고 간결한 표현으로 제시 • 타당한 근거를 바탕으로 주장을 명확하게 제시	• 사회에서 일어난 사건을 신문의 뉴스나 인터넷 방송 등으로 보도할 때 • 어떤 사안에 대해 자신의 생각을 개인 블로그 게시물 등으로 밝힐 때
심미적 정서 표현	아름다움이나 즐거움을 느낄 수 있는 내용 제시	화목한 가정의 모습, 사랑하는 연인의 이야기, 뛰어난 자연 경관 등을 영상, 음악, 사진 등으로 나타낼 때
사회적 상호 작용	• 사적인 인간관계의 형성과 유지를 위한 내용 제시 • 공적인 사회적 관계를 위한 내용 제시	친한 사람 혹은 공동체 구성원과의 의사소통을 위해 휴대 전화, 모바일 메신저, 누리 소통망(SNS), 전자 우편 등을 사용할 때

• 수용자를 고려한 매체 자료 생산

고려해야 할 사항	• 수용자의 성별이나 나이는 어떠한가? • 수용자가 무엇에 관심을 두고 있는가? • 수용자가 다수에 속하는가 혹은 소수에 속하는가? • 전달하려는 내용에 대한 수용자의 배경지식은 어느 정도인가?

• 매체의 특성을 고려한 매체 자료 생산

매체의 언어적 특성 고려		매체의 파급력 고려
각 매체가 사용하고 있는 언어 양식의 특성을 이해해야 함. 예 전통적 방식으로 볼 때, 신문은 눈으로 볼 수 있는 언어만 사용하고, 라디오는 귀로 들을 수 있는 언어만 사용함. 텔레비전과 인터넷은 눈으로 볼 수 있는 언어와 귀로 들을 수 있는 언어 모두 사용 가능함.	+	각 매체의 특성에 따라 파급력이 다르다는 점을 이해해야 함. 예 인쇄 매체에 비해 영상 매체가 상대적으로 어린 연령층에 미치는 영향이 큼.

4 매체 언어의 창의적 표현 방법과 심미적 가치를 이해하고 향유한다.

• 매체 언어의 창의적 표현 방법

매체 자료	정보 표현에 사용되는 언어	창의적 표현 방법
인쇄 매체	문자, 이미지 등의 매체 언어	사용되는 언어 자체가 가지고 있는 특성을 활용하거나 복합 양식성을 활용하여 창의적으로 표현할 수 있음.
영상 매체	문자, 이미지, 소리, 영상 등의 매체 언어	

• 매체 언어의 심미적 가치

매체 자료	정보 표현에 사용되는 언어	심미적 가치
시 (인쇄 매체)	문자(시에서 행과 연의 배열 및 구성 등)	사용되는 언어 자체가 가지고 있는 특성을 활용하거나 복합 양식성을 활용하여 각 매체 특유의 심미적 가치를 표현할 수 있음.
영화 (영상 매체)	문자, 소리, 영상 등(배우의 말과 행동, 효과음과 배경 음악, 카메라 움직임과 각도, 화면 편집 등)	

5 매체 언어가 인간관계와 사회생활에 미치는 영향을 탐구한다.

• 매체 언어는 개인적 의사소통과 사회적 의사소통에 영향을 미치므로 상대방에 대한 존중과 배려의 태도를 길러야 함.

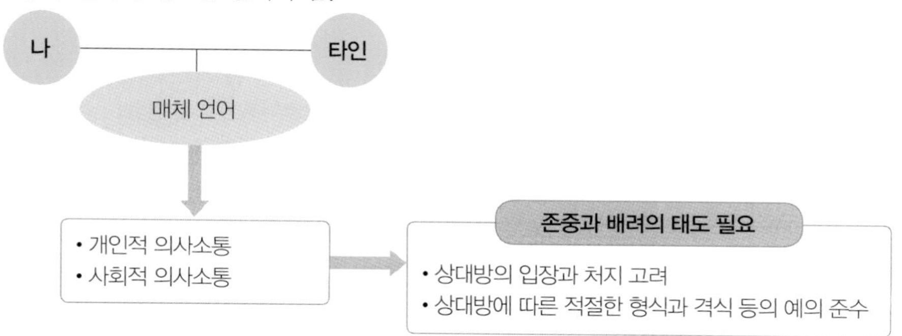

6 매체를 바탕으로 하여 형성되는 문화에 대해 비판적으로 이해하고 주체적으로 향유한다.

• 대중 매체를 통해 형성되는 대중문화의 부정적 측면을 최소화하면서 주체적으로 향유할 필요가 있음.

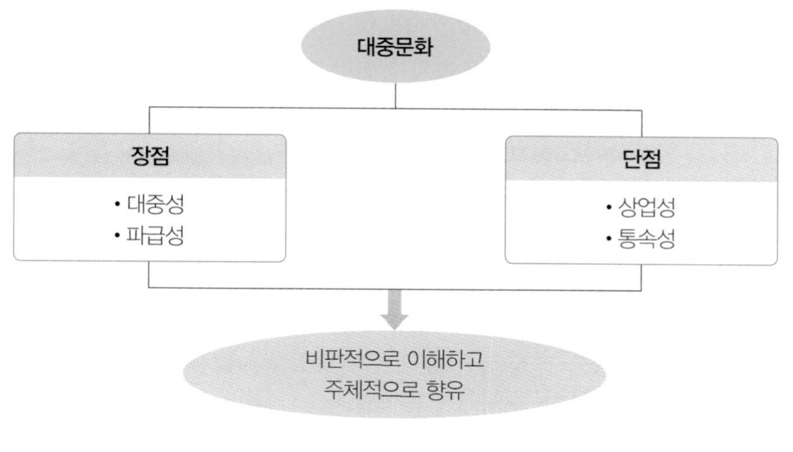

통속성
비전문적이고 대체로 저속하며 일반 대중에게 쉽게 통할 수 있는 성질

문제로 이해하기

[24004-0015]

01 **다음은 매체 언어에 대한 설명이다. (   ) 안에 공통으로 들어갈 단어를 쓰시오.**

매체 자료를 수용할 때는 매체 언어의 (   ) 가치를 향유하는 일도 중요하다. 인쇄 매체 자료뿐만 아니라 라디오, 영화, 만화 등과 같은 다양한 매체 자료를 수용하면서 아름다움을 느끼고 감동을 받는 것 모두, 매체 언어의 (   ) 가치를 향유하는 방법이다. 인쇄 매체 자료인 시는 행과 연의 배열 및 구성을 통해 이러한 가치가 드러나며, 영상 매체 자료인 영화는 배우의 말과 행동, 효과음과 배경 음악, 촬영 각도, 장면의 배열 등 다양한 요소를 통해 이러한 가치가 드러난다.

[24004-0016]

02 **다음은 영화에서 활용하는 매체 언어에 대한 글이다. (   ) 안에 들어갈 내용을 쓰시오.**

영화 「귀향」은 1943년, 열네 살 소녀 정민이가 일본군의 손에 갑자기 끌려가면서 시작됩니다. 정민이는 함께 끌려온 많은 소녀들과 함께 기차에 실려 갑니다. 영화 「귀향」은 이 소녀들과 관련된 일제 강점기 역사의 비극을 다양한 표현 기법을 통해 전달합니다. 시대상을 생생하게 전달하기 위해 자막을 활용하기도 하고, 비극성을 드러내기 위해 다양한 소품을 활용하기도 합니다. 특히 영화의 배경 음악으로 고려 가요 「가시리」를 현대적으로 해석한 곡조가 더해져, 고향으로 돌아오지 못한 소녀들의 넋을 위로해 주는 듯 느껴집니다. 이별 노래의 대표곡인 「가시리」의 가사와 돌아오리라는 기약도 없이 고향을 떠나는 소녀들의 모습이, 구슬픈 곡조와 어우러져 관객의 심금을 울립니다.

이처럼 영화는 (,   ,   ) 등 다양한 매체 언어를 복합적으로 활용하여 관객에게 이야기를 전달하는데, 영화 「귀향」은 여기에 문학적 요소를 더해 영화적 완성도를 높였다고 볼 수 있습니다.

[24004-0017]

03 **(가)와 (나)는 매체 활용의 사례이다. 의사소통의 목적 측면에서 (가)와 (나)의 차이점에 대해 쓰시오.**

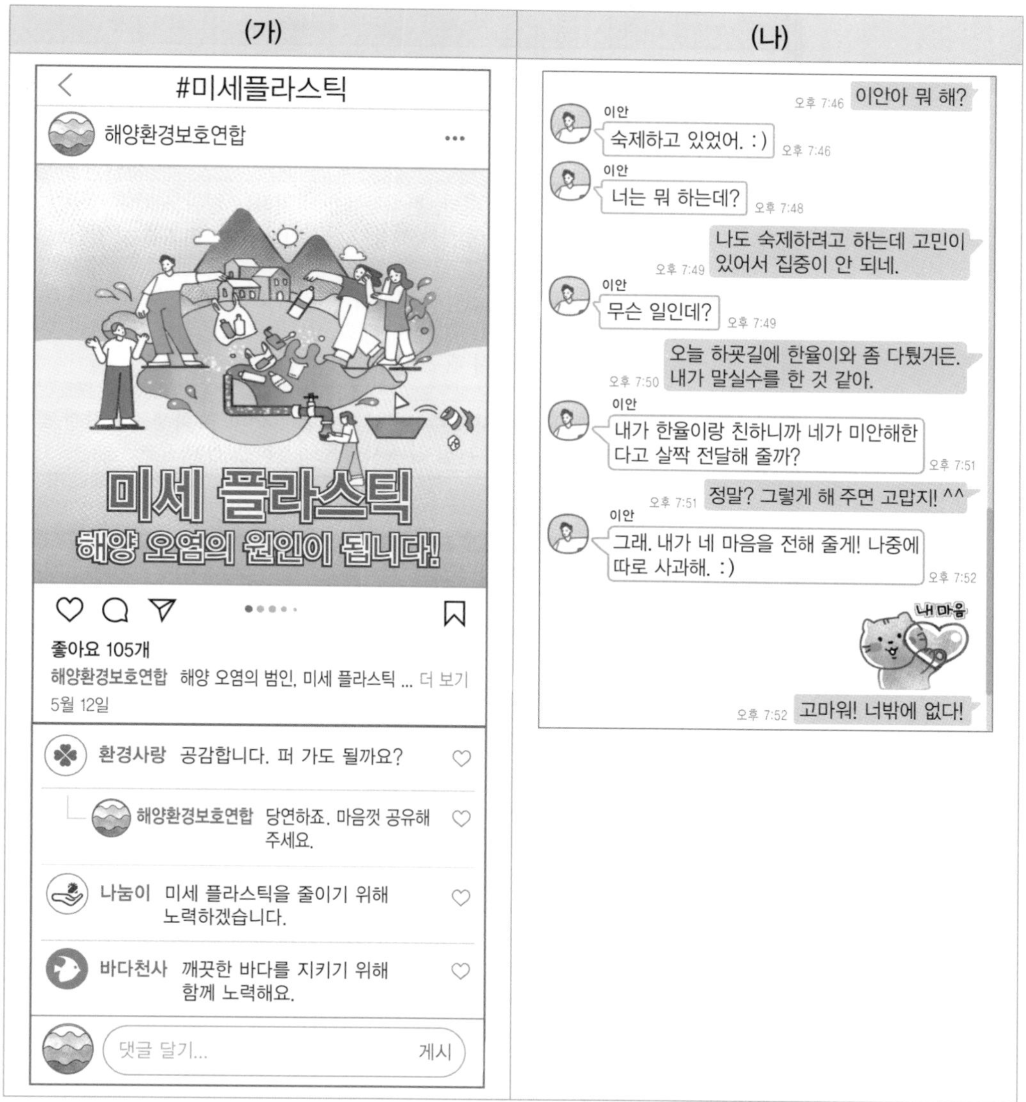

• 차이점 : ( )

정답과 해설 5쪽

[24004-0018]

04 **다음은 매체 자료 제작을 위한 동물 보호 동아리 학생들의 온라인 회의이다. 대화에서 학생들이 매체 자료를 제작하기 위해 고려한 사항을 ㉠, ㉡에 쓰시오.**

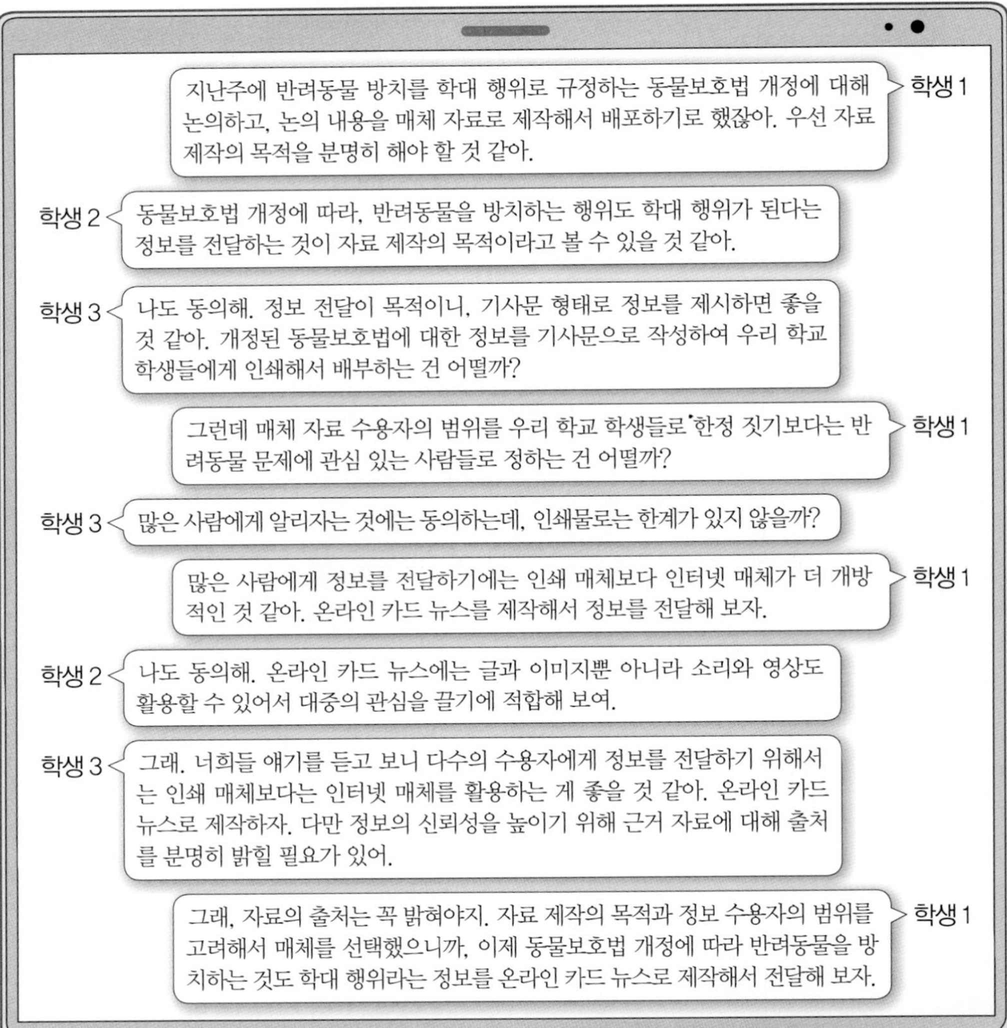

매체 자료 제작 시 고려 사항	내용
선정한 매체 자료	온라인 카드 뉴스
매체 자료 제작의 목적	동물보호법 개정과 관련된 정보 전달
매체 자료 정보 수용자의 범위	(㉠)
매체 자료 선정의 이유	• (㉡) • 글과 이미지뿐 아니라 소리와 영상을 통해 대중의 관심을 끌기에 적합함.

4 언어와 매체에 관한 태도

학습의 길잡이

언어와 매체는 인간관계를 형성하고 발전시키며, 우리 사회의 문화 발전에도 기여할 수 있는 수단이다. 바람직한 언어문화와 매체 문화를 만들어 나가기 위해서는 자신의 국어 생활 및 매체 언어생활을 성찰하고 문제점을 개선하려는 태도를 지녀야 한다.

1 자신의 국어 생활 및 매체 언어생활에 대해 성찰하고 문제점을 개선하려는 태도를 지닌다.

- 언어 규범과 언어 윤리를 지키도록 노력해야 함.
- 맥락과 목적에 적합한 매체를 사용해야 함.

구분		내용
뉴 미디어를 통한 언어생활	특성	• 상대방을 직접 마주하지 않고 자신의 신분을 노출하지 않아도 소통이 이루어질 수 있음. • 소통이 신속하게 이루어지고, 재미나 흥미를 위해 매체를 활용함.
	⬇	
	문제점	• 다른 사람의 관심을 끌고 자신을 과시하려는 태도를 보이기도 함. • 욕설이나 폭언 등의 거친 표현, 차별 표현이나 특정 집단을 혐오하는 표현 등을 사용하기도 함. • 은어나 한글 파괴형 표현 및 언어 규범을 파괴하는 신조어를 만들어 사용하기도 함. • 사실 확인을 거치지 않은 정보를 유통하거나 타인의 저작물을 무단으로 이용하기도 함.
바람직한 매체 언어생활		• 상대방에게 상처를 주거나 불쾌감을 유발하는 표현을 삼가야 함. • 매체 언어생활도 국어 생활의 일환인 만큼 언어 규범을 잘 지켜야 함. • 자신의 경험이나 의견 등을 진솔하게 표현하고, 사실이 아닌 내용을 쓰거나 과장·왜곡하여 표현하지 않아야 함. • 개인 정보와 저작권을 보호하려는 태도를 지녀야 함.

2 현대 사회에서 언어와 매체 언어의 가치를 이해하고 언어문화와 매체 문화의 발전에 참여하는 태도를 지닌다.

구분	내용
현대 사회의 매체 문화	• 누구나 매체를 통한 정보의 수용자이면서 생산자가 될 수 있음. • 매체를 활용한 의사소통의 비중이 높아지고, 영향력도 커짐. ➡ 매체가 단순한 의사소통의 도구를 넘어 다양한 문화를 형성하는 토대로 작용하고 있음.
태도	• 매체를 활용한 정보와 지식의 수용 및 생산에 적극적으로 참여함. • 매체 언어 활동도 언어생활의 일부라는 측면에서 맥락과 목적에 적합한 매체 언어를 사용하려는 태도를 지녀야 함. ➡ 바람직한 매체 언어생활을 통해 공동체의 문화 발전에 이바지하려는 자세를 지녀야 함.

◎ 매체 언어생활 성찰의 필요성
뉴 미디어를 통해 이루어지는 소통은 시·공간의 제약을 덜 받기 때문에 그만큼 소통의 파급력이 상당히 큼.

◎ 저작권
문학, 예술, 학술에 속하는 창작물에 대하여 저작자나 그 권리 승계인이 행사하는 배타적·독점적 권리

문제로 이해하기

[01~02] 다음은 '승아'가 공모전 참가를 위해 친구들과 휴대 전화 대화방에서 나눈 대화이다. 물음에 답하시오.

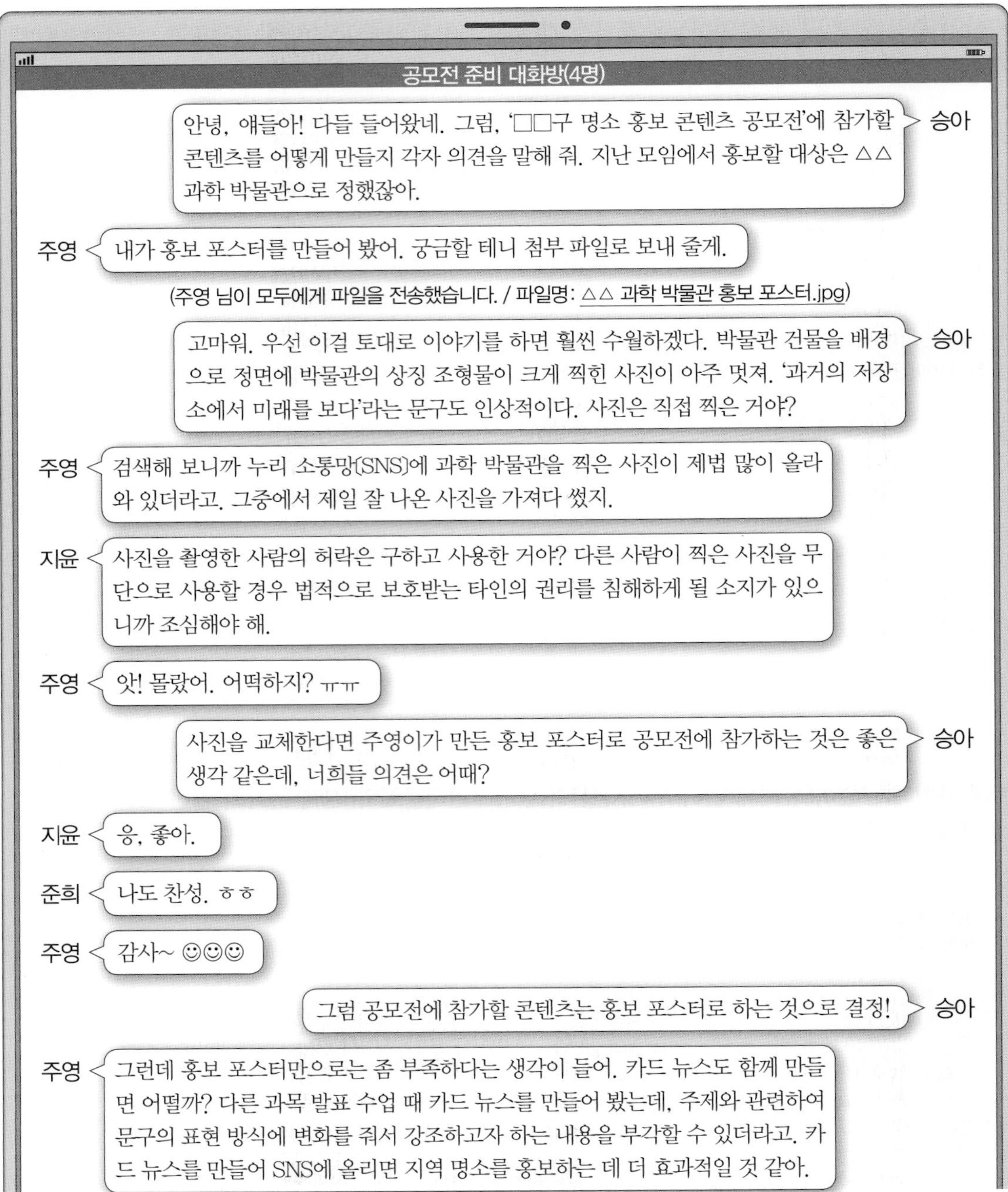

지윤 < 좋은 생각이야. 그렇다면 더욱 많은 사람이 카드 뉴스를 볼 수 있도록 유도할 수 있는 방법에는 뭐가 있을까?

홍보 포스터 하단에 QR 코드와 누리집 주소를 첨부하여 카드 뉴스로 연결되도록 하면 좋을 것 같아. > 승아

준희 < 좋아. 그럼 내가 카드 뉴스를 만들어 볼게.

지윤 < 고마워. 그러면 내가 카드 뉴스에 들어갈 이미지를 찾아볼게.

나도 도와줄게. 카드 뉴스는 우리 셋이 함께 만들어 보자. 주영이는 사진을 교체하고, QR 코드와 누리집 주소를 추가하여 홍보 포스터를 수정해 줘. > 승아

주영 < ㅇㅋ. 내일 방과 후에 동생이랑 △△ 과학 박물관에 가기로 했는데, 직접 찍은 박물관 사진을 넣어서 포스터를 만들어 볼게. 포스터 수정을 마치는 대로 대화방에 올릴 테니까, 검토 부탁해!!

주영 < 얘들아, 수정한 포스터 공유할게. 의견 부탁해~

과거의 장소에서 미래를 보다

더 많은 정보가 궁금하다면
http://www.science○○○.go.kr/

4 언어와 매체에 관한 태도

[24004-0019]

01 **위와 같은 매체를 통해 소통할 때 유의할 점을 〈보기〉에서 있는 대로 고르시오.**

보기

㉠ 상대방의 인격을 모독하거나 상대방을 비방하는 글을 쓰지 않는다.
㉡ 의사소통에 지장을 주는 줄임말, 은어, 한글 파괴형 표현 등을 과도하게 사용하지 않는다.
㉢ 타인이 제작한 사진을 첨부하기 전에 자료의 이용 가능 여부와 이용 조건을 확인해야 한다.
㉣ 불특정 다수가 대화 내용을 볼 수 있으므로 마주 보고 이야기할 때와 같이 언어 예절을 지켜야 한다.
㉤ 음성 언어 사용이 불가능하므로 자신의 감정을 드러낼 수 있는 기호나 이모티콘을 연속적으로 사용하여 상대방이 자신의 감정을 확인할 수 있도록 해야 한다.

[24004-0020]

02 **위 대화에 이어 다음과 같은 대화가 이어졌다. ⓐ와 ⓑ에 들어갈 말을 쓰시오.**

지윤: 사진뿐만 아니라 글꼴에도 (　　ⓐ　　)이/가 있어. 따라서 글꼴을 쓸 때는 허가된 사용 범위를 벗어나지는 않았는지, 유료로 판매되는 것을 무단으로 사용한 것은 아닌지 잘 확인해야 해.

승아: (　　ⓑ　　)을/를 위해 사생활 침해의 여지가 있는 사진은 사용하지 않는 것이 좋을 것 같아.

주영: 너희들의 의견을 반영해서 포스터의 문구를 내가 손 글씨로 직접 쓰고, 사진은 박물관 건물을 배경으로 상징 조형물만 찍은 것으로 교체했어.

www.ebs*i*.co.kr

2부

적용 학습

[24004-0021]

01 〈보기〉의 선생님의 질문에 대한 답변으로 적절한 것은?

보기

선생님 : 표준어의 단모음은 10개로, 혀의 앞뒤 위치, 혀의 높낮이, 입술 모양에 따라 구분됩니다. 다음은 선생님이 표준어의 단모음들을 세 기준을 활용하여 분류한 것입니다. 단모음을 각각 발음해 보고, 함께 묶인 단모음들이 어떤 특징을 공유하는지 말해 봅시다.

(가) ㅟ, ㅚ, ㅜ, ㅗ
(나) ㅣ, ㅔ, ㅐ, ㅟ, ㅚ
(다) ㅣ, ㅟ, ㅡ, ㅜ
(라) ㅣ, ㅔ, ㅐ, ㅡ, ㅓ, ㅏ
(마) ㅐ, ㅏ

① (가)는 혀의 높낮이가 같은 것끼리 분류한 것입니다.
② (나)는 혀가 뒤쪽에 위치하는 것끼리 분류한 것입니다.
③ (다)는 혀가 앞쪽에 위치하는 것끼리 분류한 것입니다.
④ (라)는 입술을 동그랗게 오므리는 것끼리 분류한 것입니다.
⑤ (마)는 혀의 높이가 가장 낮은 것끼리 분류한 것입니다.

[24004-0022]

02 〈보기〉의 ㉠, ㉡과 관련된 사례로 적절한 것은?

보기

이중 모음은 단모음과 반모음이 결합해서 만들어진다. 따라서 ㉠단모음이 제대로 구별되지 않으면, 같은 반모음을 가지고 있는 이중 모음들을 서로 구별하기가 어려워진다. 반대로 ㉡반모음을 제대로 발음하지 않고 탈락시키면, 이중 모음과 단모음을 구별하기 어려워진다. 이같이 구별하기 어려운 발음은 표기를 헷갈리게 만든다.

	㉠	㉡
①	'얘기'인지 '예기'인지 헷갈린다.	이름이 '지환'인지 '지한'인지 헷갈린다.
②	'휴게실'인지 '휴계실'인지 헷갈린다.	'옜다'인지 '얬다'인지 헷갈린다.
③	'세뇌'인지 '새뇌'인지 헷갈린다.	'수완이 좋다'인지 '수환이 좋다'인지 헷갈린다.
④	이름이 '지언'인지 '지연'인지 헷갈린다.	'환갑잔치'인지 '한갑잔치'인지 헷갈린다.
⑤	'의례'인지 '의래'인지 헷갈린다.	'왠지'인지 '웬지'인지 헷갈린다.

[24004-0023]

03 〈보기〉의 선생님이 제시한 [자료]를 탐구한 결과로 적절한 것은?

보기

선생님: 지난 시간에 국어의 자음을 조음 위치와 조음 방법에 따라 분류해 보았습니다. [자료]의 ㉠~㉤은 선생님이 조음 위치와 조음 방법을 기준으로 하여 국어의 자음을 분류한 것입니다. [그], [응]처럼 모음 'ㅡ'를 활용하여 자음들을 직접 발음해 보면서, 선생님이 분류한 자음들이 어떠한 공통점을 가지고 있는지 찾아봅시다.

[자료]

㉠	㉡	㉢	㉣	㉤
ㅁ, ㄴ, ㅇ	ㅈ, ㅉ, ㅊ	ㅍ, ㅌ, ㅋ, ㅊ	ㅅ, ㅆ, ㅎ	ㅂ, ㅃ, ㅍ, ㅁ

① ㉠은 발음할 때 입으로만 공기가 빠져나가는 자음들이군.
② ㉡은 발음할 때 공기를 한 번에 터뜨려서 소리 내는 자음들이군.
③ ㉢은 발음할 때 공기를 계속 좁은 틈으로 내보내는 자음들이군.
④ ㉣은 발음할 때 코로도 공기가 빠져나가는 자음들이군.
⑤ ㉤은 발음할 때 입술을 사용하여 소리 내는 자음들이군.

[24004-0024]

04 〈보기〉의 ㉠~㉤에 대한 설명으로 적절한 것은?

보기

㉠늦봄에[늗뽀메] 크고 작은 ㉡산불이[산뿌리] ㉢많이[마:니] 일어나고 있습니다. ㉣국민[궁민] 여러분께서는 불씨 ㉤관리에[괄리에] 유의해 주시기 바랍니다.

① ㉠에서는 평음 뒤에서, ㉡에서는 용언 어간 받침 'ㄴ' 뒤에서 된소리되기가 일어났다.
② ㉠에서는 교체만 일어나고, ㉢에서는 교체와 탈락이 일어났다.
③ ㉠, ㉣에서 파열음이 모두 조음 위치가 다른 자음으로 바뀌는 음운 변동이 일어났다.
④ ㉣, ㉤에서 음운 변동을 겪은 자음은 모두 그 뒤에 오는 자음과 조음 방법이 같아졌다.
⑤ ㉣, ㉤에서 '국민'과 '관리'는 모두 한자어라는 조건이 갖추어져 음운 변동이 일어났다.

[05~06] 다음 글을 읽고 물음에 답하시오.

연음은 단어가 종성에 본래 어떤 자음을 가지고 있는지 확인하는 데에 유용하게 사용할 수 있는 현상이다. 왜냐하면 모음으로 시작하는 형식 형태소가 뒤에 결합하여 연음이 일어나면 종성에 있는 자음이 초성으로 이동하게 되고, 종성에 있는 제약이 초성에는 없기 때문에 원래의 소리가 날 수 있기 때문이다. 예를 들어, '있다'는 [읻따]로 발음되지만, '있어, 있으니'와 같이 어간 '있-'에 모음으로 시작하는 어미가 결합하면 연음이 일어나 '있어[이써], 있으니[이쓰니]'와 같이 원래의 'ㅆ' 발음을 확인할 수 있는 것이다. 그런데 현대 국어에서는 용언 어간 끝의 자음을 이렇게 연음으로 확인할 수 없는 경우가 있다.

(1) 우리 집 개가 새끼를 [나아써].

(1)에서 밑줄 친 부분의 발음을 보면, 어간에 선어말 어미 '-았-'이 결합하여 연음 환경이 만들어졌음을 알 수 있다. 하지만 연음된 자음이 나타나지 않아서, 어간의 종성에 본래 자음을 가지고 있었는지 알 수가 없다. 또한 '가다', '나다', '사다'와 같이 ㉠ 모음으로 끝난 어간에, 어간 끝의 모음과 같은 모음으로 시작하는 어미가 붙으면 두 모음 중 하나가 탈락하는데, (1)의 밑줄 친 부분에서는 그러한 모음 탈락을 확인할 수 없다. 따라서 이 용언은 '가다', '나다', '사다' 같은 용언과는 차이가 나고, 이 단어의 종성 자리에 어떤 자음이 있는지 확인하기 위해서는 다른 현상을 더 살펴보아야 한다.

(2) 우리 집 개가 새끼를 [나케] 됐어.

(2)에서 밑줄 친 부분의 발음을 살펴보면, 어간에 어미 '-게'가 결합했음을 알 수 있다. 그런데 '-게'가 그대로 발음되지 못하고, [케]로 소리가 나는 까닭은 무엇일까? 국어에는 ㉡ 예사소리와 'ㅎ'이 인접하면 두 소리가 거센소리로 축약되는 현상이 존재한다. 예컨대, '생화'의 '화'와 '국화'의 '화'는 같은 한자이지만, '생화'는 [생화]로 그대로 발음되는 반면에, '국화'는 [구콰]로 발음된다. 이러한 현상을 고려하면, (2)에서 [나케]라는 발음은 어간 종성의 'ㅎ'이 뒤에 오는 어미의 첫소리 'ㄱ'과 축약되어 나타난 발음이라고 설명할 수 있다. 따라서 이상의 자료를 관찰한 것을 근거로 하여, (1), (2)의 밑줄 친 부분의 어간의 기본형을 '낳-'으로 설정할 수 있다. 이렇게 확인된 기본형을 한글 맞춤법에 따라 밝혀 적으면 표기와 발음이 달라지는데, 표준 발음법을 살펴보면 표기와 발음이 다른 경우에 어떻게 발음해야 하는지 알 수 있다.

[24004-0025]

05 **윗글의 ㉠, ㉡의 사례로 적절한 것은?**

	㉠	㉡
①	(키가) 크-+-어 [커]	(범위를) 좁히-+-어 [조펴]
②	(잠을) 자-+-아 [자]	(눈이) 쌓이-+-어 [싸여]
③	(줄을) 서-+-어 [서]	(손톱에) 긁히-+-어 [글켜]
④	(거울을) 보-+-아 [봐:]	(마음이) 놓이-+-어 [노여]
⑤	(집으로) 오-+-아 [와]	(혈압이) 높-+-아 [노파]

[24004-0026]

06 **윗글을 바탕으로 하여, 〈보기〉의 표준 발음법을 이해한 것으로 적절하지 않은 것은?**

보 기

제8항 받침소리로는 'ㄱ, ㄴ, ㄷ, ㄹ, ㅁ, ㅂ, ㅇ'의 7개 자음만 발음한다.

제12항 받침 'ㅎ'의 발음은 다음과 같다.

1. 'ㅎ(ㄶ, ㅀ)' 뒤에 'ㄱ, ㄷ, ㅈ'이 결합되는 경우에는, 뒤 음절 첫소리와 합쳐서 [ㅋ, ㅌ, ㅊ]으로 발음한다.

4. 'ㅎ(ㄶ, ㅀ)' 뒤에 모음으로 시작된 어미나 접미사가 결합되는 경우에는, 'ㅎ'을 발음하지 않는다.

제13항 홑받침이나 쌍받침이 모음으로 시작된 조사나 어미, 접미사와 결합되는 경우에는, 제 음가대로 뒤 음절 첫소리로 옮겨 발음한다.

제14항 겹받침이 모음으로 시작된 조사나 어미, 접미사와 결합되는 경우에는, 뒤엣것만을 뒤 음절 첫소리로 옮겨 발음한다.(이 경우, 'ㅅ'은 된소리로 발음함.)

① 제8항을 보니, 받침소리로 7개의 자음만 발음하는 것은 국어의 종성에 제약이 있기 때문이군.
② 제12항의 '1'을 보니, 'ㅎ'과 다른 자음이 축약될 때 형식 형태소라는 정보가 필요하군.
③ 제12항의 '4'를 보니, 종성에서 다른 자음 뒤에 있는 'ㅎ'은 연음 환경에서 탈락하는군.
④ 제13항을 보니, '제 음가'는 연음되어 초성에서 발음되는 자음의 음가를 의미하겠군.
⑤ 제12항과 제14항을 보니, 겹받침 중 뒤엣것이 'ㅎ'과 'ㅅ'이면 연음으로써 제 음가를 확인할 수 없겠군.

[24004-0027]

01

〈보기〉는 한글 맞춤법 조항의 일부이다. 〈보기〉를 이해한 것으로 적절하지 않은 것은?

보기

제10항 한자음 '녀, 뇨, 뉴, 니'가 단어 첫머리에 올 적에는, 두음 법칙에 따라 '여, 요, 유, 이'로 적는다.

[붙임 1] 단어의 첫머리 이외의 경우에는 본음대로 적는다.

제11항 한자음 '랴, 려, 례, 료, 류, 리'가 단어의 첫머리에 올 적에는, 두음 법칙에 따라 '야, 여, 예, 요, 유, 이'로 적는다.

[붙임 1] 단어의 첫머리 이외의 경우에는 본음대로 적는다.

다만, 모음이나 'ㄴ' 받침 뒤에 이어지는 '렬, 률'은 '열, 율'로 적는다.

제12항 한자음 '라, 래, 로, 뢰, 루, 르'가 단어의 첫머리에 올 적에는, 두음 법칙에 따라 '나, 내, 노, 뇌, 누, 느'로 적는다.

[붙임 1] 단어의 첫머리 이외의 경우에는 본음대로 적는다.

① '내일(來日)'과 '미래(未來)'를 보니 '來'의 본음은 '래'이겠군.
② 〈보기〉에서 '단어 첫머리'는 음절의 초성과 같은 개념이겠군.
③ 제11항에 따르면, '성공율'이 아니라 '성공률'이 바른 표기이겠군.
④ 〈보기〉는 모두 외래어의 표기와는 관련이 없는 조항이라는 공통점이 있군.
⑤ '男女'의 한글 표기가 '남여'인지 '남녀'인지 알아보려면 제10항을 살펴봐야겠군.

[24004-0028]

02 〈보기〉의 ㉠, ㉡의 사례를 모두 적절하게 제시한 것은?

보기

국어 발음을 관찰해 보면, ㉠ 전설 모음으로 끝나는 용언 어간이 모음으로 시작하는 어미와 결합할 때, 반모음인 'j'가 첨가되는 현상을 발견할 수 있다. 이러한 ㉡ 'j' 첨가 현상 중에서 표준 발음으로 인정되는 것을 알아보려면 표준 발음법 규정과 『표준국어대사전』을 찾아보면 된다. 먼저 표준 발음법 제22항은 "다음과 같은 용언의 어미는 [어]로 발음함을 원칙으로 하되, [여]로 발음함도 허용한다."인데, 이 조항의 예시로는 '되어'와 '피어'가 제시되어 있다. 즉, 'ㅚ', 'ㅣ'로 끝나는 용언 어간 뒤에 모음으로 시작하는 어미가 결합할 때 'j'를 첨가하는 것은 표준 발음으로 인정되는 것이다. 그리고 표준 발음법 규정에 예시로 제시되어 있지는 않지만, 『표준국어대사전』에서 '휘다'와 같이 어간이 'ㅟ'로 끝나는 단어의 발음 정보에 [휘어/휘여]와 같이 모음으로 시작하는 어미에 'j'가 첨가된 발음을 함께 제시하고 있어 이 역시 표준 발음으로 인정됨을 알 수 있다.

	㉠의 사례	㉡의 사례
①	'데-+-어서'를 [데여서]로 발음한다.	'기-+-어서'를 [기여서]로 발음한다.
②	'고이-+-어서'를 [고여서]로 발음한다.	'비-+-어서'를 [비여서]로 발음한다.
③	'이기-+-어서'를 [이겨서]로 발음한다.	'쥐-+-어서'를 [쥐여서]로 발음한다.
④	'괴-+-어서'를 [괴여서]로 발음한다.	'숙이-+-어서'를 [수겨서]로 발음한다.
⑤	'돌리-+-어서'를 [돌려서]로 발음한다.	'실리-+-어서'를 [실려서]로 발음한다.

[24004-0029]

03

〈보기〉를 이해한 내용으로 적절한 것은?

● 보기 ●

'독서'와 '물병'을 발음할 때는 [독써], [물뼝]과 같이 예사소리가 된소리가 되는 음운 현상이 일어난다. 그런데 두 음운 현상이 일어나는 환경은 전혀 다르다. '독서'에서 일어나는 음운 현상은 '국밥, 집밥'과 같은 단어에서 일어나는 된소리되기와 같은 것으로, 국어에서 'ㄱ, ㄷ, ㅂ' 뒤에 오는 예사소리가 된소리로 발음되는 현상이다. 이 현상은 해당 환경이 만들어지면 반드시 일어난다. 반면에 '물병'에서 일어나는 음운 현상은 사잇소리 현상이라고 불리는 것으로서, 합성어에서 모음이나 공명음(ㄴ, ㄹ, ㅁ, ㅇ) 뒤의 예사소리가 된소리로 발음되는 현상이다. 그런데 '불고기[불고기]'와 '물고기[물꼬기]'의 발음에서 알 수 있듯이, 이 현상은 합성어에서 모음이나 공명음 뒤에 예사소리가 온다고 해서 반드시 일어나는 것은 아니다.

① '물새[물쌔]'와 '봄밤[봄빰]'에서 예사소리가 된소리로 변한 것은 서로 다른 현상이군.
② '산길[산낄]'과 '창가[창까]'에서 예사소리가 된소리로 변한 것은 서로 다른 현상이군.
③ '촉각[촉깍]'과 '물값[물깝]'에서 예사소리가 된소리로 변한 것은 서로 같은 현상이군.
④ '봄빛[봄삗]'과 '등불[등뿔]'에서 예사소리가 된소리로 변한 것은 서로 같은 현상이군.
⑤ '복습[복씁]'과 '화병[화ː뼝]'에서 예사소리가 된소리로 변한 것은 서로 같은 현상이군.

[24004-0030]

04

〈보기〉의 ㉮에 들어갈 말로 적절하지 않은 것은?

● 보기 ●

선생님 : 음운 변동 중 교체가 일어나면 한 음운이 다른 음운으로 바뀌지요. 이때 교체가 일어나기 전의 음운끼리 공통점을 찾아볼 수 있고, 교체가 일어난 후의 음운끼리 공통점을 찾아볼 수 있습니다. 그리고 교체가 일어나기 전후의 음운 간에도 공통점을 찾아볼 수 있어요. 그럼 비음화나 구개음화가 일어나는 다음 단어를 분석해 볼까요?

곡명[공명]	앞말[암말]	같이[가치]	맏이[마지]

학생 : ㉮

① 비음화를 겪기 전의 음운은 모두 비음이 아니라는 공통점이 있습니다.
② 비음화를 겪은 후의 음운은 모두 비음이라는 공통점이 있습니다.
③ 비음화를 겪기 전후의 음운은 조음 위치가 같다는 공통점이 있습니다.
④ 구개음화를 겪기 전의 음운은 모두 치조음이라는 공통점이 있습니다.
⑤ 구개음화를 겪은 후의 음운은 모두 연구개음이라는 공통점이 있습니다.

[24004-0031]

05 **다음 중 한 단어를 발음할 때 음운 변동이 일어나는 횟수에 대한 사례가 모두 적절한 것은?**

	한 단어를 발음할 때 음운 변동이 일어나는 횟수	사례	
①	1회	녹물[농물]	젊음[절믐]
②	2회	굵개[글깨]	식용유[시굥뉴]
③	2회	알약[알략]	복잡성[복짭썽]
④	3회	돛단배[돋딴배]	밭이랑[반니랑]
⑤	3회	끊는점[끌른점]	늦여름[는녀름]

[24004-0032]

06 **〈보기〉의 ⓐ가 적용된 사례만을 모두 고른 것은?**

보기

ⓐ종성 자리의 'ㅎ'은 뒤에 모음으로 시작하는 형식 형태소가 올 때, 즉 연음이 일어나는 환경에서는 탈락해 버린다. 그런데 'ㅎ'은 자음군 단순화가 일어나서 탈락하는 경우도 있다. 즉, 종성 자리에 두 개 이상의 자음이 왔을 경우에 음절 말에 있는 'ㅎ'이 탈락하는 것이다. 다만, 이 경우에 거센소리되기가 일어날 수 있는 환경이 만들어지면, 자음군 단순화가 일어나지 않고 거센소리되기가 일어난다. 아래 문장에서 'ㅎ'이 탈락하는 경우를 구분해 보자.

> ㉠쌓인[싸인] 일이 ㉡많고[만:코] ㉢많아서[마:나서] 쉴 틈이 나지 ㉣않는다[안는다].

① ㉠, ㉡　② ㉠, ㉢　③ ㉡, ㉢　④ ㉡, ㉣　⑤ ㉢, ㉣

[24004-0033]

01 〈보기〉에 제시된 ㄱ~ㄷ에 따라 단어를 분류한 내용으로 적절하지 않은 것은?

보기

[품사의 분류]

품사는 단어의 형태 변화 여부, 문장 내에서 해당 단어가 수행하는 기능(역할), 단어 부류가 지닌 의미에 따라 다음과 같이 분류될 수 있다.

ㄱ. 가변어, 불변어
ㄴ. 용언, 체언, 수식언, 관계언, 독립언
ㄷ. 동사, 형용사, 명사, 대명사, 수사, 관형사, 부사, 조사, 감탄사

① ㄱ에 따라 분류하면, '그도 오늘이나 내일 올 것이다.'의 '이다'는 가변어이고, '도', '이나'는 불변어이다.
② ㄴ에 따라 분류하면, '오랜만에 깊게 잠.'의 '잠'은 용언이지만, '오랜만에 깊은 잠을 잤다.'에서 '잠'은 체언이다.
③ ㄴ에 따라 분류하면, '그는 연기가 미숙할 뿐이다.'의 '뿐'은 체언이지만, '나에게는 너뿐이다.'의 '뿐'은 관계언이다.
④ ㄷ에 따라 분류하면, '우리 거기에서 만나자.'의 '거기'는 부사이지만, '당장 거기 서!'의 '거기'는 명사이다.
⑤ ㄷ에 따라 분류하면, '중학생인 첫째가 첫 시험을 보았다.'의 '첫째'는 명사이고, '첫'은 관형사이다.

[24004-0034]

02 〈보기〉의 조건을 모두 충족하는 문장으로 적절한 것은?

보기

• 앞에 나온 체언을 다시 나타내는 대명사를 포함할 것.
• 반드시 관형어의 꾸밈을 받아야 하는 명사를 포함할 것.

① 그 가게에는 남자가 한 명도 없었다.
② 형은 자기가 먼저 집에 가겠다고 했다.
③ 아저씨는 의지할 데가 없는 사람이었다.
④ 누나는 저 하고 싶은 대로만 하려고 했다.
⑤ 아버지는 당신의 소싯적이 그립다고 하셨다.

[24004-0035]

03 **㉠이 포함된 예만을 〈보기〉에서 있는 대로 고른 것은?**

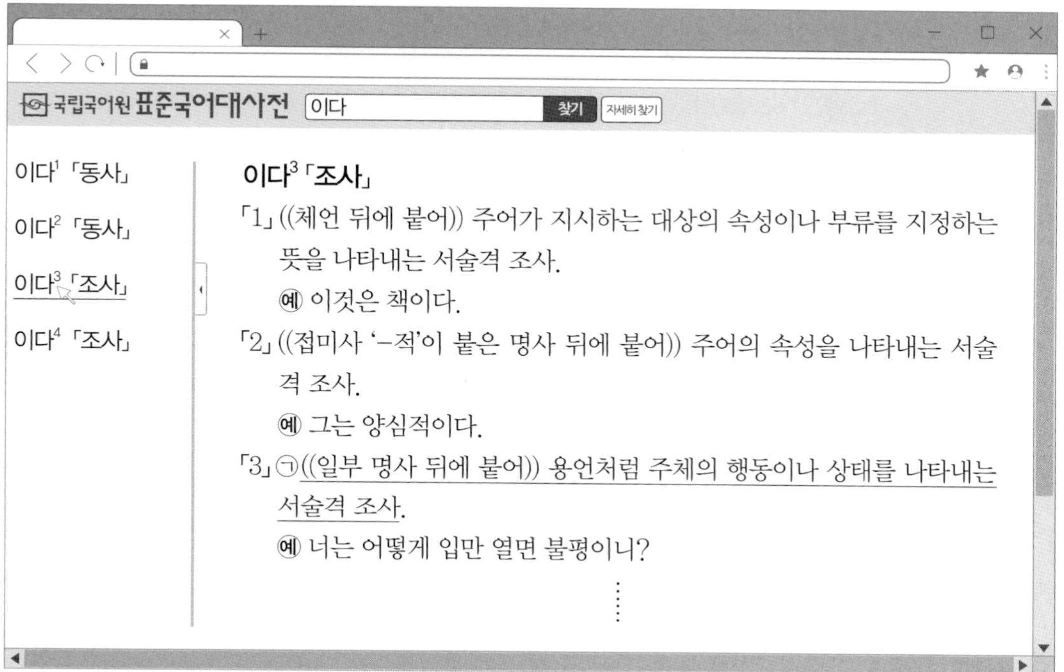

이다³ 「조사」

「1」 ((체언 뒤에 붙어)) 주어가 지시하는 대상의 속성이나 부류를 지정하는 뜻을 나타내는 서술격 조사.

예 이것은 책이다.

「2」 ((접미사 '-적'이 붙은 명사 뒤에 붙어)) 주어의 속성을 나타내는 서술격 조사.

예 그는 양심적이다.

「3」 ㉠((일부 명사 뒤에 붙어)) 용언처럼 주체의 행동이나 상태를 나타내는 서술격 조사.

예 너는 어떻게 입만 열면 불평이니?

⋮

보기

ㄱ. 침묵은 금이다.
ㄴ. 저 언덕에 있는 것은 학교이다.
ㄷ. 나는 나의 우유부단한 성격이 늘 불만이다.
ㄹ. 누나는 배가 고프면 어떡하냐며 내내 걱정이다.

① ㄱ, ㄴ　② ㄴ, ㄷ　③ ㄷ, ㄹ　④ ㄱ, ㄴ, ㄷ　⑤ ㄱ, ㄷ, ㄹ

[24004-0036]

04 〈보기〉의 ㉠에 해당하지 않는 것은?

● 보 기 ●

㉠품사의 통용은 하나의 단어가 둘 이상의 품사로 쓰이는 경우를 일컫는 말이다. 품사의 통용에 해당하는 사례로 '여섯'을 들 수 있다. 가령 '귤 여섯 개를 먹었다.'에서 '여섯'은 관형사로 쓰인 것이지만 '여섯에서 하나를 빼면 다섯이다.'에서 '여섯'은 수사로 쓰인 것이다. 하지만 품사가 다르더라도 두 단어가 동음이의어인 경우에는 품사의 통용에 해당하지 않는다. 예컨대 '약이 쓰다.'와 '글씨를 쓰다.'에 쓰인 '쓰다'의 품사는 각각 형용사, 동사로 다르지만, 둘은 동음이의어에 해당하므로 품사의 통용에 해당하지 않는다.

① 만큼 ┌ 형은 밥을 주는 만큼 받았다.
└ 나는 밥을 당신만큼 받았다.

② 잘못 ┌ 그가 잘못을 저질렀다.
└ 소금을 잘못 넣었더니 국이 짜다.

③ 마저 ┌ 컵에 물을 마저 따르다.
└ 막내마저 출가를 시키니 허전하다.

④ 저 ┌ 저 사람이 바로 우리 언니이다.
└ 저하고 그 사람은 쌍둥이 자매입니다.

⑤ 모두 ┌ 식구 모두가 양로원에 돈을 기부했다.
└ 내 돈을 모교에 모두 기부했다.

[24004-0037]

05 〈보기〉의 ㉠, ㉡에 해당하는 예가 바르게 짝지어지지 않은 것은?

● 보 기 ●

용언의 어간에 어미가 결합하는 것을 활용이라고 한다. 용언 중에는 모음으로 시작하는 어미 '-아'나 '-어'가 결합하여 활용할 때, ㉠규칙 활용을 하는 경우도 있지만 ㉡불규칙 활용을 하는 경우도 있다.

	㉠에 해당하는 예	㉡에 해당하는 예
①	(죽을) 쑤다	(밥을) 푸다
②	(쌀을) 씻다	(커피를) 젓다
③	(외투를) 입다	(친구를) 돕다
④	(음식을) 받다	(정답을) 묻다
⑤	(품질이) 좋다	(장작을) 넣다

[24004-0038]

06 **〈보기〉의 ㉠~㉤을 분석한 내용으로 적절하지 않은 것은?**

보기

용언은 쓰임에 따라 본용언과 보조 용언으로 구분할 수 있다. 본용언은 문장의 주체를 주되게 서술해 주는 말로 보조 용언의 도움을 받는 반면, 보조 용언은 본용언과 연결되어 그것의 뜻을 보충하는 역할을 하는 용언으로 자립성이 없다. 한편 합성 용언은 본동사와 보조 동사가 결합하는 방식 등으로 만들어지는데, 이렇게 만들어진 합성 용언은 단독으로 쓰이기도 하고, 보조 용언의 도움을 받는 본용언으로 쓰이기도 한다.

- 친구들이 모두 ㉠가 버리니 그가 더 이상 내 손을 ㉡잡아당기지 못했다.
- 수의학을 전공한 형이 밀림에서 ㉢굶주리고 있던 사자를 ㉣도와주었다.
- 한 달이나 지났으니 이제는 오빠가 집에 ㉤오지 않을까 싶었다.

① ㉠: 한 개의 본용언과 한 개의 보조 용언으로 구성된 말이다.
② ㉡: 본동사와 보조 동사가 결합하여 만들어진 한 개의 본용언과 한 개의 보조 용언으로 구성된 말이다.
③ ㉢: 합성 용언이 본용언으로 기능하며 한 개의 보조 용언과 함께 쓰인 말이다.
④ ㉣: 본동사와 보조 동사가 결합하여 만들어진 합성 용언이 단독으로 쓰인 말이다.
⑤ ㉤: 한 개의 본용언과 두 개의 보조 용언으로 구성된 말이다.

[24004-0039]

01 〈보기〉를 참고하여 [예문]을 형태소로 분석한 내용으로 적절하지 않은 것은?

보기

형태소는 자립성의 유무에 따라 다른 형태소와 결합하지 않고 홀로 쓰일 수 있는 '자립 형태소'와 다른 형태소와 결합해야 쓰일 수 있는 '의존 형태소'로 구분할 수 있다. 그리고 의미의 성격에 따라 실질적인 의미를 나타내는 '실질 형태소'와 문법적인 의미를 나타내는 '형식 형태소'로 구분할 수도 있다.

[예문] 나는 막내아들에게 먹일 햇과일을 사느라 힘들었다.

① '먹일', '사느라'는 모두 의존 형태소로만 이루어진 말이다.
② '햇과일'은 의존 형태소와 자립 형태소가 모두 포함된 말이다.
③ '막내아들'은 자립 형태소이면서 실질 형태소인 형태소 두 개로만 이루어진 말이다.
④ '햇과일'은 형식 형태소가 포함되지 않은 말이고, '사느라'는 형식 형태소가 포함된 말이다.
⑤ '먹일'은 실질 형태소가 한 개 포함된 말이고, '힘들었다'는 실질 형태소가 두 개 포함된 말이다.

[24004-0040]

02 〈보기〉의 ㉠과 같은 방식으로 만들어진 단어의 예로 적절한 것은?

보기

다음과 같이 '먹구름'과 '구름다리'는 하나의 단어인 '구름'을 어근으로 하여 만들어진 단어이다. '먹구름'은 접두사 '먹-'과 어근 '구름'이 결합하여 만들어진 파생어이고, '구름다리'는 어근 '구름'과 어근 '다리'가 결합하여 만들어진 합성어이다.

단어의 분석	먹- + 구름 (파생어) ← 구름 → 구름 + 다리 (합성어)
단어의 구성 요소	㉠ 접두사 + 어근 ← 어근 → 어근 + 어근

① 집밥 ← 밥 → 밥그릇
② 맨발 ← 발 → 발가락
③ 모양새 ← 새 → 새집
④ 헛소리 ← 소리 → 소리꾼
⑤ 한가위 ← 가위 → 가위질

[24004-0041]

03 **〈보기〉에 제시된 ㉠~㉤의 합성어 형성 방식을 설명한 내용으로 적절하지 않은 것은?**

보 기

- 우리는 ㉠보슬비가 내리는 날 ㉡팥죽을 먹었다.
- ㉢잘생긴 ㉣어린이가 ㉤덮밥 가게 앞에 서 있었다.

① ㉠: '자립성이 없는 어근 + 명사'로 구성되어 있으므로 비통사적 합성어이다.
② ㉡: '명사 + 명사'로 구성되어 있으므로 통사적 합성어이다.
③ ㉢: '용언의 부사형 + 용언'으로 구성되어 있으므로 통사적 합성어이다.
④ ㉣: '용언의 관형사형 + 명사'로 구성되어 있으므로 통사적 합성어이다.
⑤ ㉤: '용언 어간 + 명사'로 구성되어 있으므로 비통사적 합성어이다.

[24004-0042]

04 **〈보기〉의 [탐구 과정]에서 [A]에 해당되는 것만을 있는 대로 고른 것은?**

보 기

※ 다음 밑줄 친 부사 ㉠~㉥을 [탐구 과정]에 따라 분류해 보자.

- 앉아 있던 아들이 ㉠어느새 일어나 물을 ㉡훌쩍훌쩍 마셨다.
- ㉢또다시 사건이 터진 후 그는 ㉣하루아침에 유명해졌다.
- 오빠를 언제 ㉤한번 찾아가 뵐 수 있으면 ㉥진짜 좋을 것 같다.

⇩

[탐구 과정]

두 어근으로 구성된 합성어입니까?	→ 아니요	
↓ 예		
구성 성분에 명사가 포함되어 있습니까?	→ 아니요	
↓ 예		
구성 성분에 관형사가 포함되어 있습니까?	→ 아니요	[A]
↓ 예		

① ㉠ ② ㉣ ③ ㉡, ㉢ ④ ㉤, ㉥ ⑤ ㉠, ㉣, ㉤

[24004-0043]

05 〈보기〉에 제시된 '선생님'의 물음에 대한 답으로 적절한 것은?

보기

선생님: 국어사전에서 단어를 찾다 보면 '살-얼음', '버섯-볶음'처럼 표제어에 '-' 표시가 제시된 경우가 있습니다. 이는 '살얼음'이 '살-'과 '얼음'으로, '버섯볶음'이 '버섯'과 '볶음'으로 양분될 수 있음을 나타냅니다. 이렇게 직접 구성 요소로 분석한다면 '살얼음'은 파생어이고, '버섯볶음'은 합성어입니다. 다음은 국어사전의 표제어에 '-' 표시를 함께 제시한 것입니다. ㄱ~ㅁ 중 파생어로 판단할 수 있는 단어는 무엇일까요?

ㄱ. 자리-바꿈	ㄴ. 미닫이-문	ㄷ. 재주넘-기
ㄹ. 첫-걸음	ㅁ. 헌-신짝	

① ㄱ ② ㄴ ③ ㄷ ④ ㄹ ⑤ ㅁ

[24004-0044]

06 〈보기〉를 참고할 때, ㉠~㉤에 대한 설명으로 적절한 것은?

보기

합성어는 어근들의 의미 관계를 기준으로 대등 합성어, 종속 합성어, 융합 합성어로 구분할 수 있다. 대등 합성어는 결합하는 어근들의 의미가 대등한 관계를 이루는 것이고, 종속 합성어는 선행 어근이 후행 어근에 의미상 종속되는 관계를 이루는 것이다. 그리고 융합 합성어는 어근들이 결합하면서 각 어근이 본래 갖고 있던 의미에서 벗어나 합성어 전체의 의미가 새로운 의미를 갖는 것이다. '피와 땀'이라는 뜻의 '피땀'은 대등 합성어, '손에 들고 다니는 작은 가방'이라는 뜻의 '손가방'은 종속 합성어, '어른의 나이'를 뜻하는 '춘추(春秋)'는 융합 합성어이다.

㉠강산 ㉡밤낮 ㉢좌우 ㉣눈물 ㉤안팎

① ㉠은 '강과 산'이라는 뜻일 때는 종속 합성어이고, '나라의 영토'라는 뜻일 때는 융합 합성어이다.
② ㉡은 '밤과 낮'이라는 뜻일 때는 대등 합성어이고, '밤과 낮을 가리지 않고 늘'이라는 뜻일 때는 종속 합성어이다.
③ ㉢은 '왼쪽과 오른쪽'이라는 뜻일 때는 대등 합성어이고, '주위에 거느리고 있는 사람'이라는 뜻일 때는 융합 합성어이다.
④ ㉣은 '눈알 바깥면의 위에 있는 눈물샘에서 나오는 분비물'이라는 뜻일 때는 종속 합성어이고, '눈이 녹아서 된 물'이라는 뜻일 때는 융합 합성어이다.
⑤ ㉤은 '사물이나 영역의 안과 밖'이라는 뜻일 때는 대등 합성어이고, '어떤 수량이나 기준에 조금 모자라거나 넘치는 정도'라는 뜻일 때는 종속 합성어이다.

05 언어 | 문장 ❶

정답과 해설 11쪽

[24004-0045]

01 **〈보기〉의 ㉠~㉤에 대한 이해로 적절한 것은?**

● 보 기 ●

문장 성분은 한 문장을 구성하는 요소로, '그녀는 바둑을 잘 둔다.'에서의 '그녀는', '바둑을', '잘', '둔다' 따위이다. 이때 문장 성분은 '그녀는', '바둑을'처럼 체언에 조사가 결합해 이루어지기도 하고, '잘', '둔다'처럼 한 단어가 단독으로 문장 성분을 이루기도 한다. 한편 체언에 서술격 조사가 결합한 형태나 용언은 그 활용형이 다양한 문장 성분으로 쓰임에 유의해야 한다.

ㅇ점심을 많이 먹었는데 ㉠간식도 계속 먹고 싶네.
ㅇ저러다가 저거 ㉡싸움 되겠는데, 말려야 하지 않아?
ㅇ내가 너에게 한 설명은 ㉢상식적인 이야기에 불과하다.
ㅇ배달 음식을 ㉣아주 안 먹을 수는 없겠지만 줄여야 한다.
ㅇ선수 여러분, ㉤중요한 것은 역경에 꺾이지 않는 마음입니다.

① ㉠: 명사가 보조사와 결합해 주어로 쓰였다.
② ㉡: 명사가 조사와 결합 없이 목적어로 쓰였다.
③ ㉢: 관형사가 격 조사와 결합해 서술어로 쓰였다.
④ ㉣: 부사가 관형사를 수식하는 부사어로 쓰였다.
⑤ ㉤: 형용사가 명사를 수식하는 관형어로 쓰였다.

[24004-0046]

02 **〈보기〉의 ㉠과 ㉡이 모두 포함된 문장으로 적절한 것은?**

● 보 기 ●

문장 성분 중 관형어와 부사어는 다른 말을 수식하는 기능을 하므로 부속 성분이라 한다. 부속 성분은 대개 생략할 수 있지만, ㉠서술어가 필수적으로 요구하는 부사어와 ㉡의존 명사를 수식해 주는 관형어는 생략할 수 없다.

① 누구나 노력한 만큼 대가를 얻는 법이다.
② 나는 대학생이 되는 대로 여행을 떠나겠다.
③ 나는 이따 저녁에 먹을 것을 냉장고에 넣었다.
④ 그는 관광단 일행과 헤어져 혼자 숙소로 향했다.
⑤ 누나는 동생에게 생일 선물로 손목시계를 주었다.

[24004-0047]

03 **<보기>의 ㉠~㉢에 대한 이해로 적절하지 않은 것은?**

보기

관형어는 체언 앞에서 해당 체언을 수식하는 문장 성분이다. 관형사는 언제나 관형어로 쓰이며, 체언은 조사 '의'와 함께 관형어를 이룰 수도 있고 조사 없이 관형어가 될 수도 있다. 용언 어간에 관형사형 어미 '-(으)ㄴ, -는, -(으)ㄹ, -던'이 붙어서 관형어로 쓰이기도 한다. '내가 살던 동네에는 멋진 호수가 있었다.'에서 '내가 살던'은 주어와 서술어를 갖춘 절로, '내가 살던' 전체가 관형어이다. '멋진'은 '멋진'의 주어로 쓰여야 할 대상인 '호수'가 수식을 받는 체언인 '호수'와 동일하기 때문에 생략된 것이므로, 역시 관형사절로 볼 수 있다.

㉠ **우리** 학교는 **매우 오랜** 역사를 가지고 있다.
㉡ **그녀의** 얼굴에는 묘하게 **어두운** 구석이 있었다.
㉢ **광수가 회장 선거에 출마한다는** 소문이 돌았다.

① ㉠: '우리'는 대명사가 조사 없이 관형어로 쓰인 것이다.
② ㉠: '매우'와 '오랜'은 둘 다 '역사'를 수식하는 관형어이다.
③ ㉡: '그녀의'는 대명사에 조사가 결합하여 이루어진 관형어이다.
④ ㉡: '어두운'은 주어가 생략된 관형사절이 관형어로 쓰인 것이다.
⑤ ㉢: '광수가 회장 선거에 출마한다는'은 '소문'을 수식하는 관형어이다.

[24004-0048]

04 〈보기 1〉을 참고하여 〈보기 2〉의 ㉠~㉤을 이해한 내용으로 적절하지 않은 것은?

보기 1

문장(절)에서 필수적으로 쓰여야 하는 성분의 개수와 종류는 서술어의 의미에 따라서 정해지는데, 특히 서술어가 필요로 하는 문장 성분의 개수를 서술어의 자릿수라고 한다. 서술어의 자릿수는 고정된 경우도 있지만 그 서술어가 문장(절)에서 어떤 의미로 사용되는가에 따라 달라지기도 한다. 그런데 서술어는 일정한 자릿수를 요구할 뿐 아니라 특정한 자리에 일정한 속성을 가진 체언만이 올 수 있도록 제한하기도 한다. 가령 '웃다'나 '울다' 등의 주어 자리에는 사람이나 동물 같은 유정 명사가 오는 것이 원칙이다. 또 '마시다'의 목적어 자리에는 물이나 차 따위의 액체만이 올 수 있지만 '먹다'의 목적어 자리에는 그러한 액체를 포함한 음식 전반이 올 수 있다.

보기 2

㉠ **반짝이는** 새 구두를 본 그녀가 눈망울을 **반짝였다.**
㉡ 그는 세계 평화에 **기여한** 공로로 노벨 평화상을 **수상했다.**
㉢ 연구소장은 정부에서 **실시한** 조사 결과를 언론에 자세히 **밝혔다.**
㉣ 어제는 **웃던** 승자가 오늘은 **울** 수 있는 법이니 자만해서는 안 된다.
㉤ 남편은 식사할 때 항상 국물부터 **마시고** 밥은 그다음에 천천히 **먹었다.**

① ㉠: '반짝이는'과 '반짝였다'는 필요로 하는 문장 성분의 개수가 다르다.
② ㉡: '기여한'과 '수상했다'는 모두 두 자리 서술어이지만, 필요로 하는 문장 성분의 종류는 다르다.
③ ㉢: '실시한'과 '밝혔다'는 모두 주어와 목적어, 부사어를 필수적으로 요구하는 세 자리 서술어이다.
④ ㉣: '웃던'과 '울'은 필요로 하는 문장 성분의 개수와 종류가 같고, 주어로 선택할 수 있는 체언의 속성도 유정 명사로 동일하다.
⑤ ㉤: '마시고'와 '먹었다'는 필요로 하는 문장 성분의 개수와 종류가 같으나, 목적어로 선택할 수 있는 체언의 속성은 다르다.

[24004-0049]

05 **〈보기〉의 ㉠~㉥에 대한 이해로 적절하지 않은 것은?**

보기

문장 종결 표현이란 화자가 자신의 생각이나 느낌을 표현하기 위해 사용하는 특정의 문장 형식을 가리키는 문법 범주로, 문장의 유형이라고도 한다. 국어 문장의 유형은 종결 어미 혹은 문장 끝의 억양에 따라 평서문, 의문문, 명령문, 청유문, 감탄문의 다섯 종류로 나누는 것이 일반적이다.

언니: ㉠우리 같이 피자 먹자.
동생: ㉡앗, 언니도 배고팠던 줄을 내가 몰랐구나. ㉢(내리는 억양으로) 나는 아까 라면 먹었어.
언니: ㉣(올리는 억양으로) 너 라면 먹었어? ㉤너는 뭐 먹을 때 나 좀 불러라.
동생: ㉥앞으로는 꼭 그럴게.

① ㉠은 종결 어미 '-자'가 쓰여 청자에게 행동을 함께할 것을 요청하고 있군.
② ㉣은 종결 어미 '-어'가 쓰여 상대방이 한 말을 되풀이해서 물어보고 있군.
③ ㉥은 종결 어미 '-ㄹ게'가 쓰여 행동을 약속하는 의미를 전달하고 있군.
④ ㉡과 ㉤은, 사용된 종결 어미의 형태는 서로 다르지만 둘 다 감탄문에 해당하겠군.
⑤ ㉢과 ㉣은, 사용된 종결 어미의 형태는 같으나 문장 끝의 억양에 따라 종결 표현이 구별되겠군.

[24004-0050]

06 〈보기〉의 ㉠의 사례로 적절한 것은?

● 보 기 ●

의문을 나타내는 대명사 '누구', '언제', '어디', '무엇' 등을 사용한 의문문은 그 대명사가 가리키는 부분에 대해 그 내용을 설명해 주기를 요구하는 경우가 일반적이다. 예를 들어, 친구의 생일 날짜를 물으면서 "너는 생일이 언제야?"라고 한다면 이는 설명 의문문에 해당한다. 그런데 때에 따라서는 이러한 대명사가 ㉠화자의 질문에 대해 그렇거나 그렇지 않다는 대답을 요구하는 의문문에 쓰이기도 하고, 말하는 사람의 특정 감정을 드러내는 기능을 수행하기도 한다. 가령 말다툼 중에 꼬투리를 잡아 공격하는 상대에게 "내가 언제 그랬어?"라고 하는 경우는 구체적인 답변을 요구한다기보다는 불쾌한 감정을 표시하는 것이라고 볼 수 있다.

① ┌ 이모 : 커서 무엇이 되고 싶니?
└ 조카 : 저는 과학자가 되고 싶어요.

② ┌ 행인 1 : 여기서 누구 기다리세요?
└ 행인 2 : 아니요, 그냥 쉬고 있어요.

③ ┌ 아내 : 이 빵 맛있다. 어디에서 샀어?
└ 남편 : 응. 저기 새로 생긴 빵집에서 샀어.

④ ┌ 후배 : 저기 서 계시는 선생님이 누구세요?
└ 선배 : 저분이 새로 오신 국어 선생님이셔.

⑤ ┌ 교사 : 여기가 어디라고 소란을 피우는 거니?
└ 학생 : 죄송합니다. 교무실에서는 조용히 할게요.

[24004-0051]

01 **㉠~㉣의 문장 성분과 문장 구조에 대한 설명으로 적절하지 않은 것은?**

> ㉠ 그 선수는 키가 크기로 유명하다.
> ㉡ 내가 아주 좋아하는 선수는 키가 크다.
> ㉢ 친구가 저 선수는 키가 참 크다고 감탄했다.
> ㉣ 키가 큰 선수가 이 팀에 온다는 소문이 계속 돈다.

① ㉠과 ㉣에는 모두, 목적어가 생략된 안긴절이 있다.
② ㉡과 ㉢에는 모두, 서술어의 기능을 하는 안긴절이 있다.
③ ㉠은 안은문장에 관형어가 있고, ㉢은 인용절 속에 관형어가 있다.
④ ㉡은 관형사절 속에 부사어가 있고, ㉣은 안은문장에 부사어가 있다.
⑤ ㉢과 달리, ㉠에는 조사와 결합하여 부사어의 기능을 하는 명사절이 있다.

[24004-0052]

02 **〈보기〉의 ㉠의 예로 적절하지 않은 것은?**

> 보기
>
> ㉠하나의 절이 관형사절로 다른 문장에 안길 때, 원래 있던 필수적 문장 성분이 생략되는 경우가 있다. '내가 책을 읽었다.'가 '형이 책을 가져갔다.'에 관형사절로 안기는 예를 보자. '책'과 같이 두 절에 동일 요소가 있을 때 그것이 관형사절에서 생략되어, 안은문장은 '형이 내가 읽던 책을 가져갔다.'와 같이 나타난다. 이때 관형사절에서 생략되어 있는 '책'은 관형사절 속에서 목적어에 해당한다.

① 그는 하늘에 뜬 태양을 물끄러미 바라보았다.
② 진실이 아닌 말로 사람의 마음을 현혹하지 마라.
③ 어머니가 귀에 이어폰을 낀 딸을 손짓하여 불렀다.
④ 나는 몽룡이가 춘향이와 헤어진 사실을 이제 알았다.
⑤ 이 책에 달린 제목은 책의 내용과 잘 어울리지 않는다.

[24004-0053]

03 **〈보기〉의 ㉠, ㉡에 해당하는 예끼리 묶인 것으로 적절한 것은?**

● 보 기 ●

현재 시제의 관형사형 어미에는 '-는'과 '-(으)ㄴ'이 있는데, '-는'은 동사에 쓰이고 '-(으)ㄴ'은 형용사나 '이다'에 쓰인다. 과거 시제의 관형사형 어미에는 '-(으)ㄴ'과 '-던'의 두 가지가 있는데, 동사에는 이 두 가지가 다 쓰이고 형용사에는 '-던'만이 쓰인다. 다만 동작상을 보면, ㉠완료된 행위를 나타내는 경우에는 '내가 먹은 냉면은 유명한 식당에서 사 온 것이다.'와 같이 '-(으)ㄴ'이 붙고, ㉡미완료된 행위를 나타내는 경우에는 '그건 내가 먹던 냉면이다.'와 같이 '-던'이 붙는다. 형용사는 행위를 나타내지 않으므로, '-던'이 붙어도 단순히 과거를 나타내고 미완료된 행위를 나타내지 않는다.

① ┌㉠: 청바지를 입은 남자가 내 앞을 지나갔다.
  └㉡: 바람이 불어 예쁘던 꽃들이 죄다 떨어졌다.

② ┌㉠: 눈이 쌓인 도로에서 꼼짝도 못 하고 있다.
  └㉡: 집에서 책을 읽던 중에 형의 전화가 걸려 왔다.

③ ┌㉠: 나는 훌륭하신 선생님 밑에서 서예를 배웠다.
  └㉡: 선생님께서는 내 상담 요청에 하시던 일을 멈추셨다.

④ ┌㉠: 그는 손등에 수액 바늘을 꽂은 채로 밖으로 나갔다.
  └㉡: 깨끗하던 계곡물에 맨발을 담그고 재미나게 놀았었다.

⑤ ┌㉠: 누나는 한참 만에 무거운 음성으로 말을 하기 시작했다.
  └㉡: 우리를 앞질러 달리던 말들도 시냇가에서 목을 축이고 있었다.

[24004-0054]

04 **〈학습 활동〉을 수행한 결과로 적절하지 <u>않은</u> 것은?**

● 학습 활동 ●

선생님: 종속적으로 연결된 이어진문장은 연결 어미가 지닌 각각의 특수한 의미 때문에 쓰임에 제약이 따르는 경우가 많습니다. ㉠<u>시간적인 선후 관계나 수단, 방법을 나타내는 연결 어미 '-아서/-어서'로 이어진 문장</u>의 경우, '-아서/-어서'가 '-았-/-었-'이나 '-겠-'과 같은 선어말 어미와 결합할 수 없습니다. 또한 '주원이는 걸어서 학교에 다닌다.'처럼 앞 절의 주어와 뒤 절의 주어가 반드시 일치해야 하는 제약도 있습니다. 그런데 ㉡<u>이유나 근거를 나타내는 연결 어미 '-아서/-어서'로 이어진 문장</u>의 경우, '-았-/-었-'이나 '-겠-'과의 결합이 가능하고 앞 절과 뒤 절의 주어가 서로 달라도 문장이 성립합니다. 그리고 이때의 '-아서/-어서'는 ㉠에 쓰이는 '-아서/-어서'와 달리 뒤 절에 명령문이나 청유문이 올 수 없습니다. 그러면 앞 절과 뒤 절의 의미 관계와 '-아서/-어서'의 용법을 모두 고려하여, [자료]의 이어진문장을 ㉠과 ㉡으로 구분해 볼까요?

[자료]
- 옷을 벗어서 옷걸이에 걸어라.
- 음식이 너무 많아서 다 못 먹겠다.
- 나는 머리에 꽃을 달아서 장식했다.
- 이 길은 좁아서 큰 차가 못 지나간다.
- 하도 전화를 걸어서 이제는 내 목소리를 알아듣는다.

① '옷을 벗어서 옷걸이에 걸어라.'는 뒤 절에 명령문이 올 수 있는 것으로 보아, ㉠에 해당합니다.
② '음식이 너무 많아서 다 못 먹겠다.'는 앞 절의 주어와 뒤 절의 주어가 일치하는 것으로 보아, ㉠에 해당합니다.
③ '나는 머리에 꽃을 달아서 장식했다.'는 '달아서' 대신 '달았어서'를 쓸 수 없는 것으로 보아, ㉠에 해당합니다.
④ '이 길은 좁아서 큰 차가 못 지나간다.'는 앞 절과 뒤 절의 주어가 달라도 문장이 성립하는 것으로 보아, ㉡에 해당합니다.
⑤ '하도 전화를 걸어서 이제는 내 목소리를 알아듣는다.'는 '걸어서' 대신 '걸었어서'를 쓸 수 있는 것으로 보아, ㉡에 해당합니다.

[24004-0055]

05 〈보기〉의 ㉠~㉤에 해당하는 예로 적절하지 않은 것은?

보기

명사절은 용언 어간에 명사형 어미 '-(으)ㅁ', '-기'가 붙어 이루어진다. 명사절은 다양한 문장 성분으로 쓰일 수 있는데, 이때 격 조사나 보조사가 결합하기도 하고 조사가 결합하지 않기도 한다.

실현된 문장 성분 / 조사 결합 양상	주어	목적어	부사어
격 조사와 결합	㉠		㉤
보조사와 결합	㉡	㉢	
조사와 결합하지 않음.		㉣	

① ㉠: 그가 이 사건의 범인임이 밝혀졌다.
② ㉡: 정부에서 일을 그렇게 처리함은 부당하다.
③ ㉢: 나는 혼자 있기를 좋아하고 낯을 가리는 편이다.
④ ㉣: 학생들은 지금 바로 강당으로 모여 주시기 바랍니다.
⑤ ㉤: 지금은 영화를 보러 가기에 이미 너무 늦은 시간이다.

[24004-0056]

06 〈보기〉의 ㉠~㉤에 대한 이해로 적절하지 않은 것은?

보기

겹문장은 둘 이상의 절로 구성되기 때문에 홑문장에서 볼 수 없는 여러 가지 통사적 현상이 일어나기도 한다. 가령 안은문장이나 이어진문장에서 두 절에 동일 요소가 있을 때 둘 중 하나가 생략되거나 다른 말로 바뀌는 경우가 있다. 예를 들어 안은문장인 '나는 지나가는 친구를 큰 소리로 불렀다.'에서 관형사절인 '지나가는'의 주어가 지시하는 대상인 '친구'는 안은문장의 목적어가 지시하는 대상인 '친구'와 동일하기 때문에 생략되었다. 또 이어진문장인 '보람이는 중학교 교사이고 그녀의 언니는 고등학교 교사이다.'에서는 앞 절의 주어가 지시하는 대상이 뒤 절에서 '그녀'로 바뀌어 쓰였다.

㉠ 나는 유명인과 함께 찍은 사진을 친구들에게 자랑했다.
㉡ 남편은 자기 지갑을 보았느냐고 아내에게 물었다.
㉢ 이 금속은 아주 가볍지마는 쇠보다도 단단하다.
㉣ 나는 휴식을 취하려고 이곳을 종종 찾아오고는 한다.
㉤ 지하철에서 급하게 내리다가 거기에 우산을 두고 왔다.

① ㉠: 안긴절의 주어가 지시하는 대상이 안은문장의 주어가 지시하는 대상과 동일하기 때문에 안긴절의 주어가 생략되었다.
② ㉡: 안긴절의 관형어가 지시하는 대상이 안은문장의 주어가 지시하는 대상과 동일하기 때문에 '자기'로 바뀌어 쓰였다.
③ ㉢: 앞뒤 절의 주어가 지시하는 대상이 동일하기 때문에 뒤 절의 주어가 생략되었다.
④ ㉣: 앞 절의 목적어가 지시하는 대상이 뒤 절에서 '이곳'으로 바뀌어 쓰였다.
⑤ ㉤: 앞 절의 부사어가 지시하는 대상이 뒤 절에서 '거기'로 바뀌어 쓰였다.

[24004-0057]

01 **〈보기〉의 ㉠~㉤을 이해한 내용으로 적절하지 않은 것은?**

보기

윤찬: 할머니, 안녕하세요?
할머니: 아침에 까치가 ㉠울더니 반가운 손님이 찾아왔구나. ㉡올 때 힘들지는 않았니?
윤찬: 멀미를 좀 했는데, 벚꽃이 활짝 핀 걸 보니 기분이 ㉢좋아졌어요.
할머니: 작년만 해도 이렇게 키가 크지 ㉣않았었는데, 정말 많이 컸구나.
엄마: 내년에 초등학교 ㉤입학한다고 요즘 얼마나 잘 먹는지 몰라요.

① ㉠을 보니, 선어말 어미 '-더-'가 화자가 과거 어느 때의 일을 떠올리며 말할 때 쓰이고 있군.
② ㉡을 보니, 관형사형 어미 '-ㄹ'이 붙을 때 미래의 사건을 나타내지 않는 경우도 있군.
③ ㉢을 보니, 선어말 어미 '-였-'이 동사가 나타내는 동작이 이미 완료되었음을 나타낼 때 쓰이고 있군.
④ ㉣을 보니, 선어말 어미 '-았었-'이 현재와 비교하여 다른 과거의 상태를 나타낼 때 쓰이고 있군.
⑤ ㉤을 보니, 현재 시제 선어말 어미 '-ㄴ-'이 미래의 사건을 나타낼 때도 쓰이고 있군.

[24004-0058]

02 **〈보기〉의 ㉠~㉤의 예로 적절하지 않은 것은?**

보기

선어말 어미 '-겠-'은 화자의 주관적인 태도를 나타내는 데 쓰이기도 한다. 예컨대 '아기가 귀엽겠다.'에는 아기가 귀여울 것 같다는 화자의 추측을 표현하는 의미가 있다. 이처럼 ㉠'-겠-'은 화자가 가지고 있는 정보가 확실하지 않다는 추측의 의미를 표현할 수 있다. 또한 '-겠-'은 '나는 시인이 되겠다.'와 같이 화자가 미래에 하고자 하는 행위에 대한 의향이나 의지를 표현하기도 한다. '-겠-'이 추측을 나타낼 때는 여러 시제에 사용될 수 있고 주어에 대한 제약도 없다. 그러나 ㉡의향이나 의지를 나타낼 때는 과거 시제 형식과 결합할 수 없고, 평서문에서는 1인칭 주어만을 취할 수 있다. ㉢이 경우, 의문문에서는 2인칭 주어만이 '-겠-'과 함께 쓰인다. 문어체에서 예스러운 표현에 주로 쓰이는 선어말 어미 '-(으)리-'가 나타내는 화자의 주관적인 태도와 그 용법도 '-겠-'과 유사하다. ㉣'-(으)리-'는 어떤 상황에 대한 화자의 추측을 나타내기도 하고, ㉤화자가 어떤 일을 할 의향이나 의지가 있음을 나타내기도 한다.

① ㉠: 지금쯤 강릉에는 함박눈이 오겠다.
② ㉡: 나는 커서 반드시 화목한 가정을 꾸리겠다.
③ ㉢: 서영아, 네가 우리 반 대표로 학생회에 참석해 주겠니?
④ ㉣: 그가 오랜 유학 생활을 마치고 이번 달에는 국내로 들어오리라.
⑤ ㉤: 나는 그녀가 재능이 풍부해서 꼭 작가로 성공하리라고 확신했다.

[24004-0059]

03 **〈보기〉의 ㉠, ㉡에 해당하는 예로 적절하지 않은 것은?**

● 보 기 ●

'그는 나에게 진실을 숨겼다.'에서 '진실을 감추다'라는 의미를 유지하면서 '진실이 숨다.'를 상정할 수 없는 것과 같이, 주로 비유적 어휘나 관용구를 포함한 문장 중에는 사동사의 형태를 띠지만 사동의 의미에서 다소 멀어져 ㉠사동문에 대응하는 주동문을 상정하기 어려운 경우가 있다. 사동사에 의한 사동문에서 이러한 현상이 빚어지는 것은 사동 접미사가 파생 접미사로서 어근과는 다른 새로운 단어를 파생하기 때문이다. 이는 피동사에 의한 피동문에서도 마찬가지인데, 능동사와 피동사는 서로 다른 단어인 만큼 능동과 피동의 관계 역시 일대일로 대응하지 않을 수 있다. 따라서 ㉡피동문에 대응하는 능동문을 상정하기 어려운 경우나, 피동문으로 만들 수 없는 능동문이 존재한다.

① ㉠ : 구름이 걷힌 하늘에 햇살이 비치기 시작했다.
② ㉠ : 우리는 방을 도배하려고 가구들을 밖으로 옮겼다.
③ ㉠ : 그는 밖에서 벌어들이는 돈을 잘 굴리는 사람이다.
④ ㉡ : 벌써 경칩이 가까운데 날씨가 풀릴 기미도 없다.
⑤ ㉡ : 너는 감기에 걸리지 않도록 따뜻하게 좀 입고 다녀라.

[24004-0060]

04 **〈보기〉의 ㉠과 ㉡에 모두 해당하는 문장으로 적절한 것은?**

● 보 기 ●

'짧은 부정'은 부정 부사 '안'이나 '못'으로 부정문을 만든 것이고 ㉠'긴 부정'은 '-지 않다'나 '-지 못하다'와 같이 부정 보조 용언 구성으로 부정문을 만든 것이다. 흔히 '안'이나 '-지 않다'를 사용한 '안' 부정은 의지 부정을, '못'이나 '-지 못하다'를 사용한 '못' 부정은 능력 부정을 나타낸다고 한다. 그러나 '안' 부정이 모두 의지 부정인 것은 아니다. '여기에는 볕이 안 든다.'에서 보듯이 어떤 객관적 상황에 대한 부정은 주체의 의지 등과 무관하며 이를 ㉡단순 부정 또는 중립 부정이라고 한다.

① 우리 언니는 키가 안 작다.
② 한여름인데 요즘은 날씨가 별로 덥지 않다.
③ 금구에서 전주까지는 사십 리가 좀 안 되었다.
④ 아내가 있는 부엌에서는 아무 소리도 안 들렸다.
⑤ 나는 배가 고팠는데도 밥을 먹지 않고 버티었다.

[24004-0061]

05 **〈보기 1〉을 참고하여 〈보기 2〉의 ㉠~㉤을 이해한 내용으로 적절하지 않은 것은?**

● 보기 1 ●

국어의 높임 체계는 크게 문장에 등장하는 주체나 객체 등의 인물을 높이는 방법과 대화에서의 청자를 높이는 방법으로 나눌 수 있다. 주어의 지시 대상인 주체를 높이는 방법을 주체 높임이라고 하며 이는 주격 조사 '께서'와 주체 높임의 선어말 어미 '-(으)시-'를 통해 표현된다. 목적어나 부사어가 지시하는 대상을 높이는 방법을 객체 높임이라고 하며, 부사격 조사 '께'를 통해 표현된다. 주체 높임과 객체 높임 모두 특수 어휘에 의해서 표현되기도 한다. 청자를 높이는 방법을 상대 높임이라 하고, 주로 종결 어미에 의해 표현되며 보조사가 쓰이기도 한다.

● 보기 2 ●

(성준이 출장을 간 직장 선배인 예원에게 전화를 건 상황)

성준 : 선배님, 혹시 이메일 보셨습니까? ㉠
예원 : 봤어요. 부장님께서 걱정이 많으시겠네요. ㉡
성준 : 부장님께서 내일 원격 회의 참석 여부를 선배님께도 확인하라고 하셨습니다. ㉢
예원 : 제가 팀장님을 모시고 온지라, 지금 확답을 드리기는 어렵네요. ㉣
성준 : 그러면 우선 팀장님께 여쭙고, 저에게 바로 전화 주십시오. ㉤

① ㉠ : 선어말 어미 '-시-'와 종결 어미 '-습니까'는 같은 인물을 높이기 위해 쓰였다.
② ㉡ : 조사 '께서'와 보조사 '요'는 서로 다른 인물을 높이기 위해 쓰였다.
③ ㉢ : 조사 '께'와 종결 어미 '-습니다'는 같은 인물을 높이기 위해 쓰였다.
④ ㉣ : 동사 '모시고'와 동사 '드리기'는 서로 다른 인물을 높이기 위해 쓰였다.
⑤ ㉤ : 동사 '여쭙고'와 종결 어미 '-십시오'는 같은 인물을 높이기 위해 쓰였다.

[24004-0062]

06 **〈보기 1〉을 참고할 때, 〈보기 2〉의 ㉠~㉤에 들어갈 문장으로 적절하지 않은 것은?**

보기 1

인용 표현은 크게 직접 인용과 간접 인용으로 나눌 수 있다. 직접 인용의 인용절은 마침표 등을 모두 표시하고 따옴표로 묶은 뒤 '(이)라고'를 붙인다. 간접 인용절은 말한 그대로를 따오지 않고 화자의 관점에 따라 변형해서 따온 것이므로, 본래 문장에서는 상대 높임의 등급에 따라 종결 어미가 선택되었지만 인용절 속에서는 문장의 종류에 따라서만 어미 선택이 달라진다. 평서문은 '-다고'로, 의문문은 동사의 경우 '-(느)냐고', 형용사의 경우 '-(으)냐고'로, 명령문은 '-(으)라고', 청유문은 '-자고'로 통합되어 표현된다. 감탄문은 간접 인용을 할 때 평서문으로 인용된다. 또 간접 인용절은 화자의 현재 관점 및 시점에서 기술되기 때문에, 인칭 대명사나 시간 표현이 달라진다.

보기 2

직접 인용		간접 인용
연경이는 "꽃이 참 예쁘구나!"라고 감탄했다.	→	㉠
수지가 나에게 "언제 집에 가니?"라고 물었다.	→	㉡
민지가 현수에게 "나도 힘이 세."라고 말했다.	→	㉢
위원회는 승아에게 "네가 학교 대표로 선발되었다."라고 알렸다.	→	㉣
담임 선생님께서 어제 학생들에게 "내일은 일찍 와라."라고 말씀하셨다.	→	㉤

① ㉠: 연경이는 꽃이 참 예쁘다고 감탄했다.
② ㉡: 수지가 나에게 언제 집에 가냐고 물었다.
③ ㉢: 민지가 현수에게 자기도 힘이 세다고 말했다.
④ ㉣: 위원회는 승아에게 네가 학교 대표로 선발되었다고 알렸다.
⑤ ㉤: 담임 선생님께서 어제 학생들에게 오늘은 일찍 오라고 말씀하셨다.

[24004-0063]

01 **〈보기〉의 ㉠, ㉡에 해당하는 예로 적절하지 않은 것은?**

보기

• 발화의 유형

(1) ㉠ 직접 발화 : 문장 종결 표현의 유형과 화자의 의도가 일치하는 발화

예 (방 청소를 할 것을 요구하려는 의도로) 제발 방 청소 좀 해라.

(2) ㉡ 간접 발화 : 문장 종결 표현의 유형과 화자의 의도가 일치하지 않는 발화

예 (열려 있는 문을 닫아 주기를 부탁하려는 의도로) 문으로 바람이 들어와 추워.

① ㉠ : (함께 하교할 것을 부탁하려는 의도로) 학교 마치고 우리 같이 가자.

② ㉠ : (방에서 나와 식사할 것을 요구하려는 의도로) 이제 나와서 밥 먹어라.

③ ㉠ : (길을 막은 사람에게 비켜 줄 것을 요구하려는 의도로) 먼저 가겠습니다.

④ ㉡ : (난방기를 켜 줄 것을 요구하려는 의도로) 추워서 온몸이 으스스 떨리네.

⑤ ㉡ : (요리 재료를 사 올 것을 부탁하려는 의도로) 지금 가게 문 열었겠지?

[24004-0064]

02 **〈보기〉의 담화 상황을 고려할 때, ㉠~㉤에 대한 설명으로 적절하지 않은 것은?**

보기

선생님 : ㉠ 너희 둘이 여기서 뭐 하니?

서경 : 선생님, 안녕하세요? ㉡ 저희 헌혈증 기부 캠페인을 하고 있어요.

선생님 : 그래? 헌혈증을 기부하려는 곳이 ㉢ 어디야?

승찬 : ○○ 백혈병 소아암 재단이요. 혹시 졸업생 '하□□' 기억하세요?

선생님 : 물론이지.

서경 : ㉣ 그분이 그 재단을 운영하시는데, 최근 헌혈증 기부자가 많이 줄어 걱정이라고 하셔요.

선생님 : 그래서 너희들이 이렇게 앞장서서 캠페인을 벌이고 있는 거구나. ㉤ 우리 학교 친구들이 많이 참여해 주면 좋겠네.

① ㉠ : 화자가 '서경'과 '승찬'을 가리키기 위해 사용한 이인칭 대명사이다.

② ㉡ : 화자가 자신과 '승찬'을 상대에게 낮추어 이르기 위해 사용한 일인칭 대명사이다.

③ ㉢ : 화자가 자신이 모르는 어느 곳을 가리키기 위해 사용한 지시 대명사이다.

④ ㉣ : 화자가 '승찬'이 언급한 '하□□'를 높여 이르기 위해 사용한 삼인칭 대명사이다.

⑤ ㉤ : 화자가 '캠페인'이 벌어지고 있는 곳을 가리키기 위해 사용한 지시 대명사이다.

[24004-0065]

03 **〈보기〉의 [A]에 들어갈 수 있는 말로 적절한 것은?**

보 기

선생님 : 담화 맥락을 고려하여 ㉠~㉣을 분류해 볼까요?

> 상윤 : (책장을 보며) ㉠ 거기에 있는 책 좀 꺼내 줄래?
> 정우 : (특정 책을 가리키면서) ㉡ 이거?
> 상윤 : 아니, ㉢ 그거 말고. 그 옆에 있는 책.
> 정우 : (책을 꺼내 주며) 여기 있어.
> 상윤 : 고마워. 이거 □□동에 있는 ○○ 서점에서 산 거지?
> 정우 : 맞아. 좀 멀지만 오늘 ㉣ 거기에 책 사러 갈래?
> 상윤 : 오랜만에 □□동 구경도 갈 겸 그러자.

학생 : 저는 [A] 의 여부를 기준으로 '㉠, ㉡, ㉢'과 '㉣'의 두 부류로 나누었습니다.

선생님 : 그렇게 나누어 볼 수 있겠네요.

① 뒤에서 언급될 대상을 대신하는지
② 발화 현장에서 화자나 청자를 대신하는지
③ 청자가 생각하고 있는 대상을 가리키는지
④ 화자가 소유하고 있는 대상을 가리키는지
⑤ 화자가 발화 현장에 존재하는 대상을 가리키는지

[24004-0066]

04 다음 ㉠~㉦에 대한 설명으로 적절한 것은?

① ㉠, ㉡은 동일한 대상을 가리키지만 화자와 청자 간의 물리적 거리로 인해 서로 다른 표현이 사용되었다.

② ㉠, ㉢은 동일한 대상을 가리키지만 화자와 대상의 관계 차이로 인해 서로 다른 표현이 사용되었다.

③ ㉡, ㉥은 동일한 표현이 사용되었지만 서로 다른 대상을 가리킨다.

④ ㉣, ㉤은 화자와 청자의 관계 차이로 인해 서로 다른 표현이 사용되었지만 동일한 대상을 가리킨다.

⑤ ㉤, ㉦은 동일한 대상을 가리키지만 화자와 대상 간의 물리적 거리로 인해 서로 다른 표현이 사용되었다.

[24004-0067]

05 **〈보기〉의 ㉠, ㉡이 드러난 예로 적절하지 않은 것은?**

보 기

우리말의 담화 관습에는 겸양 표현, 완곡 표현 등이 있다. 겸양 표현은 ㉠겸손함을 나타내거나 남에게 양보할 때 자신을 낮추어 표현하는 것이고, 완곡 표현은 ㉡상대방의 감정을 상하지 않게 생각을 에둘러 우회적으로 표현하는 것이다.

	담화 관습	담화 관습이 드러난 예
①	㉠	아버지: 필기시험에 통과하다니 우리 아들 대단해! 아들: (칭찬에 감사하게 여기며) 운이 좋아서 문제가 잘 풀렸어요.
②	㉠	손님: 집들이에 초대해 주어서 고마워요. 집주인: (진수성찬을 내놓으며) 차린 게 없어 송구합니다.
③	㉠	선생님: 세 번이나 연속으로 선행상을 받다니, 너 정말 대단하구나. 학생: (의기양양해하며) 다음에는 선행상을 다른 친구에게 양보하겠습니다.
④	㉡	점원: 식사 맛있게 하셨나요? 고객: (맛이 없었다고 느끼며) 오후 늦게 간식을 많이 먹어서인지 입맛이 없네요.
⑤	㉡	학생 1: 영화 보러 같이 갈래? 학생 2: (마음이 내키지 않는다고 생각하며) 오늘 몸이 별로 안 좋네.

[24004-0068]

06 〈보기〉의 '선생님'의 질문에 대한 답으로 적절한 것은?

● 보 기 ●

선생님 : 담화 안에는 앞에서 언급된 말을 대신하는 표현이 사용되기도 하고, 뒤에서 언급될 말을 대신하는 표현이 사용되기도 합니다. ㉠~㉣은 모두 다른 말을 대신하는 표현인데요, 이들을 두 부류로 나누어 볼까요?

> 소영 : ㉠그 소문 진짜야? 학교 축제 이야기 말이야.
> 승우 : 학교 축제 이야기? ㉡그게 뭔데 그래?
> 소영 : 학교 축제 때 특별 이벤트가 있다던데? 혹시 알고 있어?
> 승우 : 흠, ㉢이건 나도 전해 들었는데, 학교 축제 때 연예인이 온대.
> 소영 : 와, ㉣그거 정말이지?

	앞에서 언급된 말을 대신하는 경우	뒤에서 언급될 말을 대신하는 경우
①	㉠, ㉡	㉢, ㉣
②	㉠, ㉢	㉡, ㉣
③	㉠, ㉣	㉡, ㉢
④	㉡, ㉢	㉠, ㉣
⑤	㉡, ㉣	㉠, ㉢

09 언어 | 국어사

[24004-0069]

01 **〈보기〉를 읽고, ㉠~㉤을 탐구한 내용으로 적절한 것은?**

보 기

중세 국어 시기에는 주로 소리 나는 대로 표기를 하였다. 그래서 연음이 일어나면 이어 적기(연철)를 하고, 음운 변동이 일어나면 음운 변동의 결과를 표기에 반영하였다. 예컨대, 중세 국어 시기에도 거센소리되기가 일어났는데, 'ㅺᆞ님 나코(따님 낳고)'의 '나코'처럼 거센소리되기가 일어난 대로 표기하였다. 중세 국어 시기의 이러한 표기법의 원리를 이해하면, 중세 국어와 현대 국어의 차이점을 비교하는 데 도움이 된다. 다음의 중세 국어 자료를 탐구해 보자.

- 그ᄅᆞᆯ ㉠ **널거**(닑- + -어) (글을 읽어)
- 불휘 기픈 ㉡ **남ᄀᆞᆫ**(나ᇚ + ᄋᆞᆫ) (뿌리가 깊은 나무는)
- 어드ᄫᅳᆫ ㉢ **길헤**(긿 + 에) (어두운 길에)
- 몰애와 ㉣ **돌콰**(돓 + 과) (모래와 돌과)
- ㉤ **므레너구릐**(므레너굴* + 의) 고기ᄂᆞᆫ (수달의 고기는)

* 므레너굴: '수달'의 옛말.

① ㉠을 보니 현대 국어의 '읽-'은 중세 국어에서는 '닐-'이었군.
② ㉡을 보니 현대 국어의 '나무'는 중세 국어에서는 '남'이었군.
③ ㉢을 보니 현대 국어의 '길'은 중세 국어에서도 '길'이었군.
④ ㉣을 보니 거센소리되기가 일어난 결과를 표기에 반영하였군.
⑤ ㉤을 보니 현대 국어에서는 찾아볼 수 없는 형태의 조사가 쓰였군.

[24004-0070]

02 〈보기〉를 읽고, ㉠~㉢을 탐구한 내용으로 적절하지 않은 것은?

● 보기 ●

형태소를 분석하다 보면, 현대 국어에서 기능은 다르지만 형태는 같은 것들이 중세 국어에서는 기능에 따라 서로 다른 형태였던 사례를 발견할 수 있다. 반면에 중세 국어와 현대 국어에서 기능은 계속 같지만, 시간이 흐름에 따라 형태가 달라진 것들도 있다. 아래 자료에서 기능과 형태의 관계에 주목하여 중세 국어와 현대 국어의 형태소를 분석해 보자.

㉠	[중세 국어]	**노ᄑᆡ** 벼개 베여
	[현대어 풀이]	**높이** 베개 베어
㉡	[중세 국어]	**노ᄑᆡ**와 **너븨**왜 漸漸 져거
	[현대어 풀이]	**높이**와 **너비**가 점점 적어져
㉢	[중세 국어]	**거름 거루미** 곤 ᄀᆞᄐᆞ시며
	[현대어 풀이]	**걸음**을 **걸음이** 고니 같으시며

① ㉠에서 '노ᄑᆡ'와 '높이'는 이어 적기 적용 여부에 따라 표기에 차이가 있지만 사용된 접사의 형태는 서로 같다.

② ㉠에서 '노ᄑᆡ'의 접사와 '높이'의 접사는 모두 용언 어간인 어근에 결합한다는 공통점이 있다.

③ ㉡에서 '노ᄑᆡ'와 '너븨'의 접사는 형태가 다르고, 서로 다른 품사의 단어를 만든다.

④ ㉢에서 현대 국어의 두 '-음'은 형태가 같지만 서로 다른 기능을 가지고 있다.

⑤ ㉢에서 현대 국어의 두 '-음'은 중세 국어에서는 서로 다른 형태로 나타난다.

[24004-0071]

03 〈보기〉의 ㉠, ㉡에 들어갈 수 있는 표기로 가장 적절한 것은?

보기

선생님: 국어의 변화는 문헌 자료를 통해서 추론해 볼 수 있어요. 예를 들어, 15세기 문헌에서는 'ㅿ'을 가지고 있던 단어가 16세기 문헌에서는 'ㅿ'이 사라진 채 표기되기 시작합니다. 이를 통해서 음운 체계에서 'ㅿ'이 사라졌음을 추론할 수 있어요. 다른 사례도 살펴보면, 16세기에 들어서 단어의 첫음절이 아닌 곳에 있는 'ㆍ'가 'ㅡ'로 나타납니다. 18세기 자료로 가면 첫음절의 'ㆍ'도 'ㅏ'로 바뀌어서 나타납니다. 'ㆍ'가 소실되어 가는 과정을 보여 주는 것이지요. 이렇게 표기의 변화를 통해 음운 변화가 일어났음을 알 수 있습니다.

음운 변화가 표기에 즉시 반영되는 건 아니에요. 문자는 보수적인 속성이 있어서 음운 변화가 일어나더라도 이전의 표기가 쓰이는 경우가 많지요. 하지만 오늘은 'ㅿ'이 'ㆍ'보다 먼저 소실되었고, 이것이 표기에 곧바로 반영이 됐다고 가정을 해 봅시다. 그리고 'ᄀᆞᅀᅳᆶ'에서 만약 'ㅎ'이 가장 먼저 소실되었다면, 이후에 시간의 흐름에 따라 이 단어가 어떠한 표기로 나타났을지 예측해 봅시다.

시간의 흐름 →

ᄀᆞᅀᅳᆶ	>	㉠	>	㉡	>	가을

	㉠	㉡
①	ᄀᆞᄋᆞᆯ	ᄀᆞ을
②	ᄀᆞᄋᆞᆯ	가ᄋᆞᆯ
③	ᄀᆞ을	가ᄋᆞᆯ
④	ᄀᆞᅀᅳᆯ	ᄀᆞᄋᆞᆯ
⑤	ᄀᆞᅀᅳᆯ	가ᄋᆞᆯ

[24004-0072]

04 〈보기〉를 읽고, ㉠, ㉡에 알맞은 요소를 추론한 내용으로 적절한 것은?

● 보 기 ●

의문문에는 '누구, 언제, 어디, 무엇, 왜, 어떻게, 얼마' 등의 의문사가 있는 설명 의문문과 의문사가 없는 판정 의문문이 있다. 판정 의문문은 '예' 또는 '아니요'로 대답할 수 있지만, 설명 의문문은 의문사에 대한 설명으로써 대답해야 한다. 중세 국어에서는 설명 의문문과 판정 의문문에 서로 다른 종결 어미가 사용되었다. 또한 중세 국어에서는 체언에 조사가 붙어 의문문을 만들 수 있었는데, 이는 현대 국어에서는 발견되지 않는 특징이다. 아래 예문에서 중세 국어의 의문문의 특징을 발견할 수 있다.

- 이제 어듸 잇ᄂᆞ뇨 (이제 어디 있느냐?)
- 버디 잇ᄂᆞ녀 (벗이 있느냐?)
- 이 므슴 相고 (이것이 무슨 상이냐?)
- 이 ᄯᆞ리 너희 죵가 (이 딸이 너희들의 종이냐?)

위 내용을 참조하여 아래의 가상의 중세 국어 문장을 적절하게 완성해 보자.

- 냇ᄀᆞᅀᅢ 므슴 고지 펴 잇더(㉠) (냇가에 무슨 꽃이 피어 있더냐?)
- 이 고ᄌᆡ 일후미 므스(㉡) (이 꽃의 이름이 무엇이냐?)

① ㉠에는 의문형 어미 '-뇨', ㉡에는 의문 보조사 '가'가 적절하다.
② ㉠에는 의문형 어미 '-뇨', ㉡에는 의문 보조사 '고'가 적절하다.
③ ㉠에는 의문형 어미 '-녀', ㉡에는 의문 보조사 '고'가 적절하다.
④ ㉠에는 의문 보조사 '고', ㉡에는 의문형 어미 '-뇨'가 적절하다.
⑤ ㉠에는 의문 보조사 '가', ㉡에는 의문형 어미 '-녀'가 적절하다.

[24004-0073]

05 **〈보기〉를 읽고, ㉠~㉤을 이해한 내용으로 적절하지 않은 것은?**

보기

현대 국어와 마찬가지로 중세 국어에서도 격 조사로써 주어, 목적어, 관형어, 부사어 등의 문장 성분을 만들 수 있다. 중세 국어의 주격 조사는 '이, ㅣ, Ø'로 나타나고, 목적격 조사는 'ᄋᆞᆯ, 을, ᄅᆞᆯ, 를, ㄹ'로 나타난다. 관형격 조사는 'ᄋᆡ, 의, ㅅ'으로 나타나는데, 'ᄋᆡ, 의'는 모음 뒤에서는 'ㅣ'로 나타나 주격 조사와 형태가 같아지기도 한다. 'ㅅ'은 현대 국어에 없는 조사이다. 부사격 조사로는 '애, 에, 예', 'ᄋᆞ로, 으로, 로', '와, 과' 등이 다양하게 존재하여, 장소, 도구, 재료, 수단, 원인, 비교 등의 다양한 의미를 나타낸다. 이를 참고하여, 아래 중세 국어 자료의 ㉠~㉤에 쓰인 격 조사와 문장 성분을 분석해 보자.

㉠나랏 말ᄊᆞ미 ㉡中듕國귁에 달아 文문字ᄍᆞᆼ와로 서르 ᄉᆞᄆᆞᆺ디 아니ᄒᆞᆯᄊᆡ 이런 젼ᄎᆞ로 어린 百ᄇᆡᆨ姓셩이 니르고져 홇 ㉢배 이셔도 ᄆᆞᄎᆞᆷ내 제 ㉣ᄠᅳ들 시러 펴디 몯ᄒᆞᇙ ㉤노미 하니라

[현대어 풀이]

우리나라의 말이 중국과 달라 한자와는 서로 통하지 아니하여서 이런 까닭으로 어리석은 백성이 말하고자 할 바가 있어도 마침내 제 뜻을 능히 펴지 못할 사람이 많다.

① ㉠은 관형격 조사가 결합하여 만들어진 관형어이다.
② ㉡은 부사격 조사가 결합하여 만들어진 부사어이다.
③ ㉢은 관형격 조사가 결합하여 만들어진 관형어이다.
④ ㉣은 목적격 조사가 결합하여 만들어진 목적어이다.
⑤ ㉤은 주격 조사가 결합하여 만들어진 주어이다.

[24004-0074]

06 선생님이 제시한 〈학습 활동〉을 수행한 내용으로 적절하지 않은 것은?

학습 활동

선생님: 중세 국어 단어에 대해서도 '형태, 기능, 의미'의 기준을 적용하여 품사를 분류할 수 있어요. '형태, 기능, 의미'의 기준을 활용해 다음 중세 국어 자료를 분석하여 중세 국어 단어 '새'와 '나'의 품사를 분류해 볼까요?

- **새** ᄇᆡ호ᄂᆞᆫ ᄠᅳ들 어즈리디 말 씨오 (새것 배우는 뜻을 어지럽히지 말 것이고)
- **새**와 ᄂᆞᆯᄀᆞ니와 (새것과 낡은 것과)
- 엇더 **나**ᄅᆞᆯ 모ᄅᆞ시ᄂᆞ니잇고 (어찌 나를 모르십니까)
- **내** 이ᄅᆞᆯ 爲윙ᄒᆞ야 (내가 이를 위하여)
- ᄇᆡ홀 **바**ᄅᆞᆯ 알에 ᄒᆞ노라 (배울 바를 알게 한다)
- 내 졈어실 제 다ᄉᆞ리던 **배**라 (내가 젊었을 때 다스리던 바이라)

① 형태 측면에서 '새'는 단독으로 쓰이든 조사와 결합하든 '새'로만 나타나므로 불변어이다.
② 형태 측면에서 '나'는 '바'가 '배'로 나타나듯이 '내'로도 나타나므로 가변어이다.
③ 기능 측면에서 '새'는 'ᄇᆡ호다'의 목적어로 쓰이고 있는 체언이다.
④ 기능 측면에서 '나'는 조사와 결합하여 '모ᄅᆞ다'의 목적어로 쓰이고 있는 체언이다.
⑤ 의미 측면에서 '새'는 새것이라는 의미를 가지는 명사이다.

[01~02] 다음 글을 읽고 물음에 답하시오.

주어는 '무엇이 어찌하다', '무엇이 어떠하다', '무엇이 무엇이다'와 같은 문장에서 '무엇이'에 해당하는 문장 성분으로, 일반적으로 주격 조사 '이/가'가 붙어 표시된다. 그런데 ㉠ 체언이나 부사(어)의 뒤, 연결 어미 '-지'의 뒤, '-고 싶다' 구성의 앞 등에 결합하는 '이/가'는 주격 조사가 아닌 경우도 있으므로 유의해야 한다. 이 경우 '이/가'는 앞말을 지정하여 강조하는 뜻을 나타내는 기능을 수행한다. 또한 높임의 대상이 주체로 쓰였을 때는 주격 조사 '께서'가 쓰인다. 그런데 '께서'의 사용은 필수적이지 않아서 서술어에 선어말 어미 '-(으)시-'가 결합해 있다면, '께서'를 쓰지 않고 '이/가'를 써도 존대하는 의미를 잃지 않는다.

한편, '에서'도 주어를 표시하는 조사로 사용되는 경우가 있다. '에서'는 기관, 단체 등을 뜻하는 명사 뒤에서 그것이 주어임을 나타내는데 이 역시 주격 조사 '이/가'로 대치하여 쓸 수 있다. 그런데 '에서'는, '*우리 회사에서 대기업이다.'와 같이 행위성이 없는 서술어와는 어울리지 않는다.

주어에 결합하는 주격 조사는 '우리 지금 도서관에 가.'에서처럼 생략되기도 한다. 주어가 구로 나타나기보다는 단어로 나타날 때, 문어에서보다는 구어에서 주격 조사가 생략되는 경우가 많다. 또한 주격 조사는 보조사로 대치되기도 한다. 예컨대 '선생님은 지금 수업 중이다.'에서는 주격 조사 대신 보조사 '은'이 쓰였다. 그러나 주격 조사를 결합하여 '선생님이'로 써도 문장은 성립하기 때문에 '선생님은'은 주어임이 분명하다. 드물기는 하지만 주격 조사는 보조사와 함께 쓰이기도 하며, 주격 조사가 보조사로 대치될 경우에는 보조사가 연속해서 쓰이는 경우도 있다.

(*는 문법에 맞지 않음을 나타냄.)

[24004-0075]

01 윗글을 바탕으로 다음의 문장을 이해한 내용으로 적절하지 <u>않은</u> 것은?

	문장	이해한 내용
①	너희들 먼저 먹어야겠다.	'너희들'은 주격 조사 '이'가 생략된 형태이다.
②	준호는 지금 운동장에 있다.	'준호는'은 '준호가'로 바꿀 수 있다는 점에서 주어로 볼 수 있다.
③	학교에서 강당이 제일 크다.	'학교에서'의 '에서'는 앞말이 주어임을 나타낸다.
④	승주만이 그 일을 할 수 있습니다.	'승주만이'는 보조사 '만'과 주격 조사 '이'가 함께 쓰여 주어가 되었다.
⑤	이모가 저에게 선물을 주셨습니다.	'주셨습니다'에 '-시-'가 결합해 있으므로 '이모'에 대한 존대의 의미를 유지한다.

[24004-0076]

02 밑줄 친 말이 ㉠의 예에 해당하지 않는 것은?

① 어느 곳이 그런 게 있니?
② 형주에게 새 친구가 생겼다.
③ 진수는 김밥이 제일 먹고 싶었다.
④ 때로는 회장마저 미덥지가 못하다.
⑤ 그 친구의 말은 도대체가 틀려먹었다.

[24004-0077]

03 다음은 사전 활용하기 학습 활동을 위한 자료이다. 이에 대한 이해로 적절하지 않은 것은?

가까이
[Ⅰ]「부사」
「1」한 지점에서 거리가 조금 떨어져 있는 상태로. ¶ 이쪽으로 가까이 오너라.
「2」일정한 때를 기준으로 그때에 약간 못 미치는 상태로. ¶ 그는 우리 집에 보름 가까이 머물렀다.
「3」사람과 사람의 사이가 친밀한 상태로. ¶ 그와 나는 가까이 지내는 사이다.
[Ⅱ]「명사」
가까운 곳. ¶ 집 가까이에서 놀도록 해라.

멀리
[Ⅰ]「부사」
한 시점이나 지점에서 시간이나 거리가 몹시 떨어져 있는 상태로. ¶ 앞일을 멀리 내다보다.
[Ⅱ]「명사」
먼 곳. ¶ 저 멀리서 그 사람이 보였다.

① '가까이'와 '멀리' 모두 두 개의 품사로 쓰인다.
② '가까이[Ⅱ]'와 '멀리[Ⅱ]'는 서로 반의 관계에 있다.
③ '가까이'와 '멀리'가 명사로 쓰일 때는 모두 공간의 의미를 담고 있다.
④ '가까이[Ⅰ]'은 다의어로 중심 의미에서 멀어지면서 의미 적용 영역이 축소되고 있다.
⑤ '멀리[Ⅰ]'의 용례로 '우리는 서울과 멀리 떨어진 시골로 이사했다.'를 추가할 수 있다.

[24004-0078]

04 〈보기〉의 밑줄 친 부분의 예로 볼 수 없는 것은?

보기

표준 발음법 제18항은 비음화 현상을 규정하고 있다. 이에 따르면 받침 'ㄱ, ㄷ, ㅂ'은 비음 'ㄴ, ㅁ' 앞에서 [ㅇ, ㄴ, ㅁ]으로 발음한다. 이러한 현상은 앞 음절의 받침이 'ㄱ, ㄷ, ㅂ'이 아닌 경우에도 나타난다. 즉 음운 변동의 결과 앞 음절의 종성이 대표음인 'ㄱ, ㄷ, ㅂ' 중 하나이면 비음화 현상이 적용되는 것이다. 이는 홑받침이 'ㄱ, ㄷ, ㅂ' 중 어느 하나로 바뀐 후에 비음화가 적용되거나, 겹받침 중 하나가 탈락한 후에 비음화가 적용됨을 보여 준다.

① 놓는 ② 깎는 ③ 밟는 ④ 핥는 ⑤ 없는

[24004-0079]

05 〈보기〉의 ⓐ~ⓖ에 대한 설명으로 적절하지 않은 것은?

보기

가은: (주변을 둘러보며) 네 말대로 네 고향 풍경 정말 멋지다.
하영: 그렇지? (가까이 있는 풀밭을 가리키며) 우리 ⓐ여기에 앉을까?
가은: (하영에게 다가가며) 그래 ⓑ거기가 좋겠다.
하영: 가은아, (옆을 가리키며) 저 오른쪽에 야트막한 언덕 보이니?
가은: 소나무들이 서 있는 ⓒ저기?
하영: 그래. ⓓ거기. 거기가 내가 어릴 때 놀던 동산이야. 내가 ⓔ접때 얘기한 적 있지?
가은: ⓕ그때는 지금보다는 높아 보였겠다.
하영: 당연하지. 그때는 꼬마였으니까.
가은: 그렇지. 그런데 십 년 후에 우리는 어떻게 변해 있을까?
하영: 모르지. 그건 ⓖ그때 가 봐야 알겠지.

① ⓐ는 화자에게 가까운 장소를, ⓑ는 청자와 가까운 장소를 나타낸다.
② ⓑ와 달리 ⓒ는 청자의 이전 발화 전체를 가리킨다.
③ ⓒ와 ⓓ는 동일한 지시 대상을 가리킨다.
④ ⓔ는 ⓕ보다 가까운 과거이다.
⑤ ⓕ와 달리 ⓖ는 미래를 가리킨다.

[01~02] 다음 글을 읽고 물음에 답하시오.

우리말에서 모음이 연속될 때에는 연속되는 모음이 한 모음으로 줄어들기도 한다. 이렇게 ㉠ <u>모음이 줄어드는 현상이 필수적으로 일어나 줄어든 형태로만 적어야 하는 경우</u>도 있고, 그렇지 않은 경우도 있다. 이와 관련한 한글 맞춤법 규정으로 제34항을 들 수 있다. 한글 맞춤법 제34항에서는 모음 'ㅏ, ㅓ'로 끝난 어간에 '-아/-어, -았-/-었-'이 어울릴 적에는 준 대로 적는다는 것을 규정하고 있다. 먼저 모음 'ㅏ, ㅓ'로 끝나는 어간에 어미 '-아/-어', '-았-/-었-'이 결합할 때는 'ㅏ/ㅓ'가 줄어든다. '(열매를) 따다'에서 '따-+-아 → 따', '따-+-았-+-다 → 땄다'가 그 예이다. 이 경우에는 두 모음이 반드시 하나로 줄어든다. 따라서 조항에서 '어울릴 적에는 준 대로 적는다'라고 한 것은 항상 줄어든 형태로 적는다는 뜻이다. 즉 '*따아', '*따았다'와 같은 형태는 인정되지 않는다. 그런데 용언 중에는 모음 어미 '-아/-어', '-았-/-었-'이 결합하여 활용할 때, 어간에서 'ㅅ'이 줄어들며 불규칙적으로 활용하는 것도 있다. 이때에는 원래 자음이 있었으므로 'ㅏ/ㅓ'가 줄어들지 않는다. '(명주실을) 잣다'의 활용형인 '자아', '자았다'의 경우 'ㅅ'이 있었음을 고려하여 '*자', '*잤다'로 적지 않는다는 것이다.

한편 어간 끝모음 'ㅐ, ㅔ' 뒤에 '-어, -었-'이 결합할 때도 모음이 줄어들 수 있다. 이와 관련한 규정은 제34항의 [붙임 1]이다. 이 조항에서는 'ㅐ, ㅔ' 뒤에 '-어, -었-'이 어울려 줄 적에는 준 대로 적는다고 규정하고 있는데, 여기서 '어울려 줄 적에는 준 대로 적는다'라고 한 것은 줄지 않는 경우도 있다는 뜻이므로, 줄어든 경우에만 준 대로 적어야 한다. 즉, '(물을) 사다'의 활용형 '사-+-아'에서 '사'만을 인정한 것과 달리, '(끈을) 매다'의 활용형 '매-+-어'에서는 '매어/매'를 모두 쓸 수 있다. 그런데 모음이 줄어들어서 'ㅐ'가 된 경우에는 '-어'가 결합하더라도 다시 줄어들지는 않는다. '(옷감이) 짜이다'에서 '짜이-'가 줄어들어서 '째-'가 된 경우에는 '-어'가 결합하더라도 '*째'로 쓰지 않는다는 것이다.

(*는 규정에 맞지 않음을 나타냄.)

[24004-0080]

01 윗글을 이해한 내용으로 적절하지 <u>않은</u> 것은?

① '따-+-아', '따-+-았-+-다'와 달리, '젓-+-어', '젓-+-었-+-다'는 모음이 줄어든 형태로 적으면 규정에 맞지 않게 된다.

② '병이 나았고'와 '죽을 저었고'의 용언은 모두 어간에 원래 자음 'ㅅ'이 있었음을 고려하여 'ㅏ/ㅓ'가 줄어들지 않는다.

③ 용언의 어간 '가-'에 연결 어미 '-아'를 결합할 경우, '가아'로 적으면 규정에 맞지 않게 되므로 '가'로만 적어야 한다.

④ 제34항은 다른 형태의 모음이 연속될 때에만 적용되고, 제34항의 [붙임 1]은 동일한 형태의 모음이 연속될 때에만 적용된다.

⑤ 제34항에 언급된 '어울릴 적에는 준 대로 적는다'는 말과 제34항의 [붙임 1]에 언급된 '어울려 줄 적에는 준 대로 적는다'는 말은 서로 다르게 해석된다.

[24004-0081]

02 윗글을 바탕으로 할 때, ㉠의 예에 해당하는 것만을 있는 대로 고른 것은?

보기

ㄱ. (상표를) 떼-+-어 → ________________

ㄴ. (도로가) 패-+-어 → ________________

ㄷ. (큰길을) 건너-+-어 → ________________

ㄹ. (숫자를) 세-+-었-+-고 → ________________

ㅁ. (학교에) 가-+-았-+-고 → ________________

① ㄱ, ㄴ ② ㄷ, ㅁ ③ ㄱ, ㄹ, ㅁ ④ ㄴ, ㄷ, ㄹ ⑤ ㄱ, ㄴ, ㄷ, ㄹ

[24004-0082]

03 〈보기〉에서 설명하는 a~c의 음운 변동을 이해한 내용으로 적절하지 않은 것은?

보기

a. 합성어 및 파생어에서 앞말이 자음으로 끝나고 뒷말이 모음 'ㅣ'나 반모음 'j'로 시작할 때 'ㄴ'이 그 사이에 첨가되는 현상

b. 평음이 일정한 조건에서 경음으로 바뀌는 현상

c. 끝소리가 'ㄷ, ㅌ'인 형태소가 모음 'ㅣ'나 반모음 'j'로 시작되는 형식 형태소와 만나 각각 구개음인 'ㅈ, ㅊ'으로 바뀌는 현상

① a가 합성어에서 일어나는 예로 '두통약[두통냑]'을 들 수 있고, 파생어에서 일어나는 예로 '한여름[한녀름]'을 들 수 있다.

② b가 받침 'ㄱ', 'ㄷ', 'ㅂ' 뒤에서 일어나는 예로 각각 '국밥[국빱]', '믿지[믿찌]', '춥고[춥꼬]'를 들 수 있다.

③ b와 달리, c는 조음 위치와 조음 방법 모두에 변화가 일어나는 음운 변동에 해당한다.

④ b, c와 달리, a가 일어난 후에는 음운 변동이 일어나기 전에 비해 음운의 전체 개수가 늘어난다.

⑤ a, c 모두 음운 변동이 일어나기 위해서는 모음 'ㅣ'나 반모음 'j'로 시작되는 형식 형태소가 결합되어야 한다는 음운 환경이 충족되어야 한다.

[24004-0083]

04 **〈보기〉의 ㄱ~ㄹ을 탐구한 결과로 적절하지 않은 것은?**

보기

ㄱ. 의사가 심정지 환자를 응급실로 옮겼다.
ㄴ. 어머니가 아이에게 젖을 물렸다.
ㄷ. 창문이 바람에 닫혔다.
ㄹ. 인터넷 연결이 끊겼다.

① ㄱ은 주동문으로 바꿀 수 없다.
② ㄴ은 주동문으로 바꾸면 서술어의 자릿수가 줄어든다.
③ ㄴ은 용언 어간에 '-게 하다'가 결합된 사동문으로 바꿀 수 있다.
④ ㄷ과 달리, ㄹ은 용언 어간에 '-어지다'가 결합된 피동문으로 바꿀 수 없다.
⑤ ㄱ과 ㄹ의 서술어에는 동일한 형태의 접사가 결합되어 있지만, 각 접사의 문법적 기능은 서로 다르다.

[24004-0084]

05 **〈보기〉의 '선생님'의 질문에 대한 답을 바르게 짝지은 것은?**

보기

선생님: 국어의 변천 과정 중 모음 'ㆍ'는 중세 국어와 근대 국어 시기에 걸쳐 두 번의 변화를 겪었습니다. 우선 단어의 둘째 음절 이하에 놓인 모음 'ㆍ'가 'ㅡ'로 변화하였습니다. 이때에는 첫째 음절에 놓인 모음 'ㆍ'는 변화하지 않았지요. 그런데 이후에는 첫째 음절에 놓인 모음 'ㆍ'도 'ㅏ'로 변화하였습니다. 다음 제시된 단어들은 앞서 설명한 모음 'ㆍ'의 변화가 나타나 있는 예인데요, ㉠~㉢에 들어갈 단어의 형태를 유추해 볼까요?

• ᄉᆞᅀᅵ > ᄉᆞ이 > [㉠]
• ᄒᆞᄆᆞᆯ며 > [㉡] > 하믈며 > 하물며
• ᄀᆞᄅᆞ치다 > ᄀᆞ르치다 > [㉢]

	㉠	㉡	㉢
①	사이	ᄒᆞ믈며	그르치다
②	사이	하ᄆᆞᆯ며	가르치다
③	사이	ᄒᆞ믈며	가르치다
④	스이	하ᄆᆞᆯ며	그르치다
⑤	스이	ᄒᆞ믈며	가르치다

[01~02] 다음 글을 읽고 물음에 답하시오.

형태소는 발음할 때 음운 변동의 영향을 받아 여러 가지 다른 형태로 나타나는 경우가 있다. 형태소가 여러 가지 다른 형태로 나타나는 경우, 음운 현상이나 연음을 활용하여 어떤 형태가 나타날지 예측할 수 있는 경우가 있고, 그렇지 않은 경우가 있다. 예를 들어, 명사 '국'에 조사 '도'가 붙을 때 된소리되기가 일어나는 현상은 명사 '집'에 조사 '도'가 결합할 때도 일어난다. 이는 'ㄱ, ㄷ, ㅂ' 뒤에 오는 예사소리가 된소리로 변하는 음운 변동이 국어에 존재하기 때문이다. 이처럼 국어의 일반적인 음운 변동을 활용하여 예측할 수 있는 형태가 나타나는 경우, 형태 변화가 '규칙적'이라고 한다.

한편 '입다'와 '덥다'의 활용형을 비교해 보면, '입다'의 활용형은 모두 예측 가능한 형태로 나타나는 반면에, '덥다'의 활용형은 그렇지 않음을 알 수 있다. 먼저, 두 용언 어간에 자음으로 시작하는 어미가 올 경우에는 두 용언의 활용형은 모두 예측이 가능하다. 예를 들어, 어간에 어미 '-다'가 결합한 기본형의 경우, 'ㄱ, ㄷ, ㅂ' 뒤에 예사소리가 오는 환경이 만들어지므로, [입따], [덥:따]와 같이 된소리되기가 적용된 형태가 나타난다. 그런데 모음으로 시작하는 어미가 올 경우에는 두 단어가 서로 다른 형태 변화를 보인다. 예를 들어, 어간 '입-'과 '덥-'에 각각 어미 '-어'를 결합하면, 일반적으로 연음이 일어날 것이라고 예측할 수 있다. '입어[이버]'는 이러한 예측과 부합하지만, '더워[더워]'는 연음이 일어날 것이라는 예측을 벗어난다. '더워[더워]'와 같이 예측할 수 없는 형태가 나타나는 경우, 형태 변화가 '불규칙적'이라고 한다.

현대 국어에서 불규칙적인 형태 변화를 보이는 용언 가운데 중세 국어 시기에는 규칙적인 형태 변화를 보이는 예도 있다. 이는 국어에서 역사적으로 일어난 음운 변화와 관련이 있다. 다음의 중세 국어 자료를 살펴보자.

(가) ᄃᆞᆯ **잡고져** ᄒᆞᄃᆡ (달을 잡고자 하되)
(나) 소ᄂᆞᆯ **자바셔** (손을 잡아서)
(다) 모미 겨스렌 **덥고** (몸이 겨울엔 덥고)
(라) **더ᄫᅳᆫ** 버티 우희 ᄢᅬ니 (더운 볕이 위에 쬐니)

(가), (나)의 '잡고져', '자바셔'에서 알 수 있듯이, 현대 국어 '잡다'는 중세 국어 시기에도 어간 말 자음이 'ㅂ'이었다. 하지만 현대 국어의 '덥다'는 중세 국어 시기에 어간 말에 'ㅸ'을 가지고 있었다. 중세 국어에는 종성에 8개의 소리만 올 수 있다는 제약이 있어서, 종성에서 'ㅍ, ㅸ'은 'ㅂ'으로, 'ㅌ, ㆆ'은 'ㄷ'으로, 'ㅈ, ㅊ, ㅿ'은 'ㅅ'으로 바뀌는 음운 현상이 일어났다. 그래서 (다), (라)의 '덥고', '더ᄫᅳᆫ'에서 알 수 있듯이, 어간 '더ᇦ-'에 자음으로 시작하는 어미가 결합하면 'ㅸ'이 'ㅂ'으로 표기에 나타났고, 모음으로 시작하는 어미가 결합하면 연음되어 'ㅸ'이 그대로 표기에 나타났다. 그런데 15세기 중엽 이후에 'ㅸ'이 소실되면서, '더ᇦ-'은 모음으로 시작하는 어미가 결합할 때 '더오-' 또는 '더우-'의 표기로 등장하기 시작하여 불규칙적인 형태 변화를 보인다. 이외에 '짓다, 잇다' 같은 'ㅅ' 불규칙 용언들도 중세 국어 시기에는 종성에 'ㅿ'을 가진 단어로 규칙적인 형태 변화를 보여 주지만, 'ㅿ'이 소실되면서 현대 국어에서는 불규칙적인 형태 변화를 보인다.

[24004-0085]

01 윗글을 이해한 것으로 적절하지 않은 것은?

① 음운 변동이 하나의 형태소가 여러 가지 다른 형태로 나타나는 원인이 되는군.
② '국도', '집도'를 발음할 때 나타나는 형태는 자음의 배열만 파악해도 예측할 수 있군.
③ '덥고'를 발음할 때 일어나는 된소리되기는 예측할 수 없는 형태를 만들어 내는군.
④ 현대 국어에서 용언의 기본형만 비교해서는 용언의 불규칙한 활용을 예측할 수 없군.
⑤ 음운의 역사적인 변화도 형태소가 여러 가지 다른 형태로 나타나는 데 영향을 미치는군.

[24004-0086]

02 윗글을 읽고 〈보기〉를 탐구한 내용으로 적절한 것은?

보기

	중세 국어	현대 국어
(가)	ᄎᆞᆺ고	찾고[찯꼬]
	ᄎᆞ자	찾아[차자]
(나)	칩ᄃᆞ록	춥도록[춥또록]
	치ᄫᅥ	추워[추워]
(다)	짓더니	짓더니[짇:떠니]
	지ᅀᅳ니	지으니[지으니]

① (가)의 중세 국어에서 'ᄎᆞᆺ', 'ᄎᆞㅈ'이 나타나는 까닭은 연음이나 규칙적인 음운 변동으로써 설명하기 어렵다.
② (가)의 현대 국어에서 [찯], [차ㅈ]이 나타나는 까닭은 연음이나 규칙적인 음운 변동으로써 설명하기 어렵다.
③ (나)의 중세 국어에서 '칩', '치ㅸ'이 나타나는 까닭은 연음이나 규칙적인 음운 변동으로써 설명하기 어렵다.
④ (다)의 중세 국어에서 '짓', '지ㅿ'이 나타나는 까닭은 연음이나 규칙적인 음운 변동으로써 설명할 수 있다.
⑤ (다)의 현대 국어에서 [짇:], [지]가 나타나는 까닭은 연음이나 규칙적인 음운 변동으로써 설명할 수 있다.

[24004-0087]

03 **〈보기〉의 (가)~(마)에 대한 설명으로 적절한 것은?**

보기

(가) 풋감, 풋배, 풋대추
(나) 소리꾼, 구경꾼, 눈치꾼
(다) 높이, 몰이, 털렁이
(라) 꺾이다, 놓이다, 파이다
(마) 끓이다, 녹이다, 줄이다

① (가)와 (나)에서, 접사가 어근에 붙어 어근과 같은 품사의 단어가 만들어진다.
② (나)와 (다)에서, 접사가 붙을 수 있는 어근의 품사는 한 가지로 제한된다.
③ (나)와 (다)에서, 접사가 붙은 단어는 '사람'이나 '행위'의 의미를 가지고 있다.
④ (다)와 (라)에서, 접사가 어근에 붙어 어근과 다른 품사의 단어가 만들어진다.
⑤ (라)와 (마)에서, 접사는 서술어가 요구하는 문장 성분의 개수를 늘어나게 만든다.

[24004-0088]

04 **〈보기〉를 참고하여 〈자료〉를 탐구한 내용으로 적절하지 않은 것은?**

보기

선어말 어미 '-ㄴ-'은 현재가 아니라 가까운 미래, 습관적인 행동이나 일정하게 반복되는 일, 직업 등을 나타내는 데에 사용되기도 한다. 선어말 어미 '-겠-'은 미래가 아니라 의지나 추측의 의미를 나타내는 데 쓰이기도 한다.

자료

(가) 우리는 내년에 선거를 치른다.
(나) 매년 이맘때 벚꽃이 만개한다.
(다) 그 사람은 음식점을 운영한다.
(라) 지금부터 더욱 노력하겠습니다.
(마) 날씨가 맑아서 소풍이 즐거웠겠어요.

① (가)에서 앞으로 일어날 일을 나타내는 데에 선어말 어미 '-ㄴ-'이 사용되었다.
② (나)에서 일정하게 반복되는 일을 나타내는 데에 선어말 어미 '-ㄴ-'이 사용되었다.
③ (다)에서 직업을 나타내는 데에 선어말 어미 '-ㄴ-'이 사용되었다.
④ (라)에서 화자의 의지를 드러내는 데에 선어말 어미 '-겠-'이 사용되었다.
⑤ (마)에서 앞으로 일어날 일을 추측하는 데에 선어말 어미 '-겠-'이 사용되었다.

[24004-0089]

05 〈보기〉의 ㉠~㉤에 대한 설명으로 적절하지 않은 것은?

보기

같은 학교 내 동아리 회장들이 모여 회의를 하고 있다. 학생들은 하나의 동아리에서만 활동할 수 있으며, 각 회장은 자신이 장을 맡은 동아리에서 활동한다.

민서: 이번 학교 축제에서 각 동아리 회장인 ㉠우리가 직접 동아리 홍보 공간을 배치할 수 있게 됐어. 홍보 공간을 어떻게 배치하면 좋을까?
준우: ㉡우리끼리 정하면 되는 거야? 지금 여기 안 나온 동아리 회장들이 있지 않아?
영호: 그러게. 근데 다른 동아리에 비해 ㉢우리는 작년에 자리가 구석진 곳이어서 동아리 부원들의 불만이 많았어. 작년에 했던 배치를 고려해서 정하면 좋겠어.
서준: ㉣우리 동아리도 그랬어. 그리고 동아리끼리 협업해서 홍보 공간을 함께 꾸며도 좋겠어.
우영: 서준아, 좋은 생각이다. 우리는 사진을 다루고 너희는 영화를 다루니까 주제를 공유해서 ㉤우리 동아리들끼리 같이해 보는 거 어때?

① ㉠에는 모든 대화 참가자가 포함된다.
② ㉡에는 ㉢이 가리키는 모든 대상이 포함된다.
③ ㉢에는 '서준'이 포함되지 않는다.
④ ㉢과 ㉣이 가리키는 대상은 서로 다르다.
⑤ ㉤에는 '서준'이 포함된다.

[24004-0090]

06 〈보기〉의 (가)~(마)를 탐구한 내용으로 적절한 것은?

보기

(가) 바지가 기장이 너무 길다.
(나) 나는 문법 실력이 늘었음을 느꼈다.
(다) 내가 그때 본 광경은 무척이나 아름다웠다.
(라) 김 씨가 다리를 다쳤다는 소식을 듣고, 나는 얼른 사고 현장으로 갔다.
(마) 모두가 버스가 어서 오기를 바라는데, 도로의 차들은 좀처럼 움직이지 않았다.

① (가)에는 서술절이 있고, (마)에는 서술절과 명사절이 있다.
② (가)에서는 부사가 부사어로 쓰였고, (라)에서는 부사절이 부사어로 쓰였다.
③ (나)와 달리 (다), (라), (마)에는 체언을 꾸미는 관형어가 있다.
④ (다)의 관형사절과 달리 (라)의 관형사절은 서술어가 요구하는 문장 성분을 다 갖추었다.
⑤ (라)와 (마)에서 어미로 연결된 두 절의 사건은 동시에 일어나고 있다.

[01~02] 다음 글을 읽고 물음에 답하시오.

단어를 그 구성 요소들로 나누는 것은 단어의 의미가 일차적으로 그것을 구성하는 요소들에 의해 결정되기 때문이다. '섬사람'이 갖는 의미 '섬에 사는 사람'은 이 단어를 구성하는 두 개의 요소 '섬'과 '사람'으로부터 비롯된 것이다. 즉 ㉠구성 요소가 다르면 의미에 차이가 있는 별개의 단어가 된다. 그런데 '집밥'과 '밥집'의 예에서 알 수 있듯이, ㉡구성 요소가 같아도 구성 요소의 배열이 다르면 서로 다른 의미를 갖는 별개의 단어가 되기도 한다. 구성 요소가 셋 이상인 단어의 경우 그 의미는 구성 요소들 사이의 멀고 가까운 관계에 의해 결정된다. '큰부리새'는 '큰 부리를 가진 새'이지만, '큰가슴근'은 '큰 가슴에 있는 근육'이 아니라 '가슴에 있는 큰 근육'이다. 두 단어가 구성 요소의 배열 양상은 비슷하지만 의미의 양상은 다른 것은 구성 요소들 사이의 관계가 다르기 때문이다. ㉢어떤 단어의 구조를 직접 구성 요소로 분석할 때도 먼저 그 단어의 의미를 고려해야 한다. 예를 들어 '시부모'는 '시아버지와 시어머니'의 뜻을 갖는 단어이므로, '시'가 '부모' 전체에 영향을 미치는 구조로 분석한다.

그런데 단어의 구조가 늘 단어의 의미만 반영하는 것은 아니다. '명사 + 동사 + 접미사' 형식을 갖는 복합 명사를 직접 구성 요소로 분석해 보자. ㉣'해돋이'는 '해가 돋는'이 '현상'을 수식하는 의미 구조를 갖는다는 점을 고려하면 [[해돋]이]와 같이 분석할 수 있다. 그러나 '편지꽂이'의 경우 '연필꽂이', '책꽂이'와 같이 동일한 형식을 갖춘 복합 명사들이 많다는 점을 고려하면 '[편지[꽂[이]]]'와 같은 분석도 가능하다. '오래달리기'처럼 '부사 + 동사 + 접미사' 형식을 갖는 복합 명사의 구조는 어떻게 분석할까? '오래 달리는 일'이라는 구성 요소들 사이의 의미적 관계, 그리고 부사는 동사를 수식하는 것이 보통이라는 점을 고려하면 '[[오래[달리]]기]'와 같이 분석할 수 있다. 그러나 ㉤'오래달리기'와 같이 '달리기'가 이미 존재하는 단어인 경우에는 '[오래[달리[기]]]'와 같은 분석도 가능하다. 이는 '오래달리기'가 '이어달리기' 등과 같이 달리기 경기 가운데 하나라는 인식과도 부합한다.

ⓐ전체 복합어를 직접 구성 요소로 분석했을 때 직접 구성 요소가 모두 어근이면 합성어로, 직접 구성 요소 가운데 어느 하나가 접사이면 파생어로 그 유형을 분류한다. 그런데 '해돋이', '편지꽂이'와 같은 단어들은 직접 구성 요소 분석으로도 합성어인지 파생어인지 판단하기 어렵다. '해돋이'에서 [-이]가 접사임에는 이견이 없으나 [해돋]은 '해(가) 돋-'의 의미이므로 단어가 아니라 구로 볼 수 있다. 또 '편지꽂이'에서 [편지]가 어근임은 확실하나 [꽂이]는 하나의 단어로 존재하지 않는다는 점에서 이를 어근으로 보아야 할지 판단이 쉽지 않다.

[24004-0091]

01

㉠~㉤을 이해한 내용으로 적절하지 않은 것은?

① ㉠에 해당하는 예로 '산짐승'이 '산에 사는 짐승'의 의미를, '들짐승'은 '들에 사는 짐승'의 의미를 갖는 것을 들 수 있다.

② ㉡에 해당하는 예로 '유리창'과 '창유리'를, 해당하지 않는 예로 '위아래'와 '아래위'를 들 수 있다.

③ ㉢에 따라 직접 구성 요소 분석을 할 때, '큰부리새'의 직접 구성 요소는 '큰부리'와 '새'이고, '큰가슴근'의 직접 구성 요소는 '큰'과 '가슴근'이다.

④ ㉣과 같은 방식으로 분석할 때, '줄넘기'는 '[[줄넘]기]'의 구조로 분석할 수 있다.

⑤ ㉤과 같은 방식에 따라 '오래달리기'의 직접 구성 요소를 '오래'와 '달리기'로 분석해도 이를 합성어로 분류하기 어려운 이유는 '달리기'를 어근으로 간주할 수 없기 때문이다.

[24004-0092]

02

ⓐ에 따를 때, 〈보기〉의 ㉮, ㉯와 유형 및 구조가 모두 일치하는 단어를 올바르게 묶은 것은?

보기

셋 이상의 형태소로 구성된 단어는 각 단계에서 분석되는 직접 구성 요소를 대상으로 그 역할에 따라 어근과 접사를 구분한다. 이를테면 '㉮ 코웃음'은 먼저 두 개의 구성 요소 '코'와 '웃음'으로 분석되는데, 모두 실질적 의미를 갖는 어근들이다. 그리고 '웃음'은 다시 두 개의 구성 요소 '웃-'과 '-음'으로 분석되는데, '웃-'은 어근이고 '-음'은 접사이다. 반면 '㉯ 뜨개질'은 먼저 두 개의 구성 요소 '뜨개'와 '-질'로 분석된다. 그리고 '뜨개'는 다시 두 개의 구성 요소 '뜨-'와 '-개'로 분석되는데, '뜨-'는 어근이고 '-개'는 접사이다.

	㉮	㉯
①	놀이터	민물고기
②	살얼음	오르막길
③	싸움꾼	헛발질
④	갈비찜	잠꾸러기
⑤	거짓말쟁이	돈벌이

[24004-0093]

03 **〈보기〉의 ㉠에 해당하는 사례로 적절하지 않은 것은?**

보기

문장을 이루기 위해 형태소들이 결합하다 보면 서로 다른 형태소에 속한 음운들이 만나기 마련이다. 이 과정에서 한 음운이 다른 음운으로 바뀌거나 없어지거나 첨가되는 등의 과정인 음운 변동이 일어나기도 한다. 일반적으로 어떤 음운들끼리 인접하는가에 따라 음운 변동이 나타나거나 연음이 일어나지만, 어떤 종류의 형태소와 결합하는지에 따라 발음 양상이 달라지기도 한다. ㉠뒤에 오는 형태소가 실질 형태소인지 형식 형태소인지에 따라 음운 변동의 적용 여부가 결정되기도 하는 것이다.

① '팥을 심으면 팥이 난다.'에서 '팥을'은 [파틀]로, '팥이'는 [파치]로 발음된다.
② '정원에는 꽃이 만발하고 꽃잎이 흩날렸다.'에서 '꽃이'는 [꼬치]로, '꽃잎이'는 [꼰니피]로 발음된다.
③ '내가 곧이 알아들은 대로 그녀가 곧이어 도착했다.'에서 '곧이'는 [고지]로, '곧이어'는 [고디어]로 발음된다.
④ '각자 뜻이야 모르겠지만, 오랜만에 가족끼리 뜻있는 시간을 보낸 듯하다.'에서 '뜻이야'는 [뜨시야]로, '뜻있는'은 [뜨딘는]으로 발음된다.
⑤ '문외한의 눈에도 상당히 값있어 보이는 도자기여서, 부르는 값을 흔쾌히 다 치렀다.'에서 '값있어'는 [가비써]로, '값을'은 [갑쓸]로 발음된다.

[24004-0094]

04 **〈보기〉의 ㉠~㉤에 해당하는 예로 적절하지 않은 것은?**

보기

일반적으로 '안' 부정은 의지 부정, '못' 부정은 '능력 부정'으로 알려져 있으나 '안' 부정이 모두 의지 부정인 것이 아니듯이 '못' 부정이 꼭 능력 부정으로만 쓰이는 것은 아니다. 보조 용언 '못하다'가 동사로 된 본용언 뒤에 쓰이면 ㉠앞말이 뜻하는 행동에 대하여 그것이 이루어지지 않거나 그것을 이룰 능력이 없음을 나타내지만, ㉡'금지'의 의미를 나타내거나 ㉢'거부'의 의미를 나타내기도 한다. 그리고 형용사로 된 본용언 뒤에 쓰여 ㉣앞말이 뜻하는 상태에 미치지 아니함을 나타내기도 한다. 또한 일종의 관용적 용법으로, '못하다'가 용언 뒤에 쓰여 ㉤앞말이 뜻하는 행동이나 상태가 극에 달해 그것을 더 이상 유지할 수 없음을 나타내기도 한다.

① ㉠: 그는 흐르는 눈물 때문에 말을 더 잇지 못했다.
② ㉡: 총기, 도검 등 무기류는 일절 수입하지 못합니다.
③ ㉢: 별로 편안하지 못한 마음으로 여행을 떠나게 되었다.
④ ㉣: 엄마는 불손한 태도는 옳지 못하다고 아이를 야단쳤다.
⑤ ㉤: 하루 종일 굶었더니 배가 고프다 못하여 아플 지경이다.

[24004-0095]

05 〈보기〉는 중세 국어의 모음 체계에 대한 수업의 일부이다. ㉠과 ㉡에 들어갈 말로 적절하지 않은 것은?

보기

학생: 선생님, 『훈민정음』 해례본의 내용에서 궁금한 점이 생겼어요. 이 부분은 이중 모음의 제자에 대한 설명인데, 그렇다면 중세 국어에서는 'ㅚ, ㅐ, ㅟ, ㅔ'가 이중 모음이었던 것인가요?

> 一字中聲之與ㅣ相合者十ᆡㅢㅚㅐㅟㅔㆉㅒㆌㅖ是也. −『훈민정음』 해례 중성해
> (한 글자로 된 중성이 'ㅣ'와 어울린 것은 10개로, 'ᆡㅢㅚㅐㅟㅔㆉㅒㆌㅖ'이다.)

선생님: 좋은 질문이에요. 우선 'ㅓ + ㅣ→ㅔ'와 같이 글자를 만들었다는 중성해의 기술을 통해 'ㅔ' 등이 단모음과 반모음 'j'가 결합한 이중 모음이었다는 근거를 찾을 수 있습니다. 또 'ㅔ, ㅐ, ㅚ, ㅟ'로 끝나는 체언과 결합하는 중세 국어 조사의 형태를 통해서도 이들 모음이 이중 모음이었음을 확인할 수 있어요. 현대 국어의 '이다'에 대응하는 중세 국어의 조사는 자음 뒤에서는 '이라', 'ㅣ'나 반모음 'j' 이외의 모음 뒤에서는 'ㅣ라', 'ㅣ'나 반모음 'j' 뒤에서는 '∅라'의 형태로 결합했습니다. 따라서 '불휘라(뿌리이다)'를 통해 'ㅟ'가 반모음 'j'로 끝나는 이중 모음이었음을 알 수 있지요. 그리고 'ᄉᆞᅀᅵ예(사이에)', '뒤예셔(뒤에서)'와 같이, 중세 국어에서 'ㅣ'나 반모음 'j'로 끝나는 체언 뒤에는 부사격 조사 '에', '에서'가 '예', '예셔'의 형태로 결합했습니다. 한편 중세 국어에서 'ㅣ'나 반모음 'j'로 끝나는 어간 뒤에 명사형 어미 '-옴'이 결합하면 반모음 'j'가 첨가되는 현상이 있었는데, 'ᄀᆞ리욤 ᄃᆞ외요미(가림이 됨이)'의 '가리욤'과 'ᄃᆞ외요미'를 살펴보면 '가리-'와 'ᄃᆞ외-'에 결합한 명사형 어미 '-옴'에 반모음 'j' 첨가가 일어났음을 알 수 있습니다. 이는 'ᄃᆞ외-'의 'ㅚ'가 반모음 'j'로 끝나는 이중 모음이었음을 의미하는 것이지요.

학생: 그러면 [㉠]을(를) 통해 '[㉡]'가 반모음 'j'로 끝나는 이중 모음이었다는 것을 알 수 있겠네요.

선생님: 네, 맞아요.

	㉠	㉡
①	'이 시내예 사ᄂᆞᆫ(이 시내에 사는)'의 '시내예'	ㅐ
②	'져고맛 時節 디내욤ᄃᆞᆯ ᄒᆞᆫ(조그만 시절을 지냄은)'의 '디내욤'	ㅐ
③	'형뎨 사괴요ᄆᆞᆯ(형제와 사귐을)'의 '사괴욤'	ㅚ
④	'金剛ᄋᆞᆫ 쇠예셔 난(금강은 쇠에서 난)'의 '쇠예셔'	ㅚ
⑤	'이 샹해 사ᄅᆞᄆᆡ 효되라(이 보통 사람의 효도이다)'의 '효되라'	ㅚ

[01~02] 다음 글을 읽고 물음에 답하시오.

일반적으로 음절은 독립해서 발음할 수 있는 최소 단위로 규정되며, 음절을 이루는 구성 요소는 크게 초성, 중성, 종성의 셋으로 나눌 수 있다. 음절을 이루는 데에는 몇 가지 제약이 있는데, 이러한 음절 구조 제약은 한 음절 내에서만 일어난다. 현대 국어의 초성과 종성에 나타나는 음절 구조 제약 중 몇 가지를 살펴보자.

먼저 초성에 오는 자음의 개수와 종류에 대한 제약이다. 현대 국어에서 초성에 올 수 있는 자음의 최대 개수는 한 개이다. 현대 국어에서 두 개의 자음으로 시작하는 형태소가 없는 것은 이러한 음절 구조의 제약 때문이다. 또한 연구개 비음 'ㅇ'이 초성에 올 수 없다. 현대 국어에서 연구개 비음 'ㅇ'은 음절의 종성에서만 발음될 수 있기 때문이다.

현대 국어의 종성에 올 수 있는 자음의 개수와 종류에도 제약이 있다. 현대 국어에서 종성에 올 수 있는 자음의 최대 개수는 한 개이다. '닭', '삶'과 같이 겹받침으로 끝나는 형태소라고 하더라도 두 자음이 음절 종성에서 모두 발음되는 경우는 없다. ㉠<u>이런 형태소 뒤에 모음으로 시작되는 형식 형태소가 오면 두 자음이 모두 발음될 수 있지만 그중 하나는 다음 음절의 초성으로 연음되어 발음된다</u>. 그 이외의 경우에는 겹받침 중의 하나가 반드시 탈락한다.

또한 종성에는 'ㄱ, ㄴ, ㄷ, ㄹ, ㅁ, ㅂ, ㅇ'의 일곱 종류만이 올 수 있다. 이 제약을 어기는 형태, 즉 '덮다', '부엌', '솥' 등에서와 같이 ㉡<u>음절 종성에서 발음되지 못하는 자음이 종성에 놓이게 되면 그 자음은 'ㅂ, ㄷ, ㄱ' 중 한 자음으로 바뀌게 되거나</u> 탈락하게 된다.

[24004-0096]

01 **다음의 자료에서 ㉠과 ㉡을 설명할 수 있는 예로 적절한 것끼리 짝지은 것은?**

ⓐ : 앎 + 도 → [암:도]
ⓑ : 닻 + 이 → [다치]
ⓒ : 밟- + -아 → [발바]
ⓓ : 찧- + -어 → [찌어]
ⓔ : 묶- + -지 → [묵찌]

	㉠의 예	㉡의 예
①	ⓐ	ⓑ
②	ⓐ	ⓒ
③	ⓐ	ⓓ
④	ⓒ	ⓓ
⑤	ⓒ	ⓔ

[24004-0097]

02 **윗글과 〈보기〉를 종합하여 이해할 때, 중세 국어가 현대 국어와 다른 점을 설명한 내용으로 적절하지 않은 것은?**

보기

중세 국어에서 음절의 초성에는 두 개까지 자음이 올 수 있었고 연구개 비음 'ㆁ'이 초성에 오는 경우도 있었다. 또한 종성에도 두 개의 자음이 올 수 있었다. 중세 국어에서는 단어를 소리 나는 대로 적는 표음주의 표기법을 채택했으므로 초성과 종성에 있는 자음군의 자음들은 모두 발음되었을 것으로 추정된다. 이는 다음의 중세 국어 음절 자료에서 확인할 수 있다.

- ᄡᆞᆯ(>쌀), ᄠᅳᆮ(>뜻), ᄩᆞ다(>타다)
- 이ᅌᅡ(>잉아), 보ᅌᅩ리(>봉오리), 스ᄉᆞᅌᆞᆯ(>스승+을), 스ᄉᆞᅌᅵ(>스승+이)
- 웂디(움츠러들지), ᄆᆰ도다(맑도다), 벗디(벗지), 빗과(빛과)

① 'ᄡᆞᆯ', 'ᄠᅳᆮ', 'ᄩᆞ다'로 보아 초성에 자음군이 올 수 있었다.
② '벗디', '빗과'로 보아 종성에서 'ㅅ'이 발음되었다.
③ '웂디', 'ᄆᆰ도다'로 보아 종성에 두 개의 자음이 올 수 있었다.
④ '이ᅌᅡ', '보ᅌᅩ리', '스ᄉᆞᅌᆞᆯ'로 보아 종성에서 연구개 비음 'ㆁ'이 발음되지 않았다.
⑤ '스ᄉᆞᅌᆞᆯ', '스ᄉᆞᅌᅵ'로 보아 연철에 의해 연구개 비음 'ㆁ'이 초성에 올 수 있었다.

[24004-0098]

03 **〈보기〉의 학습 활동을 수행한 결과로 적절하지 않은 것은?**

보기

겹문장은 다른 문장 속에 들어가 안긴절로 쓰일 수 있으며, 그 안긴절은 안은문장에서 문장 성분으로 쓰인다. 다음에 제시된 문장에서 밑줄 친 겹문장에 대해 설명해 보자.

- 윤서는 ⓐ비가 와서 땅이 젖었음을 그제야 알게 되었다.
- 지민이는 ⓑ해가 지고 비도 내리기에 산에서 내려왔다.
- 그분은 ⓒ그 해가 저물고 새해가 오기 전에 고국을 떠났다.
- 저는 ⓓ몸이 튼튼하고 마음도 따뜻한 사람이 되겠습니다.
- 우리는 ⓔ날이 좋으면 대공원으로 소풍을 갈 예정이다.

① ⓐ~ⓔ 모두 전성 어미와 결합하여 안긴절이 되었다.
② ⓐ, ⓑ, ⓒ는 모두 명사절이다.
③ ⓐ, ⓓ, ⓔ는 모두 부속 성분으로 쓰였다.
④ ⓒ, ⓓ, ⓔ는 모두 관형어로 쓰였다.
⑤ ⓐ, ⓑ는 모두 조사와 결합하여 문장 성분으로 쓰였다.

[24004-0099]

04 〈보기〉를 바탕으로 할 때, ㉠~㉢의 기능을 모두 확인할 수 있는 것은?

보기

어말 어미는 그 기능에 따라 다음과 같이 분류할 수 있다.
㉠ 문장을 끝맺어 준다.
㉡ 두 문장을 연결해 준다.
㉢ 용언을 명사나 관형사나 부사처럼 기능하게 한다.

① 저기 심은 저것은 동백꽃이란다.
② 늘 바쁜 큰형은 오늘도 늦게 오겠지?
③ 오후에는 날이 개니 외출하기에 좋겠구나.
④ 주현이가 사회를 보고 민지는 기록을 하여라.
⑤ 승우는 아까 출발했는데 지금쯤 도착했을까요?

[24004-0100]

05 〈보기〉에서 선생님이 제시한 과제를 수행한 결과로 적절하지 않은 것은?

보기

선생님 : 파생어는 어근에 접사가 붙어 이루어진 말입니다. 파생어 형성의 결과는 품사나 문장 구조와 관련하여 다음과 같이 분류할 수 있어요.

㉠ 품사와 문장 구조에 변화가 없음.
㉡ 파생어가 되어 품사가 달라짐.
㉢ 파생어의 사용으로 문장 구조가 달라짐.
㉣ 위의 ㉡과 ㉢에 모두 해당함.

위 분류를 참고하여 다음의 파생어들이 ㉠~㉣ 중 어디에 해당하는지 발표해 봅시다.

올벼, 힘껏, 뒤섞다, 담기다, 높이다

① '벼'에 '올-'이 붙은 '올벼'는 ㉠에 해당합니다.
② '힘'에 '-껏'이 붙은 '힘껏'은 ㉡에 해당합니다.
③ '섞다'에 '뒤-'가 붙은 '뒤섞다'는 ㉡에 해당합니다.
④ '담다'에 '-기-'가 붙은 '담기다'는 ㉢에 해당합니다.
⑤ '높다'에 '-이-'가 붙은 '높이다'는 ㉣에 해당합니다.

[01~02] 다음 글을 읽고 물음에 답하시오.

모음 조화는 같은 성질을 지니는 모음들끼리 어울려 나타나는 현상이다. 국어의 모음 조화에서 동일한 부류로 기능하는 모음들을 묶을 때 흔히 양성 모음과 음성 모음으로 구분하는데, 'ㅏ', 'ㅗ' 등을 양성 모음이라 하고, 'ㅓ', 'ㅜ', 'ㅡ' 등을 음성 모음이라 한다. 모음 조화는 크게 형태소 내부에서 작용하는 것과 형태소의 결합에서 작용하는 것으로 구분할 수 있다.

우선 형태소 내부에서 작용하는 모음 조화는 한 형태소의 모음들이 같은 성질을 지니게 한다. '알록 : 얼룩'이나 '파랗- : 퍼렇-'은 ㉠ 형태소 내부에서 모음 조화가 작용한 예로, 양성 모음과 음성 모음의 대립이 나타나는 말의 쌍에 해당한다. 다음으로 형태소 결합에서 작용하는 모음 조화는 주로 어간 뒤에 결합하는 형식 형태소의 모음이 어간의 모음과 동일한 부류에 속하게 한다. '막아 : 먹어', '잡아 : 접어' 등이 그 예이다. 용언 어간 뒤에 '아'나 '어'로 시작하는 어미가 결합할 때 모음 조화에 의해 '아' 또는 '어'가 선택되고 있다. 이때 양성 모음 뒤에서는 같은 계열의 '아'가 선택되고 음성 모음 뒤에서는 같은 계열의 '어'가 선택되기 때문에 모음 조화로 인정할 수 있다. 다만 '막아서, 잡아서'에서처럼 어미 전체의 모음이 아니라 첫째 음절의 모음만 모음 조화를 따르는 경우는 불완전한 형태의 모음 조화라고 할 수 있다.

한편 15세기 국어에도 현대 국어와 마찬가지로 형태소 내부에서 작용하는 모음 조화와 형태소의 결합에서 작용하는 모음 조화가 있었다. 'ᄇᆞ름'은 형태소 내부에서 작용하는 모음 조화, '도ᄀᆡ(독+ᄋᆡ)'는 형태소의 결합에서 작용하는 모음 조화의 예이다. 15세기 국어의 단모음들은 〈표〉와 같이 혀의 상태에 따라 세 부류로 구분할 수 있다. 'ㆍ, ㅗ, ㅏ'는 설축에 속하는 모음으로 혀가 움츠러드는 특징을 지녔고, 이에 대립되는 'ㅡ, ㅜ, ㅓ'는 설소축에 속하는 모음으로 혀가 조금만 움츠러드는 특징을 지녔다. 그리고 'ㅣ'는 설불축에 속하는 모음으로 혀가 움츠러들지 않는 특징을 지녔다. 설축, 설소축, 설불축의 세 부류는 15세기 국어의 모음 조화와 직접적인 관련을 맺는다. 즉, 설축 계열의 모음은 설축 계열끼리, 설소축 계열의 모음은 설소축 계열끼리 어울렸다. 그리고 설불축은 그 어느 쪽에도 속하지 않는 중립 모음으로서, 설축 계열이나 설소축 계열과 어울릴 수 있었다. 그러나 'ㆍ'가 없어지는 등의 단모음 체계에 변화가 일어나면서 모음 조화가 지켜지지 않는 일도 일어나기 시작했다.

설불축	설소축	설축
ㅣ	ㅡ	ㆍ
	ㅜ	ㅗ
	ㅓ	ㅏ

〈표〉 혀의 상태에 따른 단모음 분류

[24004-0101]

01

윗글을 이해한 내용으로 적절하지 않은 것은?

① ‘ᄉᆞ믈(ᄉᆞᆷ＋을)’은 설소축에 속하는 모음끼리, ‘말ᄊᆞᆷ’은 설축에 속하는 모음끼리 어울리는 현상이 일어난 것이다.

② 15세기 국어의 ‘오ᄂᆞᆯ’과 달리, 현대 국어의 ‘오늘’은 형태소 내부에서 모음 조화가 지켜지지 않은 예에 해당한다.

③ ‘꼴깍’은 한 형태소 내부에서 양성 모음끼리, ‘꿀꺽’은 한 형태소 내부에서 음성 모음끼리 어울린 것으로 모음 조화가 지켜진 예이다.

④ ‘사ᄉᆞᆷ’은 형태소 내부에서 작용하는 모음 조화가 지켜진 예이고, ‘가ᄂᆞᆫ(가－＋－ᄂᆞᆫ)’은 형태소의 결합에서 작용하는 모음 조화가 지켜진 예이다.

⑤ ‘곧아서(곧－＋－아서)’와 ‘먹어서(먹－＋－어서)는 모두 어미의 첫째 음절의 모음만 모음 조화를 따랐다는 점에서 불완전한 형태의 모음 조화가 작용한 것이다.

[24004-0102]

02

〈보기〉에서 ㉠에 해당하는 예로 적절한 것만을 있는 대로 고른 것은?

보기

ㄱ. 뽀독 : 뿌둑
ㄴ. 깡충 : 껑충
ㄷ. 도탑－ : 두텁－
ㄹ. 뽀얗－ : 뿌옇－

① ㄱ, ㄴ ② ㄱ, ㄹ ③ ㄴ, ㄷ ④ ㄱ, ㄷ, ㄹ ⑤ ㄴ, ㄷ, ㄹ

[24004-0103]

03 **다음 ㄱ~ㅁ에 대한 설명으로 적절한 것은?**

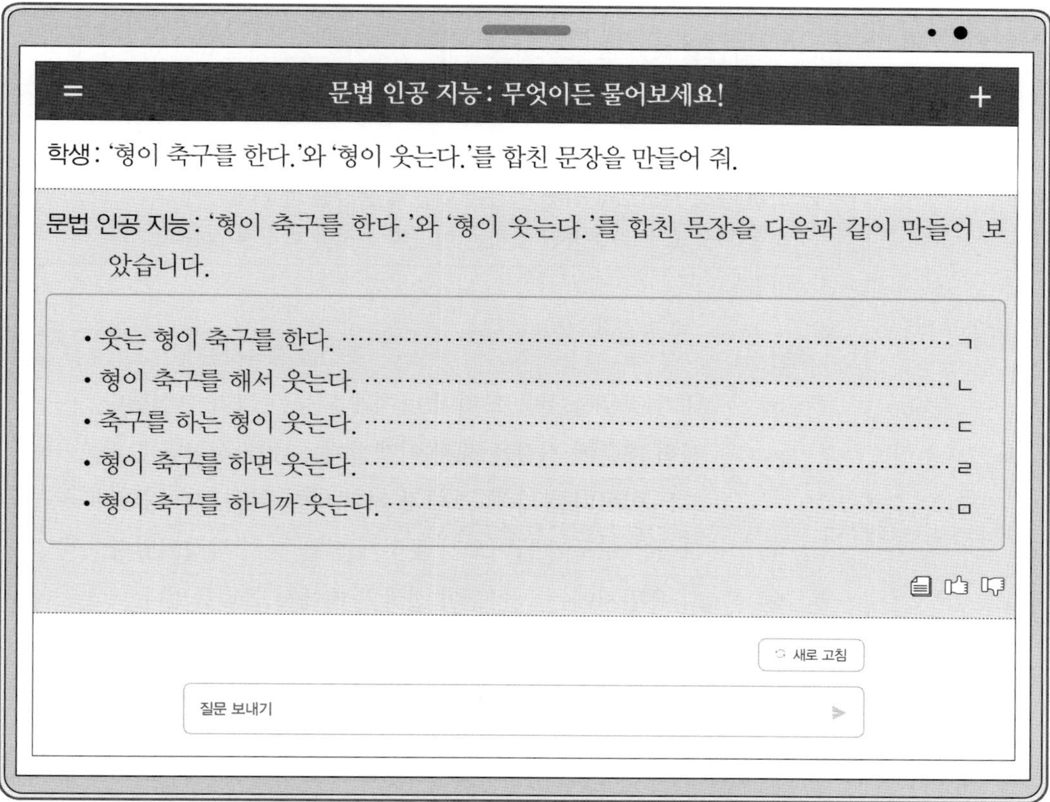

① ㄱ : '형이 웃는다.'를 명사절로 바꾸어 명사절을 가진 안은문장을 만들었다.
② ㄴ : '형이 축구를 한다.'를 서술절로 바꾸어 서술절을 가진 안은문장을 만들었다.
③ ㄷ : '형이 웃는다.'를 관형사절로 바꾸어 관형사절을 가진 안은문장을 만들었다.
④ ㄹ : '형이 축구를 한다.'와 '형이 웃는다.'가 종속적으로 연결된 이어진문장을 만들었다.
⑤ ㅁ : '형이 축구를 한다.'와 '형이 웃는다.'가 대등하게 연결된 이어진문장을 만들었다.

[24004-0104]

04 **〈보기〉의 [학습 활동]을 수행한 결과로 적절하지 <u>않은</u> 것은?**

● 보 기 ●

[학습 활동] 다음 조건 중 두 가지를 골라, 그 조건을 충족하는 말을 만들어 보자.

㉠ 단어를 직접 구성 요소로 분석했을 때 '접사 + 어근'으로 분석된다.
㉡ 단어를 직접 구성 요소로 분석했을 때 '어근 + 접사'로 분석된다.
㉢ 직접 구성 요소로 분석된 접사는 어근의 품사를 바꾼다.
㉣ 직접 구성 요소로 분석된 접사는 어근의 품사를 바꾸지 않는다.

조건	조건을 충족하는 말
㉠, ㉢	내가 질문한 것을 도리어 나에게 <u>되묻는</u> 그가 한심했다. ················ ①
㉠, ㉣	시험 때문에 긴장을 해서 어젯밤에는 내내 <u>선잠</u>만 잤다. ················ ②
	그는 이야기를 다 듣고 나자 기가 막혀 <u>헛웃음</u>만 지었다. ················ ③
㉡, ㉢	그들은 도둑이 들어오지 못하게 담을 <u>높일</u> 작정이었다. ················ ④
㉡, ㉣	그 유원지에는 <u>놀이꾼</u>이 전국 각지에서 몰려들었다. ················ ⑤

[24004-0105]

05 **다음은 국어사전의 수정 전후의 사항을 정리한 표이다. ㄱ~ㅁ의 수정 사항에 대한 이해로 적절하지 않은 것은?**

	표제어	수정 전	수정 후
ㄱ	꿈-같다	「1」 세월의 흐름이 매우 빠르다. 「2」【…이】 덧없고 허무하다.	「1」 세월의 흐름이 매우 빠르다. 「2」【…이】 덧없고 허무하다. 「3」 매우 좋아서 현실이 아닌 것 같다.
ㄴ	작전[01]	「1」 어떤 일을 이루기 위하여 필요한 조치나 방법을 강구함. 「2」『군사』 군사적 목적을 이루기 위하여 행하는 전투, 수색, 행군, 보급 따위의 조치나 방법. 또는 그것을 짜는 일.	「1」 어떤 일을 이루기 위하여 필요한 조치나 방법을 강구하거나 실행함. 또는 그런 조치나 방법. 「2」『군사』 군사적 목적을 이루기 위하여 행하는 전투, 수색, 행군, 보급 따위의 조치나 방법. 또는 그것을 강구하거나 실행함.
ㄷ	막-[07]	「1」 '거친', '품질이 낮은'의 뜻을 더하는 접두사. 「2」 '닥치는 대로 하는'의 뜻을 더하는 접두사. 「3」 ((일부 동사 앞에 붙어)) '주저 없이', '함부로'의 뜻을 더하는 접두사.	「1」 '거친', '품질이 낮은'의 뜻을 더하는 접두사. 「2」 '닥치는 대로 하는'의 뜻을 더하는 접두사.
ㄹ	오싹-하다	「동사」【…이】 몹시 무섭거나 추워서 갑자기 몸이 움츠러들거나 소름이 끼치다.	[Ⅰ]「동사」【…이】 몹시 무섭거나 추워서 갑자기 몸이 움츠러들거나 소름이 끼치다. [Ⅱ]「형용사」【…이】 몹시 무섭거나 추워서 갑자기 몸이 움츠러들거나 소름이 끼치는 듯하다.
ㅁ	스카프	주로 여성이 방한용·장식용 따위로 사용하는 얇은 천. 목에 감거나 머리에 쓰기도 하고, 옷깃 언저리에 약간 내놓거나 허리에 매기도 한다.	방한용·장식용 따위로 사용하는 얇은 천. 목에 감거나 머리에 쓰기도 하고, 옷깃 언저리에 약간 내놓거나 허리에 매기도 한다.

① ㄱ : 주변적 의미에 해당하는 뜻풀이를 새롭게 추가하였다.

② ㄴ : 중심적 의미에 해당하는 뜻풀이와 주변적 의미에 해당하는 뜻풀이를 모두 수정하였다.

③ ㄷ : 주변적 의미에 해당하는 뜻풀이 중 하나를 삭제하였다.

④ ㄹ : 중심적 의미에 해당하는 문형 정보를 수정하고 주변적 의미에 해당하는 뜻풀이를 새롭게 추가하였다.

⑤ ㅁ : 뜻풀이에서 성별과 관련된 부분을 삭제하였다.

01 매체

[01~03] (가)는 ○○시 교육청 누리집 화면의 일부이고, (나)는 광고 동아리 학생들의 온라인 화상 회의이다. 물음에 답하시오.

가

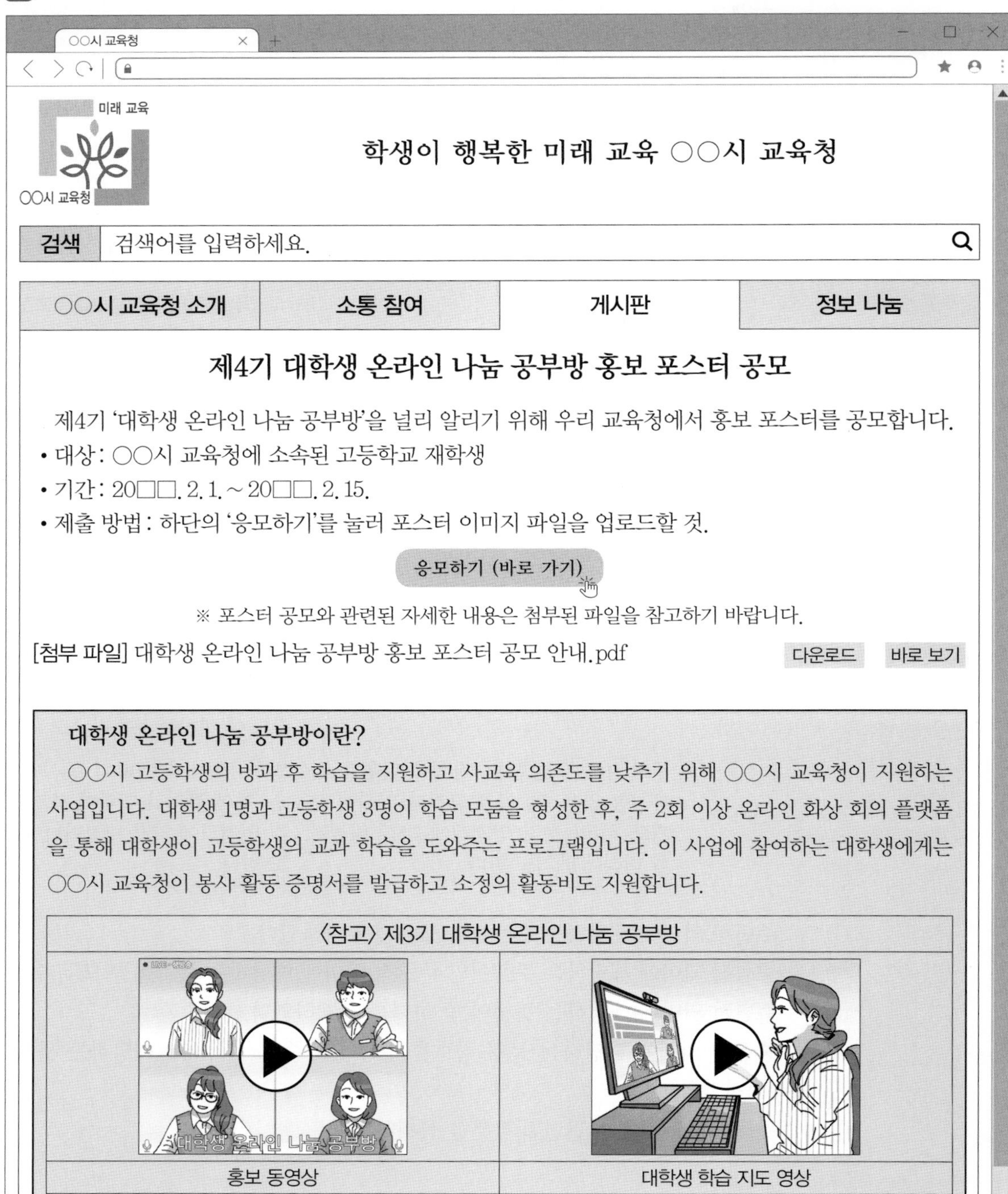

○○시 교육청

미래 교육

○○시 교육청

학생이 행복한 미래 교육 ○○시 교육청

검색	검색어를 입력하세요.

○○시 교육청 소개	소통 참여	게시판	정보 나눔

제4기 대학생 온라인 나눔 공부방 홍보 포스터 공모

제4기 '대학생 온라인 나눔 공부방'을 널리 알리기 위해 우리 교육청에서 홍보 포스터를 공모합니다.

- 대상 : ○○시 교육청에 소속된 고등학교 재학생
- 기간 : 20□□. 2. 1. ~ 20□□. 2. 15.
- 제출 방법 : 하단의 '응모하기'를 눌러 포스터 이미지 파일을 업로드할 것.

응모하기 (바로 가기)

※ 포스터 공모와 관련된 자세한 내용은 첨부된 파일을 참고하기 바랍니다.

[첨부 파일] 대학생 온라인 나눔 공부방 홍보 포스터 공모 안내.pdf 다운로드 바로 보기

대학생 온라인 나눔 공부방이란?

○○시 고등학생의 방과 후 학습을 지원하고 사교육 의존도를 낮추기 위해 ○○시 교육청이 지원하는 사업입니다. 대학생 1명과 고등학생 3명이 학습 모둠을 형성한 후, 주 2회 이상 온라인 화상 회의 플랫폼을 통해 대학생이 고등학생의 교과 학습을 도와주는 프로그램입니다. 이 사업에 참여하는 대학생에게는 ○○시 교육청이 봉사 활동 증명서를 발급하고 소정의 활동비도 지원합니다.

〈참고〉 제3기 대학생 온라인 나눔 공부방

홍보 동영상	대학생 학습 지도 영상

박△△: 공모에 채택된 홍보 포스터는 어디에 사용되나요?
↳ 담당자: 사업 홍보를 위해 ○○시에 있는 모든 대학과 고등학교에 게시될 예정입니다.

댓글 등록

나

미영 ▶ 다 들어왔으니까 이제 화상 회의 시작할게. 회의 내용을 기록해 두는 게 좋겠는데.
영현 ▶ 내가 회의 내용을 녹화해서 파일로 저장해 놓을게. 다 동의해 줄 거지?
미영, 지호, 은형 ▶ 응, 그래.

채팅	영현 님이 회의 녹화를 시작합니다.

미영 ▶ 그런데 지호가 말할 때 소리가 울리면서 들리는 현상이 심하네. 혹시 외장 스피커를 사용하고 있다면 스피커 음량을 좀 줄여 볼래?
지호 ▶ 알았어. 그렇게 해 볼게. 지금은 어때?
미영 ▶ 이제 그런 현상이 없어졌네. 지금은 아주 잘 들려. 그런데 은형이는 지금 집이 아니라 카페에 있는 거야?
은형 ▶ 아니야. 배경 설정 기능을 이용하면 배경 화면을 이렇게 바꿀 수 있어. 내 방이 너무 지저분해서. 사적 공간을 영상에 노출하고 싶지 않을 때 이 기능을 사용하면 편리해.
미영 ▶ 그랬구나. 깜빡 속을 뻔했어. 그럼 회의를 본격적으로 시작하자. 지난번 회의에서 우리 광고 동아리가 올해에도 대학생 온라인 나눔 공부방 홍보 포스터를 만들어서 공모에 응모하기로 했잖아. 작년에는 아쉽게 채택이 안 되었는데 올해는 더 잘 만들어서 꼭 채택이 되도록 하자. 오늘은 포스터를 어떻게 만들지 논의하기로 했지? 원활한 회의 진행을 위해 내가 ○○시 교육청 누리집에 있는 첨부 파일을 보고 필요한 내용을 시각 자료로 만들어 왔으니까, 이 자료를 보면서 함께 생각을 나눠 보자.

채팅	미영 님이 화면 공유를 시작합니다.

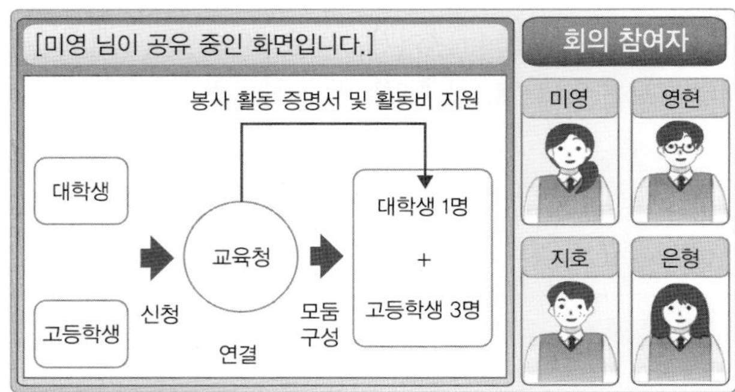

지호 ▶ 우선 이 사업을 하는 목적이 잘 드러나야 하니까 사교육에 의존하지 않고 방과 후 학습에 도움을 받을 수 있도록 하려는 이 사업의 취지를 간단한 문구로 만들어 포스터 상단에 배치하도록 하자.

영현 ▶ 좋은 생각이야. 그리고 ○○시 교육청이 주관하는 사업이니까 ○○시 교육청의 로고도 포스터에 넣도록 하자. 그리고 대학생과 고등학생의 신청을 받아 교육청이 이 두 주체를 연결해서 학습 모둠을 구성해 주는 것이니까 이들의 관계와 교육청의 역할이 잘 나타나면 좋겠는데.

지호 ▶ 그럼 미영이가 만든 시각 자료의 구도를 활용하되, 교육청이 이 두 주체를 연결해 주는 것은 상징적인 이미지를 활용해 표현하면 좋을 것 같은데.

은형 ▶ 좋아. 그리고 대학생과 고등학생을 표현한 그림을 각각 만들고 그 그림으로 하나의 학습 모둠을 구성하는 인원수를 표현해 주면 좋겠어.

영현 ▶ 그래, 그렇게 하자. 그리고 이 사업에 참여하는 대학생에게 주어지는 혜택도 있으니까 그걸 시각적인 이미지로 표현하면 더 많은 대학생이 참여할 수 있을 거야.

미영 ▶ 그러면 지금까지 나온 의견을 모두 반영해서 내가 포스터 시안을 만들어 볼게. 그런데 ○○시 교육청의 로고는 어떻게 하지?

지호 ▶ 내가 ○○시 교육청 누리집에서 누구나 사용할 수 있는 로고의 이미지 파일을 내려받은 게 있으니까 그걸 이용하면 될 거야. 내가 이미지 파일을 너에게 보내 줄게.

채팅	지호 님이 미영 님에게 파일을 전송했습니다. 파일명: ○○시 교육청 로고.jpg

미영 ▶ 고마워. 그럼 다음 주 이 시간에 이 대화방에서 다시 만나 내가 만든 포스터 시안을 검토해 보도록 하자. 오늘 회의는 이것으로 마칠게.

[24004-0106]

01 **(가)에 대한 이해로 적절하지 않은 것은?**

① 바로 가기 메뉴를 제공하여, 포스터 공모에 응모하고자 하는 이용자의 편의를 도모하고 있군.
② 댓글 등록 기능을 제공하여, 이용자가 궁금해하는 점을 담당자에게 물어볼 수 있도록 하고 있군.
③ 첨부 파일을 제공하여, 사용자가 원하는 파일 형식을 선택해 추가 정보를 내려받을 수 있도록 하고 있군.
④ 과거에 진행한 '대학생 온라인 나눔 공부방' 관련 영상을 제공하여, 이 사업에 대한 이용자의 이해를 돕고 있군.
⑤ 검색 메뉴를 제공하여 이용자가 입력한 검색어와 관련된 정보를 누리집에서 쉽게 찾아볼 수 있도록 하고 있군.

[24004-0107]

02 **(나)에 나타난 매체 활용 방식으로 적절하지 않은 것은?**

① '영현'은 회의 내용을 디지털 형태로 저장하기 위해 온라인 화상 회의를 녹화하였다.
② '미영'은 대화에 방해가 되는 소음을 없애기 위해 '지호'에게 스피커 음량을 조절할 것을 요청하였다.
③ '은형'은 자신의 사생활 노출을 예방하기 위해 배경 화면의 설정 기능을 사용하여 화상 회의의 배경 화면을 바꾸었다.
④ '미영'은 사용자들이 회의 중에 직접 자료를 수정할 수 있도록 자신이 만든 시각 자료를 화면에 공유하였다.
⑤ '지호'는 포스터 시안을 만드는 데 필요한 자료를 전달하기 위해 '미영'에게 이미지 파일을 전송하였다.

[24004-0108]

03 **(나)를 바탕으로 다음과 같은 포스터를 만들었다고 할 때, 이를 이해한 내용으로 적절하지 <u>않은</u> 것은?**

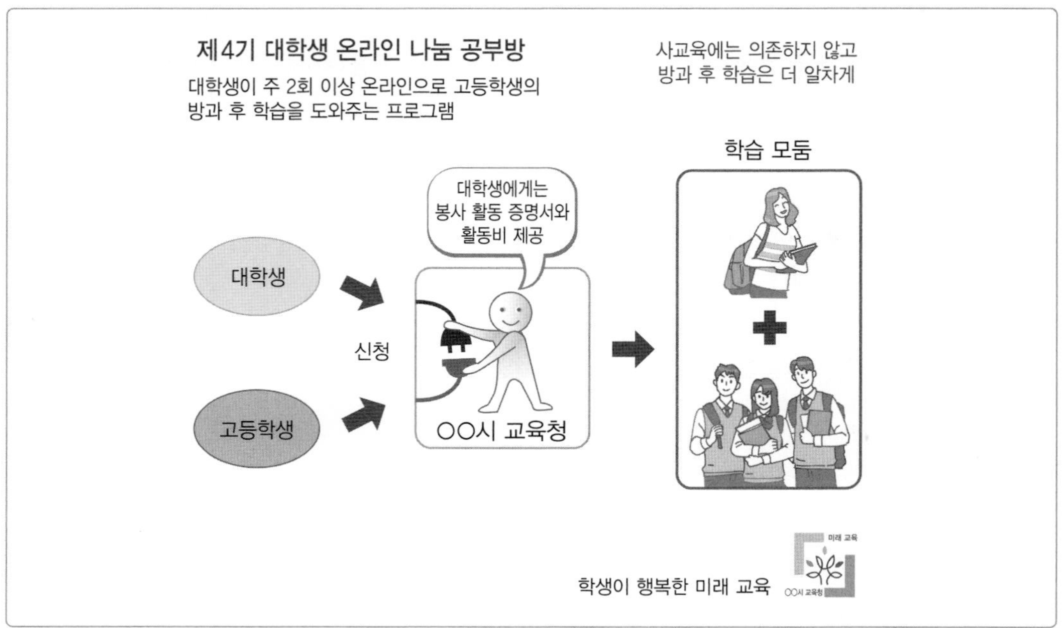

① '은형'의 의견을 바탕으로, 하나의 학습 모둠을 구성하는 인원수를 표현하기 위해 대학생과 고등학생의 각 인원수에 맞는 그림을 그려 사용했다.

② '지호'의 의견을 바탕으로, 대학생과 고등학생을 연결해 주는 교육청의 역할을 표현하기 위해 이를 상징적으로 보여 주는 이미지를 활용했다.

③ '영현'의 의견을 바탕으로, 사업을 주관하고 있는 기관을 알리기 위해 누리집에서 다운로드한 ○○시 교육청의 로고를 활용했다.

④ '영현'의 의견을 바탕으로, 사업에 참여하는 대학생과 고등학생이 함께 얻을 수 있는 혜택을 알리기 위해 관련 내용을 담은 말풍선 이미지를 사용했다.

⑤ '지호'의 의견을 바탕으로, 사업 목적이 부각될 수 있도록 사업 취지를 담은 문구를 포스터 우측 상단에 제시했다.

[04~05] 다음은 온라인 카페 화면의 일부이다. 물음에 답하시오.

[화면 1] '컴퓨터 동호회 컴사랑방'의 초기 화면

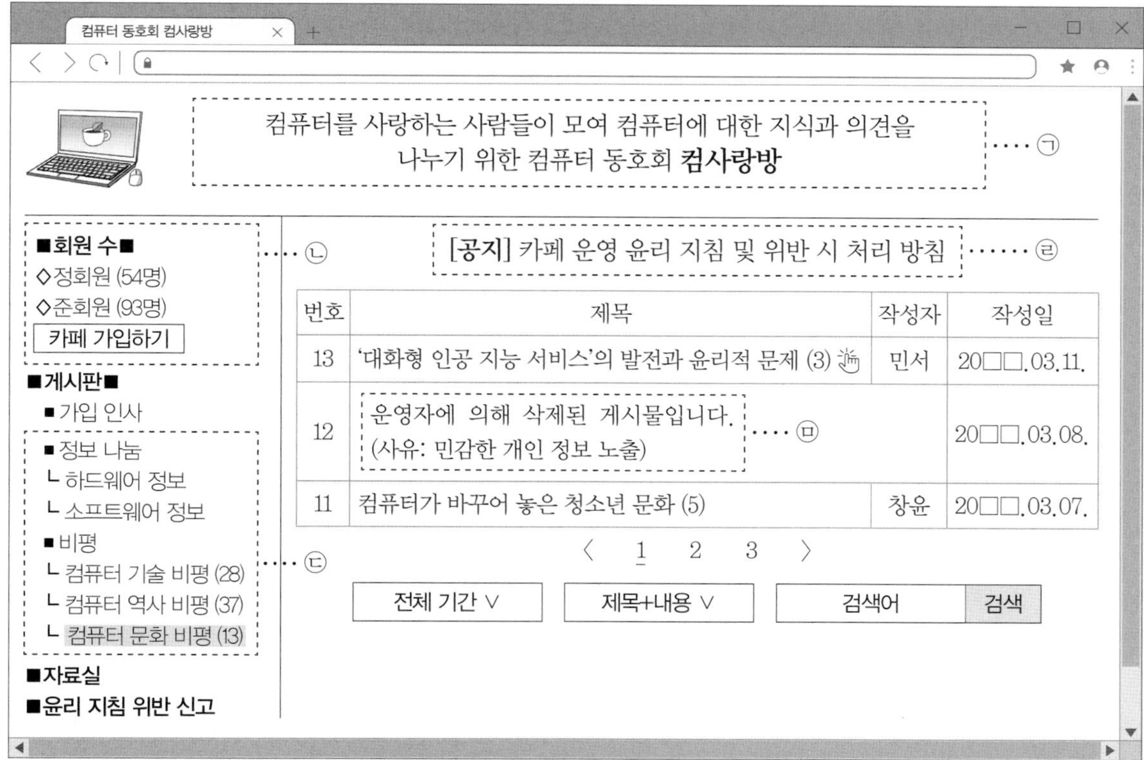

컴퓨터 동호회 컴사랑방

컴퓨터를 사랑하는 사람들이 모여 컴퓨터에 대한 지식과 의견을 나누기 위한 컴퓨터 동호회 **컴사랑방** ····· ㉠

■회원 수■
◇정회원 (54명)
◇준회원 (93명)
카페 가입하기 ····· ㉡

■게시판■
■가입 인사
■정보 나눔
ㄴ 하드웨어 정보
ㄴ 소프트웨어 정보
■비평
ㄴ 컴퓨터 기술 비평 (28)
ㄴ 컴퓨터 역사 비평 (37)
ㄴ 컴퓨터 문화 비평 (13) ····· ㉢
■자료실
■윤리 지침 위반 신고

[공지] 카페 운영 윤리 지침 및 위반 시 처리 방침 ······ ㉣

번호	제목	작성자	작성일
13	'대화형 인공 지능 서비스'의 발전과 윤리적 문제 (3)	민서	20□□.03.11.
12	운영자에 의해 삭제된 게시물입니다. (사유: 민감한 개인 정보 노출) ····· ㉤		20□□.03.08.
11	컴퓨터가 바꾸어 놓은 청소년 문화 (5)	창윤	20□□.03.07.

〈 1 2 3 〉

전체 기간 ∨ 제목+내용 ∨ 검색어 검색

[화면 2] '화면 1'의 13번 게시물

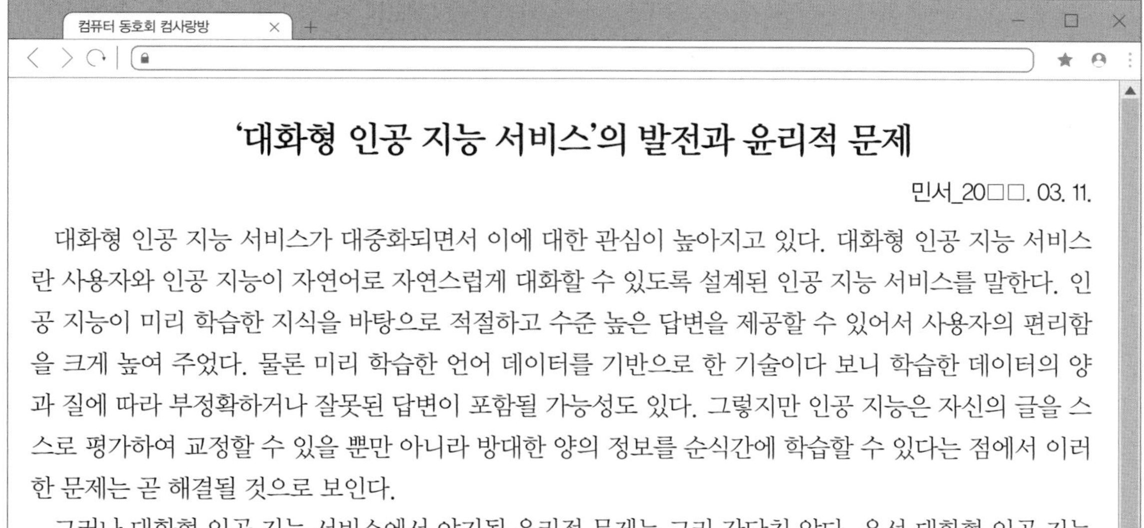

컴퓨터 동호회 컴사랑방

'대화형 인공 지능 서비스'의 발전과 윤리적 문제

민서_20□□. 03. 11.

대화형 인공 지능 서비스가 대중화되면서 이에 대한 관심이 높아지고 있다. 대화형 인공 지능 서비스란 사용자와 인공 지능이 자연어로 자연스럽게 대화할 수 있도록 설계된 인공 지능 서비스를 말한다. 인공 지능이 미리 학습한 지식을 바탕으로 적절하고 수준 높은 답변을 제공할 수 있어서 사용자의 편리함을 크게 높여 주었다. 물론 미리 학습한 언어 데이터를 기반으로 한 기술이다 보니 학습한 데이터의 양과 질에 따라 부정확하거나 잘못된 답변이 포함될 가능성도 있다. 그렇지만 인공 지능은 자신의 글을 스스로 평가하여 교정할 수 있을 뿐만 아니라 방대한 양의 정보를 순식간에 학습할 수 있다는 점에서 이러한 문제는 곧 해결될 것으로 보인다.

그러나 대화형 인공 지능 서비스에서 야기될 윤리적 문제는 그리 간단치 않다. 우선 대화형 인공 지능 서비스는 사용자의 개인 정보와 대화 기록을 수시로 수집하고 학습하기 때문에, 항상 그에 따른 위험성을 안고 있다. 또한 인공 지능은 기계 학습을 위해 인간이 만든 저작물과 예술 창작품을 대량으로 이용하는데, 이때 창작자의 저작권을 침해할 우려도 있다. 이에 더해 인간 창작물과 인공 지능 창작물의 구분이 불분명해지면서 연구 및 창작 윤리가 흔들릴 수도 있다. 한편 대화형 인공 지능 서비스는 공감 능력, 윤리적 판단력, 도덕성 등을 갖추고 있지 않기 때문에 상황에 따라 비윤리적인 답변을 얼마든지 제시할 수 있으며 대화형 인공 지능 서비스를 통해 혐오 및 차별의 언어가 확산될 가능성도 있다.

이처럼 대화형 인공 지능 서비스는 사람들에게 다양한 편리함을 주었지만 그와 동시에 많은 윤리적 과제도 안겨 주고 있다. 따라서 우리는 대화형 인공 지능 서비스가 지닌 위험성을 인식하고 이를 개선할 수 있는 제도적 장치를 조속히 마련해야 한다. 이와 더불어 사용자도 높은 윤리 의식을 바탕으로 대화형 인공 지능 서비스를 주체적으로 수용하는 태도를 갖도록 노력해야 한다.

↳ 지연 대화형 인공 지능 서비스에 유럽 여행 일정을 짜 달라고 요청했더니, 순식간에 알찬 내용을 만들어 줘서 깜짝 놀랐어요. 요즘 바빠서 여행 정보를 따로 알아볼 시간이 없었는데 큰 도움이 되었어요.

↳ 윤석 코딩 전문가인 내가 일주일 동안 했던 코딩 작업을 대화형 인공 지능 서비스는 단 1분 만에 하는 걸 보니 정말 대단하다는 생각이 들어요. 이러다가 인공 지능이 사람들의 일자리를 다 빼앗아 갈 것 같아 걱정되네요. 그 위험성을 염두에 두고 사용해야겠어요.

↳ 창윤 대화형 인공 지능 서비스에서 제공한 자료를 참고해 학교 과제를 제출했는데, 나중에 알고 보니 잘못된 정보가 많아 나쁜 점수를 받았어요. 잘못된 정보를 그럴듯하게 꾸며서 알려 주니 개인뿐 아니라 사회에 끼치는 폐해도 클 것 같아요. 대책이 필요해요.

↳ 준서 그런 기술적인 문제는 언젠가 해결될 수 있겠지요. 하지만 윤리적인 문제는 정말 심각해요. 법적 · 제도적 장치가 거의 마련되지 않은 지금 상황에서 결코 가벼운 문제가 아닌 것 같아요.

[24004-0109]

04 〈보기〉를 바탕으로 [화면 1]을 이해한 내용으로 적절하지 않은 것은?

보 기

'컴사랑방'의 개설 목적 및 활동 규칙

○ 개설 목적

'컴사랑방'은 컴퓨터를 사랑하는 사람들이 모여 컴퓨터에 대한 정보를 나누고 비평하는 동호회 카페로, 컴퓨터에 대한 지식을 넓히고 컴퓨터를 주체적으로 활용하는 태도를 기르는 것을 목적으로 한다.

○ 활동 규칙

1. 카페 이용은 회원 가입 절차를 거쳐야 가능하다. 정회원은 카페 활동에 제약이 없으나 준회원은 읽기만 가능하다. 카페 방문 횟수가 10회 이상이고 게시물을 1회 이상 올린 경우에 정회원 자격을 부여한다.
2. 컴퓨터 관련 정보나 비평과 상관이 없는 게시물은 게시판에 올리지 않도록 하며, 게시물은 각 게시판의 성격에 맞게 올려야 한다.
3. 다른 회원에게 불쾌감을 줄 수 있는 무례한 표현은 삼가고, 민감한 개인 정보는 노출하지 말아야 한다. 윤리 지침을 위반한 사실이 운영자에게 발견되거나 신고가 접수되면 운영자가 임의로 게시물을 삭제하거나 회원 자격을 박탈할 수 있다. ('카페 운영 윤리 지침 및 위반 시 처리 방침' 참고할 것.)

① ㉠을 보니, '개설 목적'을 고려하여, 동호회의 성격이 드러나도록 카페의 활동 주체와 활동 목적을 제시하였군.

② ㉡을 보니, '활동 규칙 1'을 고려하여, 회원의 등급을 둘로 나누어 게시물의 열람이 가능한 범위를 달리하였군.

③ ㉢을 보니, '활동 규칙 2'를 고려하여, 작성한 글을 성격에 따라 게시할 수 있도록 게시판을 항목화하여 체계적으로 구성하였군.

④ ㉣을 보니, '활동 규칙 3'을 고려하여, 카페 운영의 윤리 지침을 어긴 회원이나 게시물에 대한 처리 방침을 공지하였군.

⑤ ㉤을 보니, '활동 규칙 3'을 고려하여, 민감한 개인 정보가 타인에게 노출되지 않도록 운영자가 게시물을 임의로 삭제하였군.

[24004-0110]

05 [화면 2]를 바탕으로 '대화형 인공 지능 서비스'에 대한 회원들의 수용 양상을 이해한 내용으로 적절하지 않은 것은?

① '지연'은 유용한 정보를 손쉽게 얻은 경험을 근거로 대화형 인공 지능 서비스가 유용하다고 판단하였다.

② '윤석'은 자신과 대화형 인공 지능 서비스의 작업 속도 차이를 근거로 대화형 인공 지능 서비스의 성능이 뛰어나다고 판단하였다.

③ '창윤'은 대화형 인공 지능 서비스가 산출한 결과물 때문에 피해를 보았던 경험을 근거로 대화형 인공 지능 서비스에 문제가 있다고 판단하였다.

④ '윤석'과 '창윤'은 모두 대화형 인공 지능 서비스가 사회에 미칠 수 있는 부정적 영향을 근거로 대화형 인공 지능 서비스에 대한 우려를 제시하였다.

⑤ '준서'와 게시물 작성자인 '민서'는 모두 기술적 특성을 근거로 대화형 인공 지능 서비스의 윤리적 문제의 해결을 위해 기술 개선이 선행되어야 한다고 판단하였다.

매체

정답과 해설 28쪽

[01~02] (가)는 학습 활동이고, (나)는 학생이 (가)를 수행하기 위해 활용한 전자책의 일부이다. 물음에 답하시오.

가

[학습 활동] 다음 상황을 바탕으로, 축제 기획 위원회의 입장에서 효과적인 프레젠테이션 자료 제작 방안을 기획해 봅시다.

> 인문학 축제 기획 위원회에서는 인문학 계열을 진로로 희망하는 고등학생들을 대상으로 인문학의 의미와 현대 사회에서 인문학의 가치를 전달하고자 '인문학이란 무엇인가?'라는 주제의 프레젠테이션을 ○○ 강당에서 진행하고자 한다. 프레젠테이션의 방법과 효과에 대해 조사한 내용을 바탕으로 해당 주제에 적절한 프레젠테이션 자료 제작 방안을 수립한다.

나

[화면 1]

	목차	즐겨찾기 목록 ⋯⋯ ㉠
* 1장. 정보 지식 사회와 프레젠테이션 * 3장. 프레젠테이션 준비와 기획		

[화면 2]

확대/축소 − 100% +	설정 → 글자 크기 / 글꼴 / 여백 / 간격 / 배경 설정 ⋯⋯ ㉡
3장. 프레젠테이션 준비와 기획	〈1〉 분석과 기획 프레젠테이션을 잘하기 위해서는 목적, 청중, 장소를 무엇보다 먼저 분석해야 한다. 이 분석 결과에 따라 프레젠테이션의 방향, 즉 내용 구성과 전달 방법이 달라진다. 수업 시간에 진행되는 것인지, 전략 컨설팅에서 진행되는 것인지, 다수의 청중 앞에서의 강의를 위해 진행되는 것인지에 따라 내용 구성이나 시각 자료 등의 준비가 달라지는 것이다. ⋯⋯ ㉢ 하이라이트 / 메모 / 검색 인문학 계열을 진로로 희망하는 학생들이 대상임. ⋯⋯ ㉣

[화면 3]

<table>
<tr><td>확대/축소
– 120% +</td><td>⚙ 설정</td></tr>
<tr><td>3장.
프레젠테이션
준비와 기획</td><td>특히 청중의 관심과 수준을 고려해야 한다. 프레젠테이션 주제와 관련한 청중의 관심도를 미리 분석하여 흥미 유발에 초점을 맞출 것인지, 좀 더 심화된 내용으로 전개할 것인지 등을 살펴야 한다. 그리고 초등학생을 대상으로 하는지, 고등학생을 대상으로 하는지, 학회의 전문가들 앞에서 발표하는 것인지 등을 살펴 청중의 수준에 맞는 적절한 어휘 및 시각 자료, 각주, 참고 문헌 제시 여부 등을 결정해야 한다.
또한 강당, 교실, 회의실 등 장소를 파악한 후, 장소의 크기나 음향 시설 등을 살펴 프레젠테이션 전략을 짜야 한다.
한편 시각 자료의 구성 전략도 필요하다. 화면을 어떤 방식으로 구성할 것인지, 도형
하이라이트 | 메모 | 검색
4장. 시각 자료 작성의 기본 ············ ㉤
과 그래프는 어느 정도로, 어떻게 노출시킬 것인지 등에 대해서도 계획을 세워야 한다.</td></tr>
</table>

[24004-0111]

01 **〈보기〉는 (나)의 전자책을 활용한 학생의 반응이다. 이를 바탕으로 (나)를 이해한 내용으로 적절하지 <u>않은</u> 것은?**

보기

전자책은 밑줄을 그을 수도 있고, 메모를 할 수도 있어. 게다가 밑줄 색깔도 다양하고, 메모도 몇 번이고 바꿔 쓰거나 지울 수 있을 뿐 아니라 하이라이트를 사용해 중요하다고 생각하는 부분에 강조 표시를 할 수도 있었어. 즐겨찾기 기능이 있어서 필요한 부분을 즐겨찾기에 추가하면 해당 부분을 편하게 다시 볼 수 있는 점은 종이책에 없는 장점이야. 또한 책을 읽다가 추가 정보가 필요한 부분에서 검색을 누르면 관련된 목차가 표시되기도 했어. 무엇보다 마음에 드는 것은 설정 기능을 사용하여 화면을 내 마음대로 조정할 수 있다는 것이야. 글자 크기, 글꼴, 여백, 간격, 배경 설정 등을 상황에 따라 자유자재로 바꾸어 가독성을 높일 수 있어서 좋았어.

① ㉠에 1, 3장이 포함된 것은 해당 장의 내용을 다시 볼 필요가 있다고 판단했기 때문이겠군.
② ㉡의 설정 기능을 사용하여 [화면 2]와 달리 [화면 3]에서 글자를 확대해 크게 보이게 한 것은 가독성을 높인 것이겠군.
③ ㉢에 하이라이트 표시를 한 것은 해당 부분을 중요하다고 판단했기 때문이겠군.
④ ㉣에서 메모 기능을 통해 궁금한 내용을 메모하면, 관련된 다른 자료가 실시간으로 검색되겠군.
⑤ ㉤은 검색 기능을 통해 해당 책의 관련 목차가 제시된 것으로, 시각 자료를 작성하는 데 참고가 될 수 있겠군.

[24004-0112]

02 **다음은 학생이 (가)를 수행하는 과정에서 (나)를 참고하여 작성한 메모이다. 이에 대한 이해로 적절하지 않은 것은?**

> 메모 1: 인문학의 의미와 현대 사회에서 인문학의 가치를 전달하려는 프레젠테이션인 만큼 인문학이 무엇인지 소개하는 것에 초점을 맞추는 것이 효과적이겠다.
> 메모 2: 교실이 아닌 강당에서 진행되는 것인 만큼 장소의 크기를 고려하여 큰 글자를 사용하는 것이 효과적이겠다.
> 메모 3: 청중인 학생들에게 미리 설문 조사를 하여 인문학에 대한 관심과 배경지식 등을 분석하고 그에 적절하게 내용 구성을 하는 것이 효과적이겠다.
> 메모 4: 인문학 전문가를 대상으로 하는 것이 아닌 만큼 학생들의 수준을 고려하여 지나치게 전문적인 용어는 풀어서 설명하는 것이 효과적이겠다.
> 메모 5: 화면은 전체적으로 통일감을 유지하면서도 약간의 변화를 주어 지루하지 않게 구성하는 것이 효과적이겠다.

① '메모 1'에서, 인문학에 대한 소개에 중점을 두고자 한 것은 (나)에 제시된 프레젠테이션 목적을 고려한 것이라 할 수 있겠군.

② '메모 2'에서, 큰 글자를 사용하는 것이 필요하다고 판단한 것은 (나)에 제시된 프레젠테이션이 수행되는 장소를 고려한 것이겠군.

③ '메모 3'에서 청중을 대상으로 미리 설문 조사를 하여 진로 교육의 현황과 문제점을 분석한 것은 (나)에 제시된 청중의 관심도를 고려한 것이겠군.

④ '메모 4'에서 지나치게 전문적인 용어는 풀어서 설명하는 것이 좋겠다고 판단한 것은 (나)에 제시된 청중의 수준을 고려한 것이겠군.

⑤ '메모 5'에서 화면 구성 방식을 언급한 것은 (나)에 제시된 프레젠테이션 제작 시 필요한 시각 자료의 구성 전략을 고려한 것이겠군.

[03~05] (가)는 교내 라디오 방송의 일부이고, (나)는 (가)를 들은 학생들이 휴대 전화 메신저로 나눈 대화의 일부이다. 물음에 답하시오.

가

진행자: 맑은 하늘이 참 보기 좋은 날들입니다. 안녕하세요, ○○고 학생 여러분. 매주 수요일 점심시간은 '단어와 단어를 통한 연상'으로 기억의 숲을 걸어 보는 시간입니다. 오늘은 '순간'에 대해 생각해 보겠습니다. '순간'의 사전적 의미는 '아주 짧은 동안.', '어떤 일이 일어난 바로 그때.'입니다. '순간이 모여 인생이 된다.', '나는 그를 본 순간 당황하여 어쩔 줄 몰랐다.' 등으로 쓰이지요. 여러분의 삶은 어떤 순간들로 이루어져 있을까요? 여러분은 어떤 순간을 살고 계시나요? 어떤 순간을 만들고 싶으신가요? 또는 어떤 순간 속 사람으로 남고 싶으신가요? '평범한 모든 순간, 설레고 가슴 뛰는 날들'을 소망해 보며 ◇◇의 노래 듣겠습니다.

나

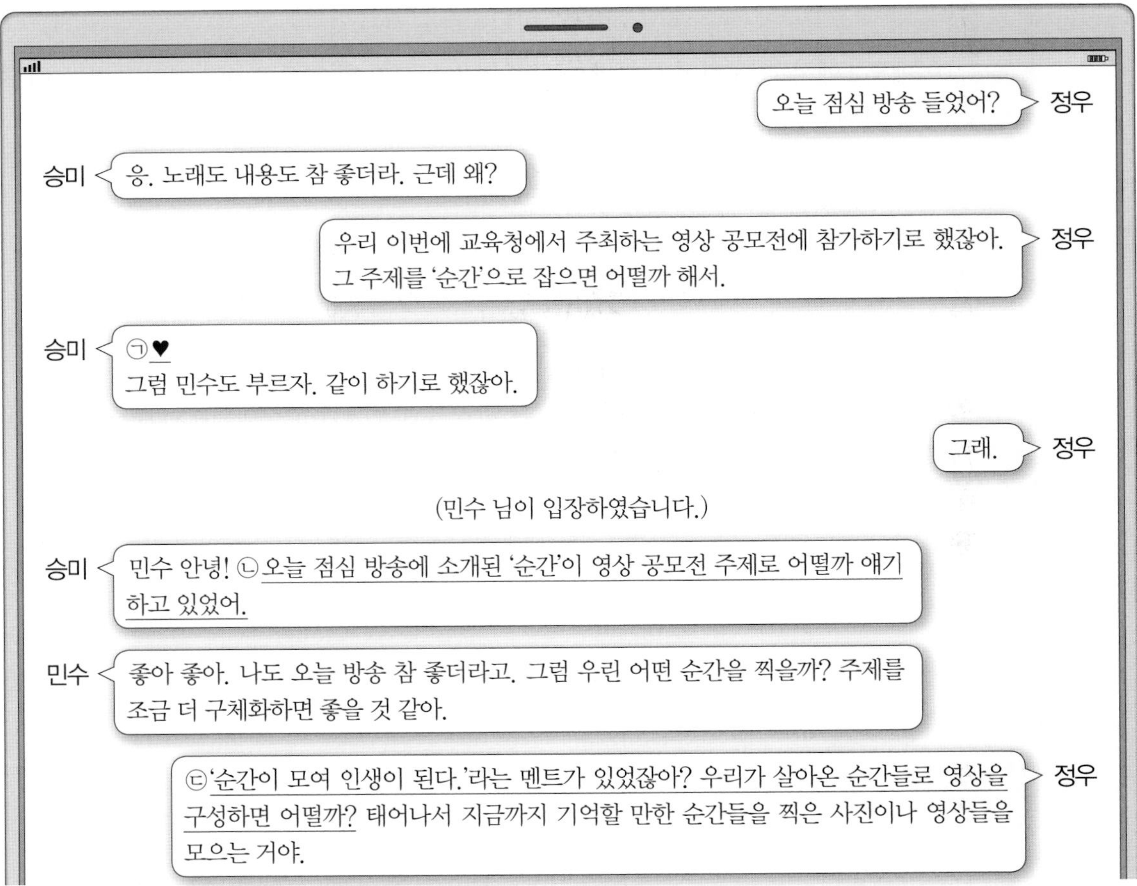

승미 < 갓난아이, 걸음마 하는 아이, 유치원복 입고 뛰어가는 아이, 초등학교 입학식과 졸업식, 중학생 때의 수학여행, 고등학생이 되어 봄, 여름, 가을, 겨울을 지내는 모습 등 꽤 많겠는걸.

민수 < 그런데 그렇게 시간 순서로만 하면 조금은 심심할 것 같은데? 음…… 그 아이의 성장을 항상 옆에서 지켜보는 부모님을 함께 배치하면 어떨까?

승미 < 와~ 그거 참 좋다. 사람으로 살아간다는 것은 부모님의 시선과 사랑으로 가능한 거잖아.

정우 > 👍 화면을 분할하여 주 화면은 아이의 모습, 보조 화면은 부모님의 모습으로 구성하면 지루하지도 않고 좋을 것 같아. 이때 아이의 성장과 함께 부모님은 조금씩 나이가 들어가는 모습을 보여 주면 아이와 부모님을 함께 배치한 우리의 의도가 잘 드러날 것 같지 않니?

승미 < 와, 좋은데! 이건 어때? 첫 화면을 고등학생인 현재의 모습으로 하는 거야. 그리고 책을 뒤에서 앞으로 넘기는 것처럼 해서 갓난아이의 모습을 보여 준 후, 다시 시간의 흐름에 따른 아이의 성장을 보여 주는 거야. 이때 시간의 흐름을 보여 주기 위해 이전 화면을 밀어내면서 다음 화면이 나타나게 하는 거야.

민수 < 음~ 좋아 좋아. 제목을 정하면 영상의 흐름이 더 잘 떠오를 것 같아. 뭐로 할까? '순간 · 영원'은 어때? 각자 하나씩 말해 보자. 그리고 투표하면 될 것 같아.

승미 < '나의 순간을 지키는 사람'

정우 > '순간을 빛나게 하는 존재'

민수 < 오우~ 다들 좋은 의견인걸. 우리 세 사람 모두 제목을 제시했으니, 투표는 자기 것이 아닌 제목만을 대상으로 하는 게 어때? 고르기가 어렵겠다. 그래도 골라야겠지? 이 대화 끝나면 지금 말한 세 개의 제목들로 투표함 만들게. 그리고 먼저 각자 가지고 있는 사진이나 영상 파일들을 이 대화방에 다 올리자. 주변 친구들 도움도 받고. ㉣<u>그리고 새로 찍어야 할 것도 있을 테니까, 올린 파일들 보며 다시 얘기하자.</u>

정우 > 그래. 그때 얘기하면서 자막과 음악도 생각해 보자.

민수 < ㉤<u>그럼 투표함 바로 만들게, 투표해 줘.</u>

투표 제목: 영상 제목 정하기

[24004-0113]

03

(가), (나)에서 알 수 있는 매체의 특성으로 가장 적절한 것은?

① (가)는 특정 정보의 가치를 평가하고자 하는 수용자들을 대상으로 상반된 관점의 정보를 전달하고 있다.
② (나)는 서로 공유하고 있는 경험을 바탕으로 과제를 해결하기 위한 정보를 교환하고 있다.
③ (가)에서는 (나)와 달리 정보 수용자의 반응을 실시간으로 수용하며 정보의 내용을 구성하고 있다.
④ (나)에서는 (가)와 달리 시각 자료와 청각 자료를 복합적으로 구성하여 정보를 생산하고 있다.
⑤ (가)와 (나)에서는 모두 정보 전달자 및 수용자가 동시에 정보를 공유하며 정보를 수정하고 있다.

[24004-0114]

04

㉠~㉤의 의사소통 방식을 이해한 내용으로 적절하지 않은 것은?

① ㉠: 긍정적인 반응을 나타내는 시각적 이미지를 제시하여 '정우'의 의견에 공감하고 있다.
② ㉡: 지금까지의 대화를 요약하여 대화에 새로 참여한 '민수'에게 전달하고 있다.
③ ㉢: 점심 방송의 내용을 언급하며 영상 내용에 대해 제안을 하고 있다.
④ ㉣: 진행된 대화 내용을 점검하며 추후에 논의해야 할 내용을 언급하고 있다.
⑤ ㉤: 의견을 취합할 수 있는 도구를 언급하며 의사 결정에 참여해 줄 것을 요청하고 있다.

[24004-0115]

05 **(나)의 대화 내용을 반영한 '영상 제작 계획'으로 적절하지 <u>않은</u> 것은?**

영상 제작 계획		
	장면 구성	장면 스케치
①	'순간이 모여 인생이 된다.' 라는 라디오 방송 멘트를 제목으로 정해서 가운데에 잘 보이게 표현하고, 부제를 붙여 주제를 조금 더 구체화해야겠어.	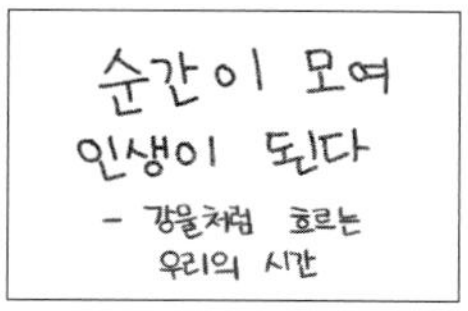 순간이 모여 인생이 된다 - 강물처럼 흐르는 우리의 시간
②	첫 화면은 현재의 모습을 보여 준 후, 장면을 과거로 되돌리는 기법을 사용하여 이어지는 화면은 갓난아이의 모습을 배치해야겠어.	 샤라락
③	그다음 화면부터는 시간의 흐름에 따라 이전 화면을 밀어내며 아이의 성장하는 모습이 나올 수 있게 연출해야겠어.	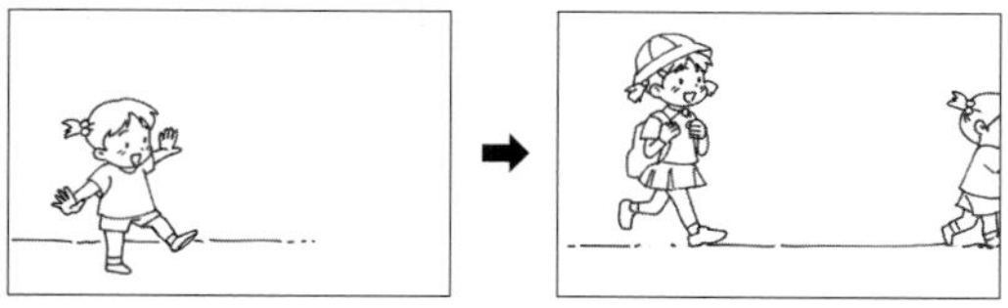
④	화면을 분할하여 아이의 모습을 주 화면으로, 부모님의 모습을 보조 화면으로 드러내야겠어.	
⑤	아이의 성장 과정을 지켜보는 젊었을 때의 부모님의 모습을 점차 나이가 들어가는 모습으로 표현해야겠어.	

[01~03] 다음은 텔레비전 뉴스이다. 물음에 답하시오.

앵커: 요즘 ○○지역 전통 시장인 ○○시장에 방문해 보신 적 있으신가요? 조선 시대부터 이어져 온 ○○시장은 오일장으로, 매달 날짜의 끝자리가 2와 7인 날에 열립니다. 해마다 시장 방문객이 줄고 있어 상인들의 시름이 깊었는데요, 요즘 들어 ○○시장을 찾는 손님이 다시 늘고 있다는 반가운 소식입니다. 보도에 김□□ 기자입니다.

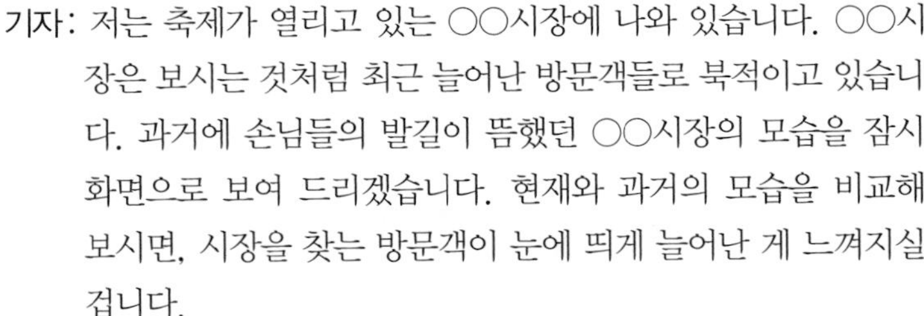

기자: 저는 축제가 열리고 있는 ○○시장에 나와 있습니다. ○○시장은 보시는 것처럼 최근 늘어난 방문객들로 북적이고 있습니다. 과거에 손님들의 발길이 뜸했던 ○○시장의 모습을 잠시 화면으로 보여 드리겠습니다. 현재와 과거의 모습을 비교해 보시면, 시장을 찾는 방문객이 눈에 띄게 늘어난 게 느껴지실 겁니다.

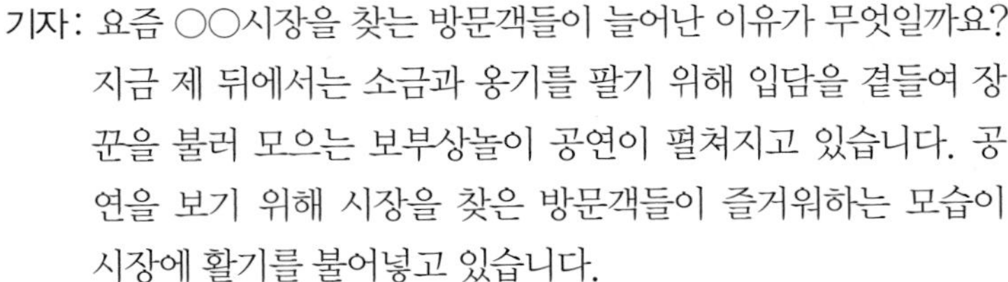

기자: 요즘 ○○시장을 찾는 방문객들이 늘어난 이유가 무엇일까요? 지금 제 뒤에서는 소금과 옹기를 팔기 위해 입담을 곁들여 장꾼을 불러 모으는 보부상놀이 공연이 펼쳐지고 있습니다. 공연을 보기 위해 시장을 찾은 방문객들이 즐거워하는 모습이 시장에 활기를 불어넣고 있습니다.

기자: 지금 보시는 영상은 보부상들의 삶의 애환을 다룬 이효석의 소설, 「메밀꽃 필 무렵」을 각색한 애니메이션의 한 장면입니다. 소설이나 애니메이션을 통해서만 볼 수 있었던 보부상의 명맥이 ○○시장에서 부활한 것입니다. 보부상놀이 공연을 보기 위해 시장을 찾는 청소년들도 늘고 있습니다.

청소년 체험단원: 교과서에서 접했던 보부상을 직접 볼 수 있어서 신기했어요. 친구들과 다양한 체험을 할 수 있어서 즐거웠습니다. 가족들과도 다시 방문하고 싶어요.

□□□(청소년 체험단원)

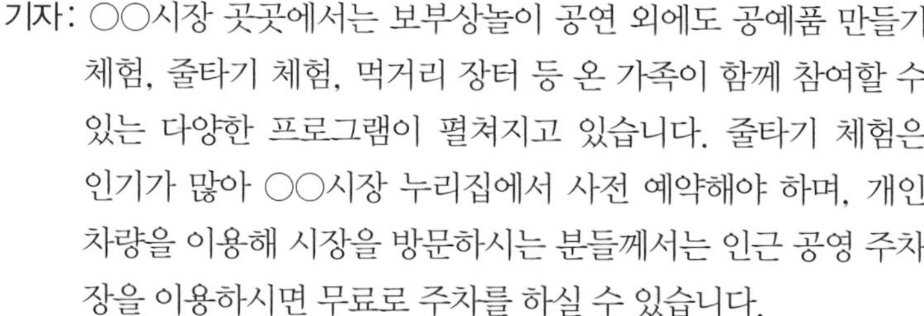
기자: ○○시장 곳곳에서는 보부상놀이 공연 외에도 공예품 만들기 체험, 줄타기 체험, 먹거리 장터 등 온 가족이 함께 참여할 수 있는 다양한 프로그램이 펼쳐지고 있습니다. 줄타기 체험은 인기가 많아 ○○시장 누리집에서 사전 예약해야 하며, 개인 차량을 이용해 시장을 방문하시는 분들께서는 인근 공영 주차장을 이용하시면 무료로 주차를 하실 수 있습니다.

○○시장 축제 프로그램
보부상놀이 공연
공예품 만들기 체험
줄타기 체험
먹거리 장터

○○시장 상인회장: 이번 달까지는 기존처럼 5일 간격의 오일장 방식으로 운영하고, 다음 달부터는 방문객들의 편의를 고려하여 주말 시장으로 운영 방식을 변경할 예정입니다.

△△△(○○시장 상인회장)

기자: 며칠 전 ○○시장 상인회장이 ○○시장 축제 개회식에서 언급한 내용입니다. 이처럼 오일장에서 주말 시장으로 바뀌면 관광객 유치에도 도움이 되므로 지역 경제 활성화에 기여할 것으로 예상됩니다. 자세한 정보는 ○○시장 축제 안내 자료에서 확인하실 수 있습니다.

△△△ 뉴스 김□□입니다.

[24004-0116]

01 위 뉴스 보도에 나타난 정보 전달 방식으로 가장 적절한 것은?

① ○○시장의 다양한 행사를 안내하기 위해 프로그램 목록을 표로 제시한다.
② ○○시장의 변화를 강조하기 위해 공연 출연진과의 인터뷰 장면을 제시한다.
③ 보부상과 관련된 시청자의 기억을 환기하기 위해 다큐멘터리의 한 장면을 제시한다.
④ ○○시장에 대한 방문객의 반응을 보여 주기 위해 청소년 체험단의 만족도 조사 자료를 제시한다.
⑤ ○○시장의 변경된 운영 방식에 대한 정보를 안내하기 위해 시장 상인회장과 기자와의 대화를 제시한다.

[24004-0117]

02 위 뉴스 보도를 본 시청자들이 시청자 게시판에 올린 의견이다. 시청자들의 반응에 대한 설명으로 적절하지 않은 것은?

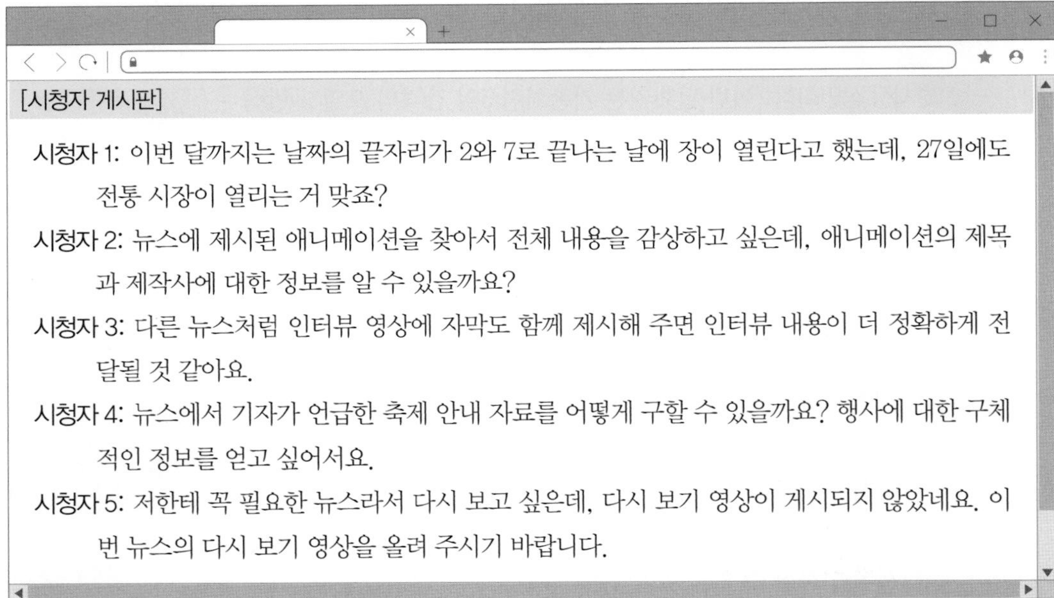
[시청자 게시판]

시청자 1: 이번 달까지는 날짜의 끝자리가 2와 7로 끝나는 날에 장이 열린다고 했는데, 27일에도 전통 시장이 열리는 거 맞죠?

시청자 2: 뉴스에 제시된 애니메이션을 찾아서 전체 내용을 감상하고 싶은데, 애니메이션의 제목과 제작사에 대한 정보를 알 수 있을까요?

시청자 3: 다른 뉴스처럼 인터뷰 영상에 자막도 함께 제시해 주면 인터뷰 내용이 더 정확하게 전달될 것 같아요.

시청자 4: 뉴스에서 기자가 언급한 축제 안내 자료를 어떻게 구할 수 있을까요? 행사에 대한 구체적인 정보를 얻고 싶어서요.

시청자 5: 저한테 꼭 필요한 뉴스라서 다시 보고 싶은데, 다시 보기 영상이 게시되지 않았네요. 이번 뉴스의 다시 보기 영상을 올려 주시기 바랍니다.

① 시청자 1은 뉴스 보도에서 안내한 내용을 바탕으로 자신이 이해한 정보가 맞는지 확인하고 있다.
② 시청자 2는 뉴스 보도에서 인용한 자료의 전체 내용을 제공해 줄 수 있는지 묻고 있다.
③ 시청자 3은 뉴스 보도에 담긴 정보의 정확한 전달을 위해 복합 양식을 활용해 줄 것을 요청하고 있다.
④ 시청자 4는 뉴스 보도에서 언급한 매체 자료를 구할 수 있는 방법에 대해 문의하고 있다.
⑤ 시청자 5는 뉴스 보도에 대한 관심을 강조하며 보도 내용을 다시 볼 수 있게 해 줄 것을 요청하고 있다.

[24004-0118]

03 **다음은 위 뉴스 보도에서 언급한 안내 자료이다. 위 뉴스 보도를 바탕으로 안내 자료를 이해한 내용으로 적절하지 <u>않은</u> 것은?**

① 보도 내용에서 언급한 공영 주차장에 대해, 안내 자료에는 약도를 활용하여 구체적 위치를 제시하고 있다.

② 보도 내용에서 언급한 운영 방식이 변경되는 시기에 대해, 안내 자료에는 변경 시기를 명확하게 제시하고 있다.

③ 보도 내용에서 제시한 ○○시장의 다양한 프로그램을, 안내 자료에는 프로그램 진행 순서대로 열거하여 제시하고 있다.

④ 보도 내용에는 ○○시장 축제의 운영 시간이 언급되지 않았지만, 안내 자료에는 ○○시장 축제의 운영 시간을 제시하고 있다.

⑤ 보도 내용에는 ○○시장 누리집에 접속할 수 있는 방법을 안내하지 않았지만, 안내 자료에는 QR 코드를 활용한 접속 방법을 안내하고 있다.

[04~05] 다음은 실시간 인터넷 방송이다. 물음에 답하시오.

〈오늘 방송 순서〉

1. 거북손에 대해 알아봅시다.
2. 거북손을 활용한 음식
3. 시청자 퀴즈

여러분 안녕하세요? 전국 각지의 특산물과 음식을 소개해 드리는 '유랑식객 채널'의 진행자 유랑식객입니다.

[A]
오늘 방송은 생방송으로 진행됩니다. 제 목소리 잘 들리시나요?

> 도레미 : 진행자님의 목소리는 잘 들리는데 얼굴이 잘 안 보여요.
> 미식가 : 카메라 각도를 좀 올려 주세요.

카메라 각도 조정했습니다. 이제 괜찮으시죠?

오늘은 ○○지역의 특산물인 거북손을 소개해 드리려고 합니다. 그리고 거북손을 활용해서 만든 음식도 소개해 드릴게요. 방송 막바지에 제시할 시청자 퀴즈를 맞힌 분께는 상품도 드릴 예정이니 끝까지 방송에 집중해 주세요.

(사진을 보여 주며) 화면에 사진 잘 보이시나요? 사진에서 어떤 게 거북손일까요?

> 여행자 : 사진에서 왼쪽에 있는 거요.
> 청솔 : 사진에서 왼쪽에 있는 건 가리비 아닌가요?
> 상괭이 : 왼쪽에 있는 건 크기로 봐서 가리비는 아니고 보말 같네요. :)

정답을 말씀드리겠습니다. 오른쪽에 보이는 게 거북손, 왼쪽에 보이는 게 보말입니다. 거북손의 크기는 작은 동전만 합니다. 정약전의 『자산어보』에는 거북손의 다른 명칭인 오봉호와 관련된 기록이 남아 있는데요, 문헌에 기록된 내용을 보여 드릴게요.

> "다섯 봉우리가 평평하게 배열되어 있는데, 이 중 양쪽 밖의 두 봉우리는 낮고 작으며 그다음 두 봉우리를 감싸고 있다. 이다음 두 봉우리가 가장 크며 가운데 봉우리를 감싸고 있다. 가운데 봉우리와 양쪽 밖의 작은 봉우리들은 모두 두 개가 합쳐져서 껍데기를 이룬다."

거북손이라는 명칭은 말 그대로 거북이의 손 모양을 닮았다고 해서 붙여진 이름입니다.

[B]

> 여행자 : 거북손은 생소한데, 식물인가요? 아니면 동물인가요?

여행자 님께서 질문을 하셨는데요, 거북손은 바닷가의 바위에 붙어 서식하는 갑각류로 동물입니다. 겉모습 때문에 처음엔 먹기를 주저하시던 분도 한번 맛보면 빠져나올 수 없을 정도로 매력적인 맛을 지니고 있습니다.

> 섬집아기 : 거북손을 채취할 때 유의할 점 있을까요?

[C]
섬집아기 님께서 거북손을 채취할 때의 유의 사항에 대해 질문하셨네요. 무엇보다도 안전사고 예방에 신경을 써야 하고, 지역 어촌계에 허가를 얻으셔야 합니다. 또 어떤 유의 사항이 있을까요?

섬돌 : 거북손과 섞여 사는 지중해담치는 초봄 번식할 때 맹독을 품으니 주의하시고요.
다이버 : 맹독이라니 무섭네요. 거북손은 독이 없나요?
섬돌 : 거북손은 독이 없으니 언제든 드셔도 괜찮습니다.

섬돌 님, 감사합니다.

이제 거북손을 활용해서 만든 음식을 소개해 드릴게요. 오늘 준비한 음식은 거북손 비빔밥입니다. 요리 과정을 촬영한 영상을 잠시 보여 드릴게요. (영상을 보여 주며) 비빔밥에 손질된 거북손을 삶아서 넣은 것인데요, 요리 과정이 간단하죠? 미리 만들어 온 거북손 비빔밥을 한 입 먹어 보겠습니다. (음식을 먹은 후) 음, 거북손의 쫄깃한 식감 때문인지 색다른 맛입니다. 맛있어요! 거북손만 있으면 누구나 간단하게 만들 수 있으니까 꼭 드셔 보세요.

[D]
거북손은 껍질에 불순물이 많이 묻어 있어서 되도록 여러 번 박박 씻으시는 게 좋습니다. 손을 다칠 수 있으니 장갑을 끼고 하시는 게 좋아요. 채취한 거북손은 반드시 해감을 해 주시고요.

상괭이 : 거북손은 따로 해감이 필요하진 않습니다.

상괭이 님의 의견을 보고 정보를 검색해 보니 거북손은 내장 부분을 먹지 않고 살만 먹기 때문에 따로 해감이 필요하진 않다고 합니다. 상괭이 님, 좋은 정보 감사합니다.

이제 시청자 퀴즈를 낼게요. 오늘 방송을 집중해서 시청하신 분께서는 정답을 맞히실 수 있습니다. 거북손의 다른 명칭인 오봉호와 관련된 기록이 남아 있는 책 이름은 무엇이며, 저자는 누구일까요?

[E]

독도 : 허준의 『동의보감』 아닌가요?
김선생 : 『자산어보』 아닐까요?
바다중독 : 『자산어보』! 저자는 정약용!

많은 분께서 채팅창에 답을 말씀해 주시고 있습니다. 다음 방송에서 정답을 맞히신 다섯 분을 추첨해서 제가 직접 구입한 ○○지역의 거북손을 선물로 드리도록 하겠습니다. 다음 방송 꼭 시청해 주세요.

제가 거북손을 채취하는 모습을 담은 영상은 지금 화면 아래에 제시된 하이퍼링크를 클릭하면 보실 수 있습니다. 거북손 채취와 관련된 정보를 얻으실 수 있으니, 관심 있으신 분들의 많은 시청 바랍니다. 방송 재밌게 보셨다면, '좋아요' 눌러 주시는 거 잊지 마시고요. 오늘 방송은 여기에서 마치겠습니다. 감사합니다.

[24004-0119]

04 **다음은 위 방송을 위해 진행자가 세운 방송 개요이다. 위 방송에 반영된 정보 제시 방식으로 적절하지 않은 것은?**

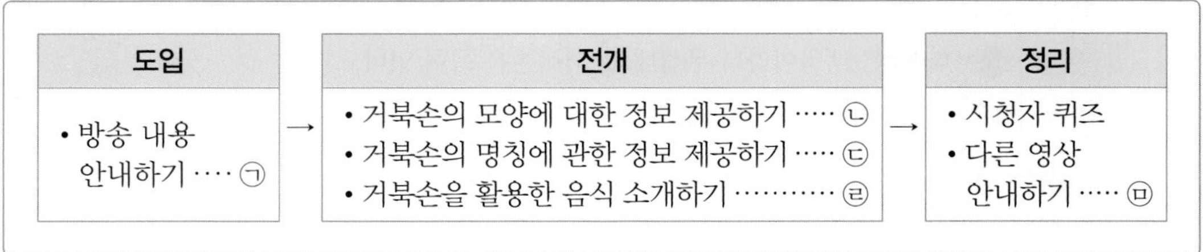

도입		전개		정리
• 방송 내용 안내하기 ···· ㉠	→	• 거북손의 모양에 대한 정보 제공하기 ···· ㉡ • 거북손의 명칭에 관한 정보 제공하기 ···· ㉢ • 거북손을 활용한 음식 소개하기 ·········· ㉣	→	• 시청자 퀴즈 • 다른 영상 안내하기 ···· ㉤

① ㉠: 순서가 표시된 자막을 제시하여 방송 전개 과정에 대한 정보를 제공한다.
② ㉡: 사진 자료를 제시하여 거북손의 모양에 대한 시각적인 정보를 제공한다.
③ ㉢: 문헌 자료를 제시하여 거북손이라는 명칭의 유래에 대한 정보를 제공한다.
④ ㉣: 영상 자료를 제시하여 거북손을 활용한 음식의 조리 과정에 대한 정보를 제공한다.
⑤ ㉤: 하이퍼링크를 제시하여 거북손 채취와 관련된 정보를 제공한다.

[24004-0120]

05 **[A]~[E]에 드러난 소통 양상에 대한 설명으로 적절하지 않은 것은?**

① [A]: 진행자는 시청자에게 질문하며 음량과 화면 상태가 괜찮은지 점검하고 있다.
② [B]: 시청자의 질문에 진행자가 답변하면서 질문한 내용에 대한 답변 외에 추가적인 정보를 제공하고 있다.
③ [C]: 진행자는 시청자에게 자신이 제공한 정보의 적절성 여부에 대해 점검해 줄 것을 요청하고 있다.
④ [D]: 진행자가 제공한 정보의 오류를 시청자가 지적하자 진행자는 검색한 정보를 바탕으로 자신의 발언 내용을 정정하고 있다.
⑤ [E]: 진행자가 시청자들의 반응을 확인하며 다음 방송에 지속적으로 참여하도록 유인책을 제공하고 있다.

[01~03] (가)는 텔레비전 방송 프로그램의 일부이고, (나)는 방송국에서 (가)의 내용을 바탕으로 제작해 방송국 누리 소통망에 게시한 카드 뉴스이다. 물음에 답하시오.

가

진행자: 시청자 여러분, 안녕하십니까! 시청자 여러분은 '해루질'이라는 말을 들어 보셨나요? '해루질'은 원래 야간에 갯벌에서 어패류를 캐던 활동을 의미하는 방언이었지만, 요즘은 시간대와 관계없이 갯벌에서 어패류를 채취하는 활동을 의미하는 용어로 널리 사용됩니다. 그런데 최근 해루질로 인한 사고가 잇따라 발생하고 있습니다. A지역에서는 이번 주에만 총 3건의 해루질 관련 사고가 발생했는데요, 다행히 모두 무사히 구조되긴 했지만 해루질을 할 때에는 각별한 주의가 필요해 보입니다. 그 때문인지 오늘은 여러 신문사에서 해루질 관련 사고 위험에 관한 기사를 냈네요. 해양 전문가 김☆☆ 님을 초대해 관련 기사들을 함께 살펴보도록 하겠습니다. 시청자분들께 인사 부탁드립니다.

전문가: 안녕하세요. 김☆☆입니다.

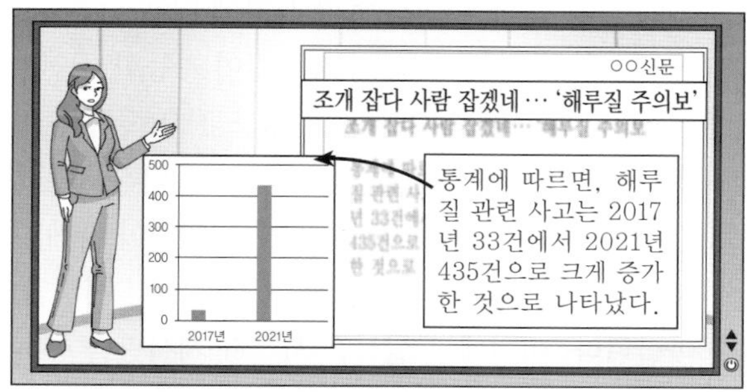

진행자: 그럼 ○○신문부터 함께 보시죠. 기사 내용을 일부 확대해 보니 해루질로 인해 발생한 사고가 2017년 33건에서 2021년 435건으로 크게 증가했네요. 자료를 그래프로 준비해 봤는데요, (화면에 나타난 그래프를 가리키며) 이렇게 그래프로 보시면 증가세가 더 확연히 드러나죠. 그리고 ○○신문에서는 이러한 사고가 발생하는 것은 갯벌에 밀물이 들어오는 속도가 일반인들이 생각하는 것보다 빠르기 때문이라고 밝히고 있는데요, 이 부분에 대해 설명 부탁드립니다.

전문가: 네, 성인 남성이 걷는 속도와 비교해 볼 때, 갯벌에 밀물이 들어오는 속도가 훨씬 빠릅니다. 마치 자전거로 주행하는 것과 같은 속도로 밀물이 빠르게 움직이기 때문에 바닷물이 들어온다는 것을 시각적으로 인지한 후에 움직인다면 늦을 수 있습니다. 여기에 더해서 질퍽질퍽한 갯벌에서는 평상시 자신이 이동하는 속도보다 느려지기 때문에 사고 위험성이 더 커집니다.

진행자: 속도를 비교하니 위험성이 잘 드러나는군요. 해루질 관련 사고가 발생하는 다른 이유는 없을까요?

전문가: ○○신문에서 다루지 않았지만, 갯벌의 갯골로 인해 사고가 발생할 수 있습니다. 갯골이란 갯벌에 생기는 좁고 긴 수로를 의미합니다. 썰물일 때는 갯골에서도 물이 빠지기 때문에 도보로 쉽게 건널 수 있지만, 밀물이 시작되면 이곳부터 물이 빠르게 차올라서 수심이 깊어집니다. 겉으로 봐서는 갯골의 수심을 알기 어려워서 물에 빠지는 사고가 자주 발생합니다.

진행자: 그렇게 갯골로 인해 물에 빠지는 사고가 발생하는 거군요. 해루질에는 그런 위험이 도사리고 있네요. 시청자 여러분께서도 잘 기억해 두시기 바랍니다. 그럼 다른 기사를 살펴볼까요? △△일보의 기사에서는 야간 해루질이 시야 확보의 어려움으로 인해 방향 상실 사고의 위험성이 높다고 밝히고 있네요.

전문가: 야간에는 갯벌에 조명을 비추면 더 쉽게 어패류를 잡을 수 있어서 야간 해루질을 선호하는 분들이 있는데요, 야간에는 기사의 내용처럼 사고 위험이 훨씬 커집니다. (수치 자료를 제시하며) 제가 준비해 온 자료를 보시면 야간 시간대에 해루질 관련 사고가 더 많이 발생하고 있는 것을 알 수 있습니다.

진행자: 그렇군요. ○○신문과 △△일보의 기사를 보니 해루질 사고를 막기 위한 대책이 필요해 보이네요. 이번에는 해루질 사고 예방에 대해 다루고 있는 □□신문을 살펴보도록 하겠습니다. 해루질 사고에 대한 시민들의 경각심을 높이기 위해 '해루질 안전 지도'를 만들어 배포한 지자체가 있군요. 각 갯벌에서 발생한 해루질 사고 현황을 한눈에 볼 수 있어 인식 개선 효과가 있겠네요. 또 다른 기관에서는 갯벌에서 사고가 발생했을 때 자신의 위치 정보를 알리며 긴급 구조 요청을 할 수 있는 앱을 만들었다고 하네요.

전문가: 이런 행정 기관의 대처도 중요하지만, 해루질을 하는 분들도 주의 사항을 잘 지켜 주셔야 합니다.

진행자: 그렇죠. 말씀드린 앱이 있다고 해도 해루질을 하는 분들이 앱을 휴대 전화에 깔지 않으면 아무 의미가 없으니까요. 해루질을 할 때 주의해야 할 사항에 대해 시청자들께 안내 부탁드립니다.

전문가: 우선, 해루질을 할 때에는 해당 지역이 해루질이 가능한 곳인지, 밀물이 들어오는 시각은 언제인지를 반드시 확인해야 합니다. 밀물 시간 30분 정도 전으로 휴대 전화 알람을 맞춰 두고 해안으로 안전하게 이동할 시간을 확보하는 것이 좋습니다. 번거롭더라도 구명조끼를 착용해서 혹시 모를 사고에 대비하는 것도 중요합니다. 또 갯벌에는 둘 이상의 인원이 함께 나가는 것이 좋습니다.

진행자: 네, 기사에 나온 행정 기관의 노력이 효과를 발휘하고, 시민들도 주의 사항을 잘 지켜서 사고 위험이 줄어들기를 바랍니다. 이번에는 실시간 시청자 게시판을 통해 기사에 대한 시청자의 의견을 살펴보겠습니다.

나

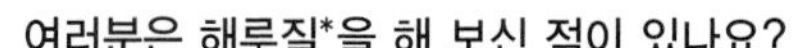

해루질 관련 사고가 늘고 있어 주의가 필요합니다.

* 해루질: 갯벌에서 어패류를 채취하는 활동.

밀물의 속도(시속 7~15km)는 성인 남성의 걸음 속도(시속 4km)보다 훨씬 빠릅니다.

밀물의 속도

‖

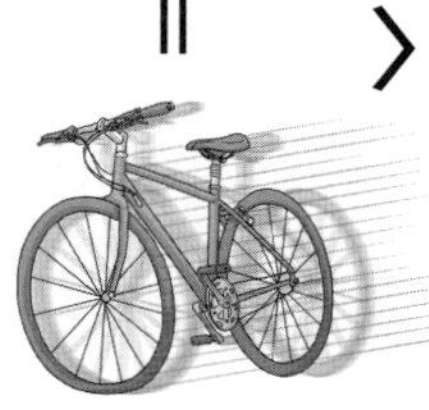

〉 성인 남성의 걸음 속도

자전거의 주행 속도

1 2

3 | 4

갯벌 여기저기 분포한 갯골*이
여러분을 위험에 빠뜨릴 수 있습니다.

고립 사고

물에 빠지는 사고

* 갯골: 갯벌에 생기는 좁고 긴 수로.

해루질 관련 사고를 막으려면?

하나. 해루질이 가능한 지역인지 꼭 확인
둘. 밀물이 들어오는 시간을 파악해서 해안으로 미리 이동
셋. 사고 대비를 위해 구명조끼 착용
넷. 해루질을 할 때는 2인 이상이 함께 참여

[24004-0121]

01 **(가)에 대한 설명으로 적절하지 <u>않은</u> 것은?**

① 진행자는 첫 번째 발화 시에 방송 주제와 관련된 최근 사례를 언급함으로써 방송의 내용이 시의성을 갖추고 있음을 드러내고 있다.
② 진행자는 두 번째 발화 시에 그래프를 활용하여 기사의 내용을 복합 양식적으로 제시하고 있다.
③ 진행자는 다섯 번째 발화 시에 △△일보 기사에 빠진 정보가 있음을 지적함으로써 여러 신문을 상호 보완적으로 수용해야 함을 밝히고 있다.
④ 전문가는 세 번째 발화 시에 진행자의 질문에 답을 함으로써 ○○신문 기사에서 제공하지 않은 추가 정보를 제시하고 있다.
⑤ 전문가는 네 번째 발화 시에 자신이 준비한 자료를 활용하여 △△일보 기사와 관련된 현황을 제시하고 있다.

[24004-0122]

02 다음은 (가)의 '시청자 게시판'의 내용이다. 시청자의 수용 양상에 대한 이해로 가장 적절한 것은?

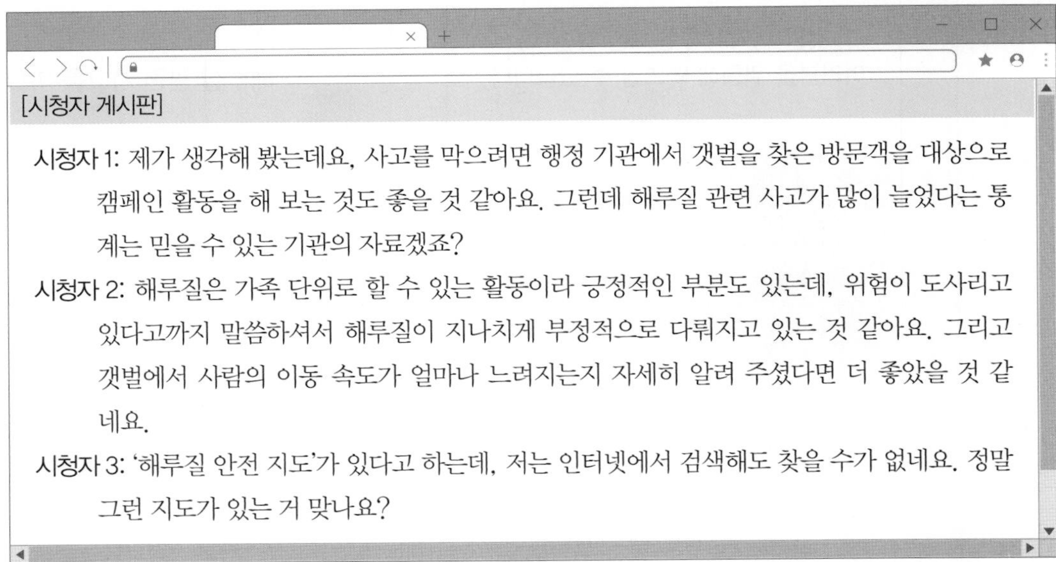
[시청자 게시판]

시청자 1: 제가 생각해 봤는데요, 사고를 막으려면 행정 기관에서 갯벌을 찾은 방문객을 대상으로 캠페인 활동을 해 보는 것도 좋을 것 같아요. 그런데 해루질 관련 사고가 많이 늘었다는 통계는 믿을 수 있는 기관의 자료겠죠?

시청자 2: 해루질은 가족 단위로 할 수 있는 활동이라 긍정적인 부분도 있는데, 위험이 도사리고 있다고까지 말씀하셔서 해루질이 지나치게 부정적으로 다뤄지고 있는 것 같아요. 그리고 갯벌에서 사람의 이동 속도가 얼마나 느려지는지 자세히 알려 주셨다면 더 좋았을 것 같네요.

시청자 3: '해루질 안전 지도'가 있다고 하는데, 저는 인터넷에서 검색해도 찾을 수가 없네요. 정말 그런 지도가 있는 거 맞나요?

① '시청자 1'은 해루질 관련 사고가 2021년에 435건으로 증가했다는 ○○신문 기사의 자료에 오류가 있다고 지적하고 있다.

② '시청자 1'은 □□신문 기사에서 해루질 관련 사고를 줄이기 위해 노력했던 행정 기관의 사례를 빠짐없이 제시했는지 점검하고 있다.

③ '시청자 2'는 방송이 진행되는 동안 진행자가 해루질 관련 사고에 대해 일관된 관점을 유지하고 있는지 점검하고 있다.

④ '시청자 2'는 전문가가 갯벌이 질퍽질퍽해서 발생한다고 밝혔던 상황과 관련하여 갯벌에서의 이동 속도에 관한 정보가 구체성이 부족하다고 평가하고 있다.

⑤ '시청자 3'은 빠른 구조 요청을 위해 지자체에서 만들었다고 □□신문 기사에서 언급한 지도가 실제로 있는 것인지 확인하고 있다.

[24004-0123]

03 **(가)의 방송 내용이 (나)에 반영된 양상으로 적절하지 않은 것은?**

① 진행자가 요즘 널리 사용된다고 언급했던 해루질의 의미를 첫 번째 카드에 제시하고 있군.
② 전문가가 비교해서 설명한 내용에 수치 자료를 추가해서 두 번째 카드에 제시하고 있군.
③ 전문가가 밀물의 빠른 속도를 설명하기 위해 언급한 대상의 이미지를 두 번째 카드에 제시하고 있군.
④ 진행자가 갯골로 인해 발생할 수 있다고 언급한 사고 유형 두 가지를 세 번째 카드에 나란히 제시하고 있군.
⑤ 전문가가 언급한 해루질 시 주의해야 할 사항을 네 가지로 항목화하여 네 번째 카드에 제시하고 있군.

[04~05] (가)는 사회 탐구 동아리에서 지자체 정책에 관한 영상을 제작하기 위해 참고한 블로그이고, (나)는 (가)를 바탕으로 만든 영상 제작 계획의 일부이다. 물음에 답하시오.

가

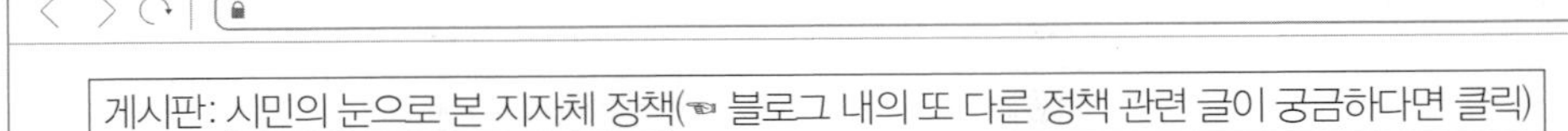

행복시의 공공 심야 약국 확대 운영 정책을 바라보며

시청 누리집의 보도 자료에 따르면, 우리 시에서는 4월부터 공공 심야 약국을 확대 운영할 예정이라고 한다. 공공 심야 약국이란 의료 서비스를 받기 힘든 심야에 약사의 복약 지도를 받으며 의약품을 구입할 수 있도록 운영 시간을 늘린 약국을 칭한다. 새벽 한 시까지 문을 여는 이런 약국이 운영되기 위해서는 지자체 지원이 필요한데, 우리 시는 그런 지원이 적극적으로 잘 이루어지는 편이다.

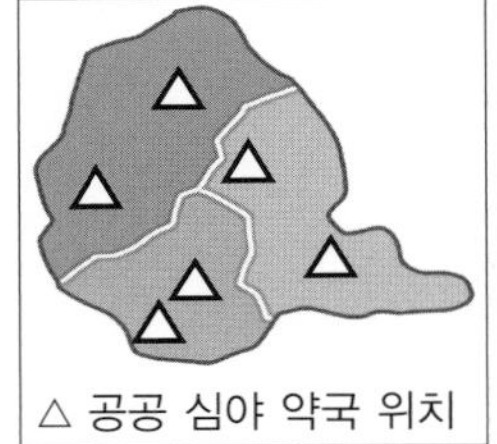
△ 공공 심야 약국 위치

기존에 운영 중인 공공 심야 약국은 각 구에 각 한 개씩 총 3개(소담, 다정, 새롬 약국)였다. 시에서 보도 자료를 통해 밝힌 바와 같이 각 구에서 약국 한 곳씩을 공공 심야 약국으로 추가 지정하기로 했으니 3개가 늘어 공공 심야 약국은 총 6개(소담, 다정, 새롬, 보람, 아름, 한솔 약국)가 되는 것이다. 이와 같이 공공 심야 약국을 확대 운영하는 이유는 기존의 공공 심야 약국이 구에 하나씩만 운영되다 보니 같은 구의 주민이더라도 거주지에 따라서 접근성 차이가 컸기 때문이다. 이에 공공 심야 약국의 수를 늘림으로써 접근성을 지금보다 더 높이려는 것이다.

이번 공공 심야 약국 확대 운영 정책을 시민들도 기대하는 분위기다. 실제로 공공 심야 약국을 이용해 본 시민들의 만족도도 높았다. 시에서 공공 심야 약국 이용자 500명을 대상으로 실시한 만족도 조사에 따르면 **만족하는 이용자가 90.3%**에 달했다고 한다. 이번 확대 정책으로 접근성이 개선된 만큼 더 많은 시민들이 더 편리하게 공공 심야 약국을 이용할 수 있을 것으로 보인다.

물론, 개선해야 할 점도 있다. 우리 시에서 SNS(누리 소통망)를 활용한 홍보에만 집중하고 있어 SNS에 익숙하지 않은 노년층은 공공 심야 약국에 대한 정보를 얻기 힘들어 보인다. 심야 시간대에 약국을 찾아야 하는 시민 중 상당수가 SNS에 익숙하지 않은 노년층이므로 포스터, 현수막 등을 활용한 맞춤형 홍보를 실시할 필요가 있다. 또한 심야 시간대에 약국 운영이 이뤄지는 만큼 치안 문제를 우려하는 약사들도 있는 것으로 나타났다. 따라서 해당 지역에 대한 경찰의 순찰을 강화하는 등 후속 정책이 시행되어야 할 것으로 보인다.

나

장면	화면 설명	화면	내레이션 및 배경 음악
1	왼쪽에서 손이 먼저 나오고, 오른쪽에서 손이 나온 뒤 마주 잡는 장면. 이어서 문구가 제시됨.	공공 심야 약국 운영 지자체 지원 지역 약사 협조	공공 심야 약국은 지자체의 지원과 지역 약사의 협조로 운영되고 있습니다. (배경 음악) 잔잔한 음악
2	약국 세 개만 제시되어 있던 화면에 더하기 기호와 함께 약국 세 개가 추가로 나타남.	공공 심야 약국 소담 / 공공 심야 약국 다정 / 공공 심야 약국 새롬 + 공공 심야 약국 보람 / 공공 심야 약국 아름 / 공공 심야 약국 한솔	3개의 구에 하나씩 있던 공공 심야 약국이 4월부터는 3개가 늘어 총 6개가 됩니다. (효과음) 약국이 나타날 때 '뽕' 하는 효과음
3	표가 제시되고, 구분, 약국명, 주소 항목별로 순차적으로 정보가 제시됨.	구분 / 약국명 / 주소 기존: 소담 약국 / A구 ⓐ로 13 다정 약국 / B구 ⓑ로 17 새롬 약국 / C구 ⓒ로 27 신규: 보람 약국 / A구 ⓓ로 1 아름 약국 / B구 ⓔ로 9 한솔 약국 / C구 ⓕ로 48	이제 A구에 소담, 보람 약국, B구에 다정, 아름 약국, C구에 새롬, 한솔 약국이 공공 심야 약국으로 운영됩니다.
4	말풍선이 하나씩 차례대로 제시됨.	가까운 곳에 생겨서 이용이 편리할 것 같다. 밤에 급하게 약국을 찾을 일이 많았는데 다행이다.	시민들은 공공 심야 약국 확대 운영에 대해서 기대를 나타내고 있습니다. (배경 음악) 밝고 희망찬 음악
5	SNS가 포스터, 현수막, 안내문으로 바뀌면서 노인의 표정 변화가 나타남. 물음표는 느낌표로 변함.	SNS ? ⇨ 포스터 현수막 안내문 !	노년층을 대상으로 한 홍보가 부족한데, 이 부분이 개선된다면 더 큰 효과가 기대됩니다. (배경 음악) 화면 변화와 함께 무거운 분위기의 음악에서 밝은 분위기의 음악으로 변화

[24004-0124]

04 **(가)에 나타난 표현 방식에 대한 설명으로 가장 적절한 것은?**

① 공공 심야 약국을 운영해 본 결과 나타난 긍정적 효과를 두 개의 밑줄을 통해 부각했다.

② 공공 심야 약국이 야간에도 운영된다는 점을 문자 언어와 이미지를 활용해 복합 양식적으로 제시했다.

③ 공공 심야 약국을 확대 운영하기로 한 것에 대한 만족도 조사 결과를 글자의 크기와 굵기를 달리하여 강조했다.

④ 운영 예정인 공공 심야 약국과 운영 중인 공공 심야 약국을 지도에 달리 표시하여 접근성 개선 정도를 보여 주었다.

⑤ 상단부의 게시판 이름을 클릭하면 시청 누리집의 보도 자료에 연결되는 하이퍼링크를 활용하여 신뢰할 수 있는 정보를 인용하고 있음을 강조했다.

[24004-0125]

05 **(가)를 참고하여 (나)를 만드는 과정에서 동아리 학생들이 고려했을 내용으로 적절하지 <u>않은</u> 것은?**

① 장면 1 : 블로그에서 공공 심야 약국 운영에 필요하다고 언급되었던 요소에 언급되지 않았던 요소를 추가해서 화면과 내레이션을 통해 제시해야지.

② 장면 2 : 블로그에서 언급된 공공 심야 약국의 확대 운영 규모를 약국 이미지로 화면에 표현하면서 각각의 구별로 운영되는 공공 심야 약국 수는 내레이션을 통해 드러내야지.

③ 장면 3 : 블로그에서 언급된 6개의 공공 심야 약국을 표로 목록화하여 화면에 제시하면서 내레이션을 통해 소개해야지.

④ 장면 4 : 블로그에서 언급된 시민들의 기대를 구체화하여 말풍선으로 화면에 표현하면서 이에 어울리는 배경 음악을 사용해야지.

⑤ 장면 5 : 블로그에서 언급된 노년층 대상 홍보 개선 방안의 효과를 화면에 등장하는 인물의 표정 변화와 배경 음악의 변화로 나타내야지.

[01~03] (가)는 학교 신문의 기사이고, (나)는 (가)를 바탕으로 학생회가 만든 카드 뉴스이다. 물음에 답하시오.

가

신입생을 위한 동아리 홍보 전시회, 이대로 좋은가?

동아리 홍보 전시회는 신입생에게 동아리에 대한 정보를 제공하고 동아리의 활동 내용을 홍보하기 위해 매년 3월에 열리는 학생회 주관 행사이다. 올해도 대강당에서 사흘 동안 방과 후에 진행될 예정이다. 지난 3년간의 통계 자료에 따르면 매년 동아리 홍보 전시회에 참여한 신입생은 10명 중 9명에 이른다. 그만큼 이 행사는 신입생들의 큰 관심 속에서 이루어지고 있다. 그러나 설문 조사에 따르면, 이 행사 내용에 만족한다고 응답한 학생은 20%에 불과했으며, 개선이 필요하다고 응답한 학생의 비율은 80%나 되었다. 이에 대해 동아리 홍보 전시회가 각 동아리의 특성을 살리지 못하고 너무 천편일률적이라는 지적이 많다. 그러다 보니 신입생들이 궁금해하는 정보를 제대로 제공하지 못해 본래의 취지에 맞지 않는 행사가 되어 버렸다는 것이다. 2학년 정○○ 양은 작년에 동아리 홍보 전시회를 모두 둘러보았는데, 대부분의 동아리가 흥미 위주의 게임이나 체험으로 신입생을 끌어들이는 데만 신경 쓰고 있어서 동아리에 대한 정보를 얻는 데 큰 도움이 되지 않았다고 했다. 강□□ 군은 전시된 홍보 내용이 부실해서 전시된 내용만으로는 과연 이 동아리가 어떤 동아리이며 무슨 활동을 하는지 알기 어려웠다고 했다.

이와 같은 문제점을 해결하기 위해 지난달 28일 대회의실에서 학생회 주관으로 동아리 대표 회의가 열렸다. 이 자리에서 동아리 홍보 전시회가 본래의 취지에 맞는 행사로 자리 잡도록 하기 위한 각종 방안이 논의되었다. 신입생의 관심을 끌기 위한 흥미 위주의 프로그램을 줄이고 각 동아리 고유의 특성과 활동 내용이 잘 드러나는 전시 행사가 되게 하자는 목소리가 많았다. 이 회의를 주관한 학생회장(이△△)은 동아리 홍보 전시회는 신입생들에게 동아리에 대한 충분한 정보를 제공해 신입생들이 동아리를 선택하는 데 도움을 주고자 마련한 행사라고 하면서, 이러한 취지가 잘 살아야 동아리 선택을 후회하는 학생들이 줄어들고, 그래야 동아리 활동도 더욱 내실 있게 운영될 수 있을 것이라고 했다. 이를 위해 학생회가 동아리 홍보 전시회의 개선을 위해 열심히 돕겠다고 했다. 이와 더불어 동아리 홍보 전시회의 개선을 위해 크게 노력한 동아리에는 학생회 차원에서 여러 혜택을 주겠다는 약속도 했다.

– 박◇◇ 기자

나

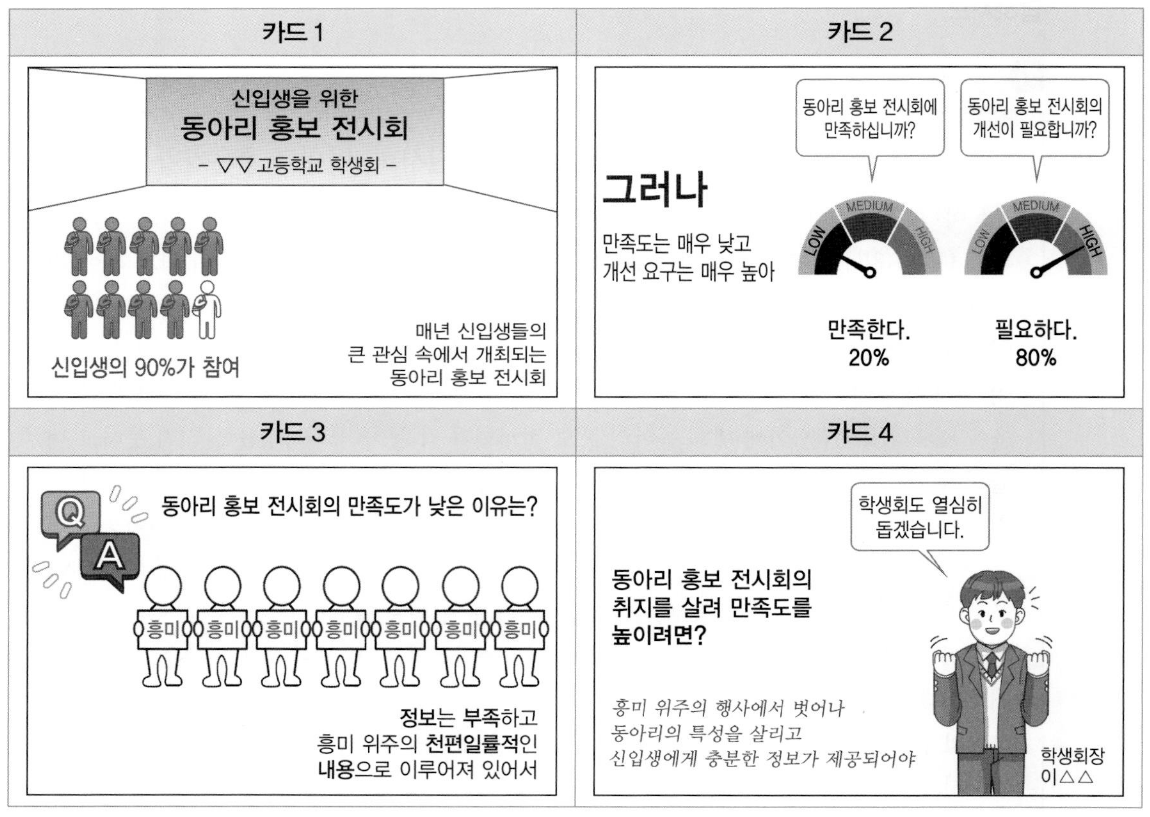

[24004-0126]

01 **(가)와 (나)를 수용할 때 유의할 점으로 가장 적절한 것은?**

① (가)는 작성자에 의해 다양한 의견이 절충되고 있으므로 이 과정에서 정보의 왜곡이 없는지 확인해야 한다.

② (가)는 작성자의 주장이 나열되고 있으므로 타당성 있는 근거를 갖추고 있는지 확인해야 한다.

③ (나)는 의견이 대립하고 있는 상황을 다루고 있으므로 편파적으로 표현된 내용이 없는지 확인해야 한다.

④ (나)는 특정하기 어려운 인물의 말을 인용하고 있으므로 발언 의도가 주제에 부합하는지 확인해야 한다.

⑤ (가)와 (나)는 모두 출처를 밝히지 않은 통계 자료를 제시하고 있으므로 신뢰할 수 있는 정보인지 확인해야 한다.

[24004-0127]

02 (나)에 반영된 카드 뉴스 제작 계획으로 적절하지 않은 것은?

① 카드 1: (가)의 통계 자료에 담긴 동아리 홍보 전시회에 대한 신입생의 높은 참여율을 보여주기 위해 행사에 참여한 신입생의 비율을 명암을 활용한 사람의 이미지로 제시해야겠군.
② 카드 2: (가)의 설문 조사 결과에 담긴 동아리 홍보 전시회에 대한 학생들의 문제의식을 드러내기 위해 설문 결과를 대조적인 이미지로 시각화하여 제시해야겠군.
③ 카드 3: (가)의 학생 인터뷰 내용에 담긴 동아리 홍보 전시회의 만족도가 낮은 이유를 드러내기 위해, 동일한 이미지를 반복적으로 나열하여 제시해야겠군.
④ 카드 4: (가)의 내용 속에 담긴 문제의 원인을 부각하기 위해, 질문 문장의 글꼴과 답변 문장의 글꼴을 서로 다르게 하여 질문 내용이 강조되도록 제시해야겠군.
⑤ 카드 4: (가)의 학생회장 발화 속에 담긴 행사 지원 의지를 강조하기 위해, 학생회장이 주먹을 쥐고 말하는 이미지로 제시해야겠군.

[24004-0128]

03 **'카드 추가 이유'를 고려할 때, (나)에서 '카드 A' 또는 '카드 B'를 활용하는 방안으로 가장 적절한 것은?**

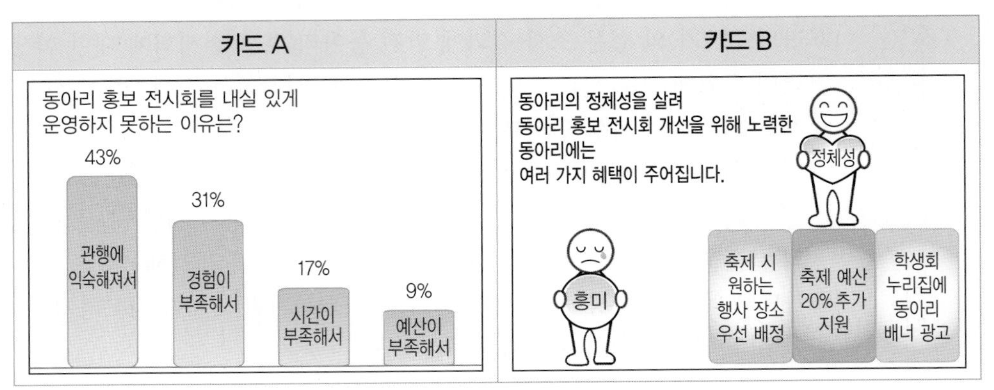

① (나)에서 동아리 홍보 전시회에 대한 신입생의 관심이 높은 이유는 언급하지 않았으므로 '카드 A'를 활용하여 그 이유를 보여 준다.

② (나)에서 동아리 홍보 전시회에 장애가 되는 요인들이 다양하다는 점을 밝혔으므로 '카드 A'를 활용하여 개선 방향을 다각적으로 보여 준다.

③ (나)에서 학생회가 동아리 활동 지원에 나서야 하는 이유를 제시하지 않았으므로 '카드 B'를 활용하여 학생회가 동아리를 지원해야 할 필요성을 보여 준다.

④ (나)에서 신입생을 유치하기 위한 각 동아리의 다양한 노력들을 제시하였으므로 '카드 B'를 활용하여 동아리의 열의가 구체적인 실천으로 이어지도록 유도한다.

⑤ (나)에서 동아리 홍보 전시회 개선을 위해 노력한 동아리에 대한 학생회의 구체적인 지원 방안을 제시하지 않았으므로 '카드 B'를 활용하여 동아리의 행사 개선 노력을 유도한다.

[04~05] (가)는 웹툰 동아리 학생들이 온라인 화상 회의에서 나눈 대화이고, (나)는 (가)의 회의를 바탕으로 제작한 웹툰이 실린 누리집의 일부이다. 물음에 답하시오.

가

지윤 ▶ '웹툰으로 전하는 마음'의 제작진 회의를 시작할게. 오늘 우리 동아리실이 공사를 하는 바람에 여기서 회의를 하려고 하는데 모두 괜찮지?

영서, 상규 ▶ 응. 좋아.

지윤 ▶ 지난달에 누리집에 올렸던 진로 체험 행사 관련 웹툰을 보고 독자들이 우리 동아리를 칭찬하는 댓글을 굉장히 많이 달았더라.

영서 ▶ 별점이 하나같이 높은 것을 보니 독자들이 모두 좋게 평가해 준 것 같아.

상규 ▶ 고생은 했지만 좋은 평가를 받으니 뿌듯해. 이번에도 좋은 주제를 선정해야 할 텐데, 어떤 주제가 좋을까?

지윤 ▶ '사연 게시판'에 이런 사연이 있더라. 내가 화면을 공유할 테니까 한번 읽어 봐 줄래?

> [화면 공유] '웹툰으로 전하는 마음'을 즐겨 보는 독자입니다. 다음 달에 정년 퇴임을 하시는 선생님에 대한 감사의 마음을 전하고 싶어 사연을 올려요. ○○○ 선생님은 힘들고 지친 친구들에게 언제나 큰 그늘이 되어 주셨던 분이어서 많은 학생들이 그분의 정년 퇴임을 아쉬워하고 있어요. 35년 동안 교단에서 한결같이 제자들을 위해 헌신하신 선생님의 정년 퇴임을 맞아 학생들이 드리는 감사의 마음을 웹툰으로 대신 전해 주세요.

영서 ▶ 나도 ○○○ 선생님을 정말 좋아했는데, 벌써 정년 퇴임을 하신다니 많이 아쉬워.

상규 ▶ 우리 학교에 1990년에 부임해서 35년이나 교직 생활을 하셨다니 정말 대단해. 아! 그러니까 선생님의 정년 퇴임 소식을 웹툰 주제로 선정하자는 거지?

지윤 ▶ 그래 맞아. 너희들 생각은 어때?

영서 ▶ 나는 찬성이야.

상규 ▶ 나도 찬성. 그럼 내용을 어떻게 구성할지부터 얘기해 볼까?

지윤 ▶ 선생님께서 교직에 몸담았던 기간을 숫자로 표현하면 어떨까?

영서 ▶ 선생님의 재직 기간을 보여 주는 것은 좋은데, 그 세월 동안 선생님의 사랑이 점점 커져 선생님 주변에 많은 학생이 모일 수 있게 된 것을 크게 자라난 나무로 표현하면 더 좋을 것 같아. 그리고 댓글 사연에 따르면 ○○○ 선생님께서 힘들고 지친 친구들에게 큰 그늘이 되어 주셨다고 했잖아. 그에 대해 학생들이 드리는 감사의 마음을 문구로 만들고 어울리는 그림과 함께 제시하면 좋겠어.

지윤 ▶ 좋아. 그런 의미가 함께 담길 수 있도록 해 보자. 그럼 마지막 장면은 어떻게 구성할까?

상규 ▶ 선생님과 여러 학생이 함께 있는 모습을 보여 주면 어때? 선생님께서 교정을 떠나시더라도 언제나 학생들과 한마음으로 연결되어 있다는 것을 인물들의 표정과 몸짓에서 잘 드러나도록 하면 좋겠어.

영서 ▶ 응. 그래도 학생들의 마음을 확실하게 전달하는 게 중요하니까 말풍선과 상징적인 이미지를 함께 활용해 보자. 그리고 선생님께서 평소에 나눔과 배려를 강조하셨으니까 이 내용도 싣도록 하자.

지윤 ▶ 좋아. 그리고 독자들도 선생님께 감사의 마음을 전달할 수 있으면 좋을 것 같은데.

상규 ▶ 우리 동아리 사연 게시판을 활용해 선생님께 하고 싶은 말을 올리도록 하고 우리가 그걸 모아서 선생님께 전달해 드리도록 하자.

지윤 ▶ 알았어. 지금까지 나온 의견을 반영해서 웹툰을 만들어 볼게. 그리고 웹툰 마지막에 선생님에 대한 감사의 마음을 전달할 수 있는 사연 게시판의 웹 주소 링크도 올릴게.

나

동아리 소식 | 웹툰으로 전하는 마음 | 사연 게시판

[다섯 번째]

선생님께 전하고 싶은 말을 대신 전달해 드립니다. (8월 25일까지)
아래를 클릭하면 '감사 전달 게시판'으로 이동합니다.
'http://www.▽▽▽.com/board_05'

[댓글] 공감 ♥ 184 ★★★★☆ 4.0

깔끔이: 선생님, 정년 퇴임 후에도 멋진 인생 사시길 항상 응원할게요. 감사합니다. 2024.07.22. 17:32

햇살고운: '감사 전달 게시판'으로 이동해서 글을 남기면 선생님께 어떻게 전달되나요? 2024.07.22. 17:39

↳ 웹투니: 저희가 '감사 전달 게시판'에 올라온 글들을 예쁜 편지지에 담아 선생님께 직접 전달할 예정입니다. 2024.07.22. 21:12

↳ 햇살고운: 아! 얼른 들어가서 감사의 마음을 전해야겠어요. 2024.07.23. 16:22

[24004-0129]

04 **(가), (나)에 대한 이해로 적절하지 않은 것은?**

① (가)는 회의 참여자들이 공간의 제약 없이 소통할 수 있음을 보여 준다.
② (가)는 회의 참여자가 자신의 화면을 전체 참여자와 공유할 수 있음을 보여 준다.
③ (가)는 회의 참여자가 웹툰의 독자와 실시간으로 의견을 교환할 수 있음을 보여 준다.
④ (나)는 웹툰의 독자가 하이퍼링크를 통해 다른 웹 게시판으로 이동할 수 있음을 보여 준다.
⑤ (나)는 웹툰의 독자가 웹툰을 보고 느낀 만족감을 수치로 환산되는 기호로 표시할 수 있음을 보여 준다.

[24004-0130]

05 **(가)의 웹툰 제작 계획을 (나)에 반영한 내용으로 적절하지 않은 것은?**

① 선생님이 교직에 몸담았던 기간을 드러내기 위해 선생님이 교직을 시작하고 마치는 연도를 선생님을 상징하는 나무의 이미지 속에 넣어 제시하였다.
② 35년 동안 선생님의 사랑이 더욱 커져서 더 많은 학생과 사랑을 나누게 되었음을 드러내기 위해 잎이 무성해진 나무와 그 나무 그늘에 모여서 쉬고 있는 학생들의 이미지를 제시하였다.
③ 선생님의 교육관을 드러내기 위해 선생님이 학생들에게 평소에 강조한 내용을 문구로 만들어 어울리는 그림과 함께 제시하였다.
④ 선생님과 학생 사이에 형성된 유대감을 드러내기 위해 학생들이 환한 표정으로 선생님의 품 안에 안겨 있는 모습을 제시하였다.
⑤ 선생님에 대한 학생들의 마음을 분명하게 드러내기 위해 말풍선을 활용하고 하트 이미지를 배경으로 제시하였다.

[01~03] (가)는 학생이 과제 수행을 위해 인터넷에서 열람한 지역 신문사의 웹 페이지 화면이고, (나)는 과제 수행을 위한 메모이다. 물음에 답하시오.

가

○○일보

≡ ○○일보 뉴스 기획 특집 오피니언 지역 뉴스 사람들 ◇◇뉴스 ○○일보TV 시민 편집 위원회 시민 기자

문화와 축제의 선순환을 통해 삶의 질을 높이는 현장, 지역 축제

– 한국 관광 공사, 지역 축제 빅 데이터 분석을 통해 향후 발전의 시사점 마련

이■■ 기자 2023.03.10. 06:50:30 등록 / 2023.03.11. 08:20:10 수정

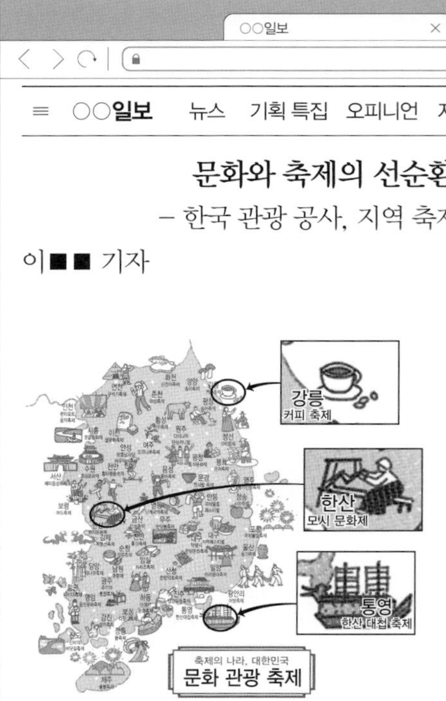

문화 체육 관광부와 한국 관광 공사는 '2022년 문화 관광 축제 빅 데이터 분석' 결과를 발표했다. 이 분석은 지역 축제에 대한 객관적이면서 지속적인 분석을 통해 축제의 트렌드를 진단하고 향후 지역 축제 개선 방향에 대한 시사점을 제공하고자 한 것이다.

지역 주민들의 화합과 결속을 다지는 주민 화합형 축제에서 비롯한 지역 축제는 2022년 944개, 2023년 1,129개로 비약적으로 증가하며 지역의 주요 사업으로 자리 잡았다. 1990년대 초중반까지는 주민 화합 한마당 성격의 행사가 대부분이었지만, 1990년대 후반 들어서 지역 이미지를 높이고, 관광객을 유치하기 위한 축제가 증가하였다. 지역 축제는 지역 경제에 도움이 되는 한편 지역민의 단합과 지역 문화의 발굴 및 체계화에 기여하는 등 지역 발전에서 큰 몫을 차지하게 되었다. 경복궁 별빛 야행, 대백제전 등의 전통 역사 유형, ▽▽ 청보리밭 축제, ◆◆ 나비 대축제 등의 생태 자연 유형, △△ 야생차 문화 축제, ☆☆ 옹기 축제 등의 특산물 유형 등으로 나눌 수 있는 지역 축제는 지역의 자연, 문화재, 음식, 인물, 예술, 특산품 등을 이용하여 다양한 프로그램을 운영하면서 해마다 축제를 찾는 방문객이 늘고 지역 사용 소비액이 크게 증가하고 있다.

2022년 21개 문화 관광 축제를 대상으로 분석 발표한 한국 관광 공사의 빅 데이터 분석에 따르면 해당 축제 지역의 축제 기간 카드 소비액이 다른 기간의 소비액과 비교해 크게 증가하였음이 드러났다. 이번 빅 데이터 분석은 주변 지역 관광과의 연계, 소비 유형에 따른 지역 경제 활성화 방안 등 지역 축제의 현황 및 지역 축제 발전을 위한 시사점을 마련한 것이라 볼 수 있다. 한국 관광 공사의 김◎◎ 지역 관광 콘텐츠 팀장은 "2023년에는 빅 데이터 분석을 문화 관광 축제

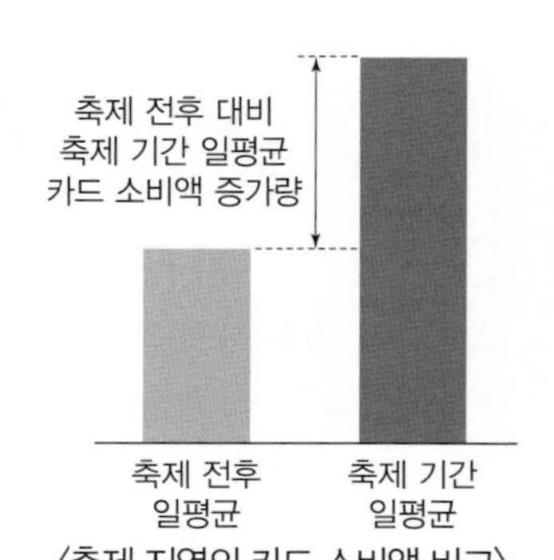

〈축제 지역의 카드 소비액 비교〉

전체로 확대하고 분석 모델 개선을 지속 추진할 예정이다."라고 하면서 지역 축제 발전에 보탬이 될 수 있도록 노력하겠다고 밝혔다.

좋아요	훈훈해요	슬퍼요	화나요	후속 기사 원해요
55	0	0	0	3

이 기자의 다른 기사

– 시립 미술관, 상설전 개막

– 물방개도 소똥구리의 운명을 닮다

[댓글]

존에살다: 지역 축제마다 상당한 질적 차이가 있더라고요. 한국 관광 공사의 이번 분석이 축제의 상향 평준화를 이루는 계기가 되었으면 좋겠네요.

꼭두쇠: 안성 바우덕이 축제 가 보세요. 풍물과 줄타기, 뮤지컬 등 다양한 문화 행사가 많아요~~. 지역 전통 음식도 맛보면서, 축제도 즐기고 지역도 살릴 수 있답니다~!

나

수행 과제: 지역 축제 참가를 권유하는 영상 제작하기

바탕 자료: '문화와 축제의 선순환을 통해 삶의 질을 높이는 현장, 지역 축제' 인터넷 기사와 댓글, 지역 축제 관련 인터뷰 취재 영상

영상 내용: 지역 축제의 의의를 부각하며 참가를 권유하는 영상

첫째 장면(#1): 기사의 제목을 영상 제목으로 활용할 것.

둘째 장면(#2): 기사에서 언급한 다양한 축제 현장과 함께, 지역 축제의 의의를 제시할 것.

셋째 장면(#3): 지역 축제에 참가한 방문객 인터뷰를 통해 현장감을 살릴 것.

넷째 장면(#4): 기사의 댓글 내용을 참고하여 지역 축제 참가의 의미를 제시할 것.

다섯째 장면(#5): 지역 축제 달력을 제시하면서 축제 참가를 권유하는 자막을 넣을 것.

[24004-0131]

01 **(가)를 통해 매체의 특성을 이해한 학생의 반응으로 가장 적절한 것은?**

① 기사의 등록 시간과 수정 시간이 명시되어 있어, 기사의 수정 여부를 확인할 수 있겠군.
② 후속 기사에 대한 수용자들의 요구를 확인할 수 있어, 기사의 공정성 여부를 판단할 수 있겠군.
③ 기사에 대한 수용자들의 선호를 확인할 수 있어, 기사에 제시된 정보의 신뢰도를 검증할 수 있겠군.
④ 같은 기자가 작성한 다른 기사를 열람할 수 있어, 제시된 정보와 관련한 심화 정보를 얻을 수 있겠군.
⑤ 기사가 문자, 그림 등 복합 양식으로 구성되어 있어, 시각과 청각을 결합하여 기사 내용을 이해할 수 있겠군.

[24004-0132]

02 **(가)를 이해한 내용으로 적절하지 <u>않은</u> 것은?**

① 지역 축제의 변화 양상과 관련된 정보를 분석하여 지역 축제의 발전 현황을 보도하고 있다.
② 구체적인 지역 축제들을 예로 들어 지역 축제의 유형 및 프로그램이 다양함을 제시하고 있다.
③ 기사와 관련된 담당자의 인터뷰를 인용하여 지역 축제의 문제점과 해결 방안에 대한 전문가의 설명을 추가하고 있다.
④ 문화 관광 축제가 표시된 그림지도를 사용하여 지역 축제가 전국적으로 운영되고 있음을 한눈에 알아볼 수 있게 하고 있다.
⑤ 축제 전후와 축제 기간의 일평균 카드 소비액을 대비한 그래프를 제시하여 지역 축제가 지역 경제에 도움이 되고 있음을 시각적 이미지로 나타내고 있다.

[24004-0133]

03 (나)의 메모를 반영한 영상 제작 계획으로 적절하지 않은 것은?

	영상 제작 계획	
	장면 스케치	장면 구성
①	문화와 축제의 선순환을 통해 삶의 질을 높이는 현장, 지역 축제	#1 문화 관광 축제 지도 위에 기사의 제목을 활용한 영상 제목이 나타나도록 도입 장면 구성.
②	문화와 자연, 사람이 어울리는 축제의 현장 / 문화와 자연, 사람이 어울리는 축제의 현장 / 문화와 자연, 사람이 어울리는 축제의 현장	#2 경복궁 별빛 야행, ◆◆ 나비 대축제, △△ 야생차 문화 축제의 현장을 이어서 제시하면서 '문화와 자연, 사람이 어울리는 축제의 현장'이라는 자막 구성.
③		#3 지역 축제에서 만난 방문객과의 인터뷰 화면을 제시하여 생생하고 현장감 있는 지역 축제 현장의 장면 구성.
④	축제가 살면 지역과 사람이 함께 삽니다.	#4 안성 바우덕이 축제의 풍물 공연을 보여 주면서, '축제가 살면 지역과 사람이 함께 삽니다.'라는 자막 구성.
⑤	대한민국 구석구석 / 문화체육관광부 / 여행도우미 / 나만의 지역 축제 일정표를 만들어 보는 것은 어떨까요?	#5 지역 축제 관련 정보를 알 수 있는 여러 사이트를 하나씩 추가로 나타나게 하여 다양한 정보를 시각적으로 제공하면서, '나만의 지역 축제 일정표를 만들어 보는 것은 어떨까요?'라는 자막 구성.

[04~05] (가)는 텔레비전 방송 뉴스이고, (나)는 잡지에 실린 인쇄 광고이다. 물음에 답하시오.

가

[장면 1]

진행자: 건강 기능 식품, 집에 모두들 하나 이상은 가지고 있으실 것 같은데요, 쇼핑계의 선두 주자로 거듭나고 있는 건강 기능 식품에 대해 최○○ 기자가 전해 드립니다.

[장면 2]

최 기자: 감염병 유행 사태가 맹위를 떨친 2020년에서 2022년 사이 우리나라의 건강 기능 식품 시장 규모는 4조 8,900억 원에서 6조 1,400억 원으로 성장했습니다. 이 중 건강 기능 식품 '4대 천왕'인 홍삼, 비타민, 프로바이오틱스, 오메가3 지방산이 전체 시장의 58%를 장악하고 있고 그 뒤를 체지방 감소 기능 식품과 단백질 보충제가 잇고 있습니다. 그런데 이런 건강 기능 식품 열풍이 노년 및 장년층뿐 아니라 20대에도 불고 있다고 합니다.

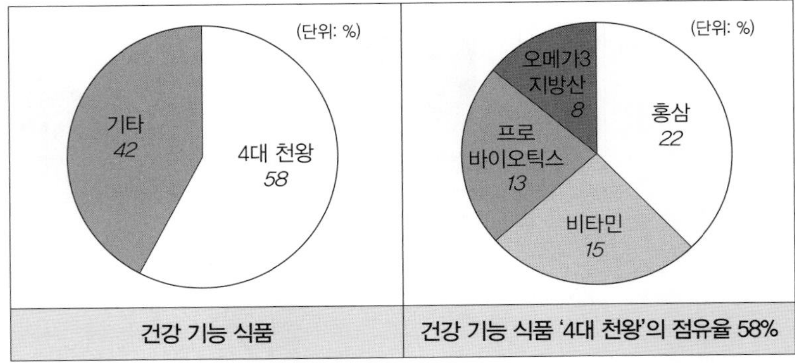

[장면 3]

김△△(21세): 감염병 유행 상황을 겪으면서 건강에 대한 염려와 걱정이 생겼어요. 예전에는 손도 대지 않았던 건강 기능 식품이지만 지금은 유산균, 비타민 등을 챙겨 먹고 있습니다.

[장면 4]

최 기자: 감염병 유행 이전과 대비하여 최근 20대 여성과 30대 여성의 건강 기능 식품 소비는 각각 238%, 137%, 20대 남성과 30대 남성도 각각 132%, 105% 늘었습니다. 이제 건강 기능 식품은 장년이나 노년의 전유물이 아닙니다. 그렇다면 브랜드도, 종류도 다양한 건강 기능 식품을 어떻게 선택해야 할까요? 또 건강식품과는 어떤 차이가 있을까요?

[장면 5]

최 기자: 건강 기능 식품은 건강을 유지하는 데 도움을 주는 식품입니다. 식품 의약품 안전처는 동물 시험, 인체 적용 시험 등 과학적 근거를 평가하여 기능성 원료를 인정하고 있으며, 건강 기능 식품은 이런 기능성 원료를 가지고 만든 제품을 말합니다. 비타민, 무기질, 식이 섬유, 인삼 추출물 등이 기능성 원료에 속합니다. 반면 건강식품은 과학적으로 기능성이 검증되지 않았을뿐더러, 적정 섭취량도 정해진 것이 없는, 말 그대로 그냥 식품입니다. 그렇지만 광고 문구만 보아서는 건강 기능 식품과 건강식품을 구분하는 것은 쉽지 않습니다. 건강 기능 식품과 건강식품을 구분하기 위해서는 제품에 건강 기능 식품 문구 혹은 인정 마크가 있는지 확인해야 합니다. 한편 자신에게 필요한 건강 기능 식품을 선택할 때에는 효능이나 효과를 지나치게 강조하는 제품 체험기나 후기 등은 허위 · 과대광고일 가능성이 높으니 의심해 보는 게 좋습니다. 건강 기능 식품은 의약품이 아니므로 특정 질병이나 질환을 치료한다고 광고하는 제품은 거르고, 함유된 기능성 원료에 대한 정보를 자세히 확인해야 합니다.

[장면 6]

최 기자: 건강 기능 식품은 질병을 직접 치료하거나 예방하는 것이 아닙니다. 인체의 정상적인 기능을 유지하거나 생리 기능 활성화를 도와주는 식품인 건강 기능 식품을 과신하는 것은 주의해야 할 것입니다. □□ 뉴스 최○○입니다.

나

섭취 2주 만에 몸이 가벼워진 것을 느낄 수 있습니다.

한 달 후면 주위에서 알아볼 정도로 윗배, 아랫배, 등, 옆구리의 사이즈 변화를 경험할 수 있습니다.

체내 지방 세포를 분해 · 배출하며 체중 감량 이후 다시 살이 찌는 요요 현상은 절대 없습니다.

혈관을 청소해 주며, 노폐물과 독소를 배출해 주기 때문에 혈액 순환이 좋아집니다.

울퉁불퉁한 몸매를 걱정하는 모든 분에게 **기적** 같은 선물이 될 것입니다.

[24004-0134]

04 **(가), (나)에 대한 설명으로 가장 적절한 것은?**

정보 구성의 주체	• (가)는 식품 의약품 안전처라는 국가 기관의 발표를 제시하고 있다는 점에서, 해당 분야의 전문가 집단이 뉴스의 정보를 주체적으로 구성하고 있음을 알 수 있다. … ① • (나)는 정보 수용자의 구체적인 고민과 상황을 제공한다는 점에서, 수용자들이 정보 구성의 주체임을 알 수 있다. ……… ②
정보의 성격	• (가)는 건강 기능 식품에 대한 관심이 큰 시기에 수용자들에게 필요한 정보를 제공한다는 점에서, 시의성 있는 정보로 구성되어 있음을 알 수 있다. ……… ③ • (나)는 수용자의 유형을 구분하여 차별화된 정보를 제공한다는 점에서, 정보 수용자의 특성을 고려한 정보로 구성되어 있음을 알 수 있다. ……… ④
정보의 양과 질	• (가)는 건강 기능 식품과 건강식품을 구분하는 다양한 방법을 소비자와의 인터뷰 영상을 통해 보여 준다는 점에서, (나)에 비해 신뢰성 있는 정보를 전달하고 있음을 알 수 있다. ……… ⑤

[24004-0135]

05 **(가)를 본 학생이 (나)를 활용하여 다음의 학습 활동을 수행한 결과로 적절하지 않은 것은?**

[학습 활동] 이미지, 문구 등을 활용한 표현 방법을 중심으로 두 개의 광고 비교하기

[자료]

약은 아닙니다. 그래서 질병을 치료하지는 않습니다.

그렇지만 건강한 삶을 위한 동반자로, 인체의 정상적 기능 유지 및 생리 기능 활성화에 도움을 줍니다.

자연에서 찾은 순수한 원료로 만듭니다. 건강 기능 식품 인정 마크, 꼭 확인하세요.

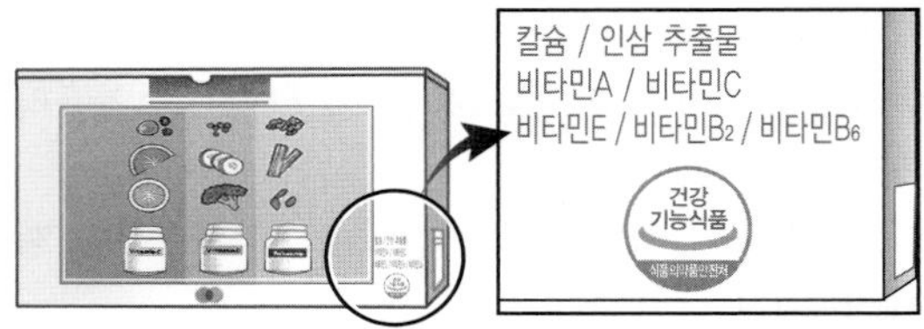

① (나)와 '자료' 모두 핵심 용어의 개념을 정의하면서 제품의 장점을 부각하고 있다.

② (나)와 '자료' 모두 제품을 비유적으로 표현한 단어를 통해 제품의 가치를 강조하고 있다.

③ '자료'는 그림 이미지 및 특정 용어를 보여 줌으로써 제품에 함유된 자연 원료 및 기능성 원료를 제시하고 있다.

④ (나)는 섭취 전후의 모습을 대비시킨 이미지를, '자료'는 건강 기능 식품 인정 마크를 제시하면서 제품을 광고하고 있다.

⑤ (나)는 제품의 긍정적인 효과를 열거하는 방식으로, '자료'는 건강 기능 식품의 특성을 다른 대상과 대조하는 방식으로 드러내고 있다.

매체

정답과 해설 34쪽

[01~03] 다음은 음악가를 인터뷰한 텔레비전 방송의 일부이다. 물음에 답하시오.

[장면 1]

(화면에 촬영 스튜디오가 배경으로 보이며, '텔레비전으로 만나는 문화 예술'이라는 프로그램명이 화면 하단에 자막으로 나타난다. 배경 음악이 흐른다.)

진행자: 시청자 여러분, 안녕하십니까? 이번 시간에는 최근 ○○ 국제 콩쿠르에서 우승을 한 피아니스트 박△△ 님을 모시고 이야기를 들어 보겠습니다. 박△△ 연주자님, 정말 반갑습니다.

[장면 2]

(연주자의 이름이 화면 하단에 자막으로 나타난다.)

연주자: 안녕하세요? 피아니스트 박△△입니다. 이렇게 시청자 여러분과 만나는 것은 처음인데요, 좀 떨리네요.

[장면 3]

진행자: 네, 연주회 실황으로 방송을 통해 만나 뵌 적은 있지만 인터뷰 자리를 통해 시청자 여러분께 인사를 드리는 것은 처음이신 것 같네요. 이렇게 귀한 시간을 내어 주셔서 감사드리고요, 편하게 말씀하시면 됩니다.

연주자: 네. 감사합니다.

진행자: 이번 ○○ 국제 콩쿠르에 대한 관심이 뜨거운데요, ○○ 국제 콩쿠르에서 최초로 한국의 피아니스트가 1위를 차지한 것도 주목받는 이유이기도 하지만, 박△△ 님의 연주가 워낙 뛰어나서 우승 결과가 나오기 전부터 연주 실황에 대한 관심이 높았습니다. ㉠ <u>대회 결선 실황 무대를 담은 라흐마니노프 피아노 협주곡 영상은 7일 현재 조회 수 약 550만 회를 기록 중이라고 하는데요, 정말 뜨거운 관심입니다.</u> 우승을 예감하셨는지요?

연주자: 아닙니다. 우승이나 결과를 염두에 두고 연주하지는 않았고요, 그동안 연습한 내용을 충실하게 보여 드릴 수 있으면 좋겠다는 마음으로 연주에 집중하려고 했습니다.

진행자: 그렇군요. ㉡ <u>지금 연습에 대한 말씀을 해 주셨는데요, 박△△ 님은 연습 벌레라는 이야기를 들은 적이 있습니다.</u>

연주자: 네. 곡에 대한 저만의 해석이 충분히 드러날 수 있도록 스스로 만족할 때까지 계속 연습하는 편입니다. 그러다 보면 새벽까지 연습이 이어지는 경우도 있고요. ㉢ <u>스승님께 피아노를 배울 때, 틀리지 않고 완벽하게 연주했다고 칭찬받은 적은 없었는데요, 나만의 음악으로 해석하여 연주한 날에는 스승님께서 칭찬을 많이 해 주셨습니다.</u>

진행자: 네. 스승님이신 피아니스트 이◇◇ 님의 지도 방법도 요즘 함께 주목을 받고 있는데요, 인문 교육을 강조하신 걸로 알려져 있습니다. 어떤 책을 특히 많이 보셨나요?

연주자: 스승님은 반쪽짜리 음악가, 손만 돌아가는 기계가 되지 않도록 노력해야 한다고 말씀하셨는데요, 고전을 포함해서 독서 리스트를 만들어 주시기도 하셨습니다. ㉣ <u>괴테의 『파우스트』, 단테의 『신곡』 등</u>

은 최근까지도 즐겨 읽는 작품인데요. 이러한 고전에 대한 이해가 리스트의 「단테 소나타」와 같은 곡을 연주하는 데에도 도움이 되었던 것 같습니다.

진행자: 정말 대단하다는 생각이 듭니다. 연주 준비를 하시기도 바쁜 시간에 인문학에 대한 이해를 높이기 위해 책도 함께 읽으시고요. 그래서 피아니스트 박△△ 님의 연주를 들으면 눈물이 날 정도로 빠져들게 되고, 연주에 깊이가 느껴진다는 말씀을 많이 하시는 것 같습니다. ⓜ그럼 여기서 잠깐, 대회 결선 실황 중 라흐마니노프 피아노 협주곡 3번을 들어 보실까요?

[장면 4]
(라흐마니노프의 피아노 협주곡 중 3번 결선 실황 영상이 나온다.)

[장면 5]
진행자: 연주에 압도된다는 말이 무슨 말인지 이해가 되는 연주인 것 같습니다. 지금 시청자 게시판의 반응도 뜨거운데요, 실시간 댓글을 살펴본 후에 이야기를 계속 나눠 보죠.

[댓글 1] 정말 좋네요. 힘이 느껴집니다. 평소에 좋아하시는 작곡가나 연주곡이 있을까요?
[댓글 2] 연주를 직접 보고 싶습니다. 연주회 계획은 없으신지요?
[댓글 3] ○○ 국제 콩쿠르 준결승에서 리스트의 곡을 연주한 것도 듣고 싶어요.

[장면 6]
진행자: 올라온 댓글을 보니 시청자 여러분의 많은 관심이 느껴집니다. 댓글의 내용을 살펴보니 이 질문을 드려야 할 것 같은데요. 연주회를 기다리시는 분들이 많이 계십니다. 연주회 계획은 따로 없으신지요?

연주자: 네. 지금은 바흐의 여러 작품을 탐구하고 있는데요, 내년 봄 즈음에 연주회로 찾아뵐 수 있을 것 같습니다.

진행자: 그렇군요. 내년 봄 바흐와 함께할 연주회가 정말 기대됩니다. 그럼 앞으로 더 많은 연주로 음악 애호가의 귀를 즐겁게 해 주시길 바랍니다. 귀한 시간 허락해 주셔서 감사합니다.

연주자: 초대해 주셔서 저도 즐거웠습니다. 그럼 연주회장에서 여러분께 다시 인사드릴 수 있기를 바랍니다. 감사합니다.

[24004-0136]

01 **다음은 위 텔레비전 인터뷰를 준비하기 위한 방송 연출 계획이다. 텔레비전 인터뷰에 반영되지 않은 것은?**

장면	방송 연출 계획
1	방송 처음 화면에 프로그램명 자막을 제시하고 배경 음악을 삽입한다. ······ ⓐ
2	연주자를 소개할 때 시청자가 이름을 확인할 수 있도록 이름을 자막으로 제시한다. ······ ⓑ
3	시청자의 이해를 돕기 위해 인문학책을 사진으로 제시한다. ······ ⓒ
4	연주곡을 시청자에게 들려주기 위해 연주 실황 영상을 제시한다. ······ ⓓ
5, 6	인터뷰 내용에 대해 시청자와 소통할 수 있도록 시청자 게시판의 실시간 댓글 질문을 살펴본 후, 진행자가 댓글과 관련된 질문을 제시한다. ······ ⓔ

① ⓐ ② ⓑ ③ ⓒ ④ ⓓ ⑤ ⓔ

[24004-0137]

02 **시청자를 대상으로 한 텔레비전 인터뷰임을 고려하여 ㉠~㉤을 이해한 내용으로 적절하지 않은 것은?**

① ㉠: 대략적인 수치를 활용하여 결선 영상에 대한 대중의 높은 관심을 보여 줌으로써 시청자의 흥미를 불러일으키고 있다.

② ㉡: 비유적 표현을 활용하여 연주자의 연습량이 많다는 정보를 시청자가 이해하기 쉽게 전달하고 있다.

③ ㉢: 스승과의 일화를 활용하여 스승이 지향하는 음악의 방향이 무엇인지를 시청자에게 설명하고 있다.

④ ㉣: 책을 읽은 사례를 제시하여 피아노 연주의 어려움을 시청자에게 강조하고 있다.

⑤ ㉤: 의문형 문장으로 대화의 화제를 전환하여 시청자에게 연주 영상을 제시하고자 한다.

[24004-0138]

03 **〈보기〉는 위 텔레비전 인터뷰를 시청한 후, 학생들이 휴대 전화 메신저로 나눈 대화이다. 대화를 이해한 내용으로 적절하지 않은 것은?**

보기

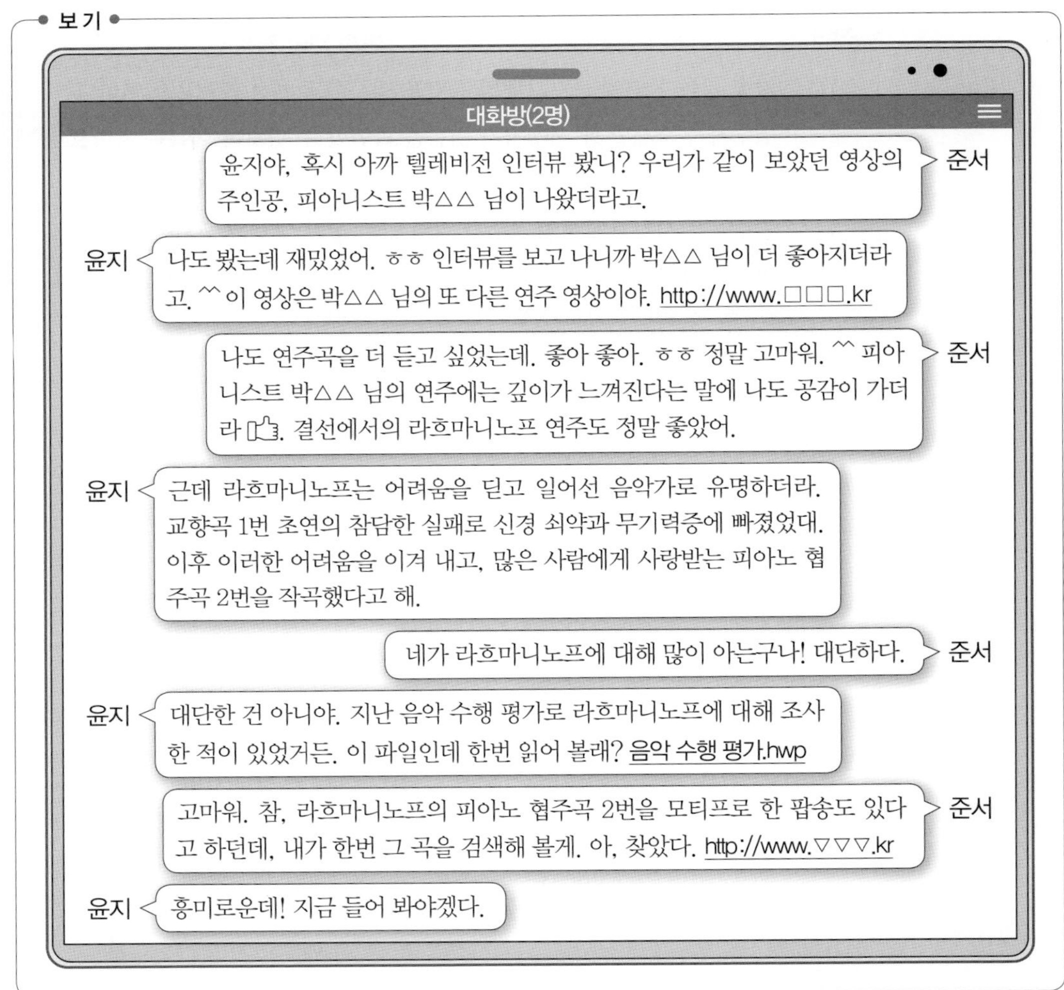

① 인터넷 기사를 공유하여, 라흐마니노프의 삶에 대한 정보를 제공하였다.
② 대화 중 인터넷 매체를 활용하여, 라흐마니노프의 음악을 모티프로 한 곡을 찾아 공유하였다.
③ 한글의 특정한 자음자를 활용하여, 텔레비전 인터뷰를 본 것에 대한 자신의 감정을 표현하였다.
④ 이모티콘을 활용하여, 텔레비전 인터뷰에서 소개된 연주의 특징에 대해 공감하였음을 표현하였다.
⑤ 하이퍼링크를 이용하여, 텔레비전 인터뷰의 대상자와 관련된 추가 정보를 다른 참여자에게 제공하였다.

[04~05] 다음은 인터넷 광고에 대한 수업의 일부이다. 물음에 답하시오.

가

선생님: 오늘은 인터넷 광고에 대해 배워 볼게요. 광고는 제품을 판매하기 위한 상업적 목적이 있으므로, 과장된 내용이나 허위 사실은 없는지, 신뢰할 만한 정보인지 등을 살펴볼 필요가 있어요. 특히 인터넷 광고는 인터넷이라는 매체의 특성 때문에 시·공간적 제약으로부터 자유로우며, 소비자가 광고의 내용을 빠르고 쉽게 파악하여 물건을 구매할 수 있도록 하기 위한 장치들이 있다는 특징을 보입니다. 다음은 인터넷 서점의 책 광고입니다. 잘 살펴보고 인터넷 광고의 특징을 확인해 볼까요?

나 자료

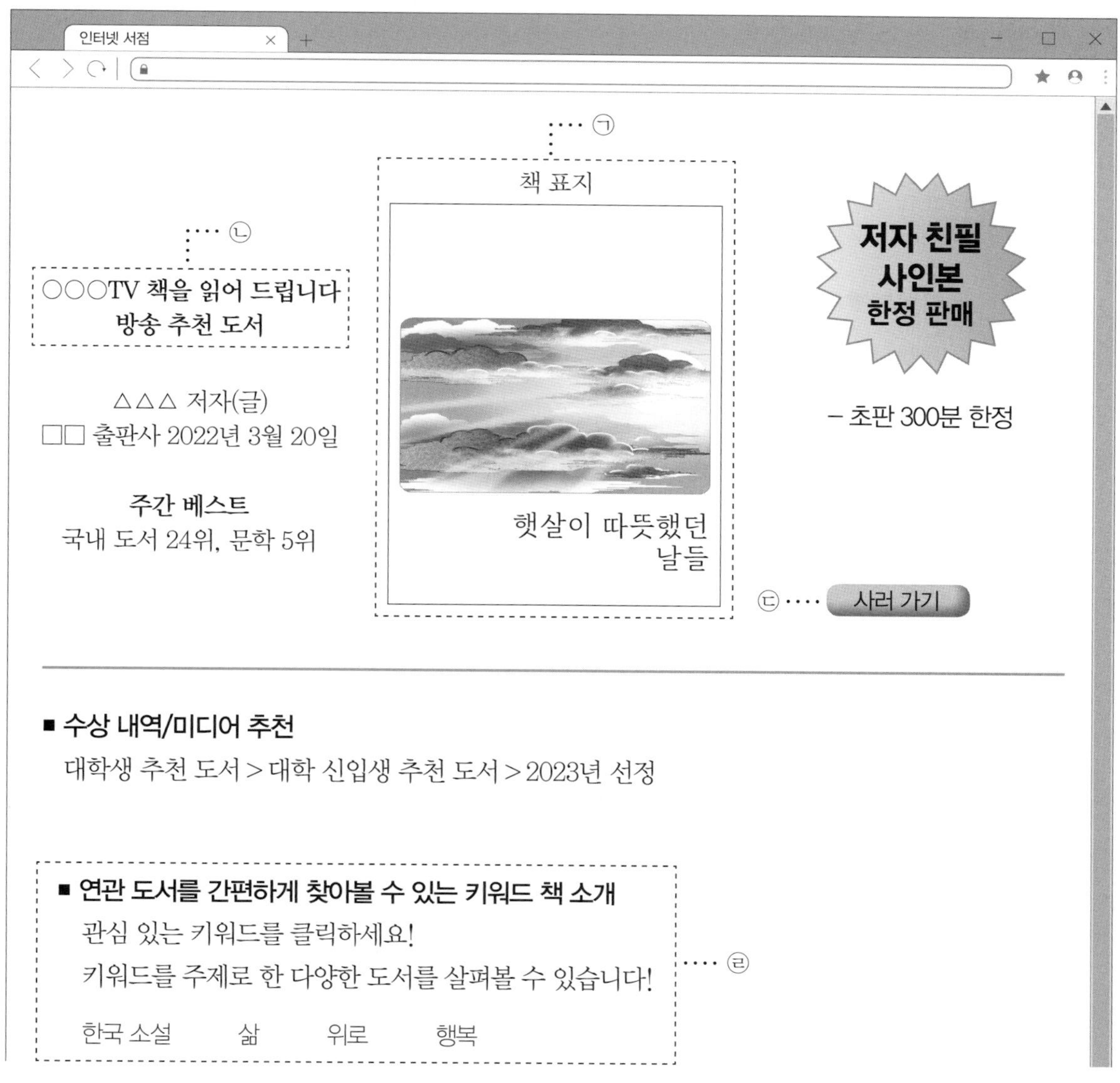

■ 목차

봄꽃의 향연
여름의 바람
가을의 노래
겨울의 여유

■ 출판사 서평

힘들게 살아 낸 오늘을 위로하는 책

정체불명의 방문객으로부터 시작된 웃음과 감동의 하모니

낯선 사람들을 품어 주는 주인공의 열린 마음은, 삶은 관계이자 소통이며 행복은 멀리 있는 것이 아니라 내 옆의 사람들과 마음을 나누는 데 있다는 것을 보여 준다.

■ 책에 대한 뜨거운 기대와 반응, 리뷰가 증명합니다!

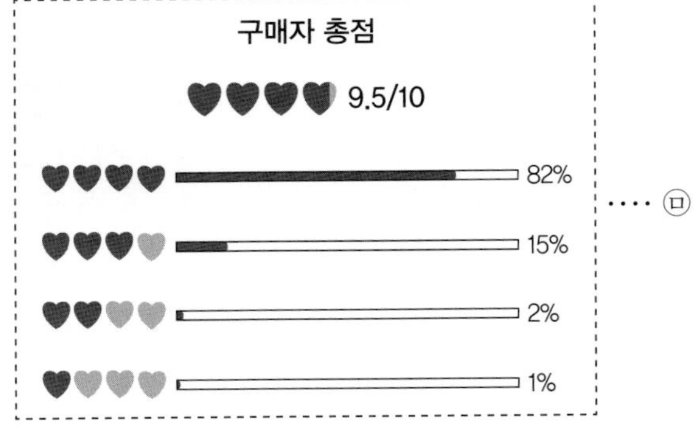

구매자 dr*****

△△△ 작가의 모든 작품을 좋아합니다. 이 책도 오늘부터 읽을 거예요.

구매자 on*****

재밌어서 금방 읽었어요. 입시로 힘든 고등학생들에게도 추천해 주고 싶네요.

[24004-0139]

04 **(가)를 바탕으로 (나)를 이해한 내용으로 가장 적절한 것은?**

① 리뷰 작성자의 소속과 실명을 밝혀 전문성을 드러내고 있으므로, 평가 내용을 신뢰할 수 있겠어.

② 소비자의 구매를 고려하지 않은 책 소개로만 구성되어 있으므로, 책에 대한 정보를 얻기 위해 꼼꼼히 살펴봐야겠어.

③ 출판사 서평에서는 책의 장점만 드러나 있지만 광고는 상업적 목적이 있으므로, 과장된 부분은 없는지 살펴봐야겠어.

④ 책의 목차, 작가 정보뿐 아니라 책의 일부 페이지도 확인할 수 있으므로, 해당 정보를 파악한 후에 구매 여부를 결정해야겠어.

⑤ 책을 직접 읽은 독자의 리뷰로만 구성되므로, 리뷰의 수가 많고 구매자 총점이 높은 책을 구매하려는 경향을 불러일으킬 수 있겠어.

[24004-0140]

05 **매체의 특성을 고려할 때, ㉠~㉤에 대한 반응으로 적절하지 않은 것은?**

① ㉠은 책의 전체 디자인 중 표지를 보여 주는 것으로, 책의 실물을 직접 볼 수 없는 인터넷 광고에서는 실물을 대신하여 책의 디자인을 보여 주는 기능을 하겠군.

② ㉡은 방송에 추천 도서로 소개되었음을 밝혀 책을 홍보하는 것으로, 인터넷 광고에서는 물론 다른 매체의 책 광고에서도 활용될 수 있겠군.

③ ㉢은 광고하고 있는 책을 구매할 수 있게 해 주는 것으로, 광고를 통해 자극된 구매 욕구를 즉각적인 구매 행위로 연결할 수 있는 장치가 되겠군.

④ ㉣은 간단한 어휘 목록을 통해 연관된 책에 대한 관심을 유도하는 것으로, 해당 광고를 접한 소비자의 관심을 확장할 수 있는 계기가 되겠군.

⑤ ㉤은 리뷰에 포함된 구매자 총점을 시각적으로 구성한 것으로, 책에 대한 구매자의 반응을 확인할 수 있게 함으로써 인터넷 광고가 지닌 시·공간적 제약을 극복하게 해 주겠군.

[01~03] (가)는 생태 답사 동아리의 온라인 화상 회의이고, (나)는 (가)를 바탕으로 만든 답사 영상 제작 계획이다. 물음에 답하시오.

가

학생 1 ▶ 화상 회의의 링크 접속이 어려울까 봐 걱정했는데, 모두 늦지 않게 회의에 접속해 줘서 고마워. 순천만 생태 답사에 대해 함께 이야기해야 하는데, 이번에는 답사 영상을 제작해 보기로 했었지? [A]

학생 2 ▶ 응. 처음 만드는 답사 영상이라 힘들 수도 있겠지만, 영상을 제작해 놓으면 나중에 답사의 생생한 장면들을 다시 떠올릴 수 있을 거야.

학생 3 ▶ 나도 그렇게 생각해. 동아리 발표회에서 답사 영상을 상영하면 답사 보고서를 발표하는 것보다 친구들의 반응이 좋을 것 같아.

학생 1 ▶ 좋아. 그럼, 영상 제작 계획에 대해 먼저 의논해 보자.

학생 3 ▶ 영상의 첫 장면은 순천만의 전경으로 구성해 보면 어떨까? 생태계가 잘 보존되어 있는 순천만의 아름다운 모습을 보여 주면 친구들도 생태를 보호해야 한다는 생각을 할 것 같아.

학생 1 ▶ 좋은 생각이다. 순천만의 사계절을 차례로 보여 주면 어떨까? 계절에 어울리는 배경 음악도 삽입해서 말이야.

[B]

학생 2 ▶ 그래. 순천만의 사계절 영상이나 사진은 순천만을 소개하는 누리집에서 한번 찾아보자. 내가 채팅 창에 누리집의 링크 주소를 보내 줄게.

채팅	https://www.○○○.go.kr

학생 3 ▶ 응. 고마워. 여기서 멋있는 순천만의 전경을 골라 보기로 하자. 그리고 배경 음악은 비발디의 「사계」로 하면 어떨까? 「사계」의 일부를 편집해서 사계절에 따라 배경 음악을 바꿔 가면서 말이야.

학생 2 ▶ 그래. 좋은 생각이야. 비발디의 「사계」 음악 파일을 같이 찾아보면 좋겠다. 첫 장면 이후에는 답사에서 촬영한 여러 장소를 답사 일정에 따라 영상을 촬영한 순서대로 소개하자. 답사 일정에 따르면 제일 먼저 자연 생태관을 답사하고, 그 후에 람사르 길을 가기로 했었지?

학생 1 ▶ 맞아. 다음에는 순천만의 갯벌과 습지, 갈대 군락 지역 등을 직접 걸어 보면서 자연 생태를 관찰하기로 했어. 농게, 조개, 망둥이 등 다양한 갯벌 생물을 보게 되면, 근접 촬영을 해서 생생하게 화면에 담아내면 좋겠어.

학생 3 ▶ 응. 근데 영상에 적절한 자막이나 내레이션을 넣는 것도 필요할 것 같아. 예를 들어, 자연 생태관을 소개하는 장면에서, 순천만은 생물 다양성이 풍부한 생물종의 보고이며 연구할 가치가 있는 중요한 지역이라는 점을 내레이션으로 제시하면 좋겠어.

학생 2 ▶ 그리고 그 장면에서 순천만에는 약 110종의 식물들이 서식하고 있다는 것도 내레이션에 추가하면 어떨까?

학생 1 ▶ 좋은 생각이야. 그리고 순천만의 자연 생태를 관찰하면서 넓게 펼쳐진 갈대 군락을 보여 줄 때는 천연기념물인 흑두루미에 대한 영상과 함께, 조류의 월동 및 서식지로서 갈대 군락의 가치를 내레이션으로 제시하면 좋을 것 같아. 갈대 군락은 검은머리갈매기, 황새 등 국제적 희귀 조류와 한국 조류 220여 종의 월동 및 서식지가 되고 있다는 점을 내레이션으로 구성하는 거지. 여기 찾아보니까 흑두루미에 대해 자세하게 소개한 자료가 있네. 잠깐 내가 화면을 공유해서 보여 줄까?

채팅	학생 1 님이 화면을 공유하였습니다.

학생 3 ▶ 응. 고마워.

학생 1 ▶ 공유한 자료를 보면 순천만이 우리나라의 대표적인 흑두루미 서식지라고 되어 있어. 이런 내용도 자막으로 추가하자. 참, 그리고 람사르 길에 대한 영상에서는 내레이션으로 람사르 협약을 간단하게 소개하면 좋을 것 같은데. [C]

학생 2 ▶ 좋아. 내가 1학기 수행 평가에서 람사르 협약에 대해 조사한 내용이 있는데, 채팅 창으로 파일을 보내 볼게.

채팅	수행 평가_람사르 협약.hwp

방금 올린 파일을 열어 보면 첫 페이지에 람사르 협약의 정식 명칭은 '물새 서식처로서 국제적으로 중요한 습지에 관한 협약'이라고 되어 있어. 1971년에 이란의 람사르(Ramsar)에서 체결되었기 때문에 람사르 협약이라 부르는데, 일명 습지 협약이라고도 해. 람사르 협약은 습지 보전의 필요성에 대한 인식에서부터 시작되었다고 할 수 있지.

학생 3 ▶ 와! 자료를 보니까 람사르 협약에 대해 정리가 잘되어 있네. 순천만은 2006년 강이나 호수, 바다 주변에 형성된 습지인 연안 습지 최초로 람사르 협약에 등록되었구나.

학생 2 ▶ 순천만에 대해 친구들에게 소개하고 싶은 내용이 정말 많다. 영상의 마지막 장면에는 자막으로 답사에 참여한 동아리 친구들의 이름을 넣어 보면 어떨까?

학생 1 ▶ 좋은 생각이야. 그럼, 회의 내용을 반영해서 영상 제작 계획을 만들어 볼게. 다음 회의에서 제작 계획에 회의 내용이 잘 반영되었는지 이야기해 보자.

나 답사 영상 제작 계획

장면	화면 구성		자막, 내레이션, 배경 음악, 촬영 방법
1	순천만의 사계절 전경		㉠
2	자연 생태관		㉡
3	람사르 길		㉢
4	순천만 자연 생태 관찰	갯벌 생물	㉣
		갈대 군락	㉤
5	답사 마무리 인사		동아리원의 이름을 자막으로 제시

[24004-0141]

01 (가)에서 답사 영상 제작을 계획하면서 고려한 사항에 해당하는 것은?

① 답사 영상 촬영의 담당자
② 답사 영상 촬영 후의 편집 일정
③ 답사 영상에 어울릴 만한 자막의 형태
④ 답사 영상에서 여러 장소를 소개하는 순서
⑤ 답사 영상에 삽입할 동아리원의 소감 소개 영상

[24004-0142]

02 [A], [B], [C]에 대한 설명으로 적절하지 않은 것은?

① [A]에서 '학생 1'은 회의 참석자가 회의에 모두 접속한 것을 확인한 후 논의할 내용을 언급하고 있다.
② [B]에서 '학생 2'는 하이퍼링크를 이용하여 필요한 내용을 공유하고 있다.
③ [B]에서 '학생 3'은 음악 파일을 활용하여 '학생 2'의 의견에 문제점을 지적하며 새로운 의견을 제안하고 있다.
④ [C]에서 '학생 1'은 자신이 가지고 있는 자료를 화면으로 공유하여 회의 참석자에게 설명하고 있다.
⑤ [C]에서 '학생 2'는 첨부 파일을 활용하여 자신이 소개하고자 하는 내용을 제공하고 있다.

[24004-0143]

03 (가)를 바탕으로 할 때, 동아리 학생들이 (나)의 ㉠~㉤에 들어갈 내용에 대해 떠올린 생각으로 적절하지 않은 것은?

① ㉠: 사계절에 따라 비발디의 「사계」를 배경 음악으로 활용해야겠군.
② ㉡: 순천만이 생물종의 보고이며 연구할 가치가 있는 중요한 지역임을 밝히는 내레이션을 제시해야겠군.
③ ㉢: 순천만에는 약 110종의 식물들이 서식하고 있다는 내레이션을 제시해야겠군.
④ ㉣: 근접 촬영 방법으로 대상을 생생하게 담아내야겠군.
⑤ ㉤: 흑두루미에 대한 영상과 함께 조류의 월동 및 서식지로서의 가치를 내레이션으로 제시해야겠군.

[04~05] 다음은 텔레비전 뉴스 보도 중 일부이다. 물음에 답하시오.

[장면 1]

앵커: 내일은 밤하늘을 꼭 한번 보시기 바랍니다. 밤하늘의 우주 쇼, 개기 월식이 펼쳐질 예정인데요, 이번 개기 월식은 특별합니다. 35년 만에 '슈퍼 문'과 '블루 문', '블러드 문'의 세 가지 천문 현상이 동시에 나타나기 때문입니다. 이번 기회를 놓치시면 19년 후에나 다시 볼 수 있다고 하네요. ○○○ 기자의 보도입니다.

[장면 2]

기자: (㉠개기 월식 영상이 배경 화면으로 제시되며) 해가 진 밤하늘, 달이 지구의 그림자에 완전히 가려지는 개기 월식이 펼쳐집니다. 이러한 개기 월식은 태양과 지구, 달이 정확히 일직선상에 있을 때 나타납니다. 마치 달이 사라지는 것처럼 보일 수 있지요. 이렇듯 달이 지구 그림자를 통과하면서 나타나는 현상인 월식은 보름달일 때만 볼 수 있는데요, 내일은 '슈퍼 문'과 '블루 문', '블러드 문'을 모두 볼 수 있습니다.

[장면 3]

천문과학관장: (㉡평소의 보름달과 슈퍼 문을 비교한 영상이 배경 화면으로 제시되며) '슈퍼 문(Super Moon)'은 지구와 달의 거리가 가까워져 평소보다 크게 보이는 보름달을 말합니다. 슈퍼 문은 달이 지구에서 가장 멀리 떨어졌을 때보다 14% 더 크고 30% 더 밝게 보입니다.

[장면 4]

천문과학관장: (㉢블루 문 영상이 배경 화면으로 제시되며) '블루 문(Blue Moon)'은 한 달에 보름달이 두 번 뜨는 경우 두 번째로 뜨는 보름달을 말합니다. 이름과 달리 실제로 푸른빛을 띠진 않는데요, 블루 문이라는 이름은, 옛날 서양에서 한 달에 보름달이 두 번 뜨는 것을 불길하게 여겨 '우울하다'는 의미와 연결해 만들어지게 되었다는 이야기가 있습니다. 이러한 블루 문 현상은 2~3년에 한 번 정도로 볼 수 있습니다.

[장면 5]

천문과학관장: (㉣블러드 문 영상이 배경 화면으로 제시되며) '블러드 문(Blood Moon)'은 이름처럼 달이 붉게 보이는 현상입니다. 달이 지구의 그림자에 가려질 때 어두운 붉은색으로 보이는데, 달의 색깔이 마치 핏빛처럼 붉게 보여 이렇게 부르게 되었습니다.

[장면 6]

기자: (ⓜ 시민들이 맨눈으로 직접 개기 월식을 관측하는 이전 영상이 배경 화면으로 제시되며) 다행히 우주 쇼가 진행되는 오후 10시경에는 전국 대부분의 밤하늘이 맑을 것으로 보여, 맨눈으로 밤하늘에 펼쳐진 개기 월식, 슈퍼 문과 블루 문, 블러드 문을 동시에 관측할 수 있다고 합니다. 한편 이번 개기 월식은 오후 8시 38분부터 달의 일부분이 지구의 그림자에 가려지는 부분 월식이 시작될 예정이며, 이후 달이 지구의 그림자에 완전히 가려지는 개기 월식이 9시 41분부터 시작되어 11시 8분까지 이어질 예정입니다. 또한 오후 10시 20분경에는 블러드 문을 볼 수 있습니다.

이렇듯 우리나라에서 개기 월식의 전 과정을 볼 수 있는 것은 지난 2011년 이후 처음이며, 다음 개기 월식은 9년 후에나 관측할 수 있을 것으로 보입니다. 블루 문이라는 이름은 '매우 드물게'라는 뜻의 '원스 인 어 블루 문(once in a blue moon)'이라는 영어 표현과도 연관이 있는데요, 매우 드물게 관측할 수 있는 내일의 우주 쇼를 놓치지 마시길 바랍니다. □□ 뉴스 ○○○입니다.

[24004-0144]

04 **위 방송 프로그램을 제작하기 위해 세운 자료 활용 계획 중 반영되지 않은 것은?**

① 개기 월식이 벌어지는 조건을 밝히면서 개기 월식을 보여 주기 위해 ㉠을 활용해야겠어.
② 슈퍼 문의 크기가 일반적인 보름달보다 크게 보인다는 것을 보여 주기 위해 ㉡을 활용해야겠어.
③ 블루 문이 실제 푸른빛을 띠고 있다는 것을 보여 주기 위해 ㉢을 활용해야겠어.
④ 블러드 문이 어두운 붉은색으로 보인다는 것을 알려 주기 위해 ㉣을 활용해야겠어.
⑤ 맨눈으로도 우주 쇼를 관측할 수 있다는 것을 드러내기 위해 ㉤을 활용해야겠어.

[24004-0145]

05 **다음은 위 방송 프로그램 '시청자 게시판'의 내용이다. 시청자의 수용 태도에 대한 설명으로 가장 적절한 것은?**

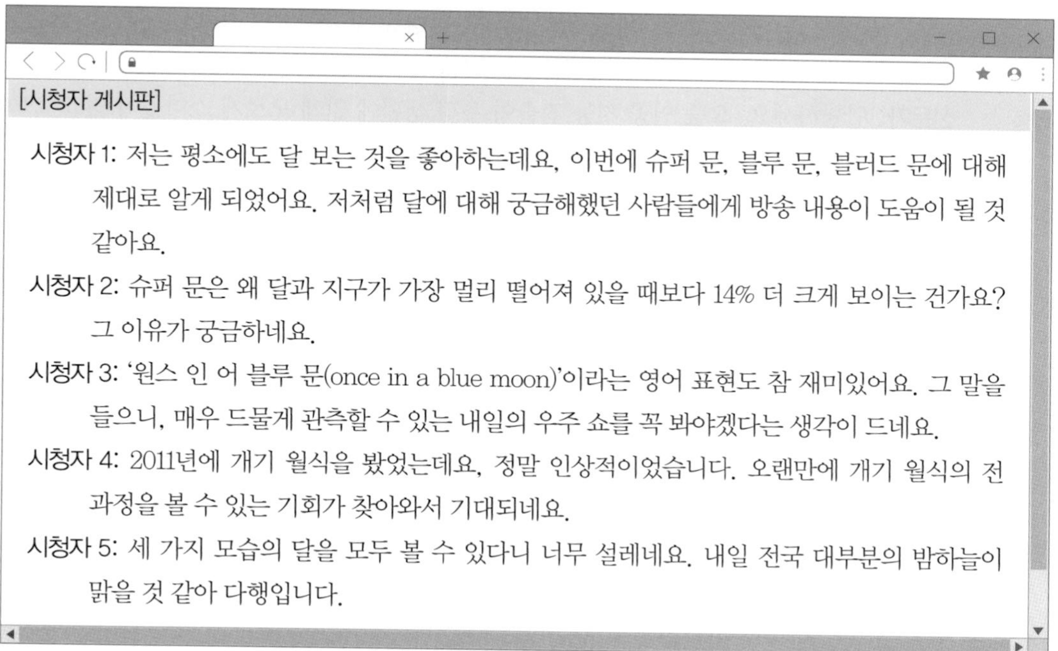

[시청자 게시판]

시청자 1: 저는 평소에도 달 보는 것을 좋아하는데요, 이번에 슈퍼 문, 블루 문, 블러드 문에 대해 제대로 알게 되었어요. 저처럼 달에 대해 궁금해했던 사람들에게 방송 내용이 도움이 될 것 같아요.

시청자 2: 슈퍼 문은 왜 달과 지구가 가장 멀리 떨어져 있을 때보다 14% 더 크게 보이는 건가요? 그 이유가 궁금하네요.

시청자 3: '원스 인 어 블루 문(once in a blue moon)'이라는 영어 표현도 참 재미있어요. 그 말을 들으니, 매우 드물게 관측할 수 있는 내일의 우주 쇼를 꼭 봐야겠다는 생각이 드네요.

시청자 4: 2011년에 개기 월식을 봤었는데요, 정말 인상적이었습니다. 오랜만에 개기 월식의 전 과정을 볼 수 있는 기회가 찾아와서 기대되네요.

시청자 5: 세 가지 모습의 달을 모두 볼 수 있다니 너무 설레네요. 내일 전국 대부분의 밤하늘이 맑을 것 같아 다행입니다.

① '시청자 1'은 방송 내용의 유용성을 평가하며 들었다.
② '시청자 2'는 슈퍼 문에 대한 설명이 정확한 내용인지를 점검하며 들었다.
③ '시청자 3'은 개기 월식에 대한 자신의 경험을 떠올리며 들었다.
④ '시청자 4'는 방송에서 제시한 정보의 신뢰성에 대해 점검하며 들었다.
⑤ '시청자 5'는 자신의 생각과 방송 내용의 차이점을 비교하며 들었다.

[01~03] 다음은 텔레비전 생방송의 일부이다. 물음에 답하시오.

진행자: 시청자 여러분, 안녕하세요. 오늘은 인공 지능 전문가 ○○○ 님을 모시고 '설명 가능한 인공 지능'에 대해 알아보려고 합니다. 방송 보시면서 방송에 참여하고 싶으신 분은 스마트폰의 □□ 애플리케이션에서 실시간 채팅으로 질문 보내 주셔도 돼요. 같이 말씀 나눠요. 연구원님, 안녕하세요.

전문가: 안녕하세요. 요즘 인공 지능 기술이 우리 생활에 알게 모르게 스며들어 있죠. 그에 따라 '설명 가능한 인공 지능'의 필요성에 대한 목소리가 커지고 있습니다.

> 시청자 1: '설명 가능한 인공 지능', 무슨 뜻인지부터 알쏭달쏭한데요? ……… ㉠

진행자: 방송 시작부터 관심이 뜨겁네요! 요즘 인공 지능은 우리에게 콘텐츠 추천을 해줄 뿐만 아니라, 해외의 한 도시에서는 인공 지능이 운전하는 무인 택시도 있다고 하지요.

> 시청자 2: 저도 외국 출장에서 자율 주행 무인 택시를 봤는데 모르고 보면 사람이 운전하는 줄 알겠더라고요. ……… ㉡

> 시청자 3: 동영상과 이미지 중심의 SNS 애플리케이션에 관심 분야의 콘텐츠가 계속 새로 뜨니, 보다 보면 시간이 한참 지나 있어요. ……… ㉢

전문가: 시청자 여러분, 어떤 과정을 거쳐서 자동차가 처음 가는 길에서도 차선을 유지하는지, 사람에 따라 다른 콘텐츠를 추천하는지 아시나요?

진행자: 많은 시청자 여러분께서 지금 알고리즘이라고 메시지를 보내 주시는데요, 알고리즘이 대답으로 적절한가요?

전문가: 맞습니다. 그 알고리즘을 인공 지능이 만든다는 것도 다들 아실 것 같은데요. 그런데 인공 지능이 어떤 과정을 거쳐서 알고리즘을 만들었는지가 이제는 깜깜해진 겁니다. 알고리즘이 어떻게 만들어졌는지, 알고리즘을 만드는 과정에서 정보가 어떻게 처리됐는지 설명이 필요해진 거예요.

진행자: 알고리즘도 컴퓨터 프로그램처럼 인간이 치밀하게 설계해 놓은 바에 따라 만들어진 것 아닌가요?

> 시청자 4: 그렇게 컴퓨터 프로그래머들이 입력값에 대응하는 출력값이 도출되도록 하나하나 설계했던 건 오래전 컴퓨터 프로그램 얘기입니다. ……… ㉣

전문가: 시청자 여러분들 중에 이미 어느 정도 알고 계시는 분들이 있군요. 지금 인공 지능은 딥 러닝 기술로 구현되는데요, 딥 러닝에서는 예전에 하나하나 프로그램을 설계했던 것과 달리 사람의 개입이 최소화됩니다. 사람의 개입이 최소화된다는 것의 의미가 무엇인지 감이 오실까요?

진행자: 사람의 개입이 최소화된다는 게 어떤 뜻인가요? 무슨 뜻인지 알기 힘들다는 시청자 채팅이 이어지고 있네요. 부연 설명해 주실 수 있나요?

전문가: 그러면 수많은 개의 이미지와 고양이의 이미지를 인공 지능에 입력하고 구별을 하라고 시키는 경우가 있다고 합시다. 그때 딥 러닝에서는 인공 지능이 알아서 개의 특징과 고양이의 특징을 나눕니다. 이전에는 인공 지능이 개의 특징과 고양이의 특징을 구별시키기에 앞서 인간이 그 구별 기준으로서

수염, 귀, 눈 등에 관한 특정한 정보들을 정해 두었다면, 딥 러닝 기술에서 인간은 수많은 이미지만 입력하는 거지요.

시청자 5: 앗, 오늘 방송에 늦었어요. 듣고 싶던 내용인데! 딥 러닝 기술이 어떤 건가요?

진행자: 아이고. 연구원님, 방송을 지금 켜신 분이 있다네요.

전문가: 간단히 말씀드리자면 딥 러닝에서 인간은 자료만 제공하고, 인공 지능이 그 자료로 정보 처리를 수행한다는 겁니다. 인간은 인공 지능에 자료를 제공하는 역할까지만 하고, 이후에 자료를 분류하고 자료에서 상관관계를 찾아내는 알고리즘은 인공 지능이 스스로 만들어 내는 겁니다.

진행자: 그렇게 인공 지능은 딥 러닝을 통해서 다양한 상황이나 맥락에 더 유연하게 대처할 수 있게 되었겠군요.

시청자 6: 아, 그래서 아까 한 시청자분이 얘기했던 것처럼 자율 주행하는 무인 택시가 길을 잘 갈 수 있는 거군요. ·········· ㉤

전문가: 그런데 이러한 인공 지능이 상용화되는 과정에서 문제가 생기는 경우들이 있지요.

진행자: 말씀을 듣고 보니 제가 얼마 전에 자율 주행하는 무인 택시가 교통 신호를 오인하는 상황이 생겼지만 왜 그랬는지 이유를 제대로 알 수 없다는 뉴스를 보도했던 기억이 납니다. 이러한 사례와도 관련이 있나요?

전문가: 잘 말씀해 주셨습니다. 제작진에서 마침 그 보도의 자료 화면 영상을 지금 송출해 주시네요. 이 일이 있고 나서 해당 택시 제조사에서는 원인에 대해 명확한 설명을 해내지 못했습니다. 인공 지능이 고도로 발달하면서 그것이 스스로 수많은 변수들을 학습하고 판단하는 과정을 조목조목 파악하는 것이 어려워졌어요. 인공 지능이 만든 알고리즘에 대해 인간이 설명할 길이 막막해진 겁니다.

진행자: 그런 상황이 생겼을 때 책임의 소재가 누구에게 있는지를 따지려면 정말로 애매하겠네요.

전문가: 그렇죠. 우리의 의사 결정을 인공 지능에 위임하다시피 하고 있는데, 인공 지능이 문제를 일으켜 버리고 사람이 그 이유를 알 수 없다는 건 너무 위험한 일이죠.

진행자: 말씀을 듣고 보니 인공 지능의 역할이 점점 커져 가는 지금 시점에서 '설명 가능한 인공 지능'의 필요성은 더욱 커질 것 같은데요?

전문가: 그렇습니다. 인공 지능이 판단한 것을 사람이 정확히 이해하고 해석하도록 도와주는 기술이 제대로 구현되는 것은 인공 지능 기술의 완성도가 더욱 올라가는 과정의 일환이기도 합니다. 인간이 인공 지능에 의한 출력 결과뿐만 아니라 결과의 도출 과정까지 제대로 이해할 수 있다면 인공 지능을 통해 인간이 최종 의사 결정을 하는 과정에서 보다 합리적인 선택을 할 수 있겠지요.

진행자: 그렇겠네요. 오늘 좋은 말씀 감사합니다.

전문가: 의미 있는 시간에 초대해 주셔서 감사합니다.

진행자: 시청자 여러분, 오늘 생방송은 여기까지입니다. 내일 오후 6시에 다시 뵙겠습니다.

[24004-0146]

01 위 텔레비전 생방송에서 확인할 수 있는 내용으로 적절하지 않은 것은?

① '진행자'와 '전문가'는 서로 상대방을 높이는 표현을 사용하여 소통하고 있다.
② '진행자'는 시청자가 방송에 실시간으로 참여할 수 있는 방법을 안내하고 있다.
③ '진행자'는 정해진 방송 시간을 놓친 시청자가 방송을 다시 볼 수 있는 방법을 안내하고 있다.
④ '전문가'는 재생되는 동영상 자료에 대해 설명을 덧붙이며 시청자의 이해를 돕고 있다.
⑤ '전문가'는 방송 중간에 시청을 시작한 이를 위해 방송 중간에 내용을 요약하여 전달하고 있다.

[24004-0147]

02 다음은 방송 전 출연진이 제작진에게 받은 메모의 일부이다. 메모의 내용 중 방송에 반영되지 않은 것은?

[진행자]

• 방송 앞부분에는 실생활 속에서 인공 지능 기술이 활용되고 있는 경우를 몇 가지 언급해 주세요. ······ ①
• 화제와 관련한 개념에 대해 진행자께서 이해하고 있는 바를 언급하면서 전문가의 설명을 이끌어 내 주세요. ······ ②
• 전문가의 설명에 시청자들이 이해하기 어려워할 만한 부분이 나오면 시청자들의 반응을 확인하고 전문가에게 전달해 주세요. ······ ③

[전문가]

• 진행자가 추가 설명을 요청하는 경우에는 시청자들이 쉽게 떠올릴 수 있을 만한 예를 들어 설명해 주세요. ······ ④
• '설명 가능한 인공 지능'이 실생활에서 필요한 이유와 함께 그 기술이 야기할 수 있는 부작용을 함께 알려 주세요. ······ ⑤

[24004-0148]

03 위 방송의 ㉠~㉤에 대한 이해로 가장 적절한 것은?

① ㉠: 방송된 내용에 대해 의문을 품고 문제를 제기하며 이어질 방송 내용의 생성에 참여하고 있다.
② ㉡: 앞서 전문가가 제시한 정보와 관련한 경험을 언급하며 해당 정보의 적절성을 평가하고 있다.
③ ㉢: 앞서 진행자가 언급한 바에 대한 이해 정도를 스스로 점검하며 부가 설명을 요청하고 있다.
④ ㉣: 방송 중 제기된 질문에 직접 답변하며 앞서 전문가가 답변한 바에 이의를 제기하고 있다.
⑤ ㉤: 다른 시청자의 채팅을 언급하며 그것을 진행자의 설명 내용과 연결 지어 제시하고 있다.

[04~05] 다음은 학생들이 공익 광고 동영상 제작을 위해 만든 스토리보드이다. 물음에 답하시오.

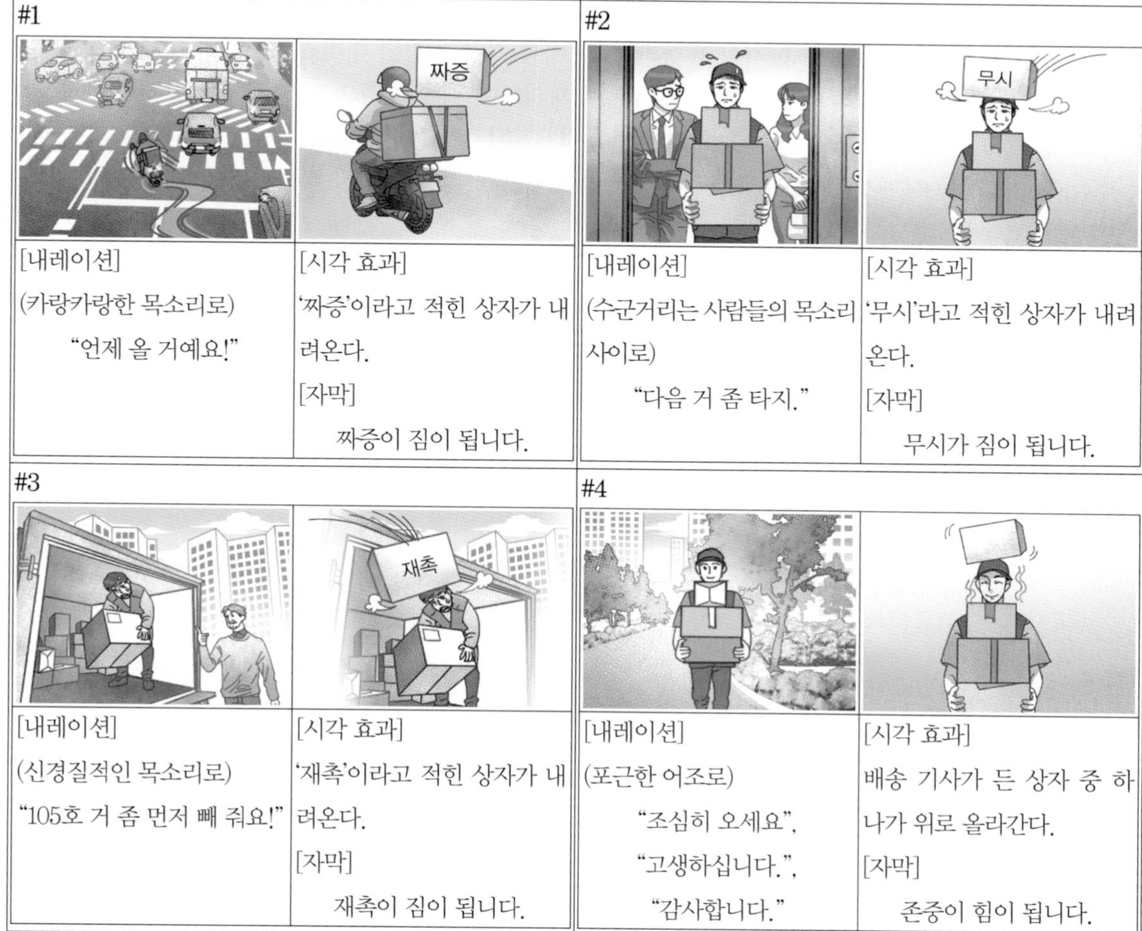

장면	내레이션	시각 효과 / 자막
#1	[내레이션] (카랑카랑한 목소리로) "언제 올 거예요!"	[시각 효과] '짜증'이라고 적힌 상자가 내려온다. [자막] 짜증이 짐이 됩니다.
#2	[내레이션] (수군거리는 사람들의 목소리 사이로) "다음 거 좀 타지."	[시각 효과] '무시'라고 적힌 상자가 내려온다. [자막] 무시가 짐이 됩니다.
#3	[내레이션] (신경질적인 목소리로) "105호 거 좀 먼저 빼 줘요!"	[시각 효과] '재촉'이라고 적힌 상자가 내려온다. [자막] 재촉이 짐이 됩니다.
#4	[내레이션] (포근한 어조로) "조심히 오세요", "고생하십니다.", "감사합니다."	[시각 효과] 배송 기사가 든 상자 중 하나가 위로 올라간다. [자막] 존중이 힘이 됩니다.

[24004-0149]

04 **위 스토리보드를 바탕으로 동영상을 제작하고자 할 때, 고려해야 할 사항으로 적절하지 <u>않은</u> 것은?**

① #1에서는 멀리서 오토바이를 촬영하여 배송 시 도로 위에서 겪는 어려움이 드러나도록 해야지.
② #2, #3의 배송 기사 표정과 #4의 배송 기사 표정이 대비되도록 배우에게 연기를 지시해야지.
③ #1~#3의 상황을 짧은 자막으로 제시하여 배송 기사의 업무에 관한 오해를 바로잡아야지.
④ #1~#3에서는 배송 기사에게 부담을 주는 일들이 행해지고 있음을 시각 효과로 나타내야지.
⑤ #4에서 배송 기사를 존중하는 태도가 드러나는 다양한 목소리를 녹음해야지.

[24004-0150]

05 **〈보기〉를 통해 위 스토리보드의 '언어적 표현 전략'을 이해한 내용으로 적절하지 <u>않은</u> 것은?**

보기

광고에서는 주제를 명료하게 전달하고자 다양한 언어적 표현 전략을 활용한다. 우선 길이가 비슷하고 구조가 단순한 문장을 반복하는 경우가 많은데, 단어를 교체할 때에는 대개 의미 관계나 음성적 유사성을 고려한다. 문장을 끝맺을 때는 평서문이나 청유문을 종종 사용한다. 단순한 사실을 기술하는 평서문은 특정 상황에 대한 단언으로 수용자에게 다가가 강조된 의미를 나타내는 경우가 있다. 한편 청유문은 수용자가 긍정적인 방향으로 행동할 수 있도록 부드럽게 권고하는 느낌을 준다.

① 자막에서 동일한 문장 구조를 반복하여 전달 효과를 높이고 있군.
② 맥락상 의미가 상반되는 한 음절의 단어를 대비시켜 주제를 명료하게 드러내고 있군.
③ 자막에 평서문을 활용하여 해당 문장이 뜻하는 상황이 나타나고 있음을 부각하고 있군.
④ 내레이션에서 청유문을 반복적으로 사용하여 수용자에게 부드럽게 권고하는 느낌을 주고 있군.
⑤ 단순한 문장 구조 속 부정적 어감의 단어들을 교체하여 수용자가 경계해야 할 점을 강조하고 있군.

[01~03] (가)는 한 국가 기관의 누리집 게시판에 올라온 보도 자료이고, (나)는 (가)를 바탕으로 학생들이 발표를 위해 제작한 슬라이드의 초안이다.

가

보도 자료		
담당 부서: ○○부	담당자: ◇◇◇	보도 일시: 2023. 11. ××. (목) 배포 즉시

○○부, 음식점주 1천 명 대상 '배달 앱 이용 및 인식 조사' 결과 발표

– 음식점주의 80.2%, 배달 앱 운영에 개선이 필요하다고 응답

□ 2017년 이후 온라인 음식 서비스 거래액이 급증하였고, 그중 모바일을 통한 거래액의 비중이 매년 커졌다. 모바일 플랫폼으로서 배달 앱의 강세에 따른 것이다. 과거에 배달 서비스를 제공하는 음식점에서는 배달원을 고용하였으나 최근에는 배달 앱을 통해 배달하는 것이 일반화되었다.

구분	2017년	2019년	2021년
모바일	2,354	9,069	24,982
PC	378	666	695
모바일 비중	**86.2%**	**93.2%**	**97.3%**

온라인 음식 서비스 거래액(단위: 억 원 / 출처: △△청)

□ 배달 앱 사업자는 음식점주와 소비자의 가운데에서 양 고객 집단에게 최적화된 가격 구조를 설정하여 거래를 활성화하면서 음식점주에게서 받는 수수료를 통해 수익 모델을 확보했다. 대다수 배달 앱에서 음식점주는 배달 앱 측에 매달 일정액의 중개 수수료와 광고료를 지급하고 있다. 배달 앱 사업자 중 한 곳은 2022년에 영업이익이 크게 증가했는데, 이는 음식점주가 지급한 중개 수수료 및 광고료로 인한 결과라는 분석이 많다.

□ ○○부는 지난 10월, 민간 배달 앱을 이용하는 음식점주(종업원 4인 이하 소상공인) 1,005명을 대상으로 하여 '배달 앱 이용 및 인식 조사'를 실시하고 그 결과를 발표하였다.

○ 가입한 배달 앱의 개수에는 차이가 있었으나 설문 대상인 음식점주는 모두 배달 앱을 사용하고 있었다.

○ 1,005명의 음식점주 중 80.2%(806명)는 배달 앱 운영 방식에 개선이 필요하다고 응답하였고, 무엇을 개선해야 하는지에 대한 질문에는 중개 수수료가 비싸다는 응답이 57.8%, 광고비가 비싸다는 응답이 21.8%, 시스템 이용이 불편하다는 응답이 5.5%였다.

○ 중개 수수료가 인상되거나 광고비가 인상된 경험을 한 음식점주는 전체의 80%에 육박했으며, 그 경우 2명 중 1명은 소비자가 부담하는 금액을 인상하거나 음식의 양을 줄이는 방식으로 대응하였다.

□ 배달 앱 사용의 일반화는 음식점주의 영업 편의성을 향상시키기도 하였다. 고객 응대와 광고 및 배달에 쓰이는 노동이 크게 절감되었기 때문이다. 하지만 배달 앱 이용 및 인식 조사를 통해 음식점주들이 중개 수수료나 광고비에 대해 느끼는 부담이 크다는 사실과 그 부담이 소비자에게 전가되고 있음이 확인되었다. 향후 ○○부의 주관하에 배달 앱 사업자 측과 음식점주 측, 소비자 측의 의견을 두루 수렴하는 자리를 열어 수수료 체계에 관한 개선 사항을 논의함으로써 배달 가격 안정화를 도모할 것이다.

나

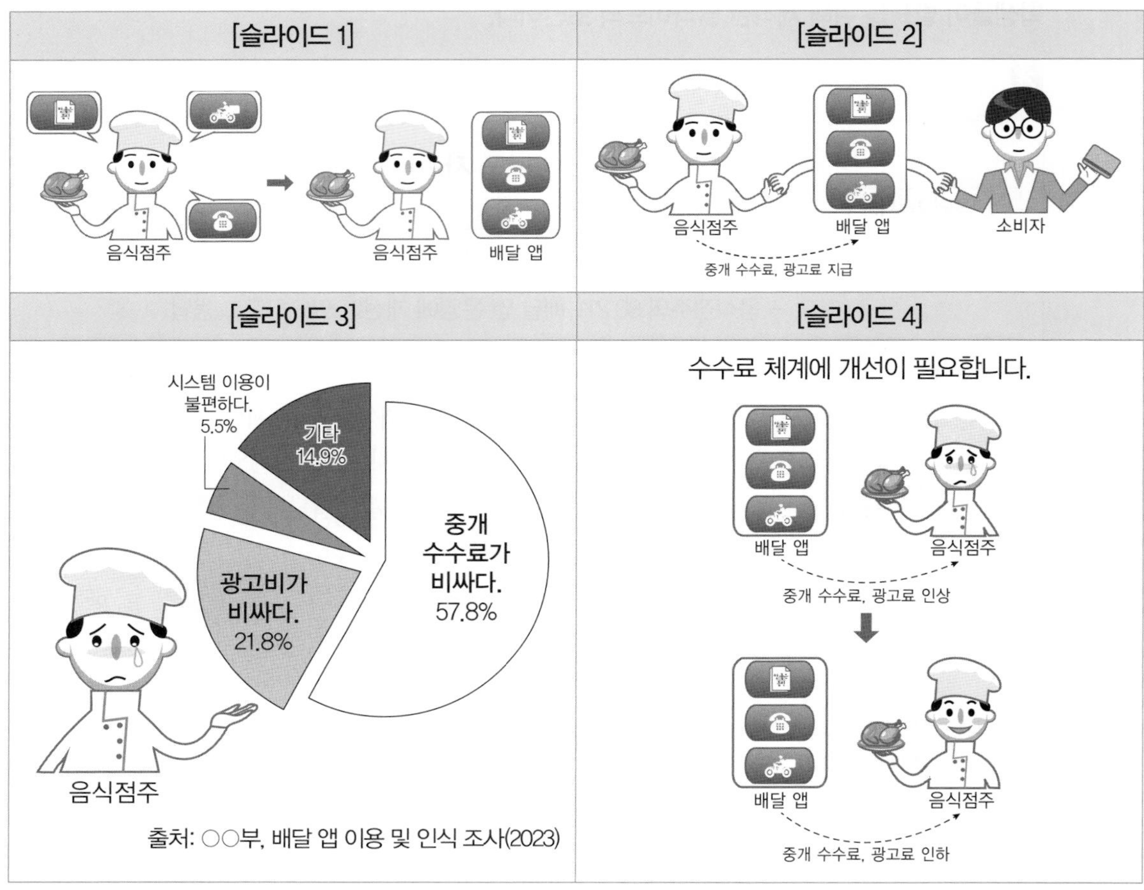

[24004-0151]

01 **(가)에 대한 이해로 적절하지 않은 것은?**

① 설문 조사의 결과 중 일부 내용을 부제로 제시하여 문제의식을 드러내고 있군.
② 설문 조사의 결과를 통해 문제 상황의 원인이 무엇인지 다양하게 제시하고 있군.
③ 타 기관에서 발표한 자료를 통해 설문 조사의 배경이 되는 현황을 먼저 제시하고 있군.
④ 설문 조사의 실행 주체가 설문 조사로 확인된 문제 상황을 개선하려는 의지를 드러내고 있군.
⑤ 설문 조사와 관련된 업계가 처한 상황의 분석을 통해 설문 조사 대상의 인식 변화를 도모하고 있군.

[24004-0152]

02

(가)를 바탕으로 (나)를 제작하기 위한 계획 중 (나)에 반영되지 <u>않은</u> 것은?

① 배달 앱으로 인해 음식점 운영 방식에 변화가 나타났다는 (가)의 내용을, [슬라이드 1]에서 음식을 제외한 세 가지 그림이 배달 앱 속에 들어가 있는 것으로 드러내야지.
② 배달 앱 이용이 늘면서 음식점주가 담당해야 할 서비스의 종류가 줄어들었다는 (가)의 내용을, [슬라이드 1]에서 음식점주의 손동작을 통해 드러내야지.
③ 배달 앱이 음식점주와 소비자를 매개하고 있다는 (가)의 내용을, [슬라이드 2]에서 배달 앱을 중심에 두고 그와 손을 잡고 있는 소비자와 음식점주의 이미지를 통해 드러내야지.
④ 음식점주를 대상으로 한 설문 조사의 결괏값이 나열되어 있는 (가)의 내용을, [슬라이드 3]에서 응답 비율에 따라 시각적으로 구별하여 나타내야지.
⑤ 배달 앱이 음식점주의 가게 운영에 부담이 되고 있다는 (가)의 내용을, [슬라이드 3]에서 음식점주를 형상화한 인물 그림의 표정을 통해 드러내야지.

[24004-0153]

03

다음은 선생님의 조언을 통해 수정된 (나)의 네 번째 슬라이드이다. 선생님이 조언한 내용으로 가장 적절한 것은?

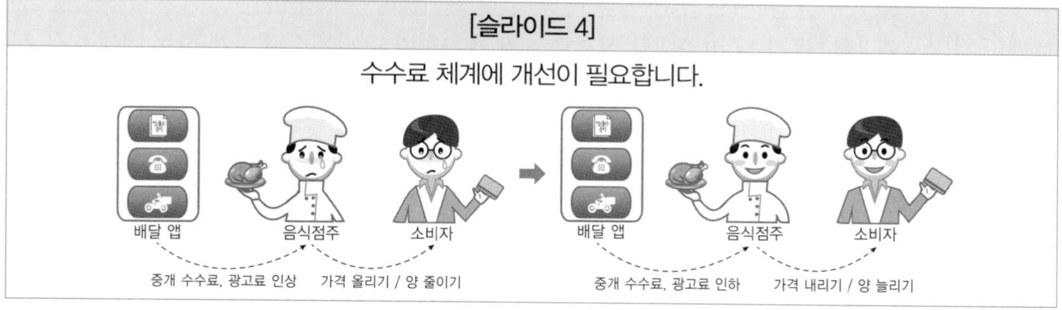

① 배달 앱 운영에 개선이 필요하다는 (가)의 상황에 대해 소비자 측이 문제를 제기했음을 알리고, 배달 앱 및 음식점을 평가하는 주체가 소비자임을 드러내면 좋겠어.
② 배달 앱 운영에 개선이 필요하다는 (가)의 상황이 소비자 측과도 관련이 있음을 알리고, 배달 앱에 제시된 가격의 적절성을 판단해야 하는 주체가 소비자임을 나타내면 좋겠어.
③ 배달 앱 등장 이후 음식점주들이 어려움을 느낀다는 (가)의 상황을 소비자가 인식해야 함을 알리고, 배달 앱 및 소비자가 음식점주를 배려하는 문화의 조성이 필요함을 나타내면 좋겠어.
④ 배달 앱 등장 이후 음식점주들이 어려움을 느낀다는 (가)의 상황에 소비자가 영향을 받고 있음을 알리고, 음식점주와 소비자의 효용이 수수료 체계의 개선을 통해 증가함을 드러내면 좋겠어.
⑤ 배달 앱 등장 이후 음식점주들이 어려움을 느낀다는 (가)의 상황에 소비자가 영향을 미쳤음을 알리고, 배달 앱 이용 과정에서 소비자가 자신의 앱 이용 습관을 점검해야 한다는 점을 나타내면 좋겠어.

[04~05] 다음은 실시간 인터넷 방송이다. 물음에 답하시오.

진행자: 구독자 여러분, 안녕하세요. 우리나라는 2025년부터 초고령 사회로 진입할 것이라고 하지요. 오늘은 이와 관련한 이슈를 다루려고 합니다. 초대 손님으로 교통과학연구원의 ○○○ 님 모시고 말씀 나누어 보겠습니다. 연구원님께 궁금한 점을 많이 여쭈어 주세요! 연구원님, 안녕하세요.

연구원: 불러 주셔서 감사합니다. 구독자 여러분, 안녕하세요.

진행자: 국내 운전면허 소지자 중 65세 이상인 사람은 얼마나 되나요?

연구원: 경찰청 자료에 따르면 2020년을 기준으로 358만 명입니다.

[A]

포도: 그럼 그 비율이 전체 가운데 몇 %인가요?

진행자: 연구원님, 채팅에 올라온 포도 님의 질문에 대답해 주세요!

연구원: 네, 전체 가운데 11%가량 됩니다. 그런데 2030년에는 65세 이상 고령 운전면허 소지자의 비율이 훨씬 늘어날 전망입니다. 전체의 22% 정도로요. 문제는, 고령 운전자는 도로 위 돌발 상황에 반응하는 속도가 상대적으로 늦다는 것입니다. 도심 주행에서 65세 이하의 운전자는 평균적으로 돌발 상황 발생 시 0.7초 만에 대응했지만, 고령 운전자는 그 두 배인 1.4초가 걸렸어요.

[B]

곰곰: 고령 운전자가 문제 상황을 만든다고 하시려는 거 같은데, 저희 할아버지는 오히려 아빠보다 운전을 더 조심히, 천천히 하시던데요?

연구원: 곰곰 님 말씀대로 실제로 신체적 노화가 운전을 안전하게 하는 데에 더욱 신경을 쓰도록 만드는 면이 있습니다. 연구에 따르면 65세 이상 운전자의 과속 빈도 및 평균 운행 속도가 일반 운전자에 비해 낮습니다.

[C]

방그레: 그럼 운전자의 나이가 운전에 긍정적인 영향을 준다고 봐야 하나요, 아니라고 봐야 하나요?

연구원: 일반적으로 후자라고 여겨집니다. 발표에 따르면 만 65세 이상의 고령 운전자가 유발하는 교통사고는 2016년에는 2만 2천여 건이었지만 2020년에는 3만 1천여 건이었습니다.

진행자: 연구원님께서 준비해 오신 표를 보여 드립니다.

전체 교통사고 중 65세 이상인 운전자에 의해 유발된 교통사고

10.4%	12.3%	13.8%	14.5%	14.8%
2016년	2017년	2018년	2019년	2020년

[D]

손깍지: 전체 교통사고 건수 중에 고령 운전자가 유발한 교통사고의 비율이 늘고 있네요.

연구원: 위 자료는 □□ 공단의 자료를 정리한 것인데요, 손깍지 님 말씀이 맞습니다. 정부에서는 2019년부터 75세 이상 고령 운전자의 경우 3년 주기로 운전 적격성 평가를 받도록 하는 한편 운전면허 자진 반납 제도를 운영하고 있습니다. 연령 기준 및 혜택은 지방 자치 단체마다 차이가 있어요. △△시에서는 면허를 반납하면 10만 원이 충전된 교통 카드를 제공한대요.

[E]

모과빛: 고령 운전자가 면허를 반납하고 일정 금액을 보상으로 받는 것이 과연 적절한지…….

진행자: 모과빛 님 말씀을 보고 생각해 보니, 운전을 꾸준히 하던 사람에게 면허 반납은 이동권의 큰 부분을 포기하는 셈이겠네요. 운전을 통해 생계를 이어 나가는 경우도 꽤 있을 테고요.

연구원: 지금 자진 반납 제도가 운영되고 있는데, 저희 연구원에서는 우려되는 상황의 발생 빈도를 줄일 수 있는 적절한 방안을 모색하고자 여러 연구를 진행하고 있습니다. 고령 운전자의 이동권과 도로 위 안전이 양립할 수 없는 문제라고 여기고 있지 않아요.

진행자: 그렇군요. 그럼 잠깐 쉬었다가 연구하시는 내용과 관련하여 말씀을 더 들어 보려고 하는데요, 어떤 내용을 더 준비해 오셨나요?

연구원: 비슷한 문제를 우리보다 앞서 고민했던 해외의 정책에는 어떠한 것이 있는지, 실제 우리 사회에서 고령 운전자를 비롯한 여러 당사자의 견해는 어떠한지 등 저희 연구 내용을 일부 알려 드리려 합니다.

진행자: 그렇군요. 5분 후에 다시 뵙겠습니다.

[24004-0154]

04 **방송에 반영된 '진행자'의 계획으로 적절하지 <u>않은</u> 것은?**

① 방송을 시작할 때 방송 주제가 우리 사회가 당면할 변화와 관련된 것임을 제시해야지.
② 연구원님과 구독자 사이의 의사소통이 원활하도록 중간에서 양쪽을 연결해 주어야지.
③ 자료의 출처를 구독자들이 궁금해할 수 있으니 자료가 제시될 때 출처를 언급해 주어야지.
④ 방송 내용에 대한 구독자 의견이 적절하다고 판단될 때 그 의견에 대한 동의를 드러내야지.
⑤ 뒤에 이어질 방송의 주요 내용을 구독자가 미리 알 수 있도록 연구원님께 질문해야지.

[24004-0155]

05 **[A]~[E]의 방송 중 채팅과 '연구원'의 반응에 대한 설명으로 가장 적절한 것은?**

① [A]: '포도'는 제시된 통계 수치와 관련하여 심층적인 정보를 요청했고, 연구원은 정보를 시각화한 자료를 통해 수용자가 정보의 의미를 찾도록 유도했군.
② [B]: '곰곰'은 연구 결과와 관련하여 자신의 주변 사례를 제시했고, 연구원은 앞서 자신이 답변한 바와 상반되는 관점의 정보를 제시하게 되었군.
③ [C]: '방그레'는 제시된 연구 결과들을 종합적으로 해석했고, 연구원은 구체적인 수치 및 조사 기관을 언급하며 자신의 견해를 표명하게 되었군.
④ [D]: '손깍지'는 제시된 시각 자료를 본인의 주관대로 판단하여 제시했고, 연구원은 현재 시행 중인 제도가 무엇인지 언급하며 해석을 바로잡았군.
⑤ [E]: '모과빛'은 제시된 현행 제도의 역기능을 언급했고, 연구원은 현재 진행하고 있는 연구의 주요 내용을 요약함으로써 우려를 해소했군.

11 매체

[01~03] (가)는 인터넷 기사의 일부이고, (나)는 학생이 (가)를 읽고서 과제를 위해 포털 사이트에서 검색어를 입력한 화면, (다)는 (나)에 노출된 기사형 광고에 접속한 화면이다. 물음에 답하시오.

과제 사회적 문제와 관련된 매체 자료를 찾아 관점을 분석하고 비판적으로 수용해 보자.

가

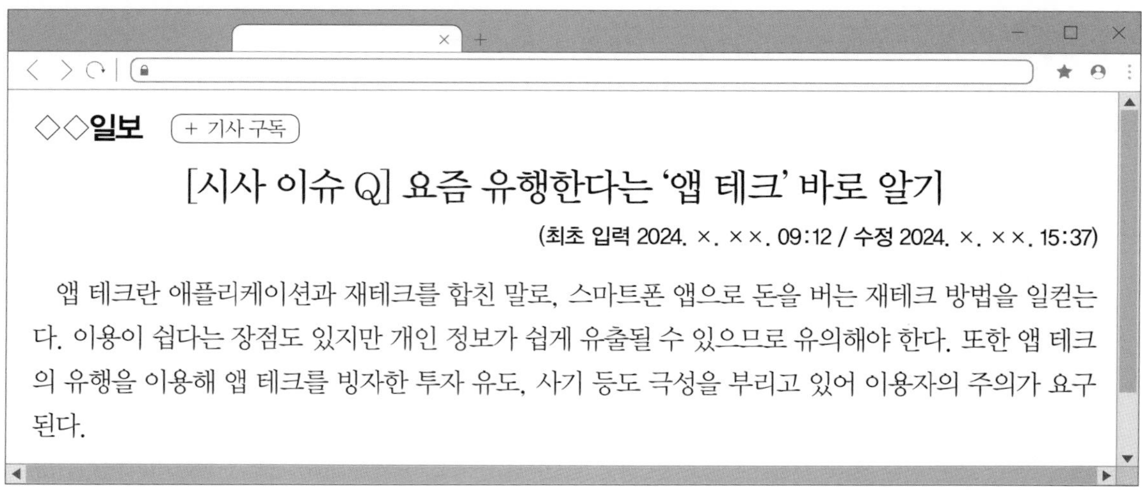

◇◇일보 + 기사 구독

[시사 이슈 Q] 요즘 유행한다는 '앱 테크' 바로 알기

(최초 입력 2024. ×. ××. 09:12 / 수정 2024. ×. ××. 15:37)

앱 테크란 애플리케이션과 재테크를 합친 말로, 스마트폰 앱으로 돈을 버는 재테크 방법을 일컫는다. 이용이 쉽다는 장점도 있지만 개인 정보가 쉽게 유출될 수 있으므로 유의해야 한다. 또한 앱 테크의 유행을 이용해 앱 테크를 빙자한 투자 유도, 사기 등도 극성을 부리고 있어 이용자의 주의가 요구된다.

나

이벤트에 참여하면 100만 원 지급, 불황기에 불티나는 앱 테크 1분 전 ‖ ○○일보

앱 테크에는 회원 가입, 퀴즈 맞히기, 광고 시청, 설문 참여 등 다양한 방식이 있다. 하지만 그중에서 최근 가장 선풍적인 인기를 끌고 있는 방식은 바로…

㉠쌈짓돈 벌려다 '날벼락'… 수상한 앱 테크 주의보 30분 전 ‖ ☆☆ 방송

포인트를 쓰기 어렵게 하거나 현금화 신청을 선착순으로 받아 사실상 환급이 불가능한 경우도 있습니다. 한 **앱 테크** 업체는 공지 없이 돌연 서비스를 중단해…

ⓛ**언제든 어디서든 간편하게, 푼돈 모여 큰돈 되는 앱 테크** 6일 전 ‖ △△ 신문
시간 낼 필요 없이 스마트폰만 있으면 언제 어디서든 참여할 수 있다. 이렇게 금액이 적더라도 확실한 방법으로 돈을 모으려는 사람들이 **앱 테크**에…

ⓒ**"쉽게 돈 벌어 볼까?" 하다가… 앱 테크 사기에 이용자 '분통'** 9일 전 ‖ □□ 신문
환급이 중단되거나 운영자가 잠적하기도 해 이용자들의 분통을 터뜨리고 있다. 이러한 업체는 더 큰 수익을 보장한다며 회원제로 **앱 테크**를 운영하여…

(관련 기사) 앱 테크, 의심해 보아야 할 때는? 2024.*.**. ‖ ◎◎일보
앱 테크 사기 피해, 구제 방안은 없는가 2024.*.**. ‖ ◇◇일보

다

이벤트에 참여하면 100만 원 지급, 불황기에 불티나는 앱 테크

앱 테크에는 회원 가입, 퀴즈 맞히기, 광고 시청, 설문 참여 등 다양한 방식이 있다. 하지만 그중에서 최근 가장 선풍적인 인기를 끌고 있는 방식은 바로 걷기 앱 테크이다.

걷기 앱 테크는 앱을 켜고 하루 목표 걸음 수를 달성하면 소정의 포인트가 지급되는 방식이다. 그중에서 특히 A 금융 그룹의 앱 '포인트 ♧♧'은 목표 걸음 수를 세분화하여 보상을 더 쉽게 얻을 수 있는 것이 특징이다. 1,000보를 걸으면 10포인트, 5,000보를 걸으면 20포인트, 10,000보를 걸으면 50포인트를 지급하여 걷기만 해도 하루에 80포인트를 받을 수 있다. 게다가 특정한 상점에 방문하면 하루 4곳까지 30포인트씩을 받을 수 있어 걷기를 포함하면 하루에 최대 200포인트를 얻을 수 있다. 1,000포인트 이상을 적립하면 그대로 현금으로 환급 받을 수 있다. 한 달 동안 꾸준히 참여한다고 가정한다면 하루 교통비와 커피 한 잔 값이 모이는 수준이다. 이외에도 앱을 설치하면 추첨을 통해 100만 포인트를 지급하는 이벤트도 진행 중이어서 잘만 활용하면 소소한 앱 테크로도 큰 이익을 얻을 수 있다.

유명한 재테크 전문가도 포인트를 쌓고 건강도 챙길 수 있어 일석이조의 효과를 누릴 수 있는 훌륭한 재테크 방법이라며 '포인트 ♧♧' 앱의 걷기 앱 테크를 추천한 바 있다. 그리고 소비자들을 대상으로 설문 조사를 시행한 결과 '포인트 ♧♧' 앱에 대해 긍정적인 평가를 하는 경우가 대부분이었다.

[24004-0156]

01 **(가), (나)를 이해한 내용으로 가장 적절한 것은?**

① (가) : 기사를 배포한 언론사의 기사를 구독할 수 있으므로 수용자는 이 기능을 통해 기사 작성자와 즉각적으로 소통할 수 있겠군.

② (가) : 기사가 수정된 시간이 제시되어 있으므로 수용자는 해당 기사의 내용이 그동안 어떻게 수정되었는지를 살펴볼 수 있겠군.

③ (나) : 기사들이 최신순으로 정렬되어 있으므로 수용자가 최근에 올라온 기사를 읽기 위해서는 그보다 먼저 올라온 기사를 열람할 수밖에 없겠군.

④ (나) : 여러 언론사의 기사가 한 화면에 제시되어 있으므로 수용자는 언론사에 대한 다른 수용자들의 선호 정도를 서로 비교할 수 있겠군.

⑤ (나) : 관련 기사가 제시되어 있으므로 수용자는 관련 기사를 클릭해 화제와 관련된 정보를 추가로 확인할 수 있겠군.

[24004-0157]

02 **(나)의 표제들 중 ㉠~㉢에 대한 학생의 반응으로 적절하지 않은 것은?**

① ㉠은 경계하는 뜻이 담긴 표현을 활용하여 앱 테크 업체 중 의심스러운 곳이 있으므로 주의하라는 의도를 전달하고 있군.

② ㉡은 앱 테크가 시간과 공간에 제약이 없다는 점을 내세워 앱 테크에 참여하는 방법이 간편하다는 점을 강조하고 있군.

③ ㉢은 앱 테크를 해 보려는 사람이 할 법한 발화를 포함하여 앱 테크를 실제로 이용한 결과가 기대와 다를 수 있음을 드러내고 있군.

④ ㉠과 ㉡은 적은 돈을 가리키는 표현을 제시하여 앱 테크를 통한 이득이 기대에 미치지 못한다는 점을 드러내고 있군.

⑤ ㉠과 ㉢은 부정적인 의미를 지닌 표현을 강조하여 기사에서 앱 테크로 인한 이용자의 피해를 소재로 다루고 있음을 드러내고 있군.

[24004-0158]

03 **〈보기〉는 선생님이 과제를 제시하면서 설명한 내용이다. 이를 고려할 때 학생이 (다)를 점검하며 떠올릴 내용으로 적절하지 않은 것은?**

● 보 기 ●

선생님: 포털 사이트의 뉴스 검색 결과 중에는 기사의 형태를 띠고 있지만 실제로는 홍보와 광고의 목적을 지니는 것이 있습니다. 이러한 것을 '기사형 광고' 또는 '애드버토리얼(Advertorial)'이라고 하는데요, 이는 겉으로는 유용한 정보를 전달하는 것처럼 보이지만 수용자의 마음을 움직여 선택을 유도하려는 목적이 있으므로 텍스트에 담긴 의미를 비판적으로 수용할 필요가 있지요. 이를 위해 본문에 제시된 정보의 출처는 어디인지, 제시된 정보가 객관적 사실에 근거하고 있는지, 논리적으로 모순된 내용은 없는지, 허위나 과장된 정보를 담고 있지는 않은지 등을 점검할 필요가 있습니다. 과제를 수행하면서 기사형 광고를 발견하게 된다면 내용을 비판적으로 점검해 보기를 바랍니다.

① 걷기 앱 테크가 최근 가장 선풍적인 인기를 끌고 있다는 내용은 객관적인 근거 자료가 있는가?

② 유명한 재테크 전문가가 '포인트 ♧♧' 앱의 걷기 앱 테크를 추천했다는 내용은 그 정보의 출처가 어디인가?

③ 소비자들이 '포인트 ♧♧' 앱을 긍정적으로 평가했다는 조사 결과는 어떤 사람들을 대상으로 언제 어떻게 시행한 설문 조사인가?

④ 앱 테크에 다양한 방식이 있다고 언급하면서 회원 가입, 퀴즈 맞히기, 광고 시청, 설문 참여 등을 제시한 것은 논리적으로 모순된 내용이 아닌가?

⑤ 기사의 형태를 띠고 있지만 앱을 설치하면 100만 포인트를 지급하는 추첨 이벤트에 참여할 수 있다는 내용은 결국 특정 금융 그룹의 앱을 광고하는 것이 아닌가?

[04~05] 다음은 텔레비전 뉴스 보도이다. 물음에 답하시오.

진행자: 겨울철 대표 수산물, 굴과 꼬막이 제철을 맞았죠? 겨울철 별미로 많은 분이 좋아하시지만, 어촌에서는 가공 과정에서 발생하는 껍데기 처리가 항상 골칫거리였습니다. 이에 해양 수산부에서 수산물의 가공 과정에서 부수적으로 발생하는 패각을 어촌의 새로운 소득원으로 만들겠다는 정책을 발표했다고 합니다. 이 소식을 김○○ 기자가 전해드립니다.

[장면 1]

기자: 이곳은 □□의 굴 가공 공장입니다. 공장 한쪽에 가공 과정을 마친 굴의 껍데기가 산더미처럼 쌓여 있습니다. 그동안 조개 껍데기, 굴 껍데기 등의 패각은 폐기되기 전까지는 쌓인 채로 보관되어 경관을 훼손하고 악취를 풍겨 어촌의 큰 고민거리였는데요, 버려진 패각을 자원으로 활용하여 문제를 해결할 수 있도록 지난 ×월 ×일 해양 수산부에서 패각의 재활용률을 높이는 정책을 발표했습니다. 이번 정책의 재활용 대상에는 패각뿐만 아니라 수산물에서 발생하는 뼈, 지느러미, 내장, 껍질 등도 포함된다고 합니다.

[장면 2]

어민(인터뷰): 처리하는 게 보통 일이 아니었는데, 이제 새로운 자원이 되어 도움이 될 수 있다니 기대가 많이 됩니다.

[장면 3]

기자: 이미 해외에서는 패각을 해안선 복원을 위한 재료나 수질 정화제 등으로 재활용하기도 하고, 산업 자재로 활용하고 있기도 합니다. 해양 수산부에서는 이를 참고하여 연안의 기후 적응력, 온실가스 흡수력을 제고하기 위해 굴 껍데기를 활용해 자연 해안선을 조성하고, 바다 숲을 조성하기 위한 인공 어초 제작 기술을 개발할 계획이라고 밝혔습니다.

정책 담당자(인터뷰): 현재 패각을 포함하여 수산물에서 발생하는 부산물의 재활용률은 약 19.5% 정도인데 이를 2027년까지 30%로 끌어올리고, 총 1,000억 원의 예산을 투입해 이들을 고부가 가치 자원으로 재활용하는 산업을 육성할 계획입니다.

[장면 4]

기자: 골칫거리였던 패각이 이번 정책으로 고부가 가치 상품으로 재탄생되기를 기대해 봅니다. △△ 뉴스 김○○이었습니다.

[장면 5]

[24004-0159]

04 **위 보도에 대한 이해로 가장 적절한 것은?**

① 진행자는 보도의 소재와 관련된 자신의 경험을 언급하며 문제 상황을 제시하고 있다.
② 진행자는 보도의 소재를 동일한 용어로 일관되게 지칭하여 정책에서 우려되는 점을 부각하고 있다.
③ 기자는 보도의 소재와 관련된 해외의 사례를 언급하여 정책이 축소될 가능성에 대해 논하고 있다.
④ 기자는 보도의 소재와 관련된 사람들의 입장을 각각 소개하여 예상되는 문제점을 강조하고 있다.
⑤ 기자는 보도의 소재에 해당하는 대상을 포함하여 정책이 적용되는 대상의 범위를 알려 주고 있다.

[24004-0160]

05 **텔레비전 화면의 자막 ㉠~㉤에 대한 학생들의 반응으로 적절하지 않은 것은?**

① ㉠은 보도의 중심 내용을 요약하여 보도에 대한 시청자의 관심을 유도하고 있군.
② ㉡은 기자의 발화에서 직접 언급되지 않은 정보를 제시하여 시청자의 이해를 돕고 있군.
③ ㉢은 인터뷰 대상자의 발화에서 생략된 내용을 보완하여 의미를 정확하게 전달하고 있군.
④ ㉣은 글자의 크기와 굵기를 달리 표현하여 인터뷰 대상자의 발화 중 일부를 부각하고 있군.
⑤ ㉤은 기자에 대한 정보를 추가적으로 제공하여 기자와 소통할 수 있는 방법을 안내하고 있군.

12 매체

[01~02] (가)는 학생회 학생들이 온라인 대화방에서 나눈 대화이고, (나)는 (가)의 논의 이후 업체에서 제작한 VR 콘텐츠의 초안이다. 물음에 답하시오.

가

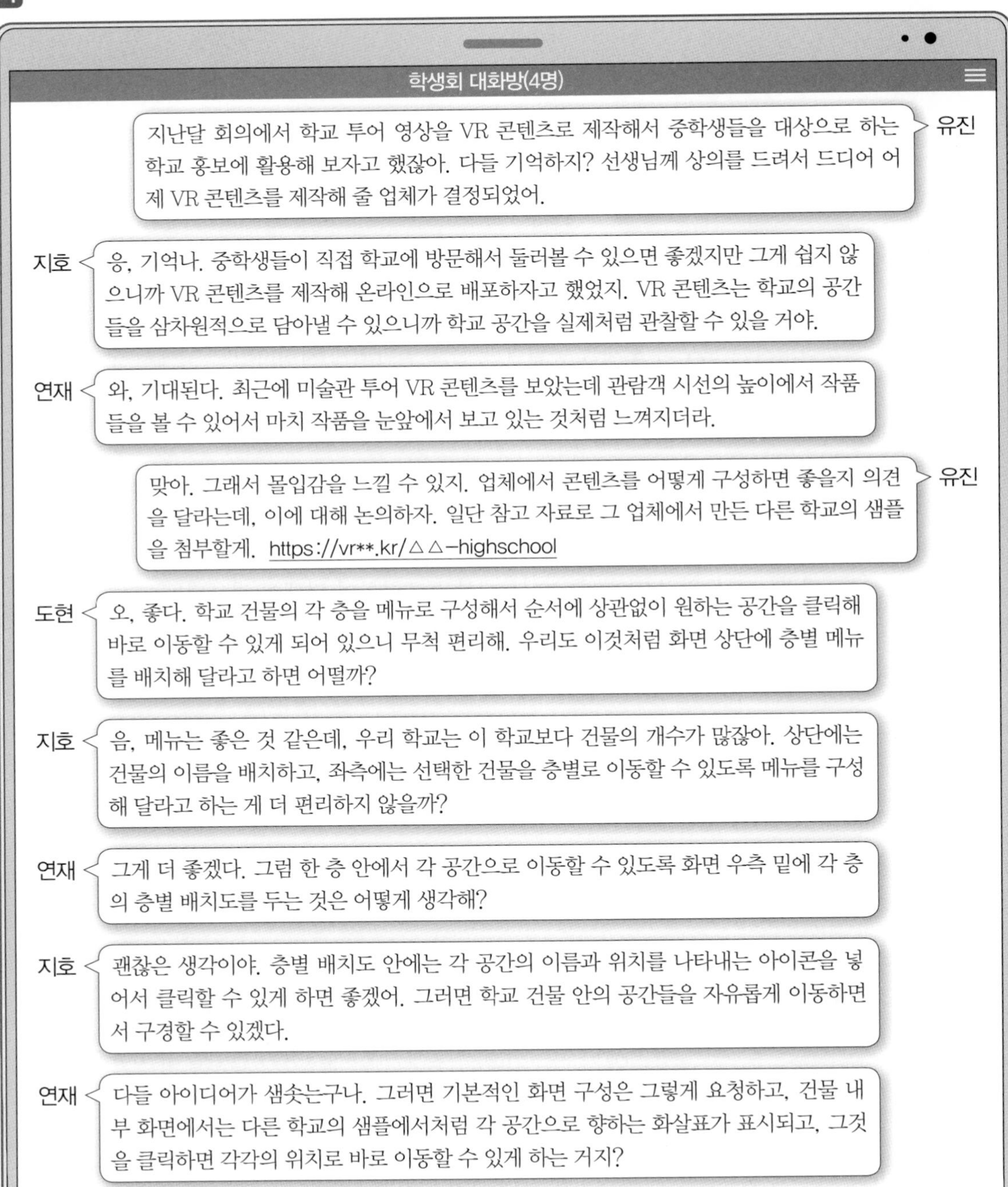

도현 응. 그게 좋을 거 같아. 그런데 학생들의 작품을 전시하는 'OO 갤러리'처럼 내부 공간 중에 설명이 필요한 부분들도 있잖아. 그런 부분은 마우스 포인터를 대면 설명 창이 뜨게 해 달라고 하면 어떨까?

좋아. 그럼 그런 곳에는 느낌표 아이콘을 넣어 달라고 해서 추가 정보가 있음을 나타내자. 유진

연재 와, 그러면 학교 곳곳을 탐색하면서 학교 행사와 같은 정보도 추가로 얻을 수 있겠구나. 아 참, VR 콘텐츠 화면에 배경 음악을 삽입하는 게 가능할까? 샘플 첫 화면에 클래식 음악이 흐르는 것처럼 말이야.

지호 응, 가능할 거야. 그러면 내가 한번 배경 음악을 골라 볼게. 그런데 건물 내부 말고 각 건물의 외관이 보고 싶은 학생들도 있을 텐데, 그건 어떻게 볼 수 있지?

도현 아, 그건 화면의 아랫부분에 따로 나가기 버튼을 넣어 달라고 해서 이 버튼을 클릭하면 건물 외관의 모습이 담긴 페이지로 이동하도록 구성하면 될 것 같아.

다양한 의견이 나왔네. 오늘 나온 의견은 내가 정리해서 업체에 잘 전달할게. 콘텐츠의 초안이 나오면 함께 검토하자. 유진

전송

나

[24004-0161]

01 **(가)를 바탕으로 (나)의 특징을 이해한 것으로 적절하지 않은 것은?**

① 공간의 모습을 삼차원적으로 담아내므로 이용자가 공간의 모습을 입체적으로 관찰할 수 있겠군.

② 공간을 시선 높이에서 보여 주므로 이용자가 공간을 눈앞에서 보는 듯한 느낌을 경험할 수 있겠군.

③ 원하는 공간을 선택해 이동할 수 있으므로 이용자가 실제 공간에서의 동선과 상관없이 공간들을 탐색할 수 있겠군.

④ 직접 방문하지 않고도 공간을 구경할 수 있으므로 이용자가 시 · 공간적 제약에서 비교적 자유롭게 정보를 얻을 수 있겠군.

⑤ 공간에 대한 정보가 온라인상에 배포될 수 있으므로 이용자가 각 공간을 클릭하여 공간에 대한 정보를 실제와 다르게 변경할 수 있겠군.

[24004-0162]

02 **(가)에서 논의된 내용을 모두 반영한다고 할 때, (나)를 수정하는 방안으로 가장 적절한 것은?**

① 다른 학교의 샘플처럼 화면 상단에 층별 메뉴를 배치하기로 했으므로 화면 좌측 메뉴와 상단 메뉴의 항목을 맞바꾼다.

② 내부 화면에서 공간을 클릭하면 각 위치로 바로 이동할 수 있게 하기로 했으므로 '도서관'과 '과학실'로 향하는 화살표를 삭제한다.

③ 화면 우측 밑 층별 배치도에 공간을 이동할 수 있는 위치 아이콘만 넣기로 했으므로 층별 안내도에서 각 공간의 이름을 삭제한다.

④ 설명이 필요한 부분은 아이콘에 마우스 포인터를 대면 설명 창이 뜨게 하기로 했으므로 느낌표 모양의 아이콘을 화살표 모양으로 수정한다.

⑤ 건물의 내부뿐 아니라 외관의 모습이 담긴 페이지로도 이동할 수 있도록 따로 버튼을 두기로 했으므로 화면의 아랫부분에 나가기 버튼을 추가한다.

[03~05] 다음은 생방송으로 진행된 텔레비전 대담 프로그램의 일부이다. 물음에 답하시오.

[장면 1]

사회자: '생방송 이슈 대담' 시간입니다. 최근 10대 유명 아이돌이 인터뷰에서 '고지식하다'라는 말의 뜻을 몰라 말실수를 한 사건이 있었습니다. 이 사건으로 온라인상에서 청소년의 문해력 부족 문제에 대한 논란이 아주 뜨겁습니다. 오늘은 '청소년 문해력 논란, 무엇이 문제인가?'를 주제로 A 대학교 박○○ 교수님과 B 청소년 연구소 김△△ 연구원님을 모시고 이야기 나눠 보겠습니다. 시청자 여러분께서는 지금부터 방송을 보시면서 궁금한 점을 우리 방송 누리집 시청자 게시판에 올려 주시기 바랍니다. 먼저 박 교수님께서는 청소년의 문해력 부족 문제를 어떻게 보십니까?

박 교수: 저는 문해력 부족 문제를 이번 아이돌 사건과 같이 어려운 단어 한두 개의 뜻을 아느냐 모르느냐로 단정하기는 어렵다고 생각합니다. 우선 그런 단어들은 젊은 층에서 자주 쓰는 단어가 아닙니다. 그 세대가 잘 쓰지 않는 단어의 뜻을 모른다고 지적하는 건 세대가 다르다는 걸 이해하지 못한 결과입니다. 오히려 온라인에서 사용되는 말에 대해서는 기성세대의 문해력이 더 떨어지듯이 자주 접하지 않는 말의 뜻을 모두 알고 있기는 어려운 것이 당연하다고 봅니다. 따라서 이런 현상을 요즘 젊은 사람들에만 해당한다고 비판하는 것은 조금 과장된 측면이 있습니다.

[장면 2]

김 연구원: 네, 저도 자주 접하는 매체의 차이에서 비롯한 문제라는 점에 공감합니다. 하지만 저는 잘 모르거나 익숙지 않다고 해서 전혀 알려고 하지 않는 것은 문제라고 봅니다. 요즘 청소년들은 긴 글을 읽으려 하지 않고 호흡이 짧은 영상 자료들을 주로 보는데, 그래서 글로 된 정보를 접하거나 생각을 글로 표현하는 것을 낯설어합니다. 하지만 문자로 된 정보를 읽고 이해하는 능력은 기본적인 사회 능력입니다. 기성세대가 디지털 문명에 익숙해지기 위해 노력해야 하듯이, 젊은 세대도 문해력을 기르기 위해 노력해야 한다고 생각합니다.

사회자: 네, 두 분 모두 기성세대와 젊은 세대가 서로 사용하는 어휘와 매체가 달라서 생긴 문제라고 보셨지만, 세부적인 입장에는 조금 차이가 있었습니다. 잠시 우리 방송 누리집 시청자 게시판에 올라온 질문을 살펴보겠습니다. 현재 시청자 게시판의 의견 중에 '문해력을 기르려면 어떻게 해야 하나요?'라는 질문이 있는데, 김 연구원님께서 답변해 주시겠습니까?

[장면 3]

김 연구원: 네, 우선 글을 읽는 데에 열린 마음을 가지려고 노력할 필요가 있습니다. 읽기 싫다고 피하기보다는 의식적으로 좋은 글들을 찾아 많이 접하고 읽어 보려 노력해야 합니다. 여기서 중요한 것은 읽기에는 반드시 사고가 동반되어야 한다는 것입니다. 글의 내용을 정확히 이해하고 그 맥락을 파악하며 글에 제시된 정보에 대해 비판적이고 종합적으로 사유할 수 있어야 글을 제대로 읽었다고 할 수 있습니다. 그런데 이러한 과정을 혼자 익히기란 쉽지 않은 일입니다. 따라서 학령기부터 제대로 된 독서 교육이 필요합니다. 그래서 저는 이 문제가 우리 교육계에 주는 메시지가 크다고 생각합니다.

사회자: 김 연구원님께서는 글을 읽는 데 필요한 열린 마음과 독서 교육의 중요성을 말씀해 주셨습니다. 지금 막 시청자 게시판에 올라온 질문입니다. '부모님과 대화하다 보면 저와 사용하는 단어도 다를 뿐만 아니라 서로 말이 안 통한다고 느껴질 때가 많은데 이것도 비슷한 문제라고 할 수 있나요?'라는 질문입니다. 이 질문은 박 교수님께서 답변해 주실 수 있을 것 같습니다.

[장면 4]

박 교수: 저는 비슷한 문제라고 생각합니다. 청소년은 부모님 세대와는 삶의 맥락 자체가 달라서 주로 사용하는 단어나 사고방식도 당연히 다를 수밖에 없습니다. 앞서 김 연구원님께서 청소년들이 글을 읽는 데에 열린 마음을 가져야 한다고 하셨는데, 저도 같은 맥락에서 서로 간에 열린 마음을 가져야 한다고 봅니다. 기성세대는 지적하고 나무랄 게 아니라 서로 다름을 이해해야 합니다. 그리고 젊은 세대는 모르는 걸 외면할 게 아니라 뜻을 알기 위해 노력해야 합니다. 이를 위해서는 독서뿐만 아니라 대화가 중요한데, 대화를 통해서도 문해력의 근간이 되는 어휘력과 비판적 사고력이 향상될 수 있습니다.

[장면 5]

사회자: 네, 박 교수님은 독서와 함께 대화도 중요하다고 말씀해 주셨습니다. 오늘 방송은 '청소년 문해력 논란, 무엇이 문제인가?'를 주제로 이야기 나누고 있습니다. 그러면 계속해서 시청자 게시판의 다음 질문을 확인해 보도록 하겠습니다.

[24004-0163]

03 위 대담에서 확인할 수 있는 내용으로 적절하지 않은 것은?

① 최근에 발생한 사건과 관련지어 화제를 소개하여 방송에서 다룰 내용이 시의성 있는 소재임을 드러내고 있다.

② 다수의 시청자를 대상으로 하는 공적 담화임을 고려하여 사회자와 대담 참여자가 격식체의 표현을 사용하고 있다.

③ 온라인으로 공간의 제약을 넘어 소통할 수 있다는 점을 활용하여 시청자에게 게시판에 질문을 올릴 것을 당부하고 있다.

④ 방송이 실시간으로 진행된다는 점을 활용하여 누리집 게시판에 올라온 시청자 의견을 방송 내용에 즉각적으로 반영하고 있다.

⑤ 방송의 내용이 대중에게 미치는 영향력이 크다는 점을 고려하여 질문을 올린 시청자와 대담 참여자에 대한 정보를 구체적으로 공개하고 있다.

[24004-0164]

04 [장면 1]~[장면 5]의 자막에 대한 이해로 적절하지 않은 것은?

① [장면 1]에서는 대담의 주제를 보여 주어 수용자가 대담의 내용을 예측할 수 있게 하고 있다.

② [장면 2]에서는 대담 참여자 각각의 의견을 대치되게 보여 주어 수용자가 대담 참여자 간 입장 차이를 파악할 수 있도록 돕고 있다.

③ [장면 3]에서는 대담 참여자의 의견 중 핵심 내용을 요약하여 보여 주어 수용자가 대담 참여자의 의견을 이해할 수 있도록 돕고 있다.

④ [장면 4]에서는 앞서 대담의 다른 참여자가 주장한 내용을 보여 주어 수용자가 대담 참여자의 의견을 비교하도록 유도하고 있다.

⑤ [장면 5]에서는 앞서 보여 주었던 대담의 주제를 다시 보여 주어 수용자로 하여금 대담의 주요 내용을 환기하도록 유도하고 있다.

[24004-0165]

05 〈보기〉는 위 대담을 시청한 학생이 떠올린 생각이다. 이에 대한 설명으로 가장 적절한 것은?

보기

방송에서 내가 관심 있는 문해력에 대한 정보를 전문가와 생생하게 이야기하며 다루니까 좋았어. 그런데 문해력을 기르는 데 독서나 대화가 도움이 된다는 것은 알겠는데 어떻게 읽고 말하라는 것인지를 자세히 말해 주지 않은 점이 아쉬워. 많은 사람이 시청한다는 점을 고려하면 방송을 재미로 시청하는 사람도 있지만 나처럼 방송을 통해 도움을 얻고자 하는 시청자도 있을 것 같은데, 이런 점에 대한 고려가 충분하지 않았던 것 같아.

① 방송에서 대상을 지칭하는 용어가 수용자의 이해도에 영향을 미칠 수 있으므로 방송에서 일관성 있는 용어를 사용해야 함을 지적하고 있다.
② 문자, 이미지, 동영상 등을 복합적으로 활용할 수 있는 매체라는 점을 고려하여 다양한 방식으로 정보를 전달하지 않은 점을 지적하고 있다.
③ 매체를 통해 전달된 정보를 실제 삶에 적용해 보려는 수용자가 있음을 고려하여 문제의 해결 방안을 구체적으로 제시할 필요가 있음을 지적하고 있다.
④ 방송에서 다룬 내용이 수용자에게 미치는 영향이 크다는 점을 고려하여 출처가 확실한 정보를 바탕으로 신뢰할 만한 내용을 전달해야 함을 지적하고 있다.
⑤ 방송에서 전달하고자 하는 내용이 방송 프로그램에 할애된 시간으로 인해 제약을 받는 점을 고려하여 최신 정보를 중심으로 내용을 구성할 필요가 있음을 지적하고 있다.

[01~04] (가)는 학생이 과제 수행을 위해 열람한 인터넷 뉴스의 누리집 화면이고, (나)는 (가)를 바탕으로 제작한 홍보 포스터이다. 물음에 답하시오.

가

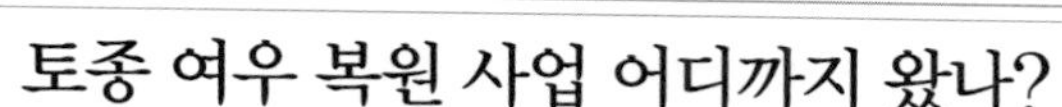

□□뉴스

최초 입력 2024.××.××. 11:10 최종 수정 2024.××.××. 13:10

최근 충남 서산 지역에서 토종 여우가 목격되었다. 여우는 정부가 지정한 멸종 위기 1급 60종 중 하나로 야생에서 찾아보기 힘든 동물이기에 큰 화제가 되었다. 확인 결과, 해당 여우는 복원 사업을 벌이고 있는 국립공원연구원 중부보전센터에서 태어나 방사된 개체로 알려졌다. 해당 센터가 영주 소백산에 있는 것을 고려하면 ⓐ 직선거리로 200km 이상을 이동한 셈이다.

토종 여우 복원 사업은 2010년대 초부터 시작되었으며, 지금까지 262마리를 복원한 것으로 알려졌다. 현재 148마리가 생존해 있는데, 76마리는 자연에서, 나머지는 센터 내에 있는 여우 생태 관찰원에서 지내고 있다. 생태 관찰원에는 방사를 앞둔 여우들과 방사 후에 다쳐서 돌아온 여우들이 생활하고 있는데, 일반인을 대상으로 탐방 프로그램[https://reservation.○○○.or.kr/(☜예약 링크)]도 운영하고 있어 ⓑ 토종 여우들을 가까운 거리에서 관찰할 수 있다.

여우 생태 관찰원에서 여우들이 한적한 시간을 보내고 있다.

복원되어 방사된 여우는 설치류를 비롯한 멧돼지, 고라니 등 야생 동물의 개체 수를 조절하는 역할을 할 것으로 기대된다. 또한 열매를 먹고 종자를 퍼뜨리는 역할을 해 생태계 유지를 위한 연결 고리가 될 예정이다.

문제는 방사된 여우들이 자연에 정착하는 데에 어려움을 겪고 있다는 점이다. 통계에 따르면 ⓒ 방사한 여우의 생존율은 61%가량으로 소백산 지역에 설치된 올무에 걸려 희생되는 경우가 많다. 올무에 걸리면 살아남더라도 다쳐서 사냥 능력을 상실하게 되기 때문에 ⓓ 자연으로 돌아가지 못하고 생태 관찰원에서 생활하게 된다. 여우가 매우 사납다거나 교활한 동물이라는 잘못된 편견 때문에 ⓔ 여우 복원 사업 자체를 부정적으로 보는 시각도 문제다. 사실 여우는 사람들의 생각과 달리 겁이 많고 경계심이 강한 성격을 지니고 있다.

광고

주간 뉴스 순위
(많이 본 순)

1 국가 대표 주장 은퇴 선언, 대체자 모색 시급
2 청소년 독서량 부족, 독서 교육 필요해…
3 벚꽃 관광 사업 활기, 쓰레기 처리 문제는 숙제
4 상반기 수출액 최대 폭 증가, 반도체 호황 덕분
5 청소년에게 더 넓은 창업의 길 열려…

포획 도구를 수거하는 노력이 이뤄지고 있지만, 환경 교육 등을 통해 여우 복원 사업에 대한 시민들의 인식을 개선하는 노력도 병행되어야 할 것으로 보인다. 한편 사업 관계자는 2026년까지 야생에서 100마리의 여우가 살아갈 수 있게 할 계획이라고 밝혔다.

좋아요(200)	싫어요(8)	SNS 공유

김△△ 기자 [+구독] 기자의 다른 기사 보기(기사를 클릭해 주세요.)

- 청소년에게 더 적극적인 재활용 교육 필요
- 벚꽃 관광 사업 활기, 쓰레기 처리 문제는 숙제

나

토종 여우는 생태계 유지를 위한 연결 고리입니다.

 설치류 등 야생 동물의 개체 수를 조절합니다.	 잡식성으로 동물 사체 등을 처리해서 청소부 역할을 합니다.	 열매를 먹고 종자를 퍼뜨려서 숲을 더 푸르게 만듭니다.

그래서

토종 여우 복원 사업이 필요합니다!

멸종 위기 1급 우리의 토종 여우, 함께 지켜 냅시다.

여우 복원 사업의 현장을 보고 싶은 분들은
지금 바로 여우 생태 관찰원에 접속하셔서 탐방 프로그램을 신청하세요!

[24004-0166]

01

(가)를 이해한 내용으로 가장 적절한 것은?

① 기사와 함께 광고에 사용된 이미지를 볼 수 있으므로, 기사의 내용을 복합 양식적으로 수용할 수 있겠군.

② 기사를 SNS로 공유할 수 있으므로, 인식 개선의 필요성에 관한 내용을 일부 수정해서 다른 언론 매체에 게시할 수 있겠군.

③ 기사의 최초 입력 시간과 최종 수정 시간을 알 수 있으므로, 여우 복원 사업의 현황에 관한 내용 중에서 수정을 한 부분과 하지 않은 부분을 구별할 수 있겠군.

④ 기사에 사용된 사진을 찍은 장소를 확인할 수 있으므로, 사진 속 여우들이 방사 예정이거나 방사 후에 다쳐서 돌아온 여우 중 일부라는 점을 파악할 수 있겠군.

⑤ '주간 뉴스 순위'를 통해 많이 본 기사의 순위를 알 수 있으므로, 수용자들이 '기자의 다른 기사'보다 여우 복원 관련 기사를 접한 횟수가 더 많다는 점을 파악할 수 있겠군.

[24004-0167]

02

〈보기〉는 (가)의 기사에 달린 댓글이다. 〈보기〉에 나타난 독자들의 매체 수용 태도를 이해한 내용으로 가장 적절한 것은?

보 기

독자 1: 어제 강원도에 여우가 나타났다는 기사를 봤는데, 그 여우도 이 기사와 관련이 있겠네요.
독자 2: 기사에 나온 61%라는 수치는 정확한 건가요? 검색해 보니 수치가 좀 다른 것 같은데요.
독자 3: 생존 여우가 148마리라는 건 어느 시점이 기준인가요? 기사에서는 구체적으로 확인할 수 없어서 아쉽네요.
독자 4: 여우가 먼 거리를 이동할 수 있다고 하는 블로그 글이 있어서 과장이라고 생각했는데 아니었네요. 여우가 그렇게 긴 거리를 이동하다니 정말 대단하네요.
독자 5: 올무 설치는 법으로 금지된 행동인데, 기사에서 불법 행위라는 점도 언급해 줬으면 더 좋았을 것 같네요.

① '독자 1'은 (가)의 기사가 시의성 있는 내용을 담고 있다는 점에서 긍정적이라고 평가하고 있군.

② '독자 2'는 (가)의 기사에서 밝힌 중부보전센터에서 방사한 여우의 생존율이 정확한 정보인지 의문을 제기하고 있군.

③ '독자 3'은 (가)의 기사에서 생존 여우의 개체 수 확인 시점을 2010년대 초라고만 밝히고 있다는 점에서 구체성이 부족하다고 평가하고 있군.

④ '독자 4'는 (가)의 기사에서 여우가 200km 이상의 거리를 이동했다고 한 것이 과장된 진술은 아닌지 의문을 제기하고 있군.

⑤ '독자 5'는 (가)의 기사에서 여우에 대한 범법 행위를 막지 못하고 있는 이유를 제시하지 않았다는 점에서 정보를 보충할 필요가 있다고 밝히고 있군.

[24004-0168]

03 **(가)를 바탕으로 (나)를 제작하기 위해 학생이 세운 계획 중 (나)에 반영되지 않은 것은?**

① 기사에서 사용한 문구를 활용해서 포스터의 제목을 정해야지.
② 기사 내용 외에 추가로 조사한 여우의 역할을 포스터에 추가해야지.
③ 기사에서 밝힌 여우의 실제 성격을 여우 캐릭터 이미지와 문자 언어를 통해 드러내야지.
④ 기사에 언급된 탐방 프로그램에 쉽게 접근할 수 있도록 인터넷 주소 대신 QR 코드를 제공해야지.
⑤ 기사에서 밝힌 바와 같이 토종 여우가 멸종 위기라는 점을 제시하여 복원 사업의 필요성을 부각해야지.

[24004-0169]

04 **ⓐ~ⓔ에 대한 설명으로 적절하지 않은 것은?**

① ⓐ: '-ㄴ 셈이다'의 구성을 사용해 결과적으로 토종 여우가 먼 거리를 이동하였음을 나타내고 있다.
② ⓑ: '-ㄹ 수 있다'의 구성을 사용해 토종 여우 관찰이 가능함을 나타내고 있다.
③ ⓒ: 수량을 나타내는 말에 접미사 '-가량'이 붙어 방사된 여우의 생존율을 어림짐작으로 표현하고 있다.
④ ⓓ: '-지 못하다' 구성을 사용해 자연 복귀를 이룰 능력이 없음을 나타내고 있다.
⑤ ⓔ: 보조사 '도'를 사용해 복원 사업에 대한 시각의 예외적 특징을 강조하고 있다.

02 통합

[01~04] (가)는 학생들이 온라인 화상 회의에서 나눈 대화이고, (나)는 (가)를 바탕으로 만든 온라인 카드 뉴스이다. 물음에 답하시오.

가

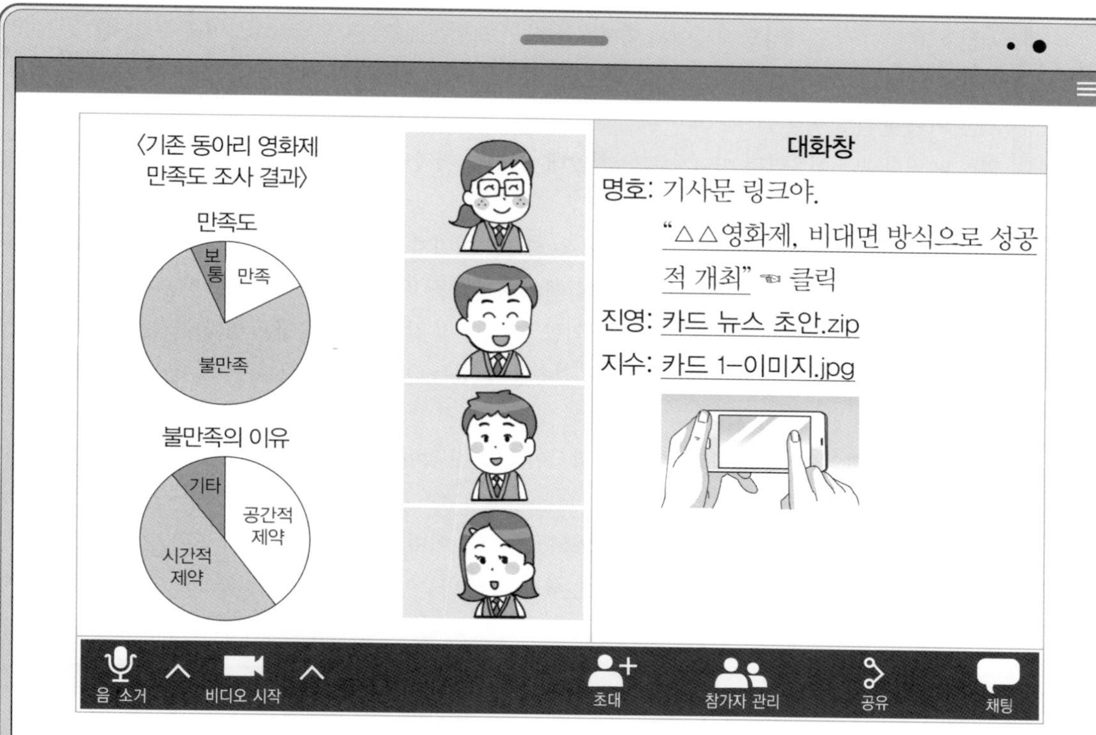

진영 ▶ 동아리 영화제 준비를 위한 회의를 시작할게. ㉠시간이 제한되어 있으니, 효율적으로 회의를 진행하기 위해 자신이 발언할 때가 아니면 마이크를 음 소거로 설정해 줘. 지난번 회의에서는 영화제 방식을 비대면으로 변경하는 것에 대해 내가 제안했었는데, 다들 생각해 봤어?

지수 ▶ 우선 방과 후에 소극장에 모여 영화를 보던 기존 방식을 개선할 필요가 있다는 의견에는 모두 공감했잖아. 잠깐 화면을 봐 줘. ㉡화면에 기존 동아리 영화제에 대한 만족도 조사 결과를 보여 줄게. 시간적 제약과 공간적 제약에 대한 불만이 많은데, 이 문제를 개선하려면 비대면 방식이 적절해 보여.

서진 ▶ 그런데 우리 여건에서 비대면 영화제를 개최하는 게 현실적으로 가능할까?

명호 ▶ 비대면 영화제가 개최된 사례를 찾아봤는데, 우리 여건에서도 충분히 가능할 것 같아. ㉢얼마 전 다른 지역의 학교에서 열린 비대면 영화제에 대한 기사 주소를 대화창에 공유해 줄게.

서진 ▶ 기사를 봤는데, 우리 여건과 비슷한 환경에서 성공적으로 행사를 치른 것 같아서 마음이 놓여.

진영 ▶ 모두 동의해 줘서 고마워. 지난번 회의에서 영화제 홍보 자료를 온라인 카드 뉴스 형식으로 만들기로 했던 것 기억나지? 우선 초안을 만들어 봤는데, 대화창에 공유할 테니까 검토해 보고 의견 말해 줘.

서진 ▶ '손바닥 영화제'라는 명칭 좋은데! 모바일 기기를 활용하는 영화제의 특성을 잘 드러내 주는 것 같아.

명호 ▶ 멋진 이름이야. 그런데 '카드 1'에서 영화제 제목의 글자를 다른 글자들보다 크게 제시하면 변경된 영화제 명칭을 강조할 수 있을 것 같아.

지수 ▶ '손바닥 영화제'라는 영화제 명칭과 잘 어울리는 이미지를 검색해서 찾았는데, '카드 1'에 삽입하면 영화제의 특징을 시각적으로 강조할 수 있을 것 같아. 화면에 이미지를 띄웠는데, 잘 보여?

서진 ▶ 화면이 작고 해상도가 낮아서 이미지가 잘 안 보이는데, 다른 방식으로 보여줄 수 없어?

지수 ▶ 그렇군. ㉣ 대화창에 이미지 파일을 공유했는데, 잘 보이는지 확인해 봐.

서진 ▶ 이제 잘 보여.

명호 ▶ 영화제와 어울리는 이미지로 잘 찾았네. 그런데 저작권자의 허락을 받지 않고 자유롭게 사용해도 되는 이미지일까?

지수 ▶ ㉤ 저작권자가 자유로운 배포와 사용을 허가한 이미지라고 표시되어 있으니 사용이 가능해. '카드 2'에서는 새롭게 변경된 영화제와 기존 영화제의 차이점을 표로 정리해서 알려 주면 좋을 것 같아.

명호 ▶ 표를 활용하면 변경된 점을 쉽게 파악할 수 있을 것 같아. '카드 3'에는 영화에 접속할 수 있는 인터넷 주소를 직접 제시하고 있는데, 영화에 접속할 수 있는 QR 코드를 제시하는 게 영화를 보려는 학생들 입장에서 더 편리할 것 같아.

지수 ▶ 그래. 편의성을 고려하면 QR 코드 방식이 좋을 것 같아. 그리고 '카드 4'에서는 불법 공유 금지에 대해 안내하면 좋을 것 같아.

서진 ▶ ㉮ 그게 좋겠다. 불법 공유 금지를 강조할 수 있는 이미지를 찾아서 문구와 함께 삽입하자.

진영 ▶ 문구와 어울리는 이미지를 찾아볼게. 좋은 의견 내주어서 고마워. 카드 뉴스는 학교 누리집을 통해 학생들에게 전달할게.

나

카드 1	카드 2
제1회 ○○고 손바닥 영화제 (기존: ○○고 동아리 영화제) 기간: 2024년 9월 ××일~2024년 9월 ××일	**올해부터 영화제 운영 방식이 달라집니다.**

	변경 전	변경 후
시간	영화제 기간 방과 후	영화제 기간 중 어느 시간에나!
장소	교내 소극장	자신이 편한 장소에서!

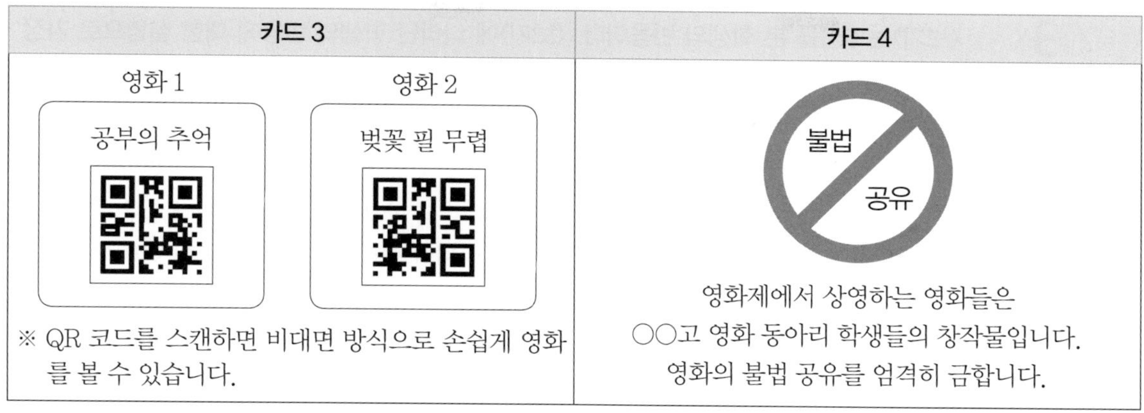

[24004-0170]

01 **㉠~㉤에 나타난 매체 활용에 대한 설명으로 적절하지 <u>않은</u> 것은?**

① ㉠: 원활한 회의 진행을 위해 상황에 맞게 마이크 기능을 조작해 줄 것을 요청하였다.
② ㉡: 발언의 근거를 제시하기 위해 관련 조사 자료를 화면에 공유하였다.
③ ㉢: 비대면 영화제의 실현 가능성을 보여 주기 위해 관련 기사를 볼 수 있도록 공유하였다.
④ ㉣: 제공하는 시각 자료의 선명도를 높이기 위해 정보 제공 방식을 변경하였다.
⑤ ㉤: 이미지를 활용하기 위해 저작권자에게 이미지의 사용에 대한 허가를 요청하였다.

[24004-0171]

02 **(가)를 바탕으로 (나)를 이해한 내용으로 적절하지 <u>않은</u> 것은?**

① '카드 1'에서 이미지를 삽입한 것은 영화제의 특징을 시각적으로 강조하기 위한 것이다.
② '카드 1'에서 영화제의 제목을 크게 표시한 것은 변경된 영화제의 명칭을 강조하기 위한 것이다.
③ '카드 2'에서 표를 활용하여 내용을 제시한 것은 기존 영화제와의 차이점을 강조하기 위한 것이다.
④ '카드 3'에서 QR 코드를 활용한 것은 카드 뉴스 생산자의 편의성을 강조하기 위한 것이다.
⑤ '카드 4'에서 문구와 어울리는 이미지를 활용해 메시지를 전달한 것은 불법 공유 금지의 의미를 강조하기 위한 것이다.

[24004-0172]

03 **〈보기〉는 (나)를 본 학생의 반응이다. 〈보기〉에 나타난 학생의 반응에 대한 설명으로 가장 적절한 것은?**

보기

"영화제를 홍보하기 위해 온라인 카드 뉴스를 제작한 점은 참신했어. 하지만 온라인 매체의 특성을 적극적으로 활용하지 못한 점은 아쉬워. 우리 학교 학생뿐 아니라, 더 많은 사람이 영화제에 대한 정보를 얻을 수 있도록 학교 누리집뿐 아니라 여러 누리 소통망을 활용해 홍보하면 좋을 것 같아."

① 복합 양식을 활용한 것에 대해, 매체 언어 활용 방식이 적절하지 않았음을 지적하고 있다.
② 매체에서 전달하는 정보의 양에 대해, 더 많은 정보를 제공할 필요가 있음을 지적하고 있다.
③ 매체에 활용된 언어의 수준에 대해, 매체 수용자의 이해도를 고려하지 않았음을 지적하고 있다.
④ 매체를 활용한 소통 양상에 대해, 쌍방향 소통이 가능한 매체의 특성을 활용하지 않았음을 지적하고 있다.
⑤ 매체의 정보를 한정된 대상에게만 전달한 것에 대해, 정보를 전달하는 대상을 확대할 필요가 있음을 지적하고 있다.

[24004-0173]

04 **〈보기〉를 참고할 때, (가)의 ㉮에 대한 이해로 가장 적절한 것은?**

보기

지시 표현은 담화 장면을 구성하는 화자, 청자, 사물, 시간, 장소 등의 요소를 직접 가리키는 표현이다. 그리고 대용 표현은 앞에서 언급된 말, 혹은 뒤에서 언급될 말을 대신하는 표현이다.

① 지시 표현으로, 불법 공유 금지를 강조할 수 있는 이미지를 가리키고 있다.
② 지시 표현으로, 영화에 접속할 수 있는 QR 코드를 제시하는 것을 가리키고 있다.
③ 대용 표현으로, '카드 4'에서 불법 공유 금지에 대해 안내하자는 말을 대신하고 있다.
④ 대용 표현으로, 불법 공유 금지 안내 문구와 어울리는 이미지를 찾아보겠다는 말을 대신하고 있다.
⑤ 지시 표현으로, '카드 3'에 영화에 접속할 수 있는 인터넷 주소를 직접 제시하는 것을 가리키고 있다.

[01~04] 다음은 텔레비전 방송 프로그램이다. 물음에 답하시오.

㉠ [자막]
녹화 후에 날씨가 많이 풀렸네요. 따뜻한 봄날에 먹어도 맛있는 닭볶음탕 요리, 기대하세요!

진행자: 안녕하세요. 〈오늘의 저녁〉 진행자 ○○○입니다. 오늘도 변함없이 요리 연구가 □□□ 선생님을 모시고 방송을 진행해 보겠습니다. 선생님, 오늘은 또 어떤 맛있는 요리를 알려 주실 건가요?

요리 연구가: 네, 오늘의 요리는 시청자 게시판에서 방송 요청이 가장 많았던 음식인데요, 바로 닭볶음탕입니다. 단백질이 풍부한 닭과 비타민이 가득한 채소가 어우러진 영양 만점 요리죠.

진행자: 드디어 나왔네요. 오늘의 요리 주제는 시청자 여러분들이 그렇게 기다리시던 닭볶음탕입니다. 제가 얼마 전에 다른 방송에서 닭볶음탕 맛집을 소개한 적이 있었는데요, 그때도 시청자들의 반응이 정말 좋았습니다. 요즘처럼 쌀쌀한 날씨에 안성맞춤인 음식인데요, 오늘 저녁도 정말 기대가 됩니다. 그럼 재료 소개부터 부탁드리겠습니다.

㉡ [자막]
오늘의 양념 재료!
진간장 5큰술, 고추장 1.5큰술, 설탕 2큰술, 고운 고춧가루 2큰술, 굵은 고춧가루 1큰술, 다진 마늘 1큰술, 맛술 1큰술

요리 연구가: 우선, 닭볶음탕용 닭고기 1kg, 감자 2개, 양파 1개, 대파 1대가 필요합니다. 그리고 양념에는 간장, 고추장, 설탕, 고춧가루, 마늘, 맛술이 들어갑니다.

진행자: 마트에 가면 닭고기를 요리 종류에 따라서 판매하는데요, 삼계탕용 닭 말고 손질된 닭볶음탕용 닭을 사셔야 요리하실 때 편하겠네요.

요리 연구가: 네, 맞습니다. (옆에 있던 삼계탕용 닭을 보여 주며) ⓐ이런 닭을 사시면, 집에서 직접 손질해야 해서 어려움이 있습니다. 충분히 손질할 수는 있지만, 시간도 오래 걸리고 번거로우니까 되도록 닭볶음탕용으로 사세요.

진행자: 그럼 가장 먼저 무엇을 해야 할까요?

요리 연구가: 재료 손질을 시작합니다. 먼저, 닭을 이렇게 끓는 물에 살짝 데쳐 줍니다. 닭의 불순물과 기름을 제거해 주는 과정인데요, 좀 더 깔끔한 맛을 낼 수 있습니다.

진행자: 시청자 여러분, 끓는 물을 사용해야 하니 데지 않도록 조심해 주세요! 요리할 때는 맛있게 만드는 것도 중요하지만, 언제나 안전이 최우선입니다.

㉢ [자막]
요리할 때는 맛보다 안전이 최우선! 화상 조심!

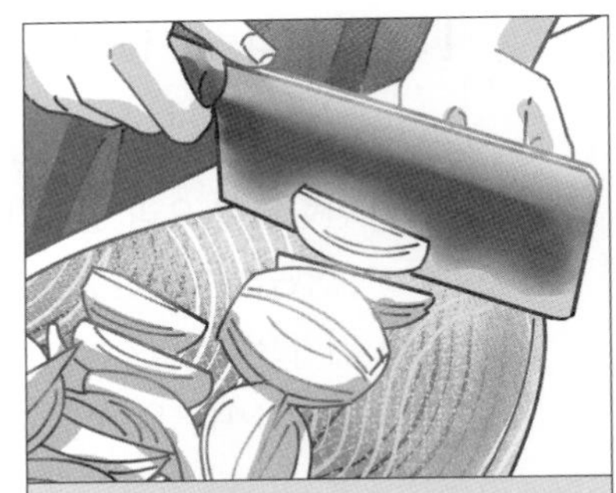

㉣ [자막]
채소는 취향껏 추가해 보세요. 떡이나 당면도 추가하면 맛있답니다.

요리 연구가: 양념은 아까 말씀드린 재료를 모두 섞어서 준비해 주시면 됩니다. 이어서 채소를 다듬어야 하는데요, 감자와 양파는 1/4등분을 해 주시고, 대파는 반으로 ⓑ가르고 손가락 하나 크기만큼씩 썰어 주세요. 전 늘 그렇듯이 정말 최소한의 재료로 하는 요리법을 보여 드리는 거니까 감자, 양파, 대파 외에도 넣고 싶은 채소를 추가해 보세요.

진행자: 선생님, 감자나 양파의 크기가 이것보다 작으면 꼭 1/4등분을 할 필요는 없겠죠? 시청자분들께서는 이런 사소한 것들을 더 궁금해하시더라고요.

요리 연구가: 그럼요. 작은 크기면 절반 정도로 잘라 주셔도 됩니다. 그리고 이런 채소 외에도 집에 당면이나 떡이 있다면 추가해 주셔도 맛있습니다.

㉤ [자막]
끓이기 전에 볶는 이유는?
하나. 양념이 더 잘 배어들어요.
둘. 육질이 쫄깃쫄깃해져요.

진행자: 선생님, 이제 재료 준비가 끝난 것 같은데요, 다음 단계는 무엇인가요?

요리 연구가: 물에 넣고 끓이기 전에 이렇게 닭과 양념을 섞으면서 먼저 볶아 주세요.

진행자: 왜 이렇게 해야 하나요?

요리 연구가: 이렇게 하면 닭고기에 양념이 더욱 잘 스며든답니다. 그리고 닭고기를 더 ⓒ쫄깃쫄깃한 식감으로 즐기실 수 있어요.

진행자: 시청자 여러분이 기억하셔야 할 오늘의 요리 비결이군요.

요리 연구가: 맞습니다. 간단하지만 맛을 훨씬 좋게 해 주는 방법이죠. 닭이 어느 정도 볶아져서 양념이 배어들면, 물을 붓고 끓여 주세요. 여기에 준비해 두신 채소도 넣어 주세요.

진행자: 이렇게 얼마나 끓여야 할까요?

요리 연구가: 처음에 강한 불로 끓이다가 ⓓ팔팔 끓어오르면 중간 불로 줄이고 20분에서 25분 정도 끓이면서 졸여 주시면 됩니다. (준비해 놓은 완성품을 보여 주며) 시간상 끓이고 있는 걸 다 찍을 수는 없으니까요, 제가 미리 완성품을 준비해 놓았습니다. (깨를 뿌리며) 이렇게 마무리로 통깨를 뿌려 주시면 좋습니다.

진행자: 정말 먹음직스럽네요. 시청자 여러분, 20분가량만 잘 끓이면 이렇게 완성이 된다고 하네요. 그럼 제가 한번 먹어 보도록 하겠습니다. (시식) ⓔ와! 정말 맛있네요.

요리 연구가: 보신 것처럼 어렵지 않으니까요, 여러분도 꼭 해 보세요.

진행자: 선생님, 오늘 저녁도 감사합니다. 요리 과정을 다시 보고 싶으신 분들은 저희 방송 누리집에 접속하시면, 핵심만 간추려 놓은 영상도 볼 수 있으니 참고하세요. 그리고 다뤄 줬으면 하는 음식을 추천해 주시면 저희가 방송에 적극 반영하겠습니다. 그럼, 저희는 다음 주에 더 맛있는 저녁으로 찾아뵙겠습니다. 감사합니다.

[24004-0174]

01 **제작진이 위 방송 프로그램을 구상하는 과정에서 떠올린 생각 중 방송에 반영되지 <u>않은</u> 것은?**

① 방송의 주제가 되는 음식 선정에 시청자의 의견이 반영되었음을 드러낸다.
② 시청자가 겪을 수 있는 어려움을 언급하고 이를 해결하는 방법을 시범 보이도록 한다.
③ 진행자가 시청자가 궁금해할 만한 질문을 하고 요리 연구가가 답을 하도록 한다.
④ 녹화 시간을 고려해서 요리의 전 과정을 촬영하지 않고 미리 준비한 요리를 보여 준다.
⑤ 방송 내용을 간추려 놓은 동영상을 볼 수 있는 방법을 시청자에게 안내한다.

[24004-0175]

02 **위 방송 프로그램의 자막 ㉠~㉤에 대한 설명으로 적절하지 <u>않은</u> 것은?**

① ㉠: 진행자가 언급한 내용을 방송 시기에 맞게 바꿔서 제시하고 있다.
② ㉡: 요리 연구가가 밝힌 내용을 보다 구체화해서 제시하고 있다.
③ ㉢: 진행자가 밝힌 내용 중 핵심적인 정보를 정리해서 제시하고 있다.
④ ㉣: 요리 연구가가 제시한 정보에 추가적인 정보를 더해 제시하고 있다.
⑤ ㉤: 진행자가 묻는 내용에 대한 요리 연구가의 답변을 항목화하여 제시하고 있다.

[24004-0176]

03 **다음은 방송을 본 시청자들이 시청자 게시판에 남긴 댓글이다. 이에 대한 이해로 가장 적절한 것은?**

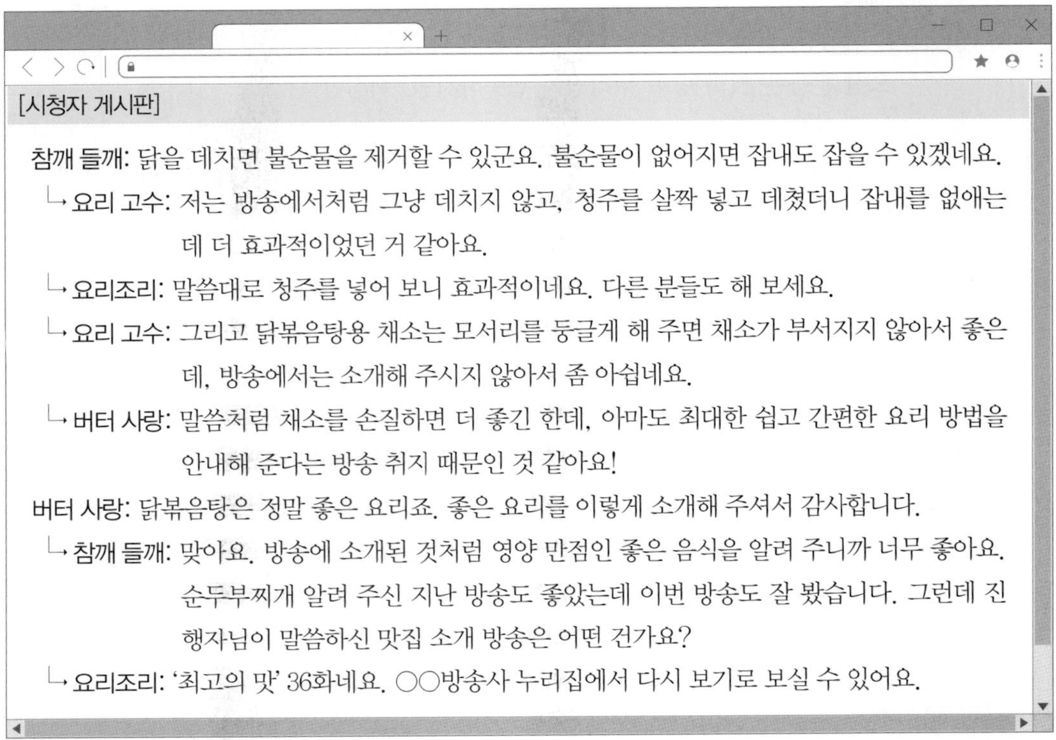

[시청자 게시판]

참깨 들깨: 닭을 데치면 불순물을 제거할 수 있군요. 불순물이 없어지면 잡내도 잡을 수 있겠네요.

↳ 요리 고수: 저는 방송에서처럼 그냥 데치지 않고, 청주를 살짝 넣고 데쳤더니 잡내를 없애는 데 더 효과적이었던 거 같아요.

↳ 요리조리: 말씀대로 청주를 넣어 보니 효과적이네요. 다른 분들도 해 보세요.

↳ 요리 고수: 그리고 닭볶음탕용 채소는 모서리를 둥글게 해 주면 채소가 부서지지 않아서 좋은데, 방송에서는 소개해 주시지 않아서 좀 아쉽네요.

↳ 버터 사랑: 말씀처럼 채소를 손질하면 더 좋긴 한데, 아마도 최대한 쉽고 간편한 요리 방법을 안내해 준다는 방송 취지 때문인 것 같아요!

버터 사랑: 닭볶음탕은 정말 좋은 요리죠. 좋은 요리를 이렇게 소개해 주셔서 감사합니다.

↳ 참깨 들깨: 맞아요. 방송에 소개된 것처럼 영양 만점인 좋은 음식을 알려 주니까 너무 좋아요. 순두부찌개 알려 주신 지난 방송도 좋았는데 이번 방송도 잘 봤습니다. 그런데 진행자님이 말씀하신 맛집 소개 방송은 어떤 건가요?

↳ 요리조리: '최고의 맛' 36화네요. ○○방송사 누리집에서 다시 보기로 보실 수 있어요.

① '요리 고수'는 방송의 조리법을 그대로 따라 해 본 경험을 다른 이들과 공유하고 있다.
② '참깨 들깨'는 진행자의 안내에 따라 방송에서 다뤄 줬으면 하는 음식을 추천하고 있다.
③ '요리조리'는 진행자가 시청했다고 밝힌 방송 프로그램을 보는 방법을 다른 이에게 안내하고 있다.
④ '요리 고수'는 방송에서 특정 정보를 제시하지 않은 이유에 대해 '버터 사랑'과 상반된 의견을 제시하고 있다.
⑤ '참깨 들깨'는 요리 연구가의 말을 활용해서 방송에 대한 '버터 사랑'의 반응에 공감적 반응을 드러내고 있다.

[24004-0177]

04 **ⓐ~ⓔ에 대한 설명으로 적절한 것은?**

① ⓐ는 관형사로서, 특정한 크기의 닭은 손질하기 어려움을 나타낸다.
② ⓑ는 동사로서, 대파를 다듬을 때 자르는 방법을 나타낸다.
③ ⓒ는 부사로서, 닭고기를 씹을 때 느낄 수 있는 감각을 나타내고 있다.
④ ⓓ는 형용사로서, 물이 끓는 정도를 시각적으로 나타낸다.
⑤ ⓔ는 감탄사로서, 일의 결과가 기대했던 것에 미치지 못함을 나타낸다.

통합

정답과 해설 47쪽

[01~04] 다음은 라디오 생방송 인터뷰이다. 물음에 답하시오.

진행자: (경쾌한 배경 음악과 함께) 〈시사 공감〉 청취자 여러분, 안녕하세요? 매주 수요일 생방송으로 진행되는 코너 '디지털이 바꾼 세상', 그 두 번째 시간입니다. 지난주 첫 번째 시간에는 IT 전문 기자 □□□ 님과 함께 사물 인터넷에 관하여 이야기 나누었는데요, 첫 방송 이후 청취자들의 반응이 뜨거웠습니다. 오늘은 인공 지능(AI) 전문가 ○○○ 박사님을 모시고 '우리의 일상을 파고든 AI'라는 주제로 여러 이야기 나누어 보겠습니다. ○○○ 박사님, 어서 오십시오.

전문가: 안녕하세요, 반갑습니다.

진행자: 얼마 전 AI 화가가 그린 작품으로 구성된 전시회가 열려 화제가 되었습니다. 바야흐로 AI가 사람처럼 창작하는 신세계가 열린 것인데요, 미술 작품은 예술가들이 자신만의 독특한 기법을 가지고 그려 내는 것인데, 사람이 아닌 AI가 새로운 미술 작품을 탄생시킬 수 있다니 정말 놀랍습니다.

전문가: 창의적인 활동은 인간의 전유물이라는 관념이 생성 AI의 등장으로 깨어진 것이라고 할 수 있겠네요.

진행자: 생성 AI요? 그게 뭔가요? 다소 생소한 개념인데 설명 부탁드립니다.

전문가: 생성 AI란 글, 오디오, 이미지 등 기존 콘텐츠를 활용해 유사한 콘텐츠를 새롭게 만들어 내는 AI 기술로, 생성 AI는 기존 데이터와의 비교 학습을 통해 새로운 창작물을 탄생시킵니다. 그림을 예로 들자면 사람이 간단한 문장 한 줄만 입력하면 생성 AI가 특정 작가의 화풍을 모사한 그림을 그려서 보여 주는 것이죠.

진행자: 박사님 설명만 듣고는 상상이 잘 안되는데요.

전문가: 그럼 AI 화가 프로그램 하나를 사용하여 지금 바로 그림을 그려 볼까요? '왕관을 쓴 여인, 파블로 피카소 스타일로 출력'이라고 명령어를 입력해 보죠. 자, 보시는 것처럼 명령어를 입력하자마자 바로 이렇게 그림 두 장이 출력되었네요.

진행자: 아, 지금 청취자분들은 그림을 보지 못하시니까, 제가 말로 설명해 드리자면, 2차원 평면에 한 대상의 앞모습과 옆모습을 동시에 볼 수 있게 그린 피카소의 작품을 보신 적 있으시죠? 그러한 피카소 특유의 화풍이 한 장은 흑백 판화 스타일로, 다른 한 장은 유화 스타일로 드러나는 그림이 그려졌습니다. 와! 불과 몇 분 만에 작품이 탄생했네요. 비전문가도 AI 프로그램만 있으면 화가처럼 그림을 그릴 수 있다니 놀랍고 신기하네요.

전문가: 그렇죠. AI 기술이 가지는 방대함과 창의성이 좀 더 많은 사람에게 다양한 창작의 기회를 제공하고, 예술의 경계를 확장할 것이라는 기대가 큽니다.

진행자: 〈시사 공감〉 청취자 여러분, 지금 여러분께서는 ○○○ 박사님과 함께하는 '디지털이 바꾼 세상'을 듣고 계십니다. 그런데 박사님, 한편으로는 '사람이 직접 그리지 않고 AI가 만든 그림이 과연 예술일까?' 하는 의문도 드는데요, 이에 대한 박사님의 생각은 어떠신지요?

전문가: 최근 빠르게 발전하는 AI 기술이 예술 분야에까지 영향을 미치면서 예술의 정의에 대한 화두가 논쟁의 영역으로 떠올랐습니다. 저는 AI가 인간이 예술을 창작할 때 사용하는 도구이자, 예술 주체와 예술 작품을 연결하는 일종의 매개체라고 생각합니다. 다시 말해 AI가 그림을 그렸다기보다는, 사람이 자신의 예술적 의도를 AI라는 도구를 통해 표현한 것이라고 할 수 있지요. 많은 사람이 AI가 인간

의 정신적 영역을 위협하는 것이 아니냐는 우려를 드러내고 있습니다. 그러나 막연히 불안해하기보다는 AI를 강력한 도구로 잘 활용한다면, AI가 생성하는 다양한 이미지들은 새로운 아이디어의 차원에서 우리 인간을 자극하고 창의적 영감의 원천으로 기능하는 새로운 형태의 예술이 될 것이라고 생각합니다.

진행자: ㉠아, 그 말씀은 AI를 인간이 가지고 있는 감성이나 상상력 등을 표현하는 데에 활용할 수 있는, 즉 창작 활동을 돕는 긍정적인 쓰임을 가진 도구로 보는 것이시군요. 오늘 유익한 말씀 감사합니다. (경쾌한 배경 음악과 함께) ㉡청취자 여러분, 오늘 AI 프로그램을 통해 그린 그림은 방송이 끝난 후 프로그램 누리집 게시판에 업로드됩니다. 그 놀라운 결과물을 직접 확인해 보세요! 이에 대한 다양한 소감도 부탁드릴게요! ㉢다음 주 수요일 '디지털이 바꾼 세상' 세 번째 시간에는 공학 칼럼니스트 ◇◇◇ 님과 함께 '클라우드 컴퓨팅'을 주제로 이야기 나누어 봅니다. 다음 주도 기대 많이 해 주시기 바랍니다. 지금까지 ○○○ 박사님과 함께한 '디지털이 바꾼 세상'이었습니다.

[24004-0178]

01 **위 라디오 인터뷰에 대한 설명으로 적절하지 않은 것은?**

① 진행자는 그림을 볼 수 없는 청취자들을 위해 출력된 그림을 말로 설명하고 있다.
② 인터뷰를 시작하고 마무리할 때 배경 음악이 삽입되어 경쾌한 분위기를 연출하고 있다.
③ 다음 방송에 대한 청취자의 관심을 유도하기 위해 코너를 마무리할 때 다음 방송의 주제를 예고하고 있다.
④ 청취자의 이해를 돕기 위해 '박사'가 직접 프로그램을 시연하며 생성 AI가 활용된 사례에 대해 설명하고 있다.
⑤ 진행자는 프로그램이 지난 시간의 내용과 연속된다는 점을 고려하여 지난 시간에 다룬 주제를 언급한 뒤, 질문이 있는지 묻고 있다.

[24004-0179]

02 **다음은 위 방송 프로그램 '청취자 게시판'의 내용이다. 청취자의 반응에 대한 이해로 적절하지 <u>않은</u> 것은?**

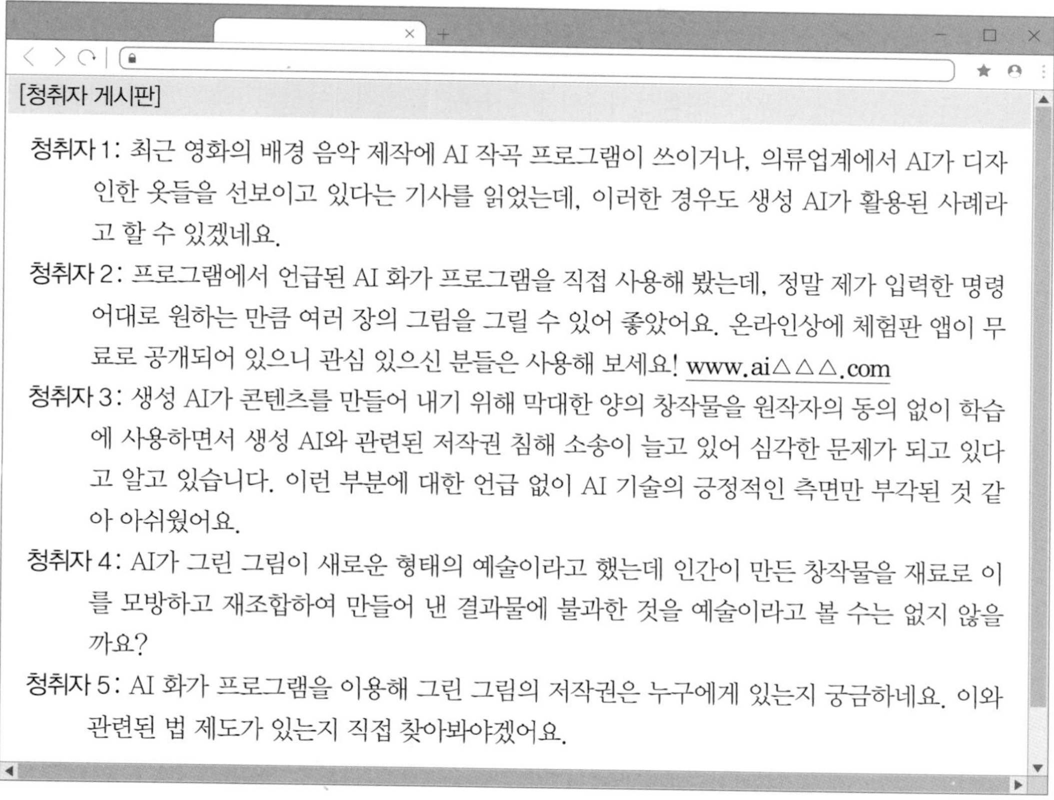

[청취자 게시판]

청취자 1: 최근 영화의 배경 음악 제작에 AI 작곡 프로그램이 쓰이거나, 의류업계에서 AI가 디자인한 옷들을 선보이고 있다는 기사를 읽었는데, 이러한 경우도 생성 AI가 활용된 사례라고 할 수 있겠네요.

청취자 2: 프로그램에서 언급된 AI 화가 프로그램을 직접 사용해 봤는데, 정말 제가 입력한 명령어대로 원하는 만큼 여러 장의 그림을 그릴 수 있어 좋았어요. 온라인상에 체험판 앱이 무료로 공개되어 있으니 관심 있으신 분들은 사용해 보세요! <u>www.ai△△△.com</u>

청취자 3: 생성 AI가 콘텐츠를 만들어 내기 위해 막대한 양의 창작물을 원작자의 동의 없이 학습에 사용하면서 생성 AI와 관련된 저작권 침해 소송이 늘고 있어 심각한 문제가 되고 있다고 알고 있습니다. 이런 부분에 대한 언급 없이 AI 기술의 긍정적인 측면만 부각된 것 같아 아쉬웠어요.

청취자 4: AI가 그린 그림이 새로운 형태의 예술이라고 했는데 인간이 만든 창작물을 재료로 이를 모방하고 재조합하여 만들어 낸 결과물에 불과한 것을 예술이라고 볼 수는 없지 않을까요?

청취자 5: AI 화가 프로그램을 이용해 그린 그림의 저작권은 누구에게 있는지 궁금하네요. 이와 관련된 법 제도가 있는지 직접 찾아봐야겠어요.

① '청취자 1'은 방송에서 소개한 내용에 대해 방송에서 언급되지 않은 사례를 적용하여 이해의 폭을 확장하고 있다.

② '청취자 2'는 자신의 경험을 바탕으로 방송 내용에 공감하며 하이퍼링크를 활용해 관련 정보를 제공하고 있다.

③ '청취자 3'은 생성 AI 기술이 초래하고 있는 법적인 문제를 언급하며 방송에서 AI 기술의 긍정적인 측면만 언급한 것에 대해 비판적 시각을 드러내고 있다.

④ '청취자 4'는 AI와 예술의 관계에 대한 전문가의 견해에 의문을 제기하며 AI가 그린 그림을 예술이라고 보는 박사의 관점을 부정하고 있다.

⑤ '청취자 5'는 방송에서 언급되지 않은 내용과 관련하여 궁금증을 드러내며 이에 관해 추가적으로 정보를 요청하고 있다.

[24004-0180]

03 **위 인터뷰를 통해 알 수 있는 라디오 방송의 매체적 특성으로 적절한 것만을 〈보기〉에서 있는 대로 골라 바르게 묶은 것은?**

보 기

ㄱ. 방송 내용이 실시간으로 전달된다는 점에서 정보의 생산과 수용이 동시에 이루어지고 있다.
ㄴ. 진행자는 불특정 다수의 정보 수용자를 고려하여 높임 표현을 사용해 방송을 진행하고 있다.
ㄷ. 청취 여부를 선택한 매체 수용자에게만 정보가 전달된다는 점에서 정보 유통의 폐쇄성이 높다.
ㄹ. 전문가가 공신력 있는 기관의 자료를 활용한다는 점에서 공익적 목적을 추구하는 매체의 특성이 드러난다.
ㅁ. 진행자가 청취자 게시판을 통해 방송 내용과 관련된 정보를 즉각적으로 제공받아 이를 실시간으로 반영한다는 점에서 공간의 제약을 넘어선 의사소통이 이루어지고 있다.

① ㄱ, ㄴ ② ㄷ, ㄹ ③ ㄱ, ㄴ, ㄹ ④ ㄱ, ㄷ, ㅁ ⑤ ㄴ, ㄷ, ㅁ

[24004-0181]

04 **㉠~㉢에 대한 설명으로 가장 적절한 것은?**

① ㉠은 인용절을 사용하여 '박사'가 앞서 언급한 내용을 압축적으로 전달하고 있다.
② ㉠은 선어말 어미 '-시-'를 사용하여 박사의 말을 높임으로써 '박사'를 간접적으로 높이고 있다.
③ ㉡은 피동 접사 '-되다'를 사용하여 'AI 프로그램을 통해 그린 그림'을 업로드하는 주체를 명확하게 밝히고 있다.
④ ㉢은 보조 용언 '보다'를 사용하여 다음 주 방송에도 '클라우드 컴퓨팅'에 대한 이야기가 지속적으로 진행됨을 나타내고 있다.
⑤ ㉢은 종결 어미 '-ㅂ니다'를 사용하여 '공학 칼럼니스트 ◇◇◇ 님'을 공손하게 높이고 있다.

[01~04] (가)는 방송 보도이고, (나)는 이를 참조하여 교내에 게시하기 위해 동아리에서 만든 포스터이다. 물음에 답하시오.

가

진행자: 건강한 삶을 영위하기 위해서는 자신의 상태를 면밀히 파악하고 일정 수준 이상의 체력을 유지하는 것이 중요합니다. '국민체력100'은 연령대에 필요한 체력 수준을 국가가 인증해 주고 각 개인에게 맞춤형 운동을 처방해 주는 대국민 스포츠 복지 서비스입니다. 2025년 초고령 사회를 앞두고 있는 가운데, 65세 이상 고령층의 기초 체력 유지의 중요성이 대두되면서 '국민체력100'에 대한 관심이 증가하고 있습니다. 고△△ 기자가 보도합니다.

[장면 1]

기자: 전국 약 75개소의 체력 인증 센터에서는 국민 모두를 대상으로 연령별 무료 체력 측정 서비스를 ⓐ제공하고 있습니다. 체력 검사는 유아기(만 4~6세), 유소년기(만 11~12세), 청소년기(만 13~18세), 성인기(만 19~64세), 어르신기(만 65세 이상) 등 연령별로 각 검사 항목을 다르게 구분해 진행됩니다. 65세 이상 어르신은 일반 성인과 건강 체력 기준이 ⓑ같지 않기 때문에 측정 방식에도 차이가 있습니다.

건강 운동 관리사: 65세 이상 어르신의 건강 체력 기준은 일상생활을 타인의 도움 없이 스스로 유지하는 자립 생활을 영위할 수 있도록 권고하는 체력 기준을 말합니다. 어르신들의 체력 측정 항목에는 악력 측정, 의자에 앉았다 일어서기, 의자에 앉아 3m 표적 돌아오기, 앉아 윗몸 앞으로 굽히기, 6분 걷기, 2분 제자리 걷기, 8자 보행 등이 있습니다. 체력 측정 이후에는 체력 수준에 따라 국가 공인 인증서를 발급하고 있으며, 어르신들이 현재 체력을 지속할 수 있도록 개인별로 맞춤형 운동을 ⓒ처방해 드리고 있지요.

[장면 2]

기자: 체력 인증 등급은 최소한의 건강 유지에 필요한 체력 수준인 3등급, 활발한 신체 활동 참여에 필요한 체력 수준인 2등급, 다양한 스포츠에 도전하여 활력적이고 주도적으로 활동할 수 있는 체력 수준인 1등급으로 나뉩니다. 각 종목의 체력 검사 결과와 체격 측정치를 종합해 3등급 이상이면 '국가 공인 체력 인증서'를 받게 됩니다. 올해 67세의 □□□ 씨도 국가 공인 체력 인증에 ⓓ도전해 보고자 가까운 체력 인증 센터를 찾았습니다.

시민: 전문가의 도움을 받아 정확하게 체력을 측정하고, 제 체력 수준을 점검할 수 있는 기회가 되었습니다. 스스로 건강을 유지하고 관리하는 것은 책임 같아요. 제 책임. 건강하게 오래 살기 위해서 오늘 처방받은 운동 프로그램에 따라 규칙적으로 운동하면서 체력을 꾸준히 증진할 생각입니다.

[장면 3]

기자: 우리나라의 65세 이상 노인 인구는 급격히 증가하여 초고령 사회로의 진입을 앞두고 있으며, 이러한 고령화 추세가 지속될 경우 2050년에 세계 최고 수준의 노인 인구 비율을 보일 것으로 전망됩니다. 이에 따른 의료비 부담 증가와 건강 보험 재정 악화 등 사회 간접 비용의 지속적 증가가 예상되는 가운데, 노화에 따른 신체 기능 저하를 방지하고 체력을 증진하기 위해서는 규칙적인 운동과 신체 활동이 필요합니다.

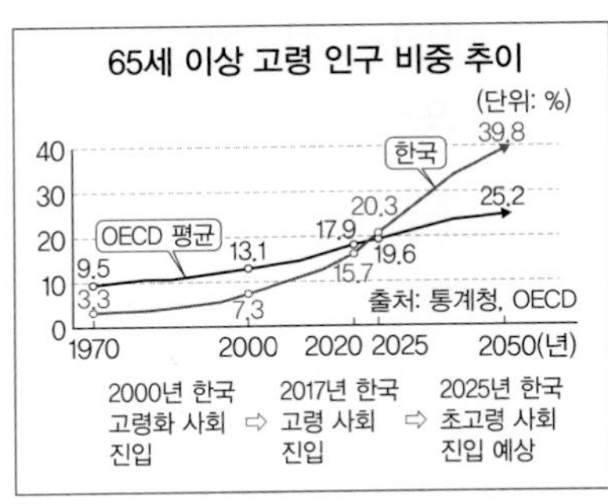

[장면 4]

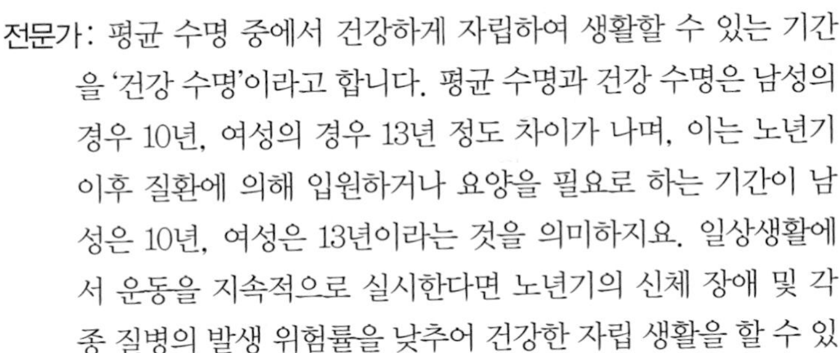

전문가: 평균 수명 중에서 건강하게 자립하여 생활할 수 있는 기간을 '건강 수명'이라고 합니다. 평균 수명과 건강 수명은 남성의 경우 10년, 여성의 경우 13년 정도 차이가 나며, 이는 노년기 이후 질환에 의해 입원하거나 요양을 필요로 하는 기간이 남성은 10년, 여성은 13년이라는 것을 의미하지요. 일상생활에서 운동을 지속적으로 실시한다면 노년기의 신체 장애 및 각종 질병의 발생 위험률을 낮추어 건강한 자립 생활을 할 수 있게 됩니다. 이로써 평균 수명과 건강 수명의 차이를 줄일 수 있으며 이는 개인의 의료비 부담을 절감하는 효과도 가져옵니다.

[장면 5]

기자: 체력과 건강은 밀접한 관계가 있기 때문에 체력을 측정하는 것은 의미 있는 일입니다. 체력 인증 센터에서 검사를 ⓔ<u>받아 보고 싶다면</u>, '국민체력100' 누리집에 회원 가입을 한 후 체력 측정 신청서를 작성하면 됩니다. 혹은 누리집에서 '내 주변 체력 인증 센터'를 확인하고, 해당 센터에 방문하거나 전화를 하여 접수하는 것도 가능합니다. 또한 체력 인증 센터에서는 참가비가 전액 무료인 체력 증진 교실도 열리고 있으니 이용해 보시는 것도 좋겠습니다.

[장면 6]

나

○○고등학교 생활 체육 동아리

'국민체력100'으로 체력 인증하고 맞춤형 운동 처방받자!

☑ 전국의 체력 인증 센터에서 체력 측정 및 체력 증진 프로그램 운영 중
☑ 누구나 무료로 참여할 수 있어요!
☑ '국민체력100' 누리집 회원 가입 필수
☞ 누리집 주소 www.health100.□□.kr
☑ '국민체력100' 누리집을 방문하면 더 자세한 정보를 얻을 수 있어요!

[24004-0182]

01 **(가)에서 확인할 수 있는 내용으로 가장 적절한 것은?**

① 보도의 현장감을 높이기 위해 체력 인증 센터를 방문한 시민의 의견을 취재하여 언급하고 있다.
② 인터뷰 내용의 전달력을 높이기 위해 발언 내용의 일부를 화면 하단에 자막으로 제시하고 있다.
③ 시청자의 관심을 유발하기 위해 진행자가 보도를 시작할 때 핵심 내용과 관련된 이미지를 제시하고 있다.
④ 진행자와 기자가 서로 다른 곳에서 소통하고 있음을 드러내기 위해 한 화면을 두 개로 분할하여 제시하고 있다.
⑤ 시청자가 내용을 한눈에 확인할 수 있도록 전문가의 설명 중 일부 내용을 출처가 명시된 자료와 함께 제시하고 있다.

[24004-0183]

02 **(나)의 정보 구성 및 제시 방식을 이해한 내용으로 적절하지 않은 것은?**

① (가)에 제시된 체력 인증 등급 기준의 종류를 시각적으로 표현하기 위해 숫자와 메달의 이미지를 활용하였군.

② (가)에 제시된 '국민체력100'의 진행 과정을 3단계로 구분하여 그림과 함께 제시하고 화살표로 그 절차를 표현하였군.

③ (가)에 제시된 체력 측정 서비스 이용 방법을 누리집 주소와 함께 제시하여 누리집에 접근할 수 있는 경로를 알려 주고 있군.

④ (가)의 수용자보다 수용자 범위를 한정하고 생산자를 명시하여 정보 제공의 주체와 정보를 수용하는 대상을 표현하였군.

⑤ (가)에 제시된 전 국민 체력 측정 서비스 무료 이용 혜택에 대해 말풍선을 활용하여 정보 제공자가 내용을 직접 알려 주듯이 제시하였군.

[24004-0184]

03 **다음은 (가)의 시청자들이 '시청자 게시판'에 올린 내용이다. 시청자들의 수용 태도에 대한 설명으로 가장 적절한 것은?**

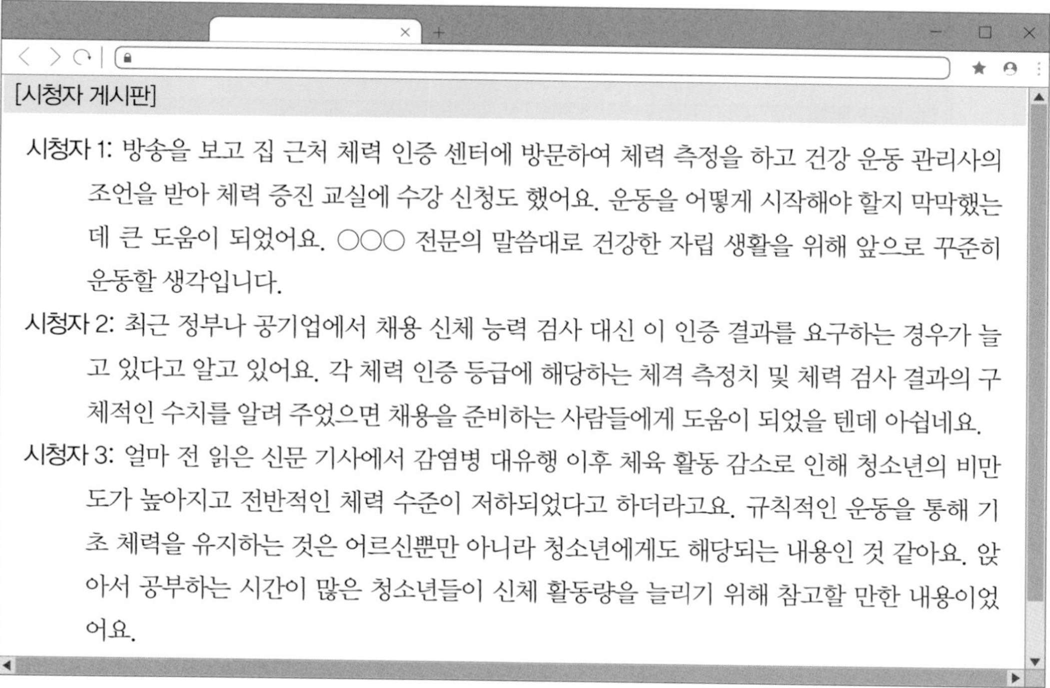
[시청자 게시판]

시청자 1: 방송을 보고 집 근처 체력 인증 센터에 방문하여 체력 측정을 하고 건강 운동 관리사의 조언을 받아 체력 증진 교실에 수강 신청도 했어요. 운동을 어떻게 시작해야 할지 막막했는데 큰 도움이 되었어요. ○○○ 전문의 말씀대로 건강한 자립 생활을 위해 앞으로 꾸준히 운동할 생각입니다.

시청자 2: 최근 정부나 공기업에서 채용 신체 능력 검사 대신 이 인증 결과를 요구하는 경우가 늘고 있다고 알고 있어요. 각 체력 인증 등급에 해당하는 체격 측정치 및 체력 검사 결과의 구체적인 수치를 알려 주었으면 채용을 준비하는 사람들에게 도움이 되었을 텐데 아쉽네요.

시청자 3: 얼마 전 읽은 신문 기사에서 감염병 대유행 이후 체육 활동 감소로 인해 청소년의 비만도가 높아지고 전반적인 체력 수준이 저하되었다고 하더라고요. 규칙적인 운동을 통해 기초 체력을 유지하는 것은 어르신뿐만 아니라 청소년에게도 해당되는 내용인 것 같아요. 앉아서 공부하는 시간이 많은 청소년들이 신체 활동량을 늘리기 위해 참고할 만한 내용이었어요.

① '시청자 1'은 보도를 통해 새롭게 알게 된 정보와 기존에 알고 있던 정보와의 차이점에 관해 언급하였다.
② '시청자 2'는 자신의 배경지식을 바탕으로 보도에서 다룬 정보의 양이 충분했는지 점검하였다.
③ '시청자 3'은 보도에서 제시한 정보가 특정 연령층만을 대상으로 한 점을 지적하며 보도 내용의 공정성 측면을 부정적으로 판단하였다.
④ '시청자 1'과 '시청자 2'는 보도에서 전문가가 언급한 정보의 신뢰성에 의문을 제기하였다.
⑤ '시청자 2'와 '시청자 3'은 보도의 내용이 어떤 사람에게 유용한지 점검하며 보도 내용을 긍정적으로 평가하였다.

[24004-0185]

04 **ⓐ~ⓔ에 대한 설명으로 적절하지 <u>않은</u> 것은?**

① ⓐ: 보조 동사 '있다'를 활용하여 '서비스' 제공이 지속되고 있음을 나타내고 있다.
② ⓑ: 보조 형용사 '않다'를 활용하여 '건강 체력 기준'의 다름을 나타내고 있다.
③ ⓒ: 보조 동사 '드리다'를 활용하여 '어르신들'을 높이고 있다.
④ ⓓ: 보조 동사 '보다'를 활용하여 '□□□ 씨'의 과거 경험을 나타내고 있다.
⑤ ⓔ: 보조 형용사 '싶다'를 활용하여 '검사'를 받고자 하는 마음이나 욕구를 나타내고 있다.

06 통합

[01~04] (가)는 학생들의 온라인 화상 회의이고, (나)는 (가) 이후 컴퓨터로 구현한 동아리 전시 홍보 화면이다. 물음에 답하시오.

가

학생 1 ▶ 다들 들어왔지? 이제 화상 회의 시작하자. 서로의 말이 잘 들리는지 확인해 줄래?

학생 2, 3, 4 ▶ 응, 잘 들려.

학생 1 ▶ 오늘은 축제 때 우리 동아리 전시 부스를 어떻게 만들지 논의하기로 했잖아. 지난주 전체 동아리 대표 회의에서 결정된 사항을 우선 전달할게.

[화면 공유되고 학생 1의 설명 이어짐.]

학생 1 ▶ 지금 보는 화면은 동아리별 전시 부스 배치도야. 작년과의 차이점 보이지?

학생 2 ▶ 교실을 하나밖에 쓸 수 없게 된 거야?

학생 3 ▶ 특별실은 작년에 썼던 일반 교실에 비하면 좀 더 넓긴 ⓐ하지만, 상황이 심각한데? 전시할 작품 수에 비해 공간이 좁을 것 ⓑ같은데 어떻게 이 문제를 해결하지?

학생 4 ▶ 새로운 방식을 생각해 봐야지. 기왕 이렇게 된 거, 우리도 몰입형 전시를 시도해 보면 어때? 특별실에는 다양한 시청각 장치들이 구비되어 있으니까, 이걸 잘 ⓒ활용하면 충분히 가능할 것 같아.

학생 2, 3 ▶ 몰입형 전시? 지난 방학 때 함께 관람했던 반 고흐 전시회처럼 할 수 있다는 말이야?

학생 1 ▶ 잠깐. 몰입형 전시라니? 그게 뭐지?

학생 2 ▶ 맞아, 넌 그 전시회에 같이 안 갔었지? 잠깐 기다려. 그때 찍었던 동영상 화면 같이 보면서 설명해 줄게.

[학생 2의 화면 공유 – 화면에 동영상이 재생되고 학생 2의 목소리로 설명 이어짐.]

학생 2 ▶ 그림 전시회라고 하면 보통 미술관 벽면의 일정한 높이에 작품이 나란히 ⓓ걸리고 관람자가 그 앞을 ⓔ이동하면서 작품을 감상하는 모습을 떠올리잖아? 몰입형 전시는 지금 화면에 보이는 것처럼 벽면과 천장, 바닥 등 작품이 투영된 전체 공간 속에서 관람자가 관람에 집중할 수 있도록 하는 것이 목적이래. 음악이나 화가의 목소리 등을 함께 제공해서 작품에 대한 관람자의 다양한 체험을 가능하게 할 수 있다는 것도 재미있어. 우리가 동영상에 나오는 기술을 완벽하게 구현하기는 어렵겠지만 벽면에 투영되는 작품을 일정한 간격으로 교체하는 방법만으로도 공간의 제약을 충분히 극복할 수 있을 것 같아.

학생 3 ▶ 그래. 나도 그 전시회를 본 후 몰입형 전시에 관심이 생겨서 여러 가지 참고 자료를 찾아봤어. 채팅 창 확인해 줄래? 재미있게 읽었던 잡지 기사 파일을 공유할게.

채팅	학생 3 몰입형 체험 전시에 관한 고찰.pdf 몰입형 전시로서 〈반 고흐: 캔버스에서 화면으로〉에 대한 연구.pdf 학생 4 마이크가 이상해서 채팅 창으로 전달할게. …

학생 4 ▶ (학생 3의 파일 공유에 이어 채팅 창에서) 마이크가 이상해서 채팅 창으로 전달할게. 이전과는 전혀 다른 방식이라 생각해 봐야 할 점이 많을 것 같아. 특별실에서 사용 가능한 시청각 장비가 어떤 것들이

있는지, 벽면을 어떤 식으로 나눠서 작품을 배치할지 등에 대해서 말이야. 청각적 경험을 제공하려면 작품에 대한 친구들의 설명을 녹음하거나 작품과 어울리는 음악을 준비해서 틀어줄 수 있을 것 같아.

학생 1 ▶ 우리 동아리를 대표하는 작품들을 전체적으로 둘러볼 수 있는 경험을 제공하는 것이 목적이라면, 감상을 위한 전시 부스 입장 시간을 제한해야 하지 않을까? 20분 정도의 감상 경험을 제공할 수 있도록 프로그램을 만들고 입장은 30분 간격으로 가능하게 한다는 식으로 말이야.

학생 3 ▶ 그래. 이전의 전시와는 다른 방식이기 때문에 안내도 필요할 것 같아. 우리 동아리 전시 안내를 위한 화면을 구성하고, 학교 누리집의 축제 안내 화면에 우리 동아리의 전시 안내를 위한 링크를 제시해 두는 것이 어때?

학생 1 ▶ 좋아. 그러면 안내 화면의 구성이나 안내 화면에 들어가야 할 내용 등을 여기서 일단 정해 두자.

학생 2 ▶ 시작 화면에서 몰입형 전시 방식이 우리 학교에서 최초로 시도된다는 점을 강조하면 좋겠어.

학생 3 ▶ 화면 왼편에 항목별로 나누어진 메뉴를 배치해서 화면의 내용을 체계화하면 어떨까?

학생 4 ▶ 대표 작품들을 보여 줄 때 '몰입'의 의미가 드러나면 좋겠어. 화면에 제시된 여러 대표 작품 중 하나를 클릭하면 작품의 크기가 확대되면서 화면 전체를 채우게 하는 방식은 어때?

학생 1 ▶ 그래, 그렇게 하면 안내 화면이 우리 전시에 대한 예고편의 역할도 할 수 있겠어. 그리고 관람 시간대가 구별되어 있다는 점을 드러내야겠어. 다양한 관람 가능 시간대를 제시하고 예약이 가능한 화면을 추가해서 선호하는 관람 시간을 선택할 수 있게 하면 어떨까? 시간대별 관람 인원을 미리 파악하면 전시가 차질 없이 진행되도록 준비하는 데 도움이 될 것 같아.

[A]

나 안내 화면

[화면 1]

[화면 3]: [화면 1] 왼편 메뉴의 '대표 작품' 클릭 후

[화면 2]: [화면 1] 왼편 메뉴의 '전시 개요' 클릭 후

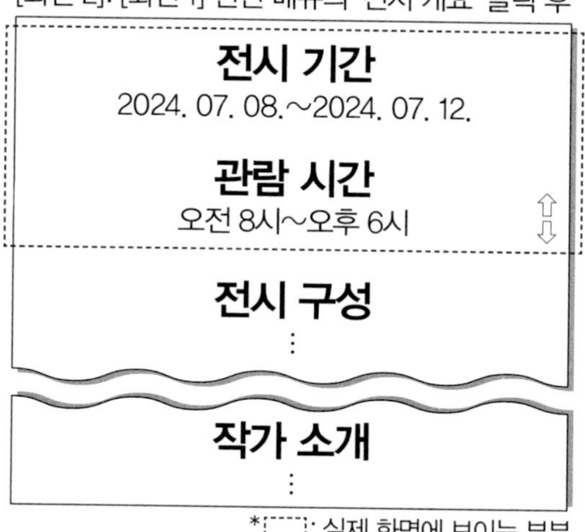

*[점선 상자]: 실제 화면에 보이는 부분

[화면 4]: [화면 1] 왼편 메뉴의 '입장 안내' 클릭 후

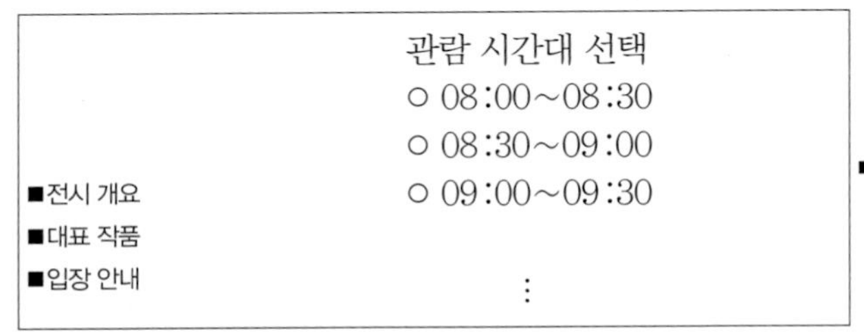

➡

[화면 4-1]: [화면 4]에서 시간대를 클릭하면 뜨는 창

학번:
이름:
인원수:

[24004-0186]

01 **(가)에 나타난 대화 참여자들의 매체 활용 방식으로 적절하지 않은 것은?**

① 학생 1은 회의의 시작을 알리면서 참여자들의 참석 여부 및 음성 언어 전달 여건을 확인하였다.

② 학생 1은 화면 공유 기능을 활용하여 회의와 관련된 사항을 참여자들에게 전달하였다.

③ 학생 2는 공통의 경험을 환기하기 위해 회의 중에 참고할 수 있는 동영상 파일을 공유하였다.

④ 학생 3은 발언 내용에 대한 정보를 추가적으로 전달하기 위해 참고할 수 있는 파일을 전송하였다.

⑤ 학생 4는 음성 언어 사용이 어려워진 상황에서 채팅 기능을 활용하여 의견을 제시하였다.

[24004-0187]

02 **[A]의 내용이 (나)에 반영된 양상으로 적절하지 않은 것은?**

① 학생 3이 안내 화면을 체계적으로 제시하기 위해 제안한 사항이 (나)의 [화면 1]에서 게시판의 메뉴 배열로 나타났다.

② 학생 1이 전시장 입장 시간 안내에 대해 언급한 내용이 (나)의 [화면 4]에서 다양한 관람 시간대를 제시하는 형식으로 나타났다.

③ 학생 2가 동아리 전시의 의의에 대해 제안한 내용이 (나)의 [화면 1]에서 화면 중앙의 제목 부근에 제시되는 방식으로 강조되었다.

④ 학생 1이 동아리 전시를 관람할 인원의 예측을 위해 제안한 사항이 (나)의 [화면 4]에서 관람 시간의 예약을 가능하게 하는 형태로 나타났다.

⑤ 학생 4가 동아리 전시 방식의 특성을 감안하여 제안한 방식이 (나)의 [화면 3]에서 여러 작품이 각기 다른 크기의 직사각형으로 배치됨으로써 구현되었다.

[24004-0188]

03 다음의 '안내 화면 보완 방향'이 결정되는 데 영향을 준 의견으로 가장 적절한 것은?

[안내 화면 보완 방향]
'직접 보았습니다 – 나도 한 줄 평!'이라는 메뉴를 추가하고, 이를 클릭하면 전시에 대해 관람자들이 간단한 평가를 기입할 수 있는 화면으로 이동하도록 함.

① 몰입형 전시의 일반적 특징에 대한 정보를 제공할 수 있도록, 몰입형 전시에 대한 설명 화면이 추가되면 좋겠어.
② 동아리 전시에서 관람한 작품에 대한 관람자들의 반응을 확인할 수 있도록, 관람평을 수합할 수 있는 화면이 추가되면 좋겠어.
③ 우리 동아리에서 부각하고자 하는 전시의 특징을 강조할 수 있도록, [화면 3]에서 표시되는 작품의 개수 조절이 개별화되면 좋겠어.
④ 안내 화면에 대한 반응을 우리 동아리에서 확인하고 전시에 대비할 수 있도록, [화면 3]에서 이를 표현할 수 있는 자리를 마련하는 것이 좋겠어.
⑤ 동아리 전시를 방문할 이용자의 규모를 구체적으로 파악할 수 있도록, [화면 4]에서 선호하는 시간대를 클릭한 관람 예정자의 수가 표시되면 좋겠어.

[24004-0189]

04 ⓐ~ⓔ에 대한 설명으로 적절한 것은?

① ⓐ: 특별실이 그림 전시 공간으로 적절한 이유를 부각하여 나타내려고 '–지만'을 활용하였다.
② ⓑ: 전시할 공간이 좁은 상황을 해결하기 위한 조건을 나타내려고 '–은데'를 활용하였다.
③ ⓒ: 몰입형 전시를 시도하는 것이 현재 여건상 어려움을 나타내려고 '–면'을 활용하였다.
④ ⓓ: 관람자가 미술관 벽면의 작품을 보는 상황을 가정하여 나타내려고 '–고'를 활용하였다.
⑤ ⓔ: 관람자가 이동하는 것과 감상하는 것이 동시에 겸하여 있음을 나타내려고 '–면서'를 활용하였다.

3부

실전 학습

실전 학습 1회

[24004-0190]

01 **다음 자료에 대한 이해로 적절하지 <u>않은</u> 것은?**

	어간과 어미 '-어'의 결합	사전에 제시된 활용형과 발음
ⓐ	걸- + -어	걸어[거러]
ⓑ	싫- + -어	싫어[시러]
ⓒ	지- + -어	지어[지어/지여](져[저])
ⓓ	크- + -어	커[커]
ⓔ	피- + -어	피어[피어/피여](펴[펴:])

① ⓐ와는 달리 ⓑ에서는 자음이 하나 탈락한 후에 연음이 일어난다.
② ⓒ와 ⓔ에서는 반모음이 첨가된 발음이 표준 발음으로 인정된다.
③ ⓒ에서 '져'가 [저]로 발음되는 것은 이중 모음에서 반모음이 탈락한 결과이다.
④ ⓓ에서는 모음이 탈락하여 음운 수가 줄었다.
⑤ ⓔ에서 '피-'가 '-어'와 결합하여 [펴:]로 발음되는 것은 어미가 탈락했기 때문이다.

[24004-0191]

02 **〈보기〉의 ㉠에 해당하는 부사어가 포함된 것은?**

보기

중세 국어에서 부사어는 '부사', '체언 + 부사격 조사', '부사절' 등의 형식으로 실현되어 현대 국어와 크게 다르지 않았다. 다만 중세 국어에서는 ㉠<u>용언의 어간이 바로 부사로 통용되어 부사어로 쓰이는 경우</u>가 많았다. '그르 알면(그릇되게 알면)'에서 '그르'는 형용사 '그르다'의 어간이 바로 부사로 쓰인 예이다.

① 맛 업시 너기ᄂᆞ니 [맛 없이 여기나니]
② 하ᄂᆳ 벼리 눈 ᄀᆞᆮ 디니이다 [하늘의 별이 눈과 같이 떨어집니다]
③ 蓮(연)ㅅ 곳 우희 안자 잇거늘 [연꽃 위에 앉아 있거늘]
④ 나랏 말ᄊᆞ미 中國(중국)에 달아 [나라의 말이 중국과 달라]
⑤ 聖人神力(성인신력)을 어ᄂᆞ 다 ᄉᆞᆯᄫᆞ리 [성인신력을 어떻게 다 말씀드리겠습니까?]

[24004-0192]

03 **〈보기〉의 자료를 탐구한 내용으로 적절하지 않은 것은?**

보기

선어말 어미 '-겠-'의 문법적 의미 탐구를 위한 자료

ㄱ. 내일은 날씨가 좋겠다.
ㄴ. 어제 영희는 기차를 탔겠다.
ㄷ. 지금쯤 제주에도 비가 오겠지?
ㄹ. 나는 커서 훌륭한 사람이 되겠다.
ㅁ. 나는 {내일, *어제} 저녁 모임에 꼭 참석하겠다.
ㅂ. 오늘 저녁 모임에 {*내가, *그가, 네가} 꼭 참석해 주겠니?

(*는 문법에 맞지 않음을 나타냄.)

① ㄱ~ㄷ에서 '-겠-'은 추측을 나타낸다.
② ㄱ~ㄷ으로 볼 때, '-겠-'은 과거, 현재, 미래의 상황 모두에 사용될 수 있다.
③ ㄷ과 ㅂ으로 볼 때, '-겠-'은 의문문에서 추측이나 의도 외에 진행의 뜻을 포함한다.
④ ㄹ과 ㅁ으로 볼 때, '-겠-'이 의지나 의도를 나타낼 때는 과거 시제와 어울려 쓰일 수 없다.
⑤ ㅂ으로 볼 때, 의문문에서 '-겠-'이 의지나 의도를 나타낼 때는 주어의 인칭에 제한이 있다.

[24004-0193]

04 **〈보기〉를 바탕으로 할 때, ㉠의 예로 적절한 것은?**

보기

합성어는 어근과 어근이 결합하여 만들어진 단어이다. 합성 용언의 경우, 합성어 내부의 구성 방식에 대한 해석에 따라 나누어 볼 수 있다. 예를 들어 '멍이 들다.'의 뜻을 가진 합성 용언 '멍들다'는, 주어 '멍(이)'과 서술어 '들다'로 구성된 것으로 해석할 수 있다. 이처럼 합성 용언은 '주어 + 서술어'로 해석되는 것, '목적어 + 서술어'로 해석되는 것, ㉠'부사어 + 서술어'로 해석되는 것 등으로 나눌 수 있다.

① 그늘지다 ② 남다르다 ③ 마음먹다 ④ 애쓰다 ⑤ 힘들다

[05~06] 다음 글을 읽고 물음에 답하시오.

하나의 절이 다른 절을 문장 성분의 일부로 안고 있는 문장을 안은문장이라고 한다. 안겨 있는 절을 '안긴절'이라고 하는데, 안긴절에는 명사절, 관형사절, 부사절, 서술절, 인용절 등이 있다. 이 가운데 절이 관형사화되어 관형어로 쓰이면 그 절을 관형사절이라고 한다. 관형사절은 일반적으로 '동격 관형사절'과 '관계 관형사절'로 나눌 수 있다.

동격 관형사절은 '동격절'이라고도 하는데, 동격절은 절의 의미가 그것이 꾸며 주는 명사의 내용과 같다는 특징을 가진다. 이때 동격절의 꾸밈을 받는 명사는 '소문, 보도, 주장, 사건, 기억, 가능성' 등이 있다. 예를 들어 '그 선수가 곧 귀국한다는 소문이 돈다.'에서 '그 선수가 곧 귀국한다'는 그것이 수식하는 명사 '소문'과 내용상 같으므로, '그 선수가 곧 귀국한다는'은 동격절이다. 동격절은 일반적으로 관형사형 어미 앞이 완전한 문장 형식인지 여부에 따라 둘로 나눌 수 있다. 그 하나는 관형사형 어미 앞에 완전한 문장 형식이 있는 동격절이다. 앞서 예를 든 문장에서 관형사형 어미 '–는' 앞에는 '그 선수가 곧 귀국한다'와 같이 완전한 문장 형식이 있다. 다른 하나는 ㉠관형사형 어미 앞에 불완전한 절 형식이 있는 동격절이다. 예를 들어 '나는 그를 만난 기억이 없다.'에서 '그를 만난'은 그것이 수식하는 '기억'과 내용상 같으므로 동격절이다. 그런데 이 동격절에서 관형사형 어미 '–ㄴ' 앞의 '그를 만나–'는 종결어미를 갖추지 않은 불완전한 절 형식이다.

관계절이라고도 하는 관계 관형사절은, 공통의 명사(구)를 매개로 한다는 특징이 있다. 예컨대 '그가 만든 악기는 매우 유명하다.'에서, 관형사절 '그가 만든'과 그 절을 안고 있는 '악기는 매우 유명하다'가 공통의 명사인 '악기'를 매개로 관계를 맺는 데서 이를 알 수 있다. 또한 관계절 속의 문장 성분 중 하나가 그 관계절이 꾸며 주는 명사(구)와 동일하고, 그 동일한 명사(구)는 생략되는 것이 관계절의 특징이다. 앞의 관계절 '그가 만든'에는 '만들다'의 목적어로 쓰여야 할 '악기'가 생략되어 있다. 이처럼 관계절 속에 생략되어 있는 문장 성분에 따라, 그 생략되어 있는 명사(구)가 관계절 속에서 가지는 의미를 해석할 수 있는데, ⓐ주어로 해석되는 것, ⓑ목적어로 해석되는 것, ⓒ부사어로 해석되는 것 등이 그것이다.

[24004-0194]

05

㉠을 안고 있는 문장의 예로 적절한 것은?

① 언니는 내일 저녁에 도착한다고 나에게 말했다.
② 호진이는 이 작품을 쓴 작가를 우연히 만났었다.
③ 나와 동생은 그 나무가 잘 자라도록 거름을 주었다.
④ 당사자들이 서로 합의해야 한다는 의견이 다수를 차지했다.
⑤ 나는 맨손으로 물고기를 잡는 경험을 이번에 처음 해 보았다.

[24004-0195]

06

ⓐ~ⓒ 중 〈보기〉의 밑줄 친 관계절에서 확인할 수 있는 것을 있는 대로 고르면?

보기

<u>부드럽고 따스한</u> 바람이 불어왔다. 우리는 <u>벚꽃이 피어 있는</u> 강변을 따라 걸었다. 근처 수변 공원에 자리를 잡고, <u>집에서 준비해 온</u> 점심도 나눠 먹었다.

① ⓑ ② ⓐ, ⓑ ③ ⓐ, ⓒ ④ ⓑ, ⓒ ⑤ ⓐ, ⓑ, ⓒ

[07~09] (가)는 텔레비전 뉴스이고, (나)는 이를 참고하여 학생이 만든 프레젠테이션 슬라이드이다. 물음에 답하시오.

가

[장면 1]

진행자: 고려의 금속 활자가 서양의 금속 활자보다 앞섰다는 사실은 잘 알려져 있지만, 우리 선조들이 금속 활자로 무슨 책을 얼마나 많이 만들어 냈는지 아는 사람들은 그리 많지 않습니다. 최근 조선 왕조 500년 동안 출판된 금속 활자 책 목록이 만들어졌다고 하는데요, 이와 관련된 내용을 김○○ 기자가 전해 드립니다.

[장면 2]

김 기자: 출판 혁명은 책 발간이 폭발적으로 늘어나고 책값이 저렴해져서 누구나 책을 구입하여 읽음으로써 지식이 대중화되는 현상을 말합니다. 이번에 만들어진 조선 시대 금속 활자 책 목록에 적힌 책 제목이 무려 1만 4천 개가 넘는데요, 이것은 당시 유럽에서 금속 활자로 인쇄한 책 제목의 개수보다 훨씬 많습니다. 이를 통해 조선에서 서양보다 앞서 출판 혁명이 일어났다는 것을 알 수 있습니다.

[장면 3]

이 교수: 이번에 만든 목록은 조선이야말로 출판 혁명이 세계에서 가장 앞섰던 나라라는 것을 말해 줍니다. 그런데 특이한 점은 조선이 성리학 사회이기 때문에 당시 인쇄된 책 대부분이 성리학 경전일 거라는 예상과 달리, 농업, 양잠, 어업, 의학 등 다양한 종류의 책들이 출판되었다는 것입니다. 특히 양민들에게 필요한 실용서가 목록에서 가장 많은 양을 차지하고 있습니다.

[장면 4]

김 기자: 목록에는 1만 4천 개가 넘는 책 제목이 실려 있는데, 실제 발행된 책의 양은 어느 정도였을까요? 17세기 이후 조선에서는 일반 백성도 자식을 서당에 보냈는데요, 순조 때 전국 서당의 수가 약 8만 개 정도였다고 합니다. 1개 서당의 평균 학생 수를 8명으로 치면 약 64만 명의 학생과 약 8만 명의 훈장이 보는 책이 필요했겠지요? 1인당 4권 정도의 책을 필요로 한다고 보면 매년 수백만 권 이상의 책이 공급되어야 했는데 조선의 출판 역량은 이를 충분히 감당할 수 있는 수준이었습니다. 병인양요 때 강화도를 침공한 프랑스 해군 장교 쥘 베른이 농촌의 집집마다 책이 있는 것을 보고 놀랐다고 한 것은 이 수준을 증명해 주는 셈입니다. 이에 대한 우리 시민들의 생각은 어떨까요?

[장면 5]

강□□ : 조선 시대의 농민들은 글을 모를 거라고 생각했는데, 그게 아니었더군요. 무엇보다 조선의 출판 혁명이 서양보다 빨랐다는 사실이 놀라우면서도 정말 자랑스러워요. 이번에 만들어진 조선 시대 금속 활자 책 목록을 계기로 몰랐던 역사를 알게 돼서 다행이에요.

강□□ / 서울시 ◇◇동

[장면 6]

김 기자 : 이번 목록화 작업은 조선의 수준 높은 출판문화를 알려 주는 것은 물론 서양보다 앞섰던 조선의 출판 혁명을 확인시켜 준다는 점에서 큰 의의가 있다고 하겠습니다. ▽▽▽ 뉴스 김○○입니다.

나

슬라이드 1	슬라이드 2
서양보다 앞선 조선의 출판 혁명 고려의 금속 활자도 서양보다 앞섰지만, 조선의 출판 혁명도 서양보다 앞서 일어남.	**다양한 종류의 서적들이 출판 – 실용서가 많은 양 차지** 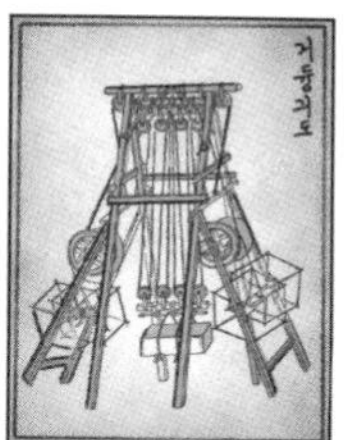 성리학 경전보다 농업, 양잠, 어업, 의학 등에 관한 실용서가 훨씬 많이 출판됨.
슬라이드 3	**슬라이드 4**
조선의 출판 역량 – 매년 수백만 권 이상의 책 공급  서당은 물론 성균관, 서원, 사찰 등에 매년 수백만 권의 책이 공급된 것으로 추정됨.	**농가마다 책이 있는 사회 – 조선의 출판 역량 수준 증명**  프랑스 장교가 농촌의 집집마다 책이 있는 것을 보고 놀라고 신기해함.

[24004-0196]

07 **(가)에 나타난 '기자'의 말하기 방식에 대한 설명으로 가장 적절한 것은?**

① 질문을 던지고 그에 대답하는 방식으로 추가적인 정보를 제공하고 있다.
② 시간적 제약을 고려하여 전달하는 정보의 양을 조절했음을 밝히고 있다.
③ 인터뷰를 활용하며 화제에 대해 대립되는 입장이 존재함을 드러내고 있다.
④ 통계 자료를 활용하며 화제가 사회적으로 주목받지 못한 이유를 강조하고 있다.
⑤ 진행자가 언급한 정보를 자신이 과거에 보도한 내용과 관련지어 분석하고 있다.

[24004-0197]

08 **(가)를 시청한 학생들의 휴대 전화 대화방의 내용이다. 학생들의 수용 태도에 대한 설명으로 적절하지 않은 것은?**

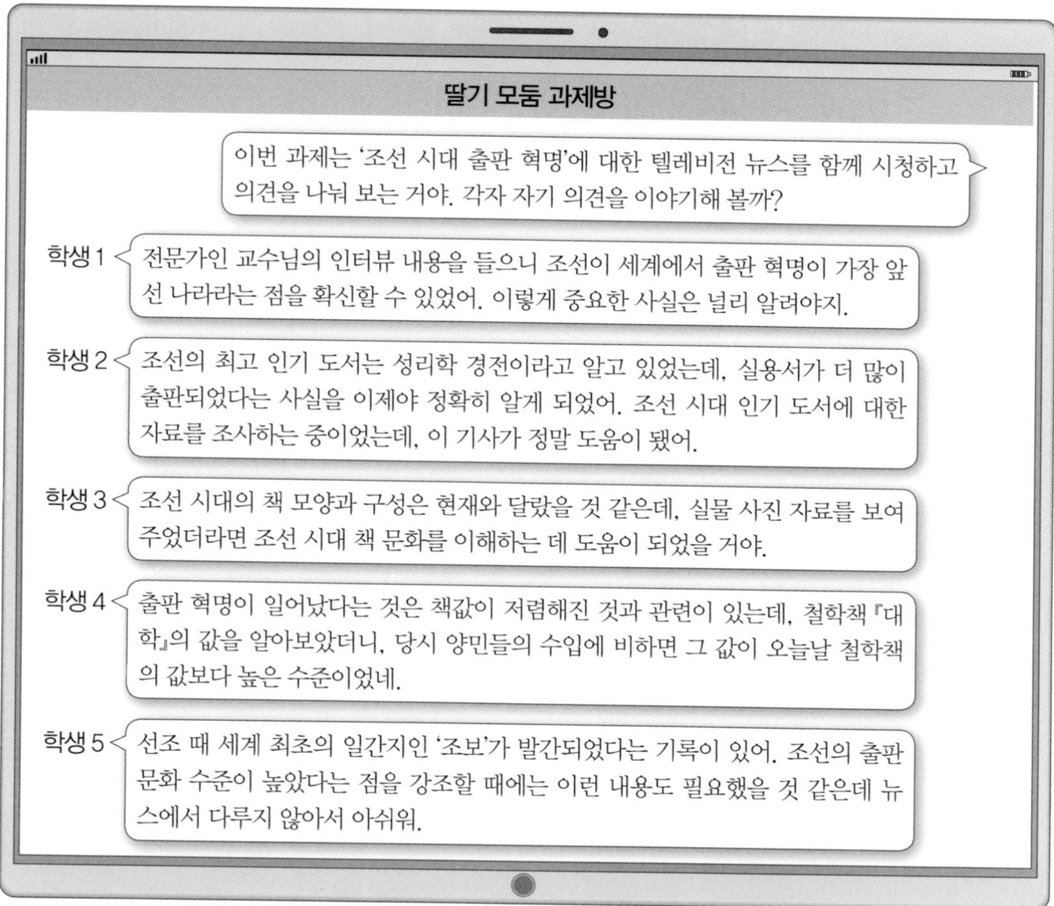

① 학생 1은 인터뷰 대상에 주목해 뉴스가 신뢰성 있는 정보를 담고 있다고 판단하였다.
② 학생 2는 조선 시대의 인기 도서에 주목해 뉴스의 내용이 자신에게 유용하다고 판단하였다.
③ 학생 3은 조선 시대 책 모양과 구성에 주목해 뉴스에 관련 사진 자료가 제공되지 못한 점을 언급하였다.
④ 학생 4는 조선 시대 책 가격에 주목해 저렴한 책값이 출판 혁명에 영향을 미쳤다는 내용의 사실 여부를 점검하였다.
⑤ 학생 5는 조선의 발달한 출판문화라는 주제에 주목해 보강해야 할 기사의 내용이 있는지 점검하였다.

[24004-0198]

09 **(나)의 정보 구성 및 제시 방식에 대한 이해로 적절하지 <u>않은</u> 것은?**

① (가)에 제시된 조선의 출판 혁명과 관련된 내용을 뉴스의 순서에 맞게 제시하였군.

② (가)에 제시된 조선 시대 사람들의 독서 습관들 중 현대인들이 실천할 수 있는 것을 선별하여 제시하였군.

③ (가)에 제시된 조선의 출판 혁명이 서양보다 앞섰다는 내용을 상징적인 그림을 통해 강조하였군.

④ (가)에 제시된 서당 외에 책을 필요로 했던 기관들을 추가하여 조선의 출판 역량을 강조하였군.

⑤ (가)에 제시된 조선의 출판 역량을 시각적으로 표현하기 위해 농가마다 책이 있는 이미지를 활용하였군.

[10~11] (가)는 교내 방송의 일부이고, (나)는 (가)를 들은 학생들이 휴대 전화 대화방에서 나눈 대화의 일부이다. 물음에 답하시오.

가

진행자: 여러분이 듣고 계신 점심 방송의 매주 월요일 마지막 순서는 사회의 다양한 사건이나 현상에 대해 짚어 보는 '사회 들여다보기' 시간이죠. 오늘은 국가 소멸의 위기라는 말이 나올 정도로 심각해진 저출생 문제에 대해 생각해 보도록 할까요? 수십 년간 수백조 원을 들였는데도 왜 저출생 문제는 해결되지 않는 걸까요? 심지어 최근의 통계 자료들은 문제가 더 심각해지고 있다고 말합니다. 여러분, 저출생 문제를 해결할 수 있는 방안은 과연 무엇일까요? 건강한 사회인이 되기 위해, '사회 들여다보기'에서 던지는 이 질문에 대한 자신의 대답을 꼭 정리해 보시기 바랍니다. 저희는 내일 다시 찾아오겠습니다.

나

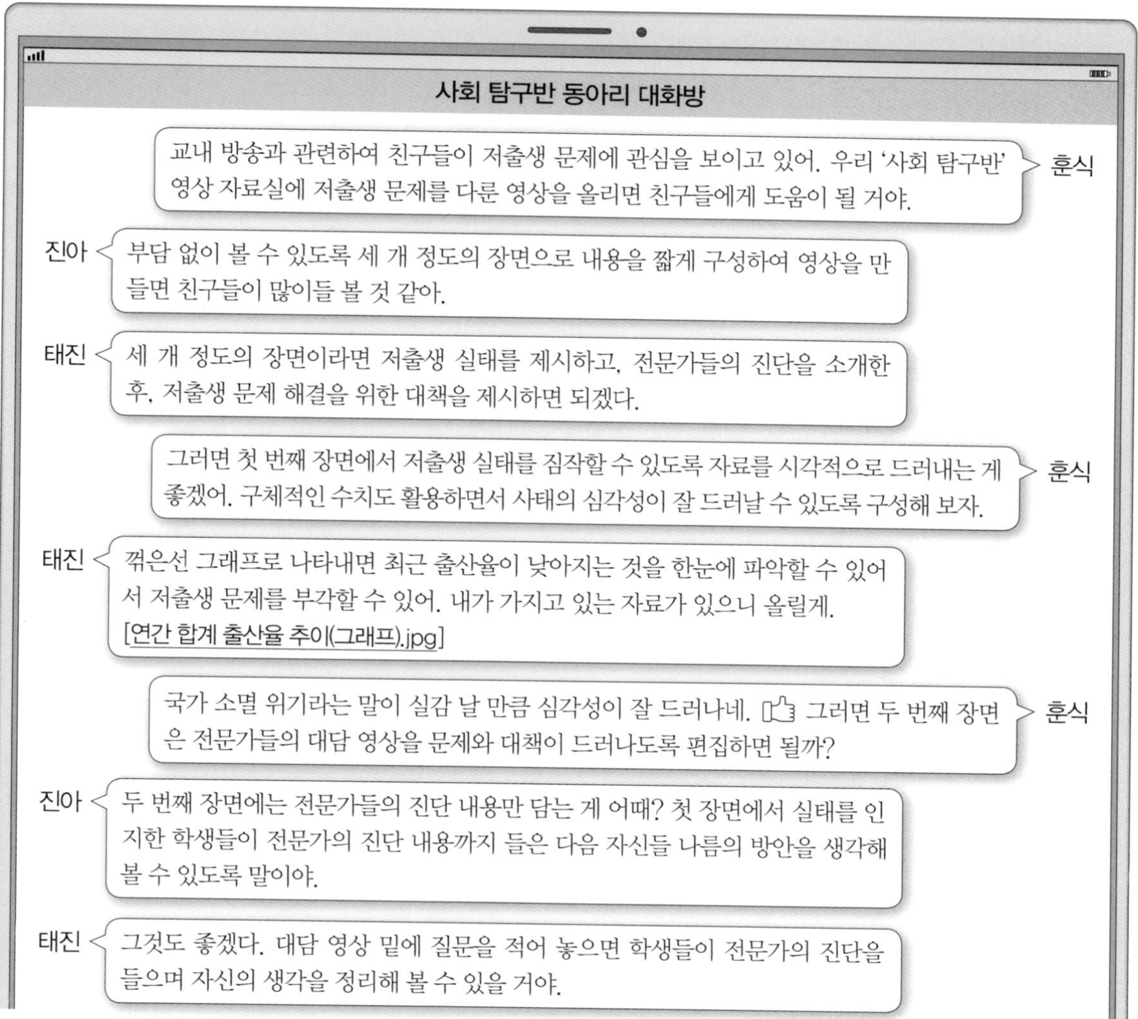

그래. 마침 대담 영상을 세 개로 잘라서 편집해 놓은 게 있는데, 그중에서 문제 진단에 해당하는 두 번째 부분만 제시하면 되겠다. 길지 않으니 잠깐 살펴봐.
[전문가의 저출생 문제 진단.mp4] – 훈식

태진: 세 번째 장면에서 저출생 문제의 대책을 제시할 때에는 장기적인 대책에 초점을 맞춰서 제시하자. 당장 실행해야 하는 단기적인 대책은 학생들이 생각하기 어려울 것 같아.

그렇게 하자. 최근 사회적으로 주목을 받는 장기적인 대책은 장기 계획을 이어갈 수 있는 컨트롤 타워가 필요하다는 것과 출산에 대한 젊은 세대의 불안감을 해소해야 한다는 것으로 압축할 수 있어. 거기에 각 항목의 핵심 내용을 제시하자. – 훈식

진아: 좋아. 이제 장면 구상은 완료되었으니, 영상을 제작할 일만 남았네. 시간이 여유롭지는 않아서 빨리 움직여야겠다.

그래. 영상 제작 날짜는 투표로 정하도록 하자. 가능한 날짜를 모두 선택해 줘. 다들 수고했어. 오늘 회의는 이것으로 마칠게. – 훈식

투표 제목: 영상 제작 날짜

[24004-0199]

10 (가), (나)에 드러나 있는 매체의 특성을 이해한 것으로 가장 적절한 것은?

① (가)에서는 파일 전송 기능을 활용하여 화제와 관련된 매체 자료를 공유하고 있다.
② (나)에서는 불특정 다수의 수용자를 대상으로 정보를 제공하고 있다.
③ (가)에서는 (나)와 달리 정보 생산자가 실시간으로 정보 수용자의 반응을 확인하고 있다.
④ (나)에서는 (가)와 달리 의견을 취합할 수 있는 기능을 활용하여 의사소통의 편의를 도모하고 있다.
⑤ (가)와 (나)에서는 모두 문자 언어를 대체할 수 있는 이미지를 사용하여 새로운 정보를 제공하고 있다.

[24004-0200]

11 **(나)의 대화 내용을 반영한 '영상 제작 계획'으로 적절하지 않은 것은?**

영상 제작 계획		
	장면 구성	장면 스케치
①	구체적인 수치를 활용하여 우리나라 저출생 실태의 심각성을 짐작할 수 있도록 해야겠어.	[장면 1] 출산율 0.78명 충격!! 연간 합계 출산율 추이 (단위: 명) 1990 1.57, 1995 1.63, 2000 1.48, 2005 1.09, 2010 1.23, 2015 1.24, 2022(년) 0.78 출처: 통계청
②	그래프를 활용하여 최근 출산율 감소 추이를 시각적으로 확인할 수 있도록 해야겠어.	
③	'문제'와 '진단'이라는 용어를 노출하여 저출생이 사회적 문제가 되고 있다는 점과 영상이 이에 대한 전문가들의 진단으로 구성된 것임을 드러내야겠어.	[장면 2] '전문가의 저출생 문제 진단' [전문가의 저출생 문제 진단] 저출생 문제에 대한 여러분의 생각은 어떤가요?
④	학생들에게 전문가들과 같은 입장에서 저출생 문제의 해결 방안을 모색해 볼 것을 유도하는 문구를 넣어야겠어.	
⑤	저출생 문제에 대한 장기적인 대책을 두 가지로 제시하고 각각의 핵심 내용을 제시해야겠어.	[장면 3] '저출생 문제 해결을 위한 장기적인 대책' 1. 컨트롤 타워 필요 – 책임감 있는 주체가 노력과 실천을 이어 감. – 백 년 후의 미래를 내다보며 문제에 접근함. 2. 출산에 대한 젊은 세대의 불안감 해소 – 직장 생활과 육아를 병행할 수 있는 정책 수립 – 돌봄 교육, 사교육의 문제와 연계하여 진행

[01~02] 다음 글을 읽고 물음에 답하시오.

'옷+과'를 발음할 때는 먼저 '옫과'로 음절의 끝소리 규칙이 적용된 다음에 된소리되기가 일어나 [옫꽈]로 발음된다. 그리고 '놓-+-고'를 발음할 때는 거센소리되기가 일어나 [노코]로 발음된다. 그런데 만약 '놓-+-고'에 거센소리되기 대신 음절의 끝소리 규칙을 먼저 적용한다면 '놓-+-고 → 녿고 → [*녿꼬]'라는 부정확한 발음이 나오게 된다. 이처럼 여러 음운 변동이 적용될 수 있는 단어의 실제 발음을 설명하기 위해서는 음운 변동의 적용 순서를 합리적으로 설정해야 하며, 일관된 순서로 적용하는 것이 원칙이다.

음운 변동의 적용 순서를 설정할 때는 ㉠ 적용 순서를 따로 정하지 않아도 자동으로 결정되는 경우와 적용 순서를 인위적으로 정해 주어야 하는 경우가 있다. 위에서 예를 들었던 '옷+과 → 옫과 → [옫꽈]'는 음절의 끝소리 규칙이 된소리되기보다 먼저 적용된다는 순서를 가지고 있다. 된소리되기는 음절 끝 'ㄱ, ㄷ, ㅂ' 뒤에서 적용되는 현상이므로 '옷+과'의 경우 음절의 끝소리 규칙이 먼저 적용되지 않으면 된소리되기는 적용될 수 없다. 평파열음이 비음 앞에서 비음으로 바뀌는 현상인 비음화는 음절 끝 'ㄱ, ㄷ, ㅂ'에만 적용되므로, '옷+만 → 옫만 → [온만]'과 같은 사례에서도 자동으로 음절의 끝소리 규칙이 적용된 후에 비음화가 적용된다. 한편 '만지-+-어 → 만져 → [만저]'를 살펴보면, 'ㅣ'로 끝나는 용언 어간 뒤에 '아/어'로 시작하는 어미가 올 때 'ㅣ'가 반모음 'j'로 바뀌는 현상인 반모음화와 경구개음 'ㅈ, ㅉ, ㅊ' 뒤에 반모음 'j'가 올 때 반모음 'j'가 탈락하는 현상인 'j' 탈락이 차례로 적용되고 있다. 국어에서는 'ㅈ, ㅉ, ㅊ'로 끝나는 형태소 뒤에 'ㅕ, ㅛ' 등 'j'로 시작하는 형태소가 직접 결합하는 경우는 없으므로, 'j' 탈락은 반드시 반모음화가 일어난 후에만 적용된다.

반면 음운 변동의 적용 순서를 따로 정해 주지 않으면 표면형, 즉 우리가 실제로 듣게 되는 발음형이 잘못 나올 수 있어 이를 막기 위해 음운 변동의 적용 순서를 인위적으로 정해 주어야 하는 경우도 있다. 예를 들어, '알-+-는'처럼 'ㄹ'과 'ㄴ'이 결합하는 경우 유음 탈락이 적용될 수도 있고 유음화가 적용될 수도 있다. 하지만 유음화가 먼저 적용되면 [*알른]과 같이 잘못된 표면형이 나오므로 유음 탈락이 먼저 적용된다는 순서를 인위적으로 부여해야 한다. 즉 '알-+-는 → [아:는]'은 유음 탈락이 먼저 적용되며 유음화는 적용되지 않는다. 마찬가지로 '읽-+-고'는 자음군 단순화가 먼저 적용될 수도 있고 된소리되기가 먼저 적용될 수도 있다. 그런데 만약 자음군 단순화가 먼저 적용되면 [*일고]와 같은 잘못된 표면형이 나오게 된다. 용언 활용형에서는 'ㄹ' 뒤에서 된소리되기가 일어나지 않기 때문이다. 따라서 잘못된 표면형이 나오지 않게 하기 위해서는 '읽-+-고 → 읽꼬 → [일꼬]'와 같이 된소리되기가 자음군 단순화보다 먼저 적용된다는 순서를 인위적으로 정해 주어야 한다.

(*는 문법적으로 잘못된 것.)

[24004-0201]

01 윗글을 이해한 내용으로 적절하지 않은 것은?

① '살- + -는 → [사:는]'는 유음 탈락을 먼저 적용하며 유음화가 일어나지 않은 것이다.
② '넓- + -고 → [널꼬]'는 자음군 단순화를 먼저 적용한 다음에 된소리되기가 일어난 것이다.
③ '짓- + -는 → [진:는]'은 음절의 끝소리 규칙을 먼저 적용한 다음에 비음화가 일어난 것이다.
④ '닦- + -고 → [닥꼬]'은 음절의 끝소리 규칙을 먼저 적용한 다음에 된소리되기가 일어난 것이다.
⑤ '뚫- + -고 → [뚤코]'는 거센소리되기를 먼저 적용하며 자음군 단순화가 일어나지 않은 것이다.

[24004-0202]

02 ㉠에 해당하는 예만을 〈보기〉에서 고른 것은?

● 보기 ●

ⓐ 갚- + -는 → [감는] ⓑ 맑- + -게 → [말께] ⓒ 빠지- + -어 → [빠:저]
ⓓ 짧- + -다 → [짤따] ⓔ 찾- + -고 → [찯꼬]

① ⓐ, ⓑ, ⓒ ② ⓐ, ⓒ, ⓔ ③ ⓐ, ⓓ, ⓔ
④ ⓑ, ⓒ, ⓓ ⑤ ⓑ, ⓓ, ⓔ

[24004-0203]

03 〈학습 활동〉을 수행한 결과로 적절하지 않은 것은?

● 학습 활동 ●

선생님: 국어의 어미는 선어말 어미와 어말 어미로 나뉩니다. 선어말 어미는 용언 어간과 어말 어미 사이에 들어가는 것으로, 시제를 나타내는 것과 주체 높임을 나타내는 것 등이 있습니다. 어말 어미는 문장을 끝맺어 주는 종결 어미, 문장(절)을 연결해 주는 연결 어미, 용언을 명사, 관형사, 부사 등처럼 기능하게 하는 전성 어미로 분류할 수 있습니다. 그러면 [자료]의 ㉠~㉤에 쓰인 어미가 무엇인지 파악해 볼까요?

[자료]

기자: 전문가들도 결과를 ㉠ 예측하길 포기한 경기였는데, 감독님은 오늘 승리를 ㉡ 예상하셨나요?

감독: 물론 저는 우리 선수들을 ㉢ 믿었었지마는 제 예상보다도 더 좋은 결과입니다. 특히 공격수들 덕분에 역전에 ㉣ 이르렀습니다.

기자: 후반전에 주장 ○○○ 선수가 공격로를 ㉤ 냈을 때의 감독님 표정이 화제가 되고 있는데요.

① ㉠: 선어말 어미 없이 전성 어미가 사용되었습니다.
② ㉡: 선어말 어미 두 개와 종결 어미가 사용되었습니다.
③ ㉢: 선어말 어미 세 개와 연결 어미가 사용되었습니다.
④ ㉣: 선어말 어미 한 개와 종결 어미가 사용되었습니다.
⑤ ㉤: 선어말 어미 한 개와 전성 어미가 사용되었습니다.

[24004-0204]

04 ㉠~㉣의 문장 성분과 문장 구조에 대한 설명으로 가장 적절한 것은?

㉠ 이곳의 기후는 벼농사를 짓기에 퍽 유리하다.
㉡ 바로 그 결정이 깔끔히 된 일을 그르친 것이다.
㉢ 부지런한 그녀는 가구에 윤기가 흐르도록 거실을 청소했다.
㉣ 그는 자기가 원래 소속된 집단으로 복귀하고 싶다고 친구에게 말했다.

① ㉠에는 주어가 생략된 안긴절이 있고, ㉣에는 필수적 부사어가 생략된 안긴절이 있다.
② ㉡에는 주어 기능을 하는 안긴절이 있고, ㉢에는 관형어 기능을 하는 안긴절이 있다.
③ ㉠과 ㉢에는 모두, 안긴절 속에 부사어가 있다.
④ ㉡과 ㉢에는 모두, 보어가 생략된 안긴절이 있다.
⑤ ㉡과 ㉣에는 모두, 목적어가 생략된 관형사절이 있다.

[24004-0205]

05 **〈보기〉의 [선생님의 설명]을 참고하여 [중세 국어 자료]를 탐구한 내용으로 적절하지 않은 것은?**

● 보 기 ●

[선생님의 설명]

중세 국어의 높임 표현에는 현대 국어와 마찬가지로 어휘적 수단, 문법적 수단 등이 두루 사용되었습니다. 어휘적 수단은 동사 'ᄉᆞᆲ다' 등을 쓰는 것이고, 문법적 수단은 'ᄭᅴ', '하' 등 조사를 쓰는 것과 '-(ᄋᆞ)시-', '-ᄉᆞᆸ-', '-이-' 등 선어말 어미를 쓰는 것입니다. 특히 중세 국어에서는 선어말 어미를 통해 객체 높임과 상대 높임을 나타낼 수 있었습니다. 객체 높임의 선어말 어미 '-ᄉᆞᆸ-'은 '녀ᄊᆞᆸ고'에서처럼 '어간의 끝소리가 'ㅎ'일 때는 'ㅎ'과 'ㅅ'이 결합하여 '-ᄊᆞᆸ-'으로 나타났으며, 모음으로 시작하는 어미 앞에서는 '-ᄉᆞᆸ-' 대신에 '-ᄉᆞᄫ-'이 쓰였습니다. 또 상대 높임의 선어말 어미 '-이-'는 '-잇고'에서처럼 의문문에서는 '-잇-'으로 나타났습니다. 그러면 다음 중세 국어 자료에 나타난 높임 표현에 대해 파악해 볼까요?

[중세 국어 자료]

그저긔 闍婆摩羅ㅣ 座애셔 니러 나아 **부텨ᄭᅴ ᄉᆞᆯᄫᆞᄃᆡ**

世尊하 摩耶夫人이 엇던 功德을 **닷ᄀᆞ시며** 엇던 因緣으로 如來ᄅᆞᆯ **나ᄊᆞᄫᆞ시니잇고**

[현대어 풀이]

그때에 달바마라가 자리에서 일어나 나가 부처께 아뢰되

"세존이시여 마야부인이 어떤 공덕을 닦으셨으며 어떤 인연으로 여래를 낳으셨습니까?"

① '부텨ᄭᅴ'의 'ᄭᅴ'는 객체인 '부텨'를 높이기 위해 쓰인 것이다.

② 동사 'ᄉᆞᆯᄫᆞᄃᆡ'는 주체인 '달바마라'를 높이기 위해 쓰인 것이다.

③ '나ᄊᆞᄫᆞ시니잇고'의 '-ᄉᆞᄫ-'은 객체인 '여래'를 높이기 위해 쓰인 것이다.

④ '世尊하'의 '하'와 '나ᄊᆞᄫᆞ시니잇고'의 '-잇고'는 모두 '세존'을 높이기 위해 쓰인 것이다.

⑤ '닷ᄀᆞ시며'의 '-ᄋᆞ시-'와 '나ᄊᆞᄫᆞ시니잇고'의 '-ᄋᆞ시-'는 모두 '마야부인'을 높이기 위해 쓰인 것이다.

[06~08] 다음은 텔레비전 방송 뉴스이다. 물음에 답하시오.

진행자: 겨우내 꼭꼭 닫았던 창문을 열어 신선하고 온화한 바람을 하루 종일 맞이하는 봄 날씨가 이어지고 있습니다. 그런데 문제는 소음입니다. 낮에는 물론 한밤에도, 새벽에도 창문을 통해 시끄러운 소리가 쏟아져 들어옵니다. 잠이 들었다가도 깨기 일쑤입니다. 도대체 얼마나 시끄러운 것일까요? 박○○ 기자가 정리했습니다.

'밤에 잠을 못 자요' 심각한 밤 소음 문제

㉠

박 기자: 환경부는 일반 주거 지역 기준으로 전국 주요 도시의 소음도가 낮에는 52~57데시벨(dB), 밤에는 48~50dB이라고 발표했습니다. 이 수치만 보면 일반 주거 지역의 낮 기준치인 55dB, 밤 기준치인 45dB과 비슷해서, 소음이 그리 심하지 않을 것 같습니다. 실제로 그럴까요?

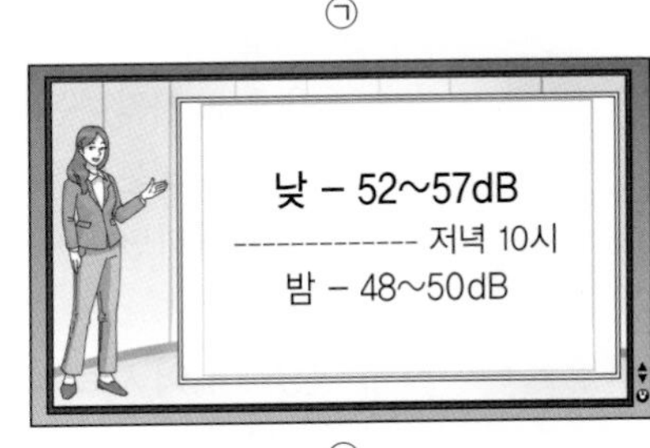

㉡

[A] 박 기자: 서울이나 수도권은 그렇지 않아 보입니다. ⓐ환경부에서 운영하는 국가 소음 정보 시스템에서는 전국 70여 곳의 실시간 소음 측정치를 1시간 단위로 제공하고 있습니다. 지난 1일 오전 11시부터 2일 오전 10시까지 서울 · 인천 · 수원 등 수도권 17곳의 실시간 데이터를 확인했습니다. ⓑ그 결과 서울 지역 8곳의 소음 측정치는 하루 전체 평균이 75dB, 밤 평균이 73.8dB로 나타났습니다. 온종일 옆에서 전화벨이 울리는 것과 같은 수준의 소음입니다. 서울보다는 낮았지만 수원과 인천 지역 9곳의 측정치 역시 24시간 평균이 63.7~69.8dB, 밤 평균은 56.7~67.2dB로 나타나, 기준치를 초과했습니다.

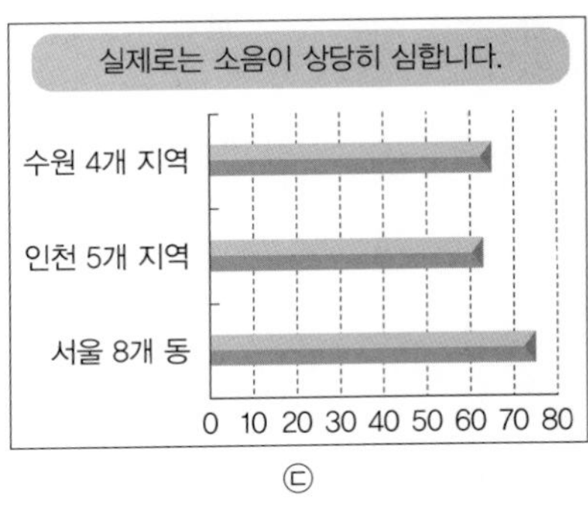

㉢

결국 실시간 데이터를 확인할 수 있는 수도권 17곳 가운데 밤에 소음 기준치를 충족하는 곳은 없었습니다. 한 군데를 제외한 나머지 16곳은 밤 평균치가 60dB, 즉 수면 장애가 시작되는 수준보다 높았습니다. 실제 집안 침대 위에서 느끼는 소음도는 이 수준보다는 낮겠지만, 수도권 밤 소음이 심각한 것은 분명합니다.

전문가들은 밤에는 소음이 더 심하게 느껴진다고 합니다. 밤에는 지표면이 공기보다 빨리 식기 때문에 소리가 위로 상승하기보다는 옆으로 멀리 퍼집니다. 밤에는 소리가 직진하지 않고 회절, 즉 꺾이기 때문입니다. 도로와 아파트 사이 거리가 30m라고 했을 때, 낮에는 아파트 12층 정도가 가장 시끄러운 층이지만, 밤에는 그보다 낮은 층에서 더 큰 소음에 노출될 수 있습니다.

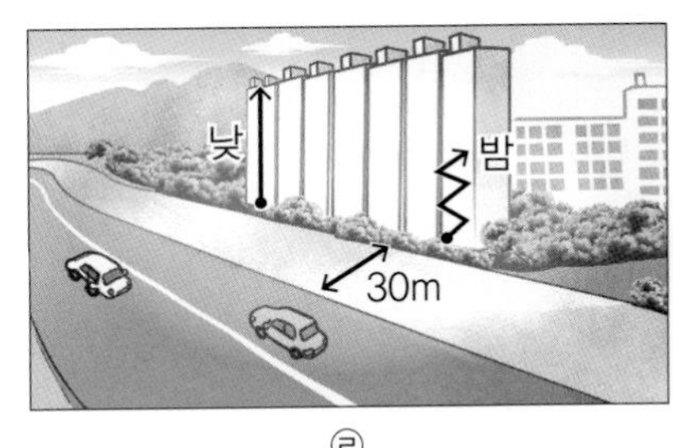

㉣

강△△ 박사: 밤에도 소음이 줄지 않는 것은 무엇보다 교통량이 많기 때문이고, 서울 등 대도시는 인구 밀도가 높고 물동량도 많아 소음 피해가 큽니다. … (중략) … 소음 피해를 줄이려면 도로와 나란히 아파트를 짓지 말아야 하고, 도로와 아파트 사이 거리를 50m 이상 두는 것이 필요하지요. 그런데 현실적으로 어렵기 때문에 도로에 접한 쪽에는 주거용이 아닌 상업용 건물을 두는 것이 좋습니다.

ⓜ

박 기자: 환경부 생활환경과 관계자는, 교통 소음으로 피해가 우려되는 지역은 지자체에서 교통 소음 관리 지역으로 지정하고 속도 제한과 우회 명령, 방음벽 설치 등 필요한 조치를 하고 있다고 밝혔습니다. 2020년 1월부터는 자동차 고속 운행 시 타이어로부터 발생하는 소음을 근본적으로 줄이기 위해 자동차용 타이어에 대해 소음도를 표시하고 소음 허용 기준을 준수하도록 하는 제도도 도입됐습니다. □□대 환경공학과 장◇◇ 교수는 '저소음 타이어가 전면 도입되면 2㏈ 가량 소음이 줄어들 것으로 예상하는데, 결코 작은 게 아니'라며, '자동차 · 오토바이가 전기화하고 여기에 저소음 타이어까지 사용하면 소음이 어느 정도 줄어들 것'이라고 말했습니다.

지난 2월 유엔 산하 환경 전문 기구인 유엔 환경 계획(UNEP)은 '2022 프런티어 보고서'를 통해 인류를 위협하는 환경 위협 중 하나로 심한 도시 소음을 지목했습니다. 소음 피해에는 만성 스트레스, 수면 장애가 포함되고, 이는 심각한 심장 질환과 당뇨병 등 대사 장애, 청력 손상, 정신 건강 악화 등으로 이어집니다. 소음 공해는 유럽 연합(EU) 시민 5명 중 1명에게 영향을 주고 있고, EU 내에서만 매년 1만 2000여 명의 조기 사망을 초래하고 있다고 합니다. ▽▽대 산업경영공학과 연구팀이 2018년 '종합 환경 과학' 국제 저널에 발표한 논문을 보면, 국내에서도 소음이 1㏈ 증가하면 입원 건수는 뇌혈관 질환이 0.66%, 고혈압은 0.17%, 심장 질환은 0.38% 증가하는 것으로 나타났습니다. 소음 문제에 관심을 갖고 소음을 줄이는 데 노력해야 하는 이유입니다. 이상 박○○ 기자였습니다.

[24004-0206]

06 **㉠~㉤에 대한 이해로 적절하지 않은 것은?**

① ㉠은 자막과 이미지를 함께 제시하여 뉴스의 중심 내용을 집약하였다.
② ㉡은 글자의 크기와 굵기에 차이를 두어 전달 내용의 일부를 부각하였다.
③ ㉢은 이전 발화에 이어지는 답변의 형태로 제시되어 시청자의 집중을 유도하였다.
④ ㉣은 기자의 발화와 관련된 내용을 시각화하여 시청자의 이해를 돕고자 하였다.
⑤ ㉤은 관계자의 발화에서 생략된 내용을 보완하여 의미를 정확하게 전달하였다.

[24004-0207]

07 **[A]의 ⓐ, ⓑ에 대한 설명으로 적절하지 <u>않은</u> 것은?**

① ⓐ는 격 조사 '에서'를 사용해 '국가 소음 정보 시스템'을 운영하는 주체가 '환경부'임을 드러내고 있다.
② ⓐ는 보조 용언 '있다'를 사용해 '실시간 소음 측정치'를 제공하는 것이 시험 삼아 이루어짐을 나타내고 있다.
③ ⓑ는 '그'를 사용해 앞에 나온 '수도권 17곳의 실시간 데이터를 확인'한 내용을 반복하지 않고 대신하고 있다.
④ ⓑ는 보조사 '는'을 사용해 '서울 지역 8곳의 소음 측정치'가 문장의 화제임을 보여 주고 있다.
⑤ ⓑ는 격 조사 '과'를 사용해 소음의 정도를 '온종일 옆에서 전화벨이 울리는 것'과 비교하여 나타내고 있다.

[24004-0208]

08 **다음은 위 뉴스를 시청한 학생들의 반응이다. 학생들의 수용 태도에 대한 설명으로 적절하지 <u>않은</u> 것은?**

- 학생 1: 계절의 변화와 함께 소음 문제에 관심을 가질 수밖에 없는 상황이 된 것을 언급하고 있다는 점에서 보도 제재의 도출이 자연스러워 보여. 도시 소음으로 인한 문제점에 대해 국내외의 사례를 함께 제시하여 문제 해결의 당위성을 한층 강조하고 있군.
- 학생 2: 소음 분야 전문가와 환경부 관계자의 인터뷰를 인용하고 있어 전달하고자 하는 내용이 믿을 만해 보여. 교통수단의 전기화가 빠르게 이루어지고 있는 상황에서 저소음 타이어까지 사용하게 되면 도시 소음 문제가 크게 완화될 것 같아.
- 학생 3: 도시 소음 문제를 구체적인 수치와 함께 제시해서 문제의 심각성이 훨씬 잘 부각되었다고 생각해. 하지만 전국 단위로 송출되는 뉴스인데 서울과 수도권 지역의 소음에 대해서만 이야기하고 있다는 점은 다소 아쉬워.

① 학생 1은 보도에서 다루는 제재를 최근의 상황과 관련지어 제시하고 있다는 점에 주목하여 보도의 시의성 측면을 긍정적으로 판단하였다.
② 학생 1은 보도에서 다룬 문제 상황이 어떤 피해를 낳는지 그 범위에 주목하여 제도의 실현 가능성 측면을 긍정적으로 판단하였다.
③ 학생 2는 전문가 및 관련 부서 관계자의 인터뷰가 인용되어 있다는 점에 주목하여 보도 내용의 신뢰성을 긍정적으로 판단하였다.
④ 학생 2는 보도에서 언급된 대안의 효과에 주목하여 제도의 실효성 측면을 긍정적으로 판단하였다.
⑤ 학생 3은 문제의 현황이 언급된 지역이 일부에 불과하다는 점에 주목하여 보도 내용의 충분성 측면을 부정적으로 판단하였다.

[09~11] (가)는 온라인 카페 화면의 일부이고, (나)는 (가)를 참고하여 학생이 만든 카드 뉴스이다. 물음에 답하시오.

가 온라인 카페 화면

[화면 1]

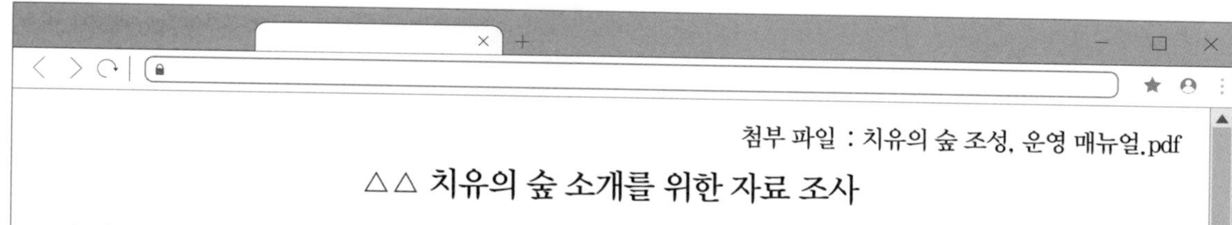

첨부 파일 : 치유의 숲 조성, 운영 매뉴얼.pdf

△△ 치유의 숲 소개를 위한 자료 조사

우리 △△군의 '△△ **치유의 숲**' : 2009년 개장한 우리나라 최초의 국립 치유의 숲

치유의 숲 사업의 **등장 배경** : 평균 수명이 증가하고 상대적 고령 사회로 돌입하면서 웰빙의 개념이 강조되고 국민 복지 증진의 필요성이 대두되었다. 이러한 상황에서 자연 치유, 특히 산림 자원을 활용한 치유에 주목하여 국민 건강 증진의 문제를 해결하기 위한 방안으로 산림 부문의 역할이 부각되고 있다. 산림 환경에는 인간의 질병 치유에 도움을 주는 여러 요인이 포함되어 있음이 밝혀진 가운데, 인체의 면역력을 높이고 국민의 건강 증진을 위하여 산림의 다양한 환경 요소를 활용할 수 있도록 하는 것이 본 사업의 **목적**이다.

산림 치유는 신체와 정신의 건강을 위해 숲을 찾는 사람 모두를 **대상**으로 하며, 그 **효과**는 매우 다양하다. 효과에 대한 설명은 ㉠여기(하이퍼링크 표시)를 클릭해서 확인할 수 있다. 추가로, **산림청에서 제공하는 자세한 설명**이 필요하면 **여기**를 눌러 산림청 누리집의 게시물로 이동이 가능하다. 또한 아래 영상과 사진을 보면 지난 주말 자료 조사차 직접 다녀온 탐방 현장을 생생하게 확인할 수 있다.

[화면 2] 산림 치유의 효과([화면 1]의 ㉠을 클릭한 화면)

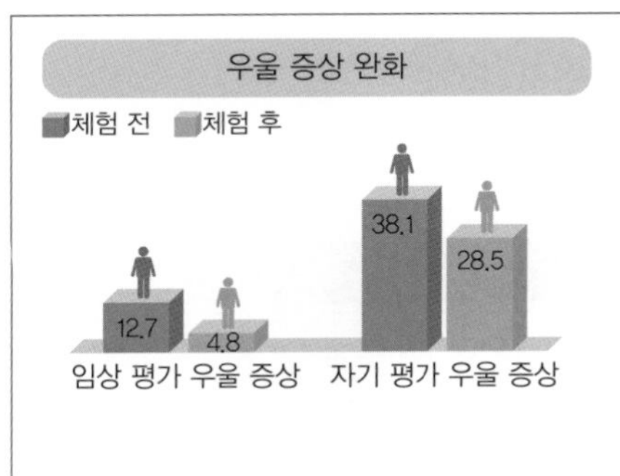

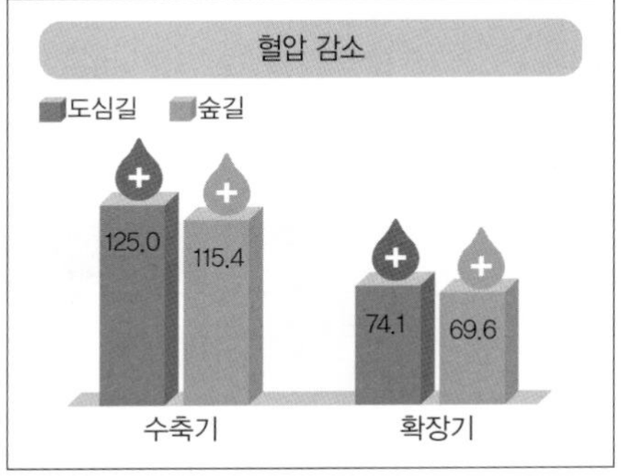

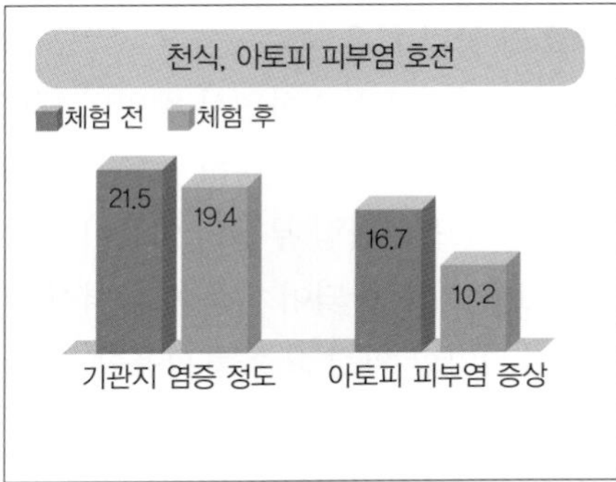

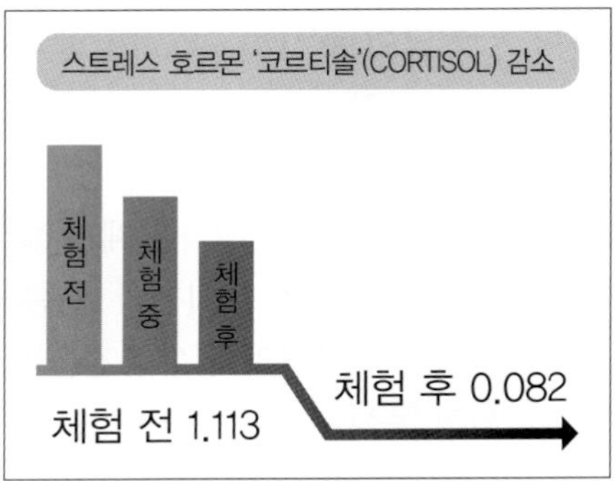

나 치유의 숲을 소개하는 카드 뉴스

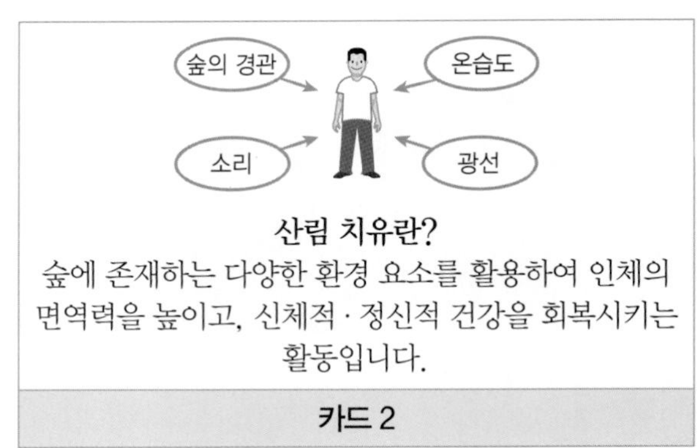

산림 치유의 효과

– 신체적 효과: 천식 및 아토피 피부염 호전, 혈압 감소 등
– 정신적 효과: 우울 증상 완화, 스트레스 호르몬 감소 등

카드 3

그런데 잠깐!(효과음 함께)

이렇게 좋은 산림 치유
우리 △△군에서도 경험할 수 있어요!

카드 4

△△ 치유의 숲

우리나라 최초의 국립 치유의 숲으로 조성

–

△△ 치유의 숲에서 진행하는
청소년 대상 프로그램

카드 5

〈그리다숲 프로그램(사진)〉 – 숲의 맑은 향기를 마시며 그림 그리기, 엽서 만들기, 자연물을 활용한 원예 작품 만들기를 할 수 있어요!

카드 6

〈숲길 런닝맨 프로그램(사진)〉
숲을 탐색하며 여러 가지 문제를 해결!

카드 7

맡을수록 향기로운 숲 내음
걸을수록 가벼운 발걸음
우리 함께 △△ 치유의 숲으로 떠나 볼까요?

상세 정보가 궁금하다면 스캔!

카드 8

[24004-0209]

09 **(가)에 나타난 표현 양식에 대한 설명으로 적절하지 않은 것은?**

① 글자의 굵기와 형태를 달리하여 설명 항목을 강조하고 있다.
② 소제목을 사용하여 조사한 매체 자료의 형태를 구분하고 있다.
③ 동영상 자료를 활용하여 작성자의 직접 탐방 경험을 제시하고 있다.
④ 사진 자료 및 파일 자료 등을 첨부하여 글의 내용을 구체화하고 있다.
⑤ 하이퍼링크 기능을 활용하여 관련 내용을 다룬 다른 게시물을 안내하고 있다.

[24004-0210]

10 **(나)에 반영된 학생의 계획으로 적절하지 않은 것은?**

① '카드 2'에는 산림 치유의 환경 요소가 사람을 둘러싸고 있는 것처럼 이미지를 구성해서 치유에 영향을 미치는 요소를 시각적으로 표현해야겠군.
② '카드 4'를 제시할 때 효과음을 추가해서 내용이 전환되는 지점을 강조해야겠군.
③ '카드 6'과 '카드 7'에서는 프로그램 활동 사진을 추가해서 두 프로그램의 효과가 상반된다는 점을 부각해야겠군.
④ '카드 8'에는 대구를 이루는 문구를 삽입해서 치유의 숲 프로그램 참여를 독려하는 의미를 강조해야겠군.
⑤ '카드 8'에는 QR 코드를 제시하여 상세 정보를 탐색할 수 있는 경로를 추가해야겠군.

[24004-0211]

11 **[화면 2]와 비교하여 '카드 3'의 정보 구성 방식을 이해한 내용으로 가장 적절한 것은?**

① [화면 2]에서 제시한 내용의 출처를 드러내어 정보의 신뢰성을 더하고 있군.
② [화면 2]에서 제시한 항목의 수를 줄여 정보량을 축소하고 내용의 초점을 부각하였군.
③ [화면 2]에서 나열된 내용을 한 화면에 범주화하여 전달하고자 하는 정보를 명료화하였군.
④ [화면 2]에서 언급되지 않은 대상을 특정함으로써 정보 전달의 주체와 대상을 명확히 하였군.
⑤ [화면 2]에서 제시된 내용 중 일부에 초점을 맞추어 효과가 나타나기까지의 단계를 세분하였군.

한눈에 보는 정답

1부 교과서 개념 학습

1강

언어와 매체의 본질

01 일방향적, 유통 속도, 복합 양식적 02 ㉡, ㉢, ㉤

2강

국어의 탐구와 활용 ❶

01

	(1)	(2)	(3)
최소 대립쌍	기름-(지름)	거울-(개울)	쓸다-(늘다)

02

	처음 발음할 때의 모음	발음 기관의 주요한 움직임	움직임 후 발음되는 모음
(1)	[ㅏ]	혀를 앞으로 움직인다.	[ㅐ]
(2)	[ㅡ]	입술을 동그랗게 한다.	[ㅜ]
(3)	[ㅓ]	입을 약간 다물어 혀를 높인다.	[ㅡ]

03

음운 변동이 한 번 일어나는 단어	음운 변동이 두 번 이상 일어나는 단어
앞어금니, 책장, 맨입	구급약, 막일, 젖병

국어의 탐구와 활용 ❷

01 ㉠: ⓐ, ⓓ, ㉡: ⓒ, ⓔ, ⓕ

02 (1) 어근 '구경'에 접미사 '-꾼'이 결합한 파생어
(2) 어근 '높-'과 어근 '푸르-'가 결합한 합성어
(3) 어근 '사랑'에 접두사 '풋-'이 결합한 파생어
(4) 어근 '뽑-'에 접미사 '-히-'가 결합한 파생어

03 ㉠: 더하다, ㉡: 박다, ㉢: 비우다, ㉣: 뽑다

국어의 탐구와 활용 ❸

01

	관형어	실현 방식
(1)	다쳤던	㉣
	새	㉠
(2)	맑은	㉣
	동생의	㉢
	동네	㉡

02 ㉠: '-던', ㉡: 명사절, ㉢: '-기', ㉣: 조사 '이'와 결합하여 주어의 기능

03

	㉠	㉡	㉢	㉣	㉤
(1)	×	○	○	×	×
(2)	×	×	×	○	○
(3)	○	×	×	×	○

국어의 탐구와 활용 ❹

01 ㉠과 ㉤ 02

	조사의 종류
(1)	관형격 조사
(2)	부사격 조사
(3)	주격 조사, 목적격 조사
(4)	호격 조사

03 (가)의 '마ᄅᆞᆯ'과 '거르믈', (나)의 '몰ᄀᆞᆫ'과 '어드ᄫᅳᆫ'

3강

매체 언어의 탐구와 활용

01 심미적 02 문자, 소리, 영상 03 (가)는 정보 전달과 설득을 목적으로 삼고 있으며, (나)는 사회적 상호 작용을 목적으로 삼고 있다.

04 ㉠: 반려동물 문제에 관심 있는 사람들 / ㉡: 많은 사람에게 정보를 전달하기에는 인쇄 매체보다 개방적인 인터넷 매체가 더 효과적임.

4강

언어와 매체에 관한 태도

01 ㉠, ㉡, ㉢ 02 ⓐ: 저작권 / ⓑ: 개인 정보 보호

2부 적용 학습

언어	01	01 ⑤ 02 ① 03 ⑤ 04 ④ 05 ③ 06 ②
	02	01 ② 02 ① 03 ④ 04 ⑤ 05 ③ 06 ②
	03	01 ④ 02 ④ 03 ③ 04 ④ 05 ⑤ 06 ②
	04	01 ④ 02 ② 03 ③ 04 ② 05 ③ 06 ③
	05	01 ⑤ 02 ③ 03 ② 04 ③ 05 ④ 06 ②
	06	01 ① 02 ④ 03 ② 04 ② 05 ③ 06 ④
	07	01 ③ 02 ⑤ 03 ① 04 ② 05 ⑤ 06 ④
	08	01 ③ 02 ⑤ 03 ⑤ 04 ② 05 ③ 06 ⑤
	09	01 ④ 02 ③ 03 ① 04 ② 05 ③ 06 ②
	10	01 ③ 02 ② 03 ④ 04 ④ 05 ②
	11	01 ④ 02 ② 03 ⑤ 04 ④ 05 ③
	12	01 ③ 02 ④ 03 ① 04 ⑤ 05 ② 06 ④
	13	01 ⑤ 02 ④ 03 ① 04 ③ 05 ⑤
	14	01 ⑤ 02 ④ 03 ③ 04 ③ 05 ③
	15	01 ⑤ 02 ④ 03 ④ 04 ① 05 ④

매체	01	01 ③ 02 ④ 03 ④ 04 ② 05 ⑤
	02	01 ④ 02 ③ 03 ② 04 ④ 05 ①
	03	01 ① 02 ② 03 ③ 04 ③ 05 ③
	04	01 ③ 02 ④ 03 ④ 04 ② 05 ②
	05	01 ⑤ 02 ④ 03 ⑤ 04 ③ 05 ③
	06	01 ① 02 ③ 03 ⑤ 04 ③ 05 ①
	07	01 ③ 02 ④ 03 ① 04 ③ 05 ⑤
	08	01 ④ 02 ③ 03 ③ 04 ③ 05 ①
	09	01 ③ 02 ⑤ 03 ⑤ 04 ③ 05 ④
	10	01 ⑤ 02 ② 03 ④ 04 ③ 05 ②
	11	01 ⑤ 02 ④ 03 ④ 04 ⑤ 05 ②
	12	01 ⑤ 02 ⑤ 03 ⑤ 04 ④ 05 ③

통합	01	01 ④ 02 ② 03 ③ 04 ⑤
	02	01 ⑤ 02 ④ 03 ⑤ 04 ③
	03	01 ② 02 ④ 03 ⑤ 04 ②
	04	01 ⑤ 02 ⑤ 03 ① 04 ②
	05	01 ① 02 ⑤ 03 ② 04 ④
	06	01 ③ 02 ⑤ 03 ② 04 ⑤

3부 실전 학습

1회	01 ⑤ 02 ② 03 ③ 04 ② 05 ⑤ 06 ⑤ 07 ① 08 ④ 09 ② 10 ④ 11 ④
2회	01 ② 02 ② 03 ③ 04 ① 05 ② 06 ⑤ 07 ② 08 ② 09 ② 10 ③ 11 ③

문제를 사진 찍고
해설 강의 보기
Google Play | App Store

EBS*i* 사이트
무료 강의 제공

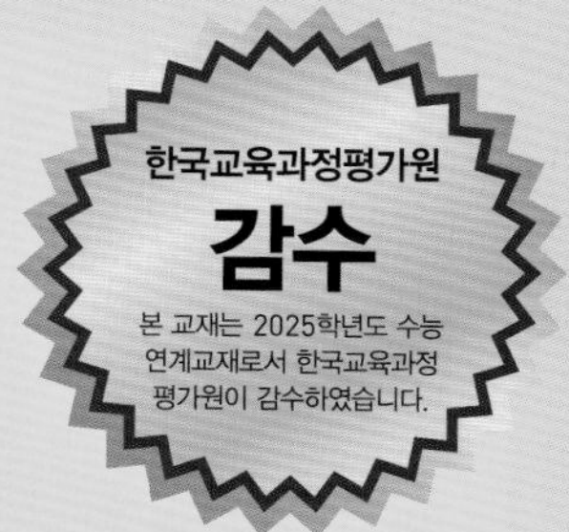

정답과 해설

수능특강

국어영역
언어와 매체

2025학년도 수능 연계교재

본 교재는 대학수학능력시험을 준비하는 데 도움을 드리고자 국어과 교육과정을 토대로 제작된 교재입니다.
학교에서 선생님과 함께 교과서의 기본 개념을 충분히 익힌 후 활용하시면 더 큰 학습 효과를 얻을 수 있습니다.

수능특강

국어영역 **언어와 매체**

정답과 해설

1부 교과서 개념 학습

1강 언어와 매체의 본질

본문 9~11쪽

문제로 이해하기 예시 답안

01 일방향적, 유통 속도, 복합 양식적
02 ㉡, ㉢, ㉤

01 매체의 유형에 따른 특성

(가)는 전통적 매체인 종이 신문이고, (나)는 뉴 미디어인 포털 사이트이다. (가)는 생산된 정보를 수용자에게 일방향적으로 전달하므로, 정보의 생산과 수용이 쌍방향적으로 이루어지기 어렵다. (나)는 인터넷망을 활용해 생산된 정보를 수용자에게 즉각적으로 전달하는 것이 가능한 반면, (가)는 인쇄되어 유포되는 과정으로 인해 수용자에게 생산된 정보를 즉각적으로 전달하기가 어려우므로 상대적으로 (나)에 비해 정보의 유통 속도가 느리다. 또한 (가)는 문자로만 정보를 전달하는 반면, (나)는 하나의 매체에서 문자, 이미지, 동영상 등이 복합적으로 결합되어 정보를 제시하는 복합 양식적 특징을 보여 준다.

02 뉴 미디어의 특성

㉡ (나)는 '관련도순'으로 기사를 검색한 것으로, (나)에서는 기사의 정렬 기준을 '관련도순', '최신순', '오래된 순'으로 선택할 수 있다. 따라서 수용자의 필요에 따라 기사의 제시 순서를 조절할 수 있다.

㉢ (나)에는 검색어와 관련된 여러 언론사의 기사가 한 화면에 제시되어 있다. 따라서 여러 언론사의 기사를 수용자가 각각 클릭하여 열람하면 화제와 관련된 다양한 정보를 접할 수 있다.

㉤ (나)에는 검색의 결과로 제시된 주요 기사 하단에 검색어의 일부 단어를 포함한 관련 기사가 함께 제시되고 있다. 따라서 관련 기사를 클릭하여 화제와 관련된 추가적인 정보를 확인할 수 있다.

2강 국어의 탐구와 활용_❶ 음운

본문 15~16쪽

문제로 이해하기 예시 답안

01

	(1)	(2)	(3)
최소 대립쌍	기름-(지름)	거울-(개울)	쓸다-(늘다)

02

	처음 발음할 때의 모음	발음 기관의 주요한 움직임	움직임 후 발음되는 모음
(1)	[ㅏ]	혀를 앞으로 움직인다.	[ㅐ]
(2)	[ㅡ]	입술을 동그랗게 한다.	[ㅜ]
(3)	[ㅓ]	입을 약간 다물어 혀를 높인다.	[ㅡ]

03

음운 변동이 한 번 일어나는 단어	음운 변동이 두 번 이상 일어나는 단어
앞어금니, 책장, 맨입	구급약, 막일, 젖병

01 최소 대립쌍

(1) '기름'과 '지름'은 첫음절 초성의 'ㄱ'과 'ㅈ'의 차이로 다른 단어가 되었다. '주름'은 '기름'과 첫음절의 초성 및 중성의 소리가 서로 다르므로 최소 대립쌍을 이루지 못한다.
(2) '거울'과 '개울'은 첫음절 중성의 'ㅓ'와 'ㅐ'의 차이로 다른 단어가 되었다. '더욱'은 '거울'과 첫음절의 초성 및 두 번째 음절의 종성 소리가 서로 다르므로 최소 대립쌍을 이루지 못한다.
(3) '쓸다'와 '늘다'는 첫음절 초성의 'ㅆ'과 'ㄴ'의 차이로 다른 단어가 되었다. '날다'는 '쓸다'와 첫음절의 초성 및 중성의 소리가 서로 다르므로 최소 대립쌍을 이루지 못한다.

02 국어의 모음 체계

(1) 'ㅏ'는 후설 모음으로서, 혀를 앞으로 움직이면 전설 모음인 'ㅐ'가 발음된다.
(2) 'ㅡ'는 평순 모음으로서, 입술에 힘을 주어 동그랗게 하면 원순 모음인 'ㅜ'가 발음된다.

(3) 'ㅓ'는 중모음으로서, 입을 약간 다물어 혀를 높이면 고모음인 'ㅡ'가 발음된다.

03 국어의 음운 변동

'앞어금니'를 발음할 때, 첫음절 종성 자리의 'ㅍ'이 음절의 끝소리 규칙(음절 말 평파열음화)을 겪어 'ㅂ'이 된 후 다음 음절 초성에서 발음되므로, 음운 변동이 한 번만 일어난다. 종성 자리의 자음이 다음 음절의 초성 자리로 이동하여 소리 나는 것은 음운 변동이 아니다. '책장'을 발음할 때는 경음화(된소리되기), '맨입'을 발음할 때는 'ㄴ' 첨가가 일어난다. '구급약'과 '막일'은 발음할 때, 'ㄴ' 첨가와 비음화가 일어난다. '젖병'은 발음할 때, 음절의 끝소리 규칙(음절 말 평파열음화)과 경음화(된소리되기)가 일어난다.

2강 국어의 탐구와 활용_❷ 단어

본문 23~24쪽

문제로 이해하기 | 예시 답안

01 ㉠: ⓐ, ⓓ, ㉡: ⓒ, ⓔ, ⓕ

02 (1) 어근 '구경'에 접미사 '-꾼'이 결합한 파생어
(2) 어근 '높-'과 어근 '푸르-'가 결합한 합성어
(3) 어근 '사랑'에 접두사 '풋-'이 결합한 파생어
(4) 어근 '뽑-'에 접미사 '-히-'가 결합한 파생어

03 ㉠: 더하다, ㉡: 박다, ㉢: 비우다, ㉣: 뽑다

01 형태소의 종류

ⓐ는 명사, ⓓ는 부사로 자립 형태소이면서 동시에 실질 형태소이다. ⓒ는 조사, ⓔ는 용언의 어간에 결합하는 어미, ⓕ는 선어말 어미로 의존 형태소이면서 동시에 형식 형태소이다. ⓑ는 용언의 어간으로 실질 형태소이지만 의존 형태소이기도 하다.

02 합성어와 파생어 분석

'구경꾼'의 '-꾼'은 '어떤 일 때문에 모인 사람'의 뜻을 더하는 접미사이고, '풋사랑'의 '풋-'은 '미숙한', '깊지 않은'의 뜻을 더하는 접두사이다. '뽑히다'의 '-히-'는 어간 뒤에 붙어 '피동'의 뜻을 더하는 접미사이다. '높푸르다'는 어근 '높-'과 어근 '푸르-'가 비통사적으로 결합한 합성어이다.

03 단어의 의미 관계

㉠에서 '빼다'는 '전체에서 일부를 제외하거나 덜어 내다.'의 뜻이다. 이 뜻과 문맥을 고려하면 '더하다'가 적절한 반의어이다. ㉡에서 '빼다'는 '속에 들어 있거나 끼여 있거나, 박혀 있는 것을 밖으로 나오게 하다.'의 뜻이다. 이 뜻과 문맥을 고려하면 '박다'가 적절한 반의어이다. ㉢에서 '빼다'는 '셋방 따위를 비우다.'의 뜻이다. 이 뜻과 문맥을 고려하면 '비우다'가 적절한 유의어이다. ㉣에서 '빼다'는 '긴 형태의 물건을 뽑아내다.'의 뜻이다. 이 뜻과 문맥을 고려하면 '뽑다'가 적절한 유의어이다.

2강 국어의 탐구와 활용_❸ 문장

본문 31~32쪽

문제로 이해하기 | 예시 답안

01

	관형어	실현 방식
(1)	다쳤던	㉣
	새	㉠
(2)	맑은	㉣
	동생의	㉢
	동네	㉡

02 ㉠: '-던', ㉡: 명사절, ㉢: '-기', ㉣: 조사 '이'와 결합하여 주어의 기능

03

	㉠	㉡	㉢	㉣	㉤
(1)	×	○	○	×	×
(2)	×	×	×	○	○
(3)	○	×	×	×	○

01 문장 성분별 특성 – 관형어

'다쳤던'은 용언의 어간 '다치-'에 선어말 어미 '-었-'과 관형사형 어미 '-던'이 결합하여 관형어로 쓰였고, '새'는 관형사가 그대로 관형어로 쓰였다. '맑은'은 용언의 어간 '맑-'에 관형사형 어미 '-은'이 결합하여 관형어로 쓰였고, '동생의'는 체언

'동생'에 관형격 조사 '의'가 결합하여 관형어로 쓰였다. '동네 근처를'에서는 체언 '동네'가, 뒤에 오는 체언 '근처'를 수식하는 관형어로 쓰였다.

02 안은문장

(1)에는 '종일 피곤해하던'이 관형사절로 안겨 있는데, 이 관형사절은 관형사형 어미 '-던'에 의해 실현되었다. 이 관형사절은 이어지는 '동생'을 수식하는 관형어의 기능을 하고 있다. (2)에는 '이곳에 집을 짓기'가 명사절로 안겨 있는데, 이 명사절은 명사형 어미 '-기'에 의해 실현되었다. 이 명사절은 조사 '로'와 결합하여 서술어 '결심하였다'를 수식하는 부사어의 기능을 하고 있다. (3)에는 '지현이가 그 행사에 참여했음'이 명사절로 안겨 있는데, 이 명사절은 명사형 어미 '-음'에 의해 실현되었다. 이 명사절은 조사 '이'와 결합하여 주어의 기능을 하고 있다.

03 높임 표현

(1)의 주어 '선생님께서는'에서 '께서'는 높임을 나타내는 주격 조사이고 '계시다'는 '있다'의 높임말이다. 각각은 주체인 '선생님'을 높이는 주체 높임을 실현한다. (2)의 부사어 '할아버지께'에는 부사격 조사 '에게'의 높임말 '께'가 붙어 있다. 서술어 '드렸다'에서 '드리다'는 '주다'의 높임말이다. '께'와 '드렸다'는 행위의 대상인 '할아버지'를 높이는 객체 높임을 실현한다. (3)의 '모시고'에서 '모시다'는 '데리다'의 높임말로, 행위의 대상인 '할머니'를 높이는 객체 높임을 실현한다. '가셨다'는 주체를 높이는 선어말 어미 '-시-'가 결합하여 주체인 '어머니'를 높이는 주체 높임을 실현하고 있다.

2강 국어의 탐구와 활용_❹ 담화/국어사

본문 38~39쪽

문제로 이해하기 예시 답안

01 ㉠과 ㉤

02

	조사의 종류
(1)	관형격 조사
(2)	부사격 조사
(3)	주격 조사, 목적격 조사
(4)	호격 조사

03 (가)의 '마ᄅᆞᆯ'과 '거르믈', (나)의 'ᄆᆞᆯᄀᆞᆫ'과 '어드븐'

01 담화의 구성 요소

담화 맥락으로 보아 ㉠은 화자인 '가은'과 청자인 '나영', '다희' 모두를 가리키고 있다. ㉤의 '우리'는 화자인 '나영'과 청자인 '다희', '가은' 모두를 가리키고 있다. ㉡과 ㉢에서 '우리'는 말하는 이가, 어떤 대상이 자기와 친밀한 관계임을 나타낼 때 쓰는 말이다. 그러나 말하는 이가 다르므로 가리키는 대상은 다르다. ㉣에서 '우리'는 화자인 '가은'이 자기 자신과 '나영'을 가리키는 말이다.

02 중세 국어의 문법

(1)의 '나랏'에는 '나라'에 관형격 조사 'ㅅ'이 결합되어 있고, '말ᄊᆞ미'는 '말ᄊᆞᆷ'에 주격 조사 '이'가 결합하여 연철된 형태이다. (2)의 '무틔'는 '뭍'에 부사격 조사 '의'가 결합한 형태이다. (3)의 '내'는 '나'에 주격 조사 'ㅣ'가 결합하였고, '이ᄅᆞᆯ'은 '이'에 목적격 조사 'ᄅᆞᆯ'이 결합하였다. (4)의 '미륵아'는 '미륵'에 존칭이 아닌 호격 조사 '아'가 결합된 형태이다.

03 중세 국어 자료 탐구

(가)에서 '마ᄅᆞᆯ'은 체언 '말'에 목적격 조사 'ᄋᆞᆯ'이 결합한 형태이다. '말'의 중성이 양성 모음이므로 목적격 조사 'ᄋᆞᆯ/을' 중 'ᄋᆞᆯ'이 결합하였다. '거르믈'은 체언 '거름'에 목적격 조사 '을'이 결합한 형태이다. '거름'의 둘째 음절에 음성 모음이 있으므로 목적격 조사 '을'이 결합하였다. (나)에서 'ᄆᆞᆯᄀᆞᆫ'은 용언의 어간 'ᄆᆞᆰ-'에 어미 '-ᄋᆞᆫ'이 결합한 형태이고, '어드븐'은 용언의 어간 '어듭-'에 어미 '-은'이 결합한 형태이다. 여기서도 선행하는 용언 어간의 모음에 따라, 관형사형 어미 'ᄋᆞᆫ/은'이 모음 조화에 맞게 선택되었음을 알 수 있다.

3강 매체 언어의 탐구와 활용

본문 44~46쪽

문제로 이해하기 예시 답안

01 심미적
02 문자, 소리, 영상
03 (가)는 정보 전달과 설득을 목적으로 삼고 있으며, (나)는 사회적 상호 작용을 목적으로 삼고 있다.
04 ㉠: 반려동물 문제에 관심 있는 사람들
㉡: 많은 사람에게 정보를 전달하기에는 인쇄 매체보다 개방적인 인터넷 매체가 더 효과적임.

01 언어적 표현과 심미적 가치

인쇄 매체 자료인 시는 행과 연의 배열 및 구성 등을 통해 심미적 가치를 드러내며, 영상 매체 자료인 영화는 배우의 말과 행동, 효과음과 배경 음악, 촬영 각도, 장면의 배열 등을 통해 심미적 가치를 드러낸다.

02 대중 매체와 대중문화

영상 매체의 하나인 영화는 문자, 소리, 영상 등을 정보 표현을 위한 매체 언어로 활용한다.

03 매체 언어가 언어생활에 미치는 영향

(가)에서는 미세 플라스틱으로 인한 해양 오염과 관련된 정보 전달과 설득을 목적으로 대중과 소통하고 있다. (나)에서는 친구에게 자신의 고민을 털어놓으며 사회적 상호 작용을 목적으로 친구와 소통하고 있다.

04 매체 언어의 의미 전달 방식

'반려동물 문제에 관심 있는 사람들'에게 정보를 전달하자는 '학생 1'의 제안에 대해 다른 학생들도 공감하고 있다. 매체 자료 선정의 이유로 '학생 1'은 많은 사람에게 정보를 전달하기에는 인쇄 매체보다 인터넷 매체가 더 개방적이라는 점을 제시하고 있다. 이를 통해 많은 사람에게 정보를 전달하기에 인쇄 매체보다 개방적인 인터넷 매체가 효과적이라는 점을 알 수 있다.

4강 언어와 매체에 관한 태도

본문 48~51쪽

문제로 이해하기 예시 답안

01 ㉠, ㉡, ㉢
02 ⓐ: 저작권
ⓑ: 개인 정보 보호

01 매체 소통의 특성

휴대 전화 대화방에서의 소통도 의사소통의 일종이므로 상대방에게 상처를 주거나 불쾌감을 유발하는 표현을 삼가야 하며(㉠), 과도한 줄임말, 은어, 한글 파괴형 표현 등은 의사소통에 지장을 줄 수 있으므로 과도하게 사용하지 말아야 한다(㉡). 또한 다른 사람이 제작한 사진을 첨부하려면 자료가 이용 가능한지의 여부와 이용 조건을 미리 확인해야 한다(㉢).

02 매체 소통의 특성

수정된 포스터에서 포스터의 문구를 직접 쓴 손 글씨로 수정한 것으로 볼 때, 글꼴에도 저작권이 있으므로 사용 가능 여부를 확인해야 한다는 '지윤'의 의견을 반영하여 수정한 것이라고 볼 수 있다. 또한 포스터의 사진을 박물관 건물만 나온 것으로 대체함으로써 인물의 얼굴과 실명이 노출된 사진을 사용할 경우 발생할 수 있는 사생활 침해 문제를 방지하여 개인 정보를 보호하고자 했음을 알 수 있다.

2부 적용 학습

01 언어

본문 54~57쪽

01 ⑤	02 ①	03 ⑤	04 ④
05 ③	06 ②		

01 국어의 모음 체계 답 ⑤

정답이 정답인 이유

'ㅐ'와 'ㅏ'는 모두 저모음으로 혀의 높이가 가장 낮은 단모음이다.

오답이 오답인 이유

① (가)의 단모음은 모두 입술을 동그랗게 오므리는 원순 모음이다. 혀의 높낮이에 따라 구분하면, 'ㅟ, ㅜ'는 고모음, 'ㅚ, ㅗ'는 중모음이다.
② (나)의 단모음은 모두 혀가 앞쪽에 위치하는 전설 모음이다.
③ (다)의 단모음은 모두 고모음으로서 혀의 높이가 같은 단모음이다. 혀의 앞뒤 위치에 따라 구분하면, 'ㅣ, ㅟ'는 전설 모음, 'ㅡ, ㅜ'는 후설 모음이다.
④ (라)의 단모음은 모두 입술을 오므리지 않는 평순 모음이다.

02 국어의 모음의 종류 답 ①

정답이 정답인 이유

[ㅒ]는 반모음 'j'와 단모음 [ㅐ]가 결합한 이중 모음이고, [ㅖ]는 반모음 'j'와 단모음 [ㅔ]가 결합한 이중 모음이다. 따라서 단모음 [ㅐ]와 [ㅔ]가 잘 구분되지 않으면 [ㅒ]와 [ㅖ]도 구분하기 어렵게 되고, 표기할 때 'ㅒ', 'ㅖ'가 헷갈릴 수 있다. [ㅘ]는 반모음 'w'와 단모음 [ㅏ]가 결합한 이중 모음이다. [ㅘ]를 발음할 때 반모음 'w'를 제대로 발음하지 않고 탈락시키면 [ㅏ]로 소리 나므로, 반모음을 제대로 발음하지 않고 탈락시키면 [ㅘ]와 [ㅏ]를 구분하기 어렵게 되고, 표기할 때 'ㅘ', 'ㅏ'가 헷갈릴 수 있다.

오답이 오답인 이유

② [ㅔ]와 [ㅖ]는 반모음 'j'의 유무에 따라 구분된다. 따라서 표기에서 'ㅔ'와 'ㅖ'가 헷갈리는 것은 단모음과 이중 모음이 발음으로 구별되지 않기 때문이다. [ㅖ]와 [ㅒ]는 단모음 [ㅔ]와 [ㅐ]의 차이에 따라 구분된다. 따라서 표기에서 'ㅖ'와 'ㅒ'가 헷갈리는 것은 두 단모음이 발음으로 구별되지 않기 때문이다.
③ [ㅔ]와 [ㅐ]는 모두 단모음으로 이중 모음의 발음과 관련이 없다. '수완'과 '수환'은 [ㅎ]을 제대로 발음하는지와 관련된 헷갈리는 표기이므로 이중 모음의 발음과 관련이 없다.
④ [ㅓ]와 [ㅕ]는 반모음 'j'의 유무에 따라 구분된다. [ㅘ]와 [ㅏ]는 반모음 'w'의 유무에 따라 구분된다.
⑤ [ㅖ]와 [ㅒ]는 단모음 [ㅔ]와 [ㅐ]의 차이에 따라 구분된다. [ㅙ]와 [ㅞ]는 단모음 [ㅐ]와 [ㅔ]의 차이에 따라 구분된다.

03 국어의 자음 체계 답 ⑤

정답이 정답인 이유

'ㅂ, ㅃ, ㅍ, ㅁ'은 양순음(입술소리)으로서, 발음할 때 입술을 사용하여 소리를 냄을 느낄 수 있다.

오답이 오답인 이유

① 'ㅁ, ㄴ, ㅇ'은 모두 비음으로서, 발음할 때 코로도 공기가 빠져나가므로 코가 울리는 것을 느낄 수 있다.
② 'ㅈ, ㅉ, ㅊ'은 경구개음(센입천장소리)이면서 파찰음이다. 파찰음을 발음할 때는 먼저 파열음처럼 공기가 빠져나가지 못하도록 완전히 막기는 하지만, 공기를 내보낼 때는 한 번에 터뜨리는 것이 아니라 마찰음처럼 공기를 마찰하여 소리를 낸다.
③ 'ㅍ, ㅌ, ㅋ, ㅊ'은 거센소리로서, 발음할 때 공기를 많이 내보내는 소리이다. 공기를 계속 좁은 틈으로 내보내는 소리는 마찰음이다.
④ 'ㅅ, ㅆ, ㅎ'은 마찰음으로서, 입안이나 목구멍에서 공기를 마찰시켜 입으로 내보내는 소리이다.

04 국어의 음운 변동 답 ④

정답이 정답인 이유

㉣에서는 'ㄱ'이 비음인 'ㅇ'이 됨으로써 그 뒤에 오는 자음인 'ㅁ'과 조음 방법이 같아졌다. ㉤에서는 'ㄴ'이 유음인 'ㄹ'이 됨으로써 그 뒤에 오는 자음인 'ㄹ'과 똑같아졌다.

오답이 오답인 이유

① ㉡의 '산불'은 명사끼리 결합한 합성어이다. 사잇소리 현상으로서의 된소리되기가 일어난 것이다.
② ㉢에서는 'ㅎ'이 탈락한 후 'ㄴ'이 다음 음절의 초성으로 이동하였다. 따라서 탈락만 일어났다.

③ ㉠에서는 파열음인 'ㅂ'이 같은 조음 위치의 'ㅁ'으로 바뀌었다. ㉣에서는 파열음인 'ㄱ'이 같은 조음 위치의 'ㅇ'으로 바뀌었다.
⑤ 한자어라는 조건은 비음화와 유음화가 일어나는 데에는 필요하지 않다. 비음화는 'ㄱ, ㄷ, ㅂ' 뒤에 비음이 오기만 하면 일어난다. 유음화는 'ㄴ'이 'ㄹ'과 인접하는 환경에서 일어나는데 한자어뿐만 아니라 외래어에서도 일어나므로 한자어라는 조건이 유음화가 일어나는 조건은 아니다.

05 탈락, 축약 답 ③

정답이 정답인 이유

동사 '서다'의 어간 '서-'에 어미 '-어'가 붙으면 [서]로 발음된다. 이는 서로 같은 모음이 만나면 두 모음 중 하나가 탈락하기 때문이다. 동사 '긁히다'는 어근 '긁-'에 접미사 '-히-'가 결합해서 만들어졌다. 어근 끝의 'ㄱ'과 접미사의 'ㅎ'이 만나면 축약되어 [ㅋ]으로 발음된다.

오답이 오답인 이유

① [커]는 '크-'에 '-어'가 결합하여 'ㅡ'가 탈락한 사례이다. [조펴]에서는 어근 '좁-'의 'ㅂ'과 접미사 '-히-'의 'ㅎ'이 축약되어 [ㅍ]으로 발음된다.
② [자]는 어간 '자-'에 '-아'가 결합했을 때 'ㅏ'가 탈락해서 나타난 발음이므로, ㉠에 해당한다. 그러나 [싸여]는 'ㅎ'이 탈락한 사례이다.
④ [봐:]는 '보아'에서 단모음 'ㅗ'가 반모음 'w'로 바뀌어 한 음절로 줄어들어 발음된 사례이다. [노여]는 'ㅎ'이 탈락한 사례이다.
⑤ [와]는 '오-'에 '-아'가 결합한 형태로서 항상 [와]로 실현된다. [노파]는 'ㅍ'이 연음된 사례이다.

06 표준 발음법의 이해 답 ②

정답이 정답인 이유

'ㅎ'과 다른 자음이 결합하여 축약이 일어날 때는, 'ㅎ'과 결합하는 자음이 'ㄱ, ㄷ, ㅂ, ㅈ'이라는 조건만 충족하면 된다. 따라서 조사, 어미, 접미사 같은 형식 형태소라는 정보는 필요하지 않다. 제12항의 '1'에서도 형태소에 대한 정보는 언급되지 않았다.

오답이 오답인 이유

① 제8항에서 받침소리는 종성을 의미한다. 국어의 종성에서 소리가 날 수 있는 자음이 7개로 제한되어 있는데, 초성에는 이러한 제약이 없어 자음의 원래 소리가 날 수 있다.
③ 'ㅎ'이 종성에 다른 자음과 함께 있더라도 항상 다른 자음 뒤에 있어 음절의 끝에 위치할 수밖에 없고, 그럴 경우 연음이 일어나는 환경에서 탈락한다.
④ 조사, 어미, 접미사는 형식 형태소이다. 따라서 제13항은 자음으로 끝난 형태소 뒤에 모음으로 시작된 형식 형태소가 올 때 연음이 일어난다는 사실과 관련된 조항이다. 연음이 되면 종성 자리의 자음이 초성 자리에서 발음되고, 종성에 있는 제약이 초성에는 없으므로 자음의 원래 소리가 난다. 원래 소리를 한글 맞춤법에서는 '제 음가'로 표현하고 있다.
⑤ 종성에 두 개의 자음을 가진 단어는 연음이 일어나면 두 자음을 모두 발음한다. 다만, 'ㅎ'은 탈락하고, 'ㅅ'은 종성의 자음군에서 '몫, 값'과 같이 'ㄱ, ㅂ' 뒤에만 나타나기 때문에 항상 '몫이[목씨], 값을[갑쓸]'과 같이 'ㅆ'으로 발음되므로 제 음가를 확인할 수 없다.

02 언어

본문 58~61쪽

01 ②	02 ①	03 ④	04 ⑤
05 ③	06 ②		

01 한글 맞춤법의 이해 답 ②

정답이 정답인 이유

각 조항에 제시된 한자음은 단어의 첫머리에 올 때만 초성의 자음을 'ㅇ'이나 'ㄴ'으로 표기한다. 단어 첫머리 이외의 경우에는 초성의 'ㄴ'이나 'ㄹ'을 본음대로 표기한다. 따라서 단어의 첫머리는 단순히 음절의 초성을 가리키는 것이 아니라 단어의 첫음절의 초성을 가리킨다는 점을 알 수 있다.

오답이 오답인 이유

① 각 조항의 [붙임 1]에 '단어의 첫머리 이외의 경우에는 본음대로 적는다.'라는 규정이 있다.
③ 제11항의 조항 중 [붙임 1] 다음의 '다만'의 내용을 보면, 모음이나 'ㄴ' 받침 뒤에 이어지는 '렬, 률'은 '열, 율'로 적고 이외에는 '렬, 률'로 적어야 함을 알 수 있다.
④ 제10항~제12항 모두 한자음과 관련된 규정이므로, 외래어의 표기와는 관련이 없는 조항임을 알 수 있다.
⑤ 제10항에서 한자음 '녀'를 다루고 있다. '男女'는 한 단어이고, '女'가 단어의 첫머리에 오지 않았으므로, 본음대로 '녀'로 적는다.

02 표준 발음법의 이해 답 ①

정답이 정답인 이유

어간 '데-'는 전설 모음 'ㅔ'로 끝나고, 모음으로 시작하는 어미 '-어서'가 연결되었는데, [데어서]가 아니라 [데여서]로 발음되었으므로 반모음 'j'가 첨가된 것을 알 수 있다. 이러한 'j' 첨가 중에서 표준 발음으로 인정되는 경우는 어간이 'ㅚ, ㅣ, ㅟ'로 끝났을 때이다. 따라서 '기어서'를 [기여서]로 발음하는 것은 표준 발음으로 인정된다.

오답이 오답인 이유

② [고여서]는 어간 '고이-'의 말음 'ㅣ'가 'j'로 바뀐 반모음화가 일어난 것이다.
③ [이겨서]는 어간 '이기-'의 말음 'ㅣ'가 'j'로 바뀐 반모음화가 일어난 것이다.
④ [수겨서]는 어간 '숙이-'의 말음 'ㅣ'가 'j'로 바뀐 반모음화가 일어난 것이다.
⑤ [돌려서]와 [실려서]는 각 어간의 말음 'ㅣ'가 'j'로 바뀐 반모음화가 일어난 것이다.

03 국어의 음운 변동 답 ④

정답이 정답인 이유

'봄빛'과 '등불'은 모두 합성어이며, 발음할 때 공명음 뒤에서 예사소리가 된소리로 바뀐다. 따라서 모두 사잇소리 현상이다.

오답이 오답인 이유

① '물새'와 '봄밤'은 모두 합성어이며, 발음할 때 공명음 뒤에서 예사소리가 된소리로 바뀐다. 따라서 모두 사잇소리 현상이다.
② '산길'과 '창가'는 모두 합성어이며, 발음할 때 공명음 뒤에서 예사소리가 된소리로 바뀐다. 따라서 모두 사잇소리 현상이다.
③ '촉각'은 발음할 때 'ㄱ, ㄷ, ㅂ' 뒤에서 예사소리가 된소리가 되는 현상이 일어난다. 이 현상에 합성어라는 조건은 필요하지 않다. 반면에 '물값'은 합성어이면서, 발음할 때 공명음 뒤에서 예사소리가 된소리로 바뀌는 사잇소리 현상이 일어난다.
⑤ '복습'은 발음할 때 'ㄱ, ㄷ, ㅂ' 뒤에서 예사소리가 된소리가 되는 현상이 일어난다. 이 현상에 합성어라는 조건은 필요하지 않다. 반면에 '화병'은 합성어이면서, 발음할 때 모음 뒤에서 예사소리가 된소리로 바뀌는 사잇소리 현상이 일어난다.

04 교체 답 ⑤

정답이 정답인 이유

구개음화가 일어나면 'ㄷ, ㅌ'이 'ㅈ, ㅊ'으로 바뀐다. 'ㅈ, ㅊ'은 경구개음이다.

오답이 오답인 이유

① 비음화는 'ㄱ, ㄷ, ㅂ'이 비음 앞에서 비음으로 바뀌는 현상이다. 'ㄱ, ㄷ, ㅂ'은 모두 파열음이다.
② 비음화가 일어나면 파열음이 비음이 된다.
③ 비음화가 일어나면 조음 방법만 바뀌고 조음 위치는 바뀌지 않는다.
④ 구개음화가 일어나면 'ㄷ, ㅌ'이 'ㅈ, ㅊ'으로 바뀐다. 'ㄷ, ㅌ'은 치조음이다.

05 탈락, 축약 답 ③

정답이 정답인 이유

'알약[알략]'에서는 'ㄴ' 첨가와 유음화가 일어났다. '복잡성[복짭썽]'에서는 된소리되기가 두 번 일어났다.

오답이 오답인 이유

① '녹물[농물]'에서는 비음화가 일어났지만, '젊음[절믐]'에서는 연음만 일어나고 음운 변동은 일어나지 않았다.
② '긁개[글깨]'에서는 된소리되기와 자음군 단순화가 일어났다. '식용유[시공뉴]'에서는 'ㄴ' 첨가만 일어났다.
④ '돛단배[돋딴배]'에서는 음절의 끝소리 규칙과 된소리되기가 일어났다. '밭이랑[반니랑]'에서는 음절의 끝소리 규칙, 'ㄴ' 첨가, 비음화가 일어났다.
⑤ '끓는점[끌른점]'에서는 자음군 단순화와 유음화가 일어났다. '늦여름[는녀름]'에서는 음절의 끝소리 규칙, 'ㄴ' 첨가, 비음화가 일어났다.

06 표준 발음법의 이해 답 ②

정답이 정답인 이유

'쌓인[싸인]'은 어근 '쌓-'에 접사 '-이-'가 결합한 것이므로 연음 환경에서 'ㅎ'이 탈락한 것이다. '많아서[마:나서]'는 어간 '많-'에 어미 '-아서'가 결합한 것이므로 연음 환경에서 'ㅎ'이 탈락한 것이다.

오답이 오답인 이유

㉡ 'ㅎ' 뒤에 'ㄱ'이 오면서 거센소리되기가 일어났다.
㉣ '않는다'는 어간 '않-' 뒤에 자음으로 시작하는 어미 '-는-'이 와서 'ㅎ'이 탈락하였다. 따라서 이는 자음군 단순화이다.

03 언어

본문 62~65쪽

01 ④	02 ④	03 ③	04 ④
05 ⑤	06 ②		

01 품사의 분류 기준 답 ④

정답이 정답인 이유

'우리 거기에서 만나자.'와 '당장 거기 서!'에 쓰인 '거기'는 모두 지시 대명사이다. 두 문장에 쓰인 '거기'는 모두 품사가 대명사이다.

오답이 오답인 이유

① '이다'는 서술격 조사로 가변어이다. '도'는 보조사, '이나'는 접속 조사로 불변어이다.
② '깊게 잠'의 '잠'은 동사로 용언이다. '깊은 잠'에서 '잠'은 명사로 체언이다.
③ '미숙할 뿐이다'의 '뿐'은 명사로 체언이다. '너뿐이다'의 '뿐'은 보조사로 관계언이다.
⑤ '첫째'는 체언으로 명사이다. '첫 시험'의 '첫'은 수식언으로 관형사이다.

02 품사의 특성 – 체언 답 ④

정답이 정답인 이유

'저'는 앞에서 이미 말하였거나 나온 바 있는 사람을 도로 가리키는 삼인칭 대명사로, 앞에 나온 체언을 다시 나타내는 대명사를 포함해야 하는 조건을 충족한다. 그리고 '대로'는 '어떤 모양이나 상태와 같이.'라는 뜻을 가진 의존 명사로, 반드시 관형어의 꾸밈을 받아야 하는 명사를 포함해야 하는 조건을 충족한다.

오답이 오답인 이유

① '명'은 반드시 관형어의 꾸밈을 받아야 하는 명사이다. 하지만 앞에 나온 체언을 다시 나타내는 대명사를 포함하고 있지 않다.
② '자기'는 앞에 나온 체언 '형'을 다시 나타내는 대명사이다. 하지만 반드시 관형어의 꾸밈을 받아야 하는 명사를 포함하고 있지 않다.
③ '데'는 반드시 관형어의 꾸밈을 받아야 하는 명사이다. 하지만 앞에 나온 체언을 다시 나타내는 대명사를 포함하고 있지 않다.
⑤ '당신'은 앞에 나온 체언 '아버지'를 다시 나타내는 대명사이다. 하지만 반드시 관형어의 꾸밈을 받아야 하는 명사를 포함하고 있지 않다.

03 국어사전 정보 답 ③

정답이 정답인 이유

ㄷ에 쓰인 '이다'는 명사 '불만' 뒤에 붙어 '나'의 행동이나 상태를 나타내고, ㄹ에 쓰인 '이다'는 명사 '걱정' 뒤에 붙어 '누나'의 행동이나 상태를 나타낸다. ㄷ과 ㄹ에 쓰인 '이다'는 모두 용언처럼 주체의 행동이나 상태를 나타내는 서술격 조사에 해당한다.

오답이 오답인 이유

ㄱ에 쓰인 '이다'는 체언 '금' 뒤에 붙었고, ㄴ에 쓰인 '이다'는 체언 '학교' 뒤에 붙었다. ㄱ과 ㄴ의 '이다'는 주어가 지시하는 대상의 속성이나 부류를 지정하는 뜻을 나타낸다는 점에서 모두 「1」의 예에 해당한다.

04 품사의 특성 답 ④

정답이 정답인 이유

'저 사람이'의 '저'는 말하는 이와 듣는 이로부터 멀리 있는 대상을 가리킬 때 쓰는 관형사이고, '저하고'의 '저'는 말하는 이가 윗사람이나 그다지 가깝지 아니한 사람을 상대하여 자기를 낮추어 가리키는 일인칭 대명사이다. '저 사람이', '저하고'에 쓰인 '저'는 동음이의어로, 품사의 통용에 해당하지 않는다.

오답이 오답인 이유

① 앞의 '만큼'은 앞의 내용에 상당한 수량이나 정도임을 나타내는 의존 명사이고, 뒤의 '만큼'은 앞말과 비슷한 정도나 한도임을 나타내는 조사이다.
② 앞의 '잘못'은 '잘하지 못하여 그릇되게 한 일. 또는 옳지 못하게 한 일.'을 뜻하는 명사이고, 뒤의 '잘못'은 '적당하지 아니하게.'를 뜻하는 부사이다.
③ 앞의 '마저'는 '남김없이 모두.'라는 뜻의 부사이고, 뒤의 '마저'는 이미 어떤 것이 포함되고 그 위에 더함의 뜻을 나타내는 조사이다.
⑤ 앞의 '모두'는 '일정한 수효나 양을 기준으로 하여 빠짐이나 넘침이 없는 전체.'를 뜻하는 명사이고, 뒤의 '모두'는 '일정한 수효나 양을 빠짐없이 다.'를 뜻하는 부사이다.

05 품사의 특성 – 용언 답 ⑤

정답이 정답인 이유

'좋–'은 모음으로 시작하는 어미 '–아'가 붙어 '좋아'로 활용하고, '넣-'은 모음으로 시작하는 어미 '-어'가 붙어 '넣어'로 활용한다. '좋다'와 '넣다'는 모두 규칙 활용을 하는 경우에 해당한다.

오답이 오답인 이유

① '쑤다'는 '쑤어'와 같이 규칙 활용을 한다. '푸다'는 '퍼'와 같이 불규칙 활용을 한다.
② '씻다'는 '씻어'와 같이 규칙 활용을 한다. '젓다'는 '저어'와 같이 불규칙 활용을 한다.
③ '입다'는 '입어'와 같이 규칙 활용을 한다. '돕다'는 '도와'와 같이 불규칙 활용을 한다.
④ '받다'는 '받아'와 같이 규칙 활용을 한다. '묻다'는 '물어'와 같이 불규칙 활용을 한다.

06 품사의 특성 – 용언 답 ②

정답이 정답인 이유

'잡아당기지 못했다'는 한 개의 본용언과 한 개의 보조 용언으로 구성된 말이지만, '당기지'가 보조 동사에 해당하지 않기 때문에 본용언이 본동사와 보조 동사가 결합하여 만들어진 말이라는 설명은 적절하지 않다.

오답이 오답인 이유

① '가 버리니'는 본용언 '가'와 보조 용언 '버리니'로 구성된 말이다.
③ '굶주리고 있던'은 '굶(다)'와 '주리고'가 결합한 합성 용언 '굶주리고'가 본용언으로 기능하며 보조 용언 '있던'과 함께 쓰인 말이다.
④ '도와주었다'는 본동사 '도와'와 보조 동사 '주었다'가 결합하여 만들어진 합성 용언이 단독으로 쓰인 말이다.
⑤ '오지 않을까 싶었다'는 본용언 '오지', 보조 용언 '않을까', 보조 용언 '싶었다'로 구성된 말이다.

04 언어 본문 66~68쪽

01 ④	02 ②	03 ③	04 ②
05 ③	06 ③		

01 형태소의 종류 답 ④

정답이 정답인 이유

'햇과일'에서 '햇-'은 접사로 형식 형태소이다. '사느라'에서 '-느라'는 어미로 형식 형태소이다.

오답이 오답인 이유

① '먹일'(먹- + -이- + -ㄹ), '사느라'(사- + -느라)는 모두 의존 형태소로만 이루어져 있다.
② '햇과일'(햇- + 과일)은 의존 형태소인 '햇-'과 자립 형태소인 '과일'로 이루어져 있다.
③ '막내아들'(막내 + 아들)은 자립 형태소이면서 실질 형태소인 '막내'와 '아들'로 이루어져 있다.
⑤ '먹일'(먹- + -이- + -ㄹ)에서 실질 형태소는 '먹-'이고, '힘들었다'(힘 + 들- + -었- + -다)에서 실질 형태소는 '힘'과 '들-'이다.

02 합성어와 파생어 분석 답 ②

정답이 정답인 이유

'맨발'은 접두사 '맨-'과 어근 '발'이 결합된 파생어이고, '발가락'은 어근 '발'과 어근 '가락'이 결합된 합성어이다. '맨발'이나 '발가락'은 모두 하나의 단어인 '발'을 어근으로 하여 만들어진 단어이다.

오답이 오답인 이유

① '집밥'(집 + 밥)이나 '밥그릇'(밥 + 그릇)은 모두 어근과 어근이 결합된 합성어이다.
③ '모양새'(모양 + -새)는 어근과 접미사가 결합된 파생어이고, '새집(새 + 집)'은 어근과 어근이 결합된 합성어이다. '모양새'의 '-새'와 '새집'의 '새'는 하나의 단어가 아니다.
④ '헛소리'(헛- + 소리)는 접두사와 어근이 결합된 파생어이고, '소리꾼'(소리 + -꾼)은 어근과 접미사가 결합된 파생어이다.
⑤ '한가위'(한- + 가위)는 접두사와 어근이 결합된 파생어이고, '가위질'(가위 + -질)은 어근과 접미사가 결합된 파생어이다. '한가위'의 '가위'와 '가위질'의 '가위'는 하나의 단어가 아니다.

03 단어 배열법에 따른 합성어 종류 답 ③

정답이 정답인 이유

'잘생긴'은 '잘 + 생기- + -ㄴ'으로 분석되는 말로, '잘'은 부사이다. 그러므로 용언의 부사형과 용언이 결합되어 있다는 설명은 적절하지 않다.

오답이 오답인 이유

① '보슬비'는 자립성이 없는 어근 '보슬'과 명사 '비'가 결합되어 있으므로 비통사적 합성어이다.
② '팥죽'은 명사 '팥'과 명사 '죽'이 결합되어 있으므로 통사적 합성어이다.
④ '어린이'는 용언의 관형사형 '어린'과 명사 '이'가 결합되어

있으므로 통사적 합성어이다.
⑤ '덮밥'은 용언 어간 '덮-'과 명사 '밥'이 결합되어 있으므로 비통사적 합성어이다.

04 단어의 이해 답 ②

정답이 정답인 이유

㉣ '하루아침'은 '하루 + 아침'으로 구성된 합성어이고, 명사 '하루', '아침'이 포함되어 있다. 하지만 관형사는 포함되어 있지 않다.

오답이 오답인 이유

㉠ '어느새'는 '어느 + 새'로 구성된 합성어이고, 명사와 관형사가 모두 포함되어 있다.
㉡ '훌쩍훌쩍'은 '훌쩍 + 훌쩍'으로 구성된 합성어이고, 명사나 관형사가 포함되어 있지 않다.
㉢ '또다시'는 '또 + 다시'로 구성된 합성어이고, 명사나 관형사가 포함되어 있지 않다.
㉤ '한번'은 '한 + 번'으로 구성된 합성어이고, 명사와 관형사가 모두 포함되어 있다.
㉥ '진짜'는 단일어이다.

05 단어의 구성 요소 답 ③

정답이 정답인 이유

'재주넘-기'는 '재주넘-'과 '-기'의 직접 구성 요소로 분석된다. 이 경우 어근과 접사로 분석되어 파생어로 볼 수 있다.

오답이 오답인 이유

① '자리-바꿈'은 '자리'와 '바꿈'의 직접 구성 요소로 분석된다. 이 경우 어근과 어근으로 분석되어 합성어로 볼 수 있다.
② '미닫이-문'은 '미닫이'와 '문'의 직접 구성 요소로 분석된다. 이 경우 어근과 어근으로 분석되어 합성어로 볼 수 있다.
④ '첫-걸음'은 '첫'과 '걸음'의 직접 구성 요소로 분석된다. 이 경우 어근과 어근으로 분석되어 합성어로 볼 수 있다.
⑤ '헌-신짝'은 '헌'과 '신짝'의 직접 구성 요소로 분석된다. 이 경우 어근과 어근으로 분석되어 합성어로 볼 수 있다.

06 의미 관계에 따른 합성어 종류 답 ③

정답이 정답인 이유

'좌우'는 '왼쪽과 오른쪽'이라는 뜻일 때는 결합하는 어근들의 의미가 대등한 관계를 이루는 대등 합성어이고, '주위에 거느리고 있는 사람'이라는 뜻일 때는 어근들이 결합하면서 각 어근이 본래 갖고 있던 의미에서 벗어나 합성어 전체의 의미가 새로운 의미를 갖는 융합 합성어이다.

오답이 오답인 이유

① '강산'은 '강과 산'이라는 뜻일 때는 결합하는 어근들의 의미가 대등한 관계를 이루는 대등 합성어이고, '나라의 영토'라는 뜻일 때는 어근들이 결합하면서 각 어근이 본래 갖고 있던 의미에서 벗어나 합성어 전체의 의미가 새로운 의미를 갖는 융합 합성어이다.
② '밤낮'은 '밤과 낮'이라는 뜻일 때는 결합하는 어근들의 의미가 대등한 관계를 이루는 대등 합성어이고, '밤과 낮을 가리지 않고 늘'이라는 뜻일 때는 어근들이 결합하면서 각 어근이 본래 갖고 있던 의미에서 벗어나 합성어 전체의 의미가 새로운 의미를 갖는 융합 합성어이다.
④ '눈물'은 '눈알 바깥면의 위에 있는 눈물샘에서 나오는 분비물'이라는 뜻일 때나 '눈이 녹아서 된 물'이라는 뜻일 때 모두 선행 어근이 후행 어근에 의미상 종속되는 관계를 이루는 종속 합성어이다.
⑤ '안팎'은 '사물이나 영역의 안과 밖'이라는 뜻일 때는 결합하는 어근들의 의미가 대등한 관계를 이루는 대등 합성어이고, '어떤 수량이나 기준에 조금 모자라거나 넘치는 정도'라는 뜻일 때는 어근들이 결합하면서 각 어근이 본래 갖고 있던 의미에서 벗어나 합성어 전체의 의미가 새로운 의미를 갖는 융합 합성어이다.

05 언어

본문 69~73쪽

01 ⑤	02 ③	03 ②	04 ③
05 ④	06 ②		

01 문장 성분의 종류 답 ⑤

정답이 정답인 이유

'중요한'은 형용사 '중요하다'의 활용형이 의존 명사 '것'을 수식하는 관형어로 쓰인 것이다.

오답이 오답인 이유

① '간식도'는 서술어 '먹고 싶네'의 목적어에 해당한다.
② '싸움'은 서술어 '되겠는데'가 주어 이외에 필수적으로 요구하는 문장 성분으로, 보어에 해당한다.
③ '상식적인'은 명사 '이야기'를 수식하는 관형어로 쓰였으며, 명사 '상식적'에 서술격 조사 '이다'가 결합한 형태의 활용형이다. 관형사는 격 조사와 결합할 수 없다.
④ '아주'는 부사 '안'을 수식하는 부사어로 쓰였다.

02 문장 성분별 특성 – 관형어와 부사어 답 ③

정답이 정답인 이유

'냉장고에'는 서술어 '넣었다'가 꼭 필요로 하는 부사어이며, 관형사절 '이따 저녁에 먹을'은 의존 명사 '것'이 꼭 필요로 하는 관형어이다.

오답이 오답인 이유

① '노력한'과 '대가를 얻는'은 ㉡에 해당하나, ㉠에 해당하는 필수적 부사어가 포함되어 있지 않다.
② '대학생이 되는'은 ㉡에 해당하나, ㉠에 해당하는 필수적 부사어가 포함되어 있지 않다.
④ '관광단 일행과'와 '숙소로'는 ㉠에 해당하나, ㉡에 해당하는 의존 명사를 수식하는 관형어가 포함되어 있지 않다.
⑤ '동생에게'는 ㉠에 해당하나, ㉡에 해당하는 의존 명사를 수식하는 관형어가 포함되어 있지 않다.

03 문장 성분별 특성 – 관형어와 부사어 답 ②

정답이 정답인 이유

'오랜'은 '역사'를 수식하는 관형어이지만, '매우'는 관형사 '오랜'을 수식하는 부사어이다.

오답이 오답인 이유

① '우리'는 대명사가 조사와 결합하지 않고 뒤에 오는 명사 '학교'를 수식하는 관형어로 쓰인 것이다.
③ '그녀의'는 대명사 '그녀'에 관형격 조사 '의'가 결합하여 이루어진 관형어이다.
④ '어두운'은 주어에 해당하는 '구석이' 따위가 생략된 관형사절로, 관형사절이 뒤에 오는 명사 '구석'을 수식하는 관형어로 쓰인 것이다.
⑤ '광수가 회장 선거에 출마한다는'은 주어와 서술어를 갖춘 절로, 절 전체가 뒤에 오는 명사인 '소문'을 수식하는 관형어이다.

04 문장 성분의 종류 답 ③

정답이 정답인 이유

'밝혔다'는 주어 외에도 부사어와 목적어를 필수적으로 요구하는 세 자리 서술어가 맞으나, '실시한'은 주어와 목적어만을 요구하는 두 자리 서술어이다. '정부에서'는 '실시한'의 부사어가 아니라 주어로, 단체를 나타내는 명사 뒤에 붙어 앞말이 주어임을 나타내는 격 조사 '에서'가 쓰인 것이다.

오답이 오답인 이유

① '반짝이는'은 주어만을 필수적으로 요구하고, '반짝였다'는 주어와 목적어를 필수적으로 요구한다.
② '기여한'은 주어와 부사어를 필수적으로 요구하나, '수상했다'는 주어와 목적어를 필수적으로 요구하므로 둘은 모두 두 자리 서술어이지만 필요로 하는 문장 성분의 종류는 다르다.
④ '웃던'과 '울'은 모두 주어만을 필수적으로 요구하며, 주어로 선택할 수 있는 체언의 속성도 유정 명사로 동일하다.
⑤ '마시고'와 '먹었다'는 모두 주어와 목적어를 필수적으로 요구하나, '먹었다'의 목적어 자리에는 음식 전반이 올 수 있는 반면에 '마시다'의 목적어 자리에는 액체만이 올 수 있다.

05 문장 종결 표현의 종류 답 ④

정답이 정답인 이유

㉡에 사용된 종결 어미 '–구나'는 화자가 새롭게 알게 된 사실에 주목함을 나타내면서 감탄의 뜻을 수반하고 있으나, ㉤에 사용된 종결 어미 '–어라'는 명령의 뜻을 나타낸다. 따라서 ㉡은 감탄문에 해당한다고 볼 수 있으나 ㉤은 그렇지 않다.

오답이 오답인 이유

① ㉠은 종결 어미 '–자'로 문장을 끝맺으며 화자가 청자에게 '피자 먹'는 행동을 함께할 것을 요청하고 있다.
② ㉣은 종결 어미 '–어'로 문장을 끝맺으며 '라면 먹었'다는 말을 되풀이해서 묻고 있다.
③ ㉥은 종결 어미 '–ㄹ게'로 문장을 끝맺으며 화자가 행동에 대한 약속의 의미를 표현하고 있다.
⑤ ㉢과 ㉣은 모두 '–어'라는 종결 어미를 가진 문장이나, 문장 끝의 억양에 따른 종결 표현의 종류는 각각 평서문과 의문문에 해당한다고 할 수 있다.

06 의문문 답 ②

정답이 정답인 이유

'아니요, 그냥 쉬고 있어요.'라는 대답으로 보아 '여기서 누구 기다리세요?'는 화자의 질문에 대해 그렇거나 그렇지 않다는 대답을 요구하는 판정 의문문에 해당한다고 할 수 있다. 이때 '누구'는 미지칭이 아니라 부정칭의 대명사이다.

오답이 오답인 이유

① '커서 무엇이 되고 싶니?'는 '무엇'에 대한 구체적인 답변을 요구하는 설명 의문문에 해당한다.
③ '어디에서 샀어?'는 '어디'에 대한 구체적인 답변을 요구하는 설명 의문문에 해당한다.
④ '저기 서 계시는 선생님이 누구세요?'는 '누구'에 대한 구체적인 답변을 요구하는 설명 의문문에 해당한다.

⑤ '여기가 어디라고 소란을 피우는 거니?'는 일종의 반어적 의문문으로, 말하는 사람의 불쾌한 감정을 드러내고 있다.

06 언어

본문 74~78쪽

01 ①	02 ④	03 ②	04 ②
05 ③	06 ④		

01 안은문장 답 ①

정답이 정답인 이유

㉠에 있는 안긴절인 명사절 '키가 크기'를 살펴보면, 절 안의 서술어 '크기'는 형용사이므로 목적어를 요구하지 않는다. 또 ㉣에 있는 안긴절인 관형사절 '키가 큰 선수가 이 팀에 온다는'과 '키가 큰'을 살펴보아도 각각의 절 안의 서술어 '온다는'과 '큰'은 목적어를 요구하지 않으므로, 목적어가 생략되어 있다고 볼 수 없다. 따라서 ㉠과 ㉣에는 모두 목적어가 생략된 안긴절이 있다는 설명은 적절하지 않다.

오답이 오답인 이유

② ㉡에는 서술어의 기능을 하는 안긴절인 '키가 크다'가 있고, ㉢에는 서술어의 기능을 하는 안긴절인 '키가 참 크다'가 있다.
③ ㉠은 안은문장에 관형어 '그'가 있고, ㉢은 인용절 '저 선수는 키가 참 크다고' 속에 관형어 '저'가 있다.
④ ㉡은 관형사절 '내가 아주 좋아하는' 속에 부사어 '아주'가 있고, ㉣은 안은문장에 부사어 '계속'이 있다.
⑤ ㉠에는 조사 '로'와 결합하여 부사어의 기능을 하는 명사절 '키가 크기'가 있다. ㉢에는 조사와 결합하여 부사어의 기능을 하는 명사절이 없다.

02 관형사절을 가진 안은문장 답 ④

정답이 정답인 이유

관형사절 '몽룡이가 춘향이와 헤어진'에는 생략된 필수적 문장 성분이 없다.

오답이 오답인 이유

① '하늘에 뜬'은 주어가 가리키는 대상인 '태양'이 수식을 받는 명사와 동일하기 때문에 생략된 관형사절이다.
② '진실이 아닌'은 주어가 가리키는 대상인 '(그) 말'이 수식을 받는 명사와 동일하기 때문에 생략된 관형사절이다.
③ '귀에 이어폰을 낀'은 주어가 가리키는 대상인 '딸'이 수식을 받는 명사와 동일하기 때문에 생략된 관형사절이다.
⑤ '이 책에 달린'은 주어가 가리키는 대상인 '제목'이 수식을 받는 명사와 동일하기 때문에 생략된 관형사절이다.

03 관형사절을 가진 안은문장 답 ②

정답이 정답인 이유

㉠의 '쌓인'은 동사 어간 '쌓이-'에 과거 시제의 관형사형 어미 '-ㄴ'이 붙어 완료된 행위를 나타내고 있고, ㉡의 '읽던'은 동사 어간 '읽-'에 과거 시제의 관형사형 어미 '-던'이 붙어 미완료된 행위를 나타내고 있다.

오답이 오답인 이유

① ㉠: 청바지를 입은(동사/과거/완료) 남자가 내 앞을 지나갔다.
㉡: 바람이 불어 예쁘던(형용사/과거) 꽃들이 죄다 떨어졌다.

③ ㉠: 나는 훌륭하신(형용사/현재) 선생님 밑에서 서예를 배웠다.
㉡: 선생님께서는 내 상담 요청에 하시던(동사/과거/미완료) 일을 멈추셨다.

④ ㉠: 그는 손등에 수액 바늘을 꽂은(동사/과거/완료) 채로 밖으로 나갔다.
㉡: 깨끗하던(형용사/과거) 계곡물에 맨발을 담그고 재미나게 놀았었다.

⑤ ㉠: 누나는 한참 만에 무거운(형용사/현재) 음성으로 말을 하기 시작했다.
㉡: 우리를 앞질러 달리던(동사/과거/미완료) 말들도 시냇가에서 목을 축이고 있었다.

04 이어진문장 답 ②

정답이 정답인 이유

'음식이 너무 많아서 다 못 먹겠다.'는 앞 절의 주어인 '음식이'가 뒤 절의 생략된 주어인 '내가' 따위와 일치하지 않는다. 앞 절과 뒤 절의 의미 관계를 고려할 때, '음식이 너무 많아서 다 못 먹겠다.'는 이유나 근거를 나타내는 연결 어미 '-아서'로 이어진 문장에 해당한다.

오답이 오답인 이유

① '옷을 벗어서 옷걸이에 걸어라.'는 뒤 절에 명령문이 왔으며, 앞 절과 뒤 절의 의미 관계를 고려할 때 시간적인 선후 관계를 나타내는 연결 어미 '-어서'로 이어진 문장에 해당한다.
③ '나는 머리에 꽃을 달아서 장식했다.'는 앞 절의 '-아서' 앞

에 선어말 어미 '-았-'이 결합할 수 없으며, 앞 절과 뒤 절의 의미 관계를 고려할 때 수단이나 방법을 나타내는 연결 어미 '-아서'로 이어진 문장에 해당한다.

④ '이 길은 좁아서 큰 차가 못 지나간다.'는 앞 절의 주어와 뒤 절의 주어가 서로 달라도 문장이 성립하며, 앞 절과 뒤 절의 의미 관계를 고려할 때 이유나 근거를 나타내는 연결 어미 '-아서'로 이어진 문장에 해당한다.

⑤ '하도 전화를 걸어서 이제는 내 목소리를 알아듣는다.'는 앞 절의 '-어서' 앞에 선어말 어미 '-었-'이 결합할 수 있으며, 앞 절과 뒤 절의 의미 관계를 고려할 때 이유나 근거를 나타내는 연결 어미 '-어서'로 이어진 문장에 해당한다.

05 명사절을 가진 안은문장 답 ③

정답이 정답인 이유

명사절 '혼자 있기'에 격 조사 '를'이 결합하여 목적어로 쓰이고 있으므로, 명사절이 보조사와 결합하여 목적어로 쓰인 예에 해당하지 않는다.

오답이 오답인 이유

① 명사절 '그가 이 사건의 범인임'에 격 조사 '이'가 결합하여 주어로 쓰였다.

② 명사절 '정부에서 일을 그렇게 처리함'에 보조사 '은'이 결합하여 주어로 쓰였다.

④ 명사절 '학생들은 지금 바로 강당으로 모여 주시기'에 조사가 결합하지 않고 목적어로 쓰였다.

⑤ 명사절 '영화를 보러 가기'에 격 조사 '에'가 결합하여 부사어로 쓰였다.

06 겹문장의 종류 답 ④

정답이 정답인 이유

앞 절의 목적어는 '휴식을'인데, 이것이 지시하는 대상이 뒤 절의 '이곳'으로 바뀌어 쓰였다고 볼 수 없다. 참고로 ㉣은 앞 절과 뒤 절의 주어가 동일하여 뒤 절의 주어가 생략되어 있다.

오답이 오답인 이유

① 관형사절 '유명인과 함께 찍은'의 주어가 지시하는 대상인 '나'가 안은문장의 주어 '나는'이 지시하는 대상과 동일하기 때문에 생략되었다고 할 수 있다.

② 인용절의 관형어 '자기'가 지시하는 대상인 '남편'이 안은문장의 주어 '남편은'이 지시하는 대상과 동일하기 때문에 대명사로 바뀌어 쓰인 것이라고 할 수 있다.

③ 앞 절 '이 금속은 아주 가볍지마는'과 뒤 절 '쇠보다도 단단하다.'의 주어는 둘 다 '이 금속은'으로 동일하기 때문에 뒤 절의 주어가 생략되었다고 할 수 있다.

⑤ 앞 절의 부사어 '지하철에서'가 지시하는 대상인 '지하철'이 뒤 절에서 '거기'로 바뀌어 쓰인 것이라고 할 수 있다.

07 언어

본문 79~82쪽

01 ③ 02 ⑤ 03 ① 04 ②
05 ⑤ 06 ④

01 시제 답 ③

정답이 정답인 이유

'좋아졌어요.'는 '좋-+-아지-+-었-+-어+요'로 분석할 수 있는데, 형용사 '좋다'가 쓰였으며 선어말 어미로 '-였-'이 아니라 '-었-'이 쓰였다. 따라서 선어말 어미 '-였-'을 사용하여 동작의 완료를 나타내고 있다고 보기 어렵다.

오답이 오답인 이유

① '울더니'는 '울-+-더-+-니'로 분석할 수 있는데, 선어말 어미 '-더-'가 화자인 할머니가 아침에 까치가 운 일을 떠올리며 말할 때 쓰이고 있다.

② '올'은 '오-+-ㄹ'로 분석할 수 있는데, 윤찬이가 할머니를 찾아온 일은 이미 일어난 사건이므로 여기서 관형사형 어미 '-ㄹ'은 미래의 사건을 나타내지 않고 있다.

④ '앓았었는데'는 '앓-+-았었-+-는데'로 분석할 수 있는데, 선어말 어미 '-았었-'은 현재와 비교하여 다른 작년의 상태를 나타낼 때 쓰이고 있다.

⑤ '입학한다고'는 '입학하-+-ㄴ-+-다고'로 분석할 수 있는데, 이때 '-ㄴ-'은 윤찬이가 내년에 초등학교를 입학하는 사건을 나타낼 때 쓰이고 있다.

02 실현 인식 답 ⑤

정답이 정답인 이유

'나는 그녀가 재능이 풍부해서 꼭 작가로 성공하리라고 확신했다.'에서 '-리-'는 상황에 대한 화자의 추측을 나타내므로 ㉤의 예로 적절하지 않다. ㉤의 예로는 '나는 다시는 울지 않으리라.' 따위를 들 수 있다.

오답이 오답인 이유

① '강릉에는 함박눈이 와.'와 비교해 보면, '지금쯤 강릉에는 함박눈이 오겠다.'에는 강릉에 함박눈이 올 것 같다는 화자의 추측을 표현하는 의미가 덧붙어 있다.
② 커서 반드시 화목한 가정을 꾸리겠다는 화자의 의지를 나타내기 위해 '-겠-'이 1인칭 주어의 평서문에서 사용되고 있다.
③ 우리 반 대표로 학생회에 참석해 줄 의향을 묻기 위해 '-겠-'이 2인칭 주어의 의문문에서 사용되고 있다.
④ 그가 이번 달에는 국내로 들어올 것이라는 화자의 추측을 표현하기 위해 '-리-'가 사용되고 있다.

03 피동 표현, 사동 표현 답 ①

정답이 정답인 이유

'구름이 걷힌 하늘에 햇살이 비치기 시작했다.'는 대응하는 주동문이 없는 사동문의 예가 아니라, 대응하는 능동문이 없는 피동문의 예에 해당한다. 'X가 구름을 걷다.'를 상정해 보면, 이것이 제시된 문장에 대응하는 능동문으로 적절하지 않음을 알 수 있다.

오답이 오답인 이유

② '가구들을 밖으로 옮기다'의 의미를 유지하면서 '가구들이 밖으로 옮다.'를 상정할 수 없는 것으로 보아, '우리는 방을 도배하려고 가구들을 밖으로 옮겼다.'는 대응하는 주동문이 없는 사동문의 예에 해당한다.
③ '돈을 잘 굴리다'의 의미를 유지하면서 '돈이 잘 구르다.'를 상정할 수 없는 것으로 보아, '그는 밖에서 벌어들이는 돈을 잘 굴리는 사람이다.'는 대응하는 주동문이 없는 사동문의 예에 해당한다.
④ 'X가 날씨를 풀다.'를 상정할 수 없는 것으로 보아, '벌써 경칩이 가까운데 날씨가 풀릴 기미도 없다.'는 대응하는 능동문이 없는 피동문의 예에 해당한다.
⑤ '감기가 너를 걸다.'를 상정할 수 없는 것으로 보아, '너는 감기에 걸리지 않도록 따뜻하게 좀 입고 다녀라.'는 대응하는 능동문이 없는 피동문의 예에 해당한다.

04 부정 표현 답 ②

정답이 정답인 이유

'한여름인데 요즘은 날씨가 별로 덥지 않다.'는 날씨라는 객관적 상황에 대해 말하고 있는 문장이며, 부정 보조 용언 구성인 '-지 않다'가 쓰인 긴 부정에 해당하는 문장이다.

오답이 오답인 이유

① '우리 언니는 키가 안 작다.'는 단순한 사실의 부정을 나타내나, 긴 부정이 아니라 짧은 부정이다.
③ '금구에서 전주까지는 사십 리가 좀 안 되었다.'는 거리라는 객관적인 상황에 대해 말하고 있는 문장이나, 긴 부정이 아니라 짧은 부정이다.
④ '아내가 있는 부엌에서는 아무 소리도 안 들렸다.'는 객관적인 상황에 대해 말하고 있는 문장이나, 긴 부정이 아니라 짧은 부정이다.
⑤ '나는 배가 고팠는데도 밥을 먹지 않고 버티었다.'는 주체의 의지에 대한 문장이므로 단순 부정에 해당하지 않는다.

05 높임 표현 답 ⑤

정답이 정답인 이유

'여쭙고'는 객체인 '팀장님'을 높이기 위해 쓰였고, '-십시오'는 대화 상황의 청자(상대방)인 '예원'을 높이기 위해 쓰였다.

오답이 오답인 이유

① '-시-'는 이메일을 본 주체인 '선배님(예원)'을 높이기 위해 쓰였고, '-습니까'는 대화 상황의 청자인 '예원'을 높이기 위해 쓰였으므로 둘은 같은 인물을 높이기 위해 쓰였다는 서술은 적절하다.
② '께서'는 주체인 '부장님'을 높이기 위해 쓰였고, '요'는 대화 상황의 청자인 '성준'을 높이기 위해 쓰였으므로 둘은 서로 다른 인물을 높이기 위해 쓰였다는 서술은 적절하다.
③ '께'는 객체인 '선배님(예원)'을 높이기 위해 쓰였고, '-습니다'는 청자인 예원을 높이기 위해 쓰였으므로 둘은 같은 인물을 높이기 위해 쓰였다는 서술은 적절하다.
④ '모시고'는 객체인 '팀장님'을 높이기 위해 쓰였고, '드리기'는 객체인 '성준'을 높이기 위해 쓰였으므로 둘은 서로 다른 인물을 높이기 위해 쓰였다는 서술은 적절하다.

06 인용 표현 답 ④

정답이 정답인 이유

간접 인용절은 화자의 현재 관점에서 기술되기 때문에 인칭 대명사가 달라진다. 그러므로 '위원회는 승아에게 "네가 학교 대표로 선발되었다."라고 알렸다.'를 간접 인용으로 바꾼 문장으로는 '위원회는 승아에게 그녀가 학교 대표로 선발되었다고 알렸다.' 따위가 적절하다.

오답이 오답인 이유

① "꽃이 참 예쁘구나!"는 감탄문이며 감탄문은 간접 인용을

할 때 평서문으로 나타나므로, '-다고'를 사용하여 '연경이는 꽃이 참 예쁘다고 감탄했다.'라는 문장을 만든 것은 적절하다.
② "언제 집에 가니?"는 의문문이며 서술어에 동사가 쓰였으므로, '-냐고'를 사용하여 '수지가 나에게 언제 집에 가냐고 물었다.'라는 문장을 만든 것은 적절하다.
③ "나도 힘이 세."는 평서문이므로 '-다고'를 사용하며, 화자의 현재 관점을 고려할 때 대명사 '나'는 '자기'로 바꾸어야 하므로 '민지가 현수에게 자기도 힘이 세다고 말했다.'라는 문장을 만든 것은 적절하다.
⑤ "내일은 일찍 와라."는 명령문이므로 '-라고'를 사용하며, 화자의 현재 관점을 고려할 때 '내일'은 '오늘'로 바꾸어야 하므로 '담임 선생님께서 어제 학생들에게 오늘은 일찍 오라고 말씀하셨다.'라는 문장을 만든 것은 적절하다.

08 언어

본문 83~87쪽

01 ③	02 ⑤	03 ⑤	04 ②
05 ③	06 ⑤		

01 직접 발화와 간접 발화 답 ③

정답이 정답인 이유

'-ㅂ니다'는 현재 계속되는 동작이나 상태를 그대로 나타내는 종결 어미로, '먼저 가겠습니다.'는 문장 종결 표현의 유형이 평서문에 해당한다. 길을 막은 사람에게 비켜 줄 것을 요구하려는 의도로 '먼저 가겠습니다.'라고 발화하는 것은 문장 종결 표현의 유형과 화자의 의도가 일치하지 않는 간접 발화에 해당한다.

오답이 오답인 이유

① '(함께 하교할 것을 부탁하려는 의도로) 학교 마치고 우리 같이 가자.'는 청유문을 통해 부탁의 의도를 드러내고 있으므로 직접 발화이다.
② '(방에서 나와서 식사할 것을 요구하려는 의도로) 이제 나와서 밥 먹어라.'는 명령문을 통해 요구의 의도를 드러내고 있으므로 직접 발화이다.
④ '(난방기를 켜 줄 것을 요구하려는 의도로) 추워서 온몸이 으스스 떨리네.'는 평서문을 통해 요구의 의도를 드러내고 있으므로 간접 발화이다.
⑤ '(요리 재료를 사 올 것을 부탁하려는 의도로) 지금 가게 문 열었겠지?'는 의문문을 통해 부탁의 의도를 드러내고 있으므로 간접 발화이다.

02 담화의 구성 요소 답 ⑤

정답이 정답인 이유

㉤의 대명사 '우리'는 '캠페인'이 벌어지고 있는 곳을 가리키고 있지 않다. 또한 문맥상 어떤 사물이나 처소 따위를 이르는 것이 아니어서 지시 대명사에도 해당하지 않는다.

오답이 오답인 이유

① '너희'는 듣는 이가 친구나 아랫사람들일 때, 그 사람들을 가리키는 이인칭 대명사이다. 화자인 '선생님'이 '서경'과 '승찬'을 가리키기 위해 '너희'를 사용했다고 볼 수 있다.
② '저희'는 일인칭 대명사인 '우리'의 낮춤말이다. 화자인 '서경'이 자신과 '승찬'을 상대인 '선생님'에게 낮추어 이르기 위해 '저희'를 사용했다고 볼 수 있다.
③ '어디'는 모르는 어느 곳을 가리키는 지시 대명사이다. 화자인 '선생님'이 자신이 모르는 어느 곳을 가리키기 위해 '어디'를 사용했다고 볼 수 있다.
④ '그분'은 '그 사람'을 아주 높여 이르는 삼인칭 대명사이다. 화자인 '서경'은 '승찬'이 언급한 '하□□'를 높여 이르기 위해 '그분'을 사용했다고 볼 수 있다.

03 담화의 특성 답 ⑤

정답이 정답인 이유

담화 맥락을 고려할 때, ㉠은 책장, ㉡과 ㉢은 '정우'가 가리킨 특정 책, ㉣은 '○○ 서점'이다. ㉠, ㉡, ㉢은 화자가 발화 현장에 존재하는 대상을 가리키는 것이지만, ㉣은 그렇지 않다.

오답이 오답인 이유

① ㉠, ㉡, ㉢, ㉣ 모두 뒤에서 언급될 대상을 대신하는 표현에 해당하지 않는다.
② ㉠, ㉡, ㉢, ㉣ 모두 발화 현장에서 화자나 청자를 대신하는 표현에 해당하지 않는다.
④ ㉠, ㉡, ㉢, ㉣ 모두 화자가 소유하고 있는 대상을 가리키는 표현에 해당하지 않는다.

04 담화의 기능 답 ②

정답이 정답인 이유

'건우', '아버지', '할아버지' 세 명의 대화에서 ㉠과 ㉢은 모두 '할아버지'를 가리키는 말이다. 하지만 ㉠은 화자인 '아버지'

와 청자인 ‘할아버지’의 관계에서 사용된 것이고, ㉢은 화자인 ‘건우’와 청자인 ‘할아버지’의 관계에서 사용된 것이다.

오답이 오답인 이유

① ㉠은 ‘할아버지’를 가리키는 말이고, ㉡은 ‘아버지’를 가리키는 말이다. 동일한 대상을 가리키지도 않고, 화자와 청자 간의 물리적 거리로 인해 서로 다른 표현이 사용된 것도 아니다.
③ ㉡과 ㉥은 모두 ‘할아버지’가 ‘아버지’를 가리키는 말로, 동일한 표현이 사용되었다.
④ ㉣과 ㉤은 모두 ‘건우’의 어머니를 가리키는 말로, 서로 다른 표현이 사용되었다. 하지만 이것이 화자와 청자의 관계 차이로 인한 것은 아니다. ㉣에서 화자는 ‘할아버지’이고, 청자는 ‘건우’이며, ㉤에서 화자는 ‘건우’이고, 청자는 ‘할아버지’이다.
⑤ ㉤과 ㉦은 모두 ‘건우’의 어머니를 가리키는 말이다. 하지만 화자와 대상 간의 물리적 거리로 인해 서로 다른 표현이 사용된 것은 아니다.

05 담화의 특성과 국어생활 답 ③

정답이 정답인 이유

‘의기양양해하며’를 고려할 때 ‘다음에는 선행상을 다른 친구에게 양보하겠습니다.’에는 겸손함을 나타내거나 남에게 양보할 때 자신을 낮추는 표현이 드러나 있지 않다. 겸양 표현의 예에 해당하지 않는다.

오답이 오답인 이유

① ‘칭찬에 감사하게 여기며’를 고려할 때 ‘운이 좋아서 문제가 잘 풀렸어요.’는 겸양 표현에 해당한다.
② ‘진수성찬을 내놓으며’를 고려할 때 ‘차린 게 없어 송구합니다.’는 겸양 표현에 해당한다.
④ ‘맛이 없었다고 느끼며’를 고려할 때 ‘오후 늦게 간식을 많이 먹어서인지 입맛이 없네요.’는 완곡 표현에 해당한다.
⑤ ‘마음이 내키지 않는다고 생각하며’를 고려할 때 ‘오늘 몸이 별로 안 좋네.’는 완곡 표현에 해당한다.

06 담화의 기능 답 ⑤

정답이 정답인 이유

㉡ ‘그게’는 앞에서 언급된 ‘그 소문’, ‘학교 축제 이야기’와 관련된 것이고, ㉣ ‘그거’는 앞에서 언급된 학교 축제 때 연예인이 오는 것과 관련된 것이다. 두 표현 모두 앞에서 언급된 말을 대신하는 표현에 해당한다.
㉠ ‘그 소문’은 뒤에서 언급될 학교 축제 이야기와 관련된 것이고, ㉢ ‘이건’은 뒤에서 언급될 학교 축제 때 연예인이 오는 것과 관련된 것이다. 두 표현 모두 뒤에서 언급될 말을 대신하는 표현에 해당한다.

09 언어

본문 88~93쪽

01 ④	02 ③	03 ①	04 ②
05 ③	06 ②		

01 중세 국어 자료 탐구 답 ④

정답이 정답인 이유

㉣에서 ‘돌콰’는 ‘ㅎ’과 ‘ㄱ’이 만나 거센소리되기가 일어난 것을 표기에 반영한 것이다.

오답이 오답인 이유

① ㉠에서 ‘닐거’는 현대 국어의 ‘읽어’에 대응한다. 지금과 달리 연음을 반영하여 이어 적기를 한 것이다. 현대 국어의 ‘읽-’과 마찬가지로 종성에 ‘ㄺ’을 가진 단어였음을 알 수 있다.
② ㉡에서 현대 국어 ‘나무’에 대응하는 단어는 ‘낡’으로 나타난다. 뒤에 모음으로 시작하는 조사가 와서 연음이 일어나 ‘남ᄀᆞᆫ’으로 이어 적기를 한 것이다.
③ ㉢에서 현대 국어 ‘길’에 대응하는 단어는 ‘긿’로 나타난다. ‘길헤’는 뒤에 모음으로 시작하는 조사가 와서 연음이 일어나 이어 적기를 한 것이다.
⑤ ㉤은 연음을 반영하여 이어 적기를 한 것으로 ‘므레너굴’에 조사 ‘의’가 결합한 것이다. ‘의’는 현대 국어에도 존재한다.

02 중세 국어 자료 탐구 답 ③

정답이 정답인 이유

‘노ᄑᆡ’와 ‘너븨’는 각각 현대 국어의 ‘높이’와 ‘너비’에 대응한다. 현대 국어의 ‘높이’와 ‘너비’에는 공통적으로 접사 ‘-이’가 쓰였지만, ‘노ᄑᆡ’와 ‘너븨’에는 각각 접사 ‘-ᆡ’와 ‘-ㅢ’가 결합했다. 이는 중세 국어에서 일어났던 모음 조화 때문이다. 형태는 다르지만 두 접사 모두 명사를 만든다.

오답이 오답인 이유

① 중세 국어 ‘노피’는 ‘높-’에 부사를 만드는 접미사 ‘-이’가 결합한 것으로 이어 적기를 한 것이다.
② ‘노피’와 ‘높이’는 모두 용언 어간 ‘높-’이 어근인 파생어이다.
④ ‘걸음을 걸음이’에서 앞의 ‘걸음’의 ‘-음’은 명사를 만드는 기능을 하고, 뒤의 ‘걸음’은 용언을 명사형으로 만들어 주는 기

능을 한다. 그렇기 때문에 뒤의 '걸음'은 여전히 서술어의 기능을 하여, 앞의 '걸음을'을 목적어로 취할 수 있다.
⑤ 중세 국어의 '거름 거루미'에서 명사를 만드는 접미사는 '-음'이고 용언을 명사형으로 만들어 주는 어미는 '-움'임을 알 수 있다.

03 음운의 변천 답 ①

정답이 정답인 이유

〈보기〉에서 'ㅿ'이 'ㆍ'보다 먼저 사라졌다고 가정하였다. 그리고 실제로 'ㆍ'는 2음절 이하의 'ㆍ'부터 'ㅡ'로 바뀌는 현상이 있었음을 알 수 있다. 'ㄱᅀᆶ'에서 'ㅎ'이 가장 먼저 소실되었다고 가정하고 이러한 정보를 활용하면, 이후에 'ㄱᆞᅀᆞᆯ, ㄱᆞᄋᆞᆯ, ㄱᆞ을' 등의 표기가 나타날 것이라고 예측할 수 있다. 이 중에서 'ㅿ'과 2음절의 'ㆍ'가 모두 나타나지 않는 'ㄱᆞ을'이 가장 후대의 것이라고 예측할 수 있다.

오답이 오답인 이유

② 2음절 이하의 'ㆍ'부터 변하였으므로, '가ᄋᆞᆯ'은 예측이 적절하지 않은 표기이다.
③ 2음절 이하의 'ㆍ'부터 변하였으므로, '가ᄋᆞᆯ'은 예측이 적절하지 않은 표기이다.
④ 'ㅿ'이 'ㆍ'보다 먼저 사라졌다고 가정하였으므로 'ㄱᆞᅀᅳᆯ'은 예측이 적절하지 않은 표기이다.
⑤ 'ㅿ'이 'ㆍ'보다 먼저 사라졌다고 가정하였으므로, 'ㄱᆞᅀᅳᆯ'은 예측이 적절하지 않은 표기이다. 또한 2음절 이하의 'ㆍ'부터 변하였으므로, '가ᄋᆞᆯ'도 예측이 적절하지 않은 표기이다.

04 중세 국어의 문법 답 ②

정답이 정답인 이유

'잇-'은 어간이고 '-더-'는 어미이므로 ㉠에는 의문형 어미가 와야 자연스럽다. 의문사 'ᄆᆞᄉᆞᆷ'이 있는 설명 의문문이므로 의문형 어미 '-뇨'가 오는 것이 적절하다. 'ᄆᆞᄉᆞ'는 대명사이면서 의문사이므로, 'ᄆᆞᄉᆞ' 뒤에 결합하는 ㉡에는 의문 보조사 '고'가 오는 것이 적절하다.

05 중세 국어 자료 탐구 답 ③

정답이 정답인 이유

'배'는 뒤에 오는 '이셔도'의 주어이다. '바'에 주격 조사 'ㅣ'가 결합하여 '배'로 나타난 것이다.

오답이 오답인 이유

① 중세 국어에는 관형격 조사 'ㅅ'이 존재하였다. '나랏'은 '나라'에 관형격 조사 'ㅅ'이 결합하여 만들어진 관형어이다. 뒤에 오는 '말ᄊᆞᆷ'을 꾸며 준다.
② '中듕國귁에'는 '中듕國귁'에 부사격 조사 '에'가 결합하여 만들어진 부사어이다.
④ 'ᄠᅳ들'은 'ᄠᅳᆮ'에 목적격 조사 '을'이 결합하여 만들어진 목적어이다. 이어 적기를 한 것이다.
⑤ '노미'는 '놈'에 주격 조사 '이'가 결합하여 만들어진 주어이다. 이어 적기를 한 것이다.

06 중세 국어의 문법 답 ②

정답이 정답인 이유

'내'는 현대 국어의 '내가'에 대응하는데, '나'에 주격 조사 'ㅣ'가 결합한 것임을 알 수 있다. '배라'도 마찬가지여서 '바'에 서술격 조사가 결합한 것임을 알 수 있다. 결국 '나', '바'는 형태 변화 없이 조사와 결합하는 단어이므로 불변어이다.

오답이 오답인 이유

① '새'는 홀로 쓰여도 '새'로 나타나고, '새와'처럼 조사와 결합하여도 '새'로 나타나 형태가 일정하다.
③ 'ᄇᆡ호다'는 현대 국어의 '배우다'와 대응한다. 무엇을 배우는지 나타내기 위해서 목적어가 필요한데 '새'가 목적어 구실을 하고 있다.
④ '모ᄅᆞ다'는 현대 국어의 '모르다'와 대응한다. 무엇을 모르는지 나타내기 위해서 목적어가 필요한데 '나ᄅᆞᆯ'이 목적어 구실을 하고 있다.
⑤ '새'는 홀로 쓰이면서 현대 국어의 '새것'에 대응한다. 현대 국어에서 '새'는 관형사로만 쓰이지만, 중세 국어에서는 명사로도 쓰였음을 알 수 있다.

10 언어

본문 94~96쪽

01 ③ 02 ② 03 ④ 04 ④
05 ②

01 관계언 답 ③

정답이 정답인 이유

'학교에서 강당이 제일 크다.'에서는 '강당이'가 주어이고, '학교에서'는 부사어이다. '학교에서'의 '에서'는 체언에 붙은 부사격 조사이다.

오답이 오답인 이유

① '너희들'은 이인칭 대명사 '너희'에 '복수(複數)'의 뜻을 더하는 접미사 '-들'이 결합한 말이다. 문장에서는 주격 조사가 생략된 형태이다.
② 문장에서 '준호는'은 '준호'에 보조사 '는'이 결합한 형태이다. 이 보조사를 주격 조사 '가'로 바꿀 수 있다는 점에서 '준호는'은 주어로 볼 수 있다.
④ 문장에서 '승주만이'는 '승주'에 보조사 '만'과 주격 조사 '이'가 함께 쓰여 주어가 되었다.
⑤ 문장에서 '주셨습니다'의 주체는 '이모'이다. 높임의 주격 조사 '께서'를 사용하지 않았지만, '주셨습니다'에 '-시-'가 결합해 있으므로 '이모'에 대한 존대의 의미를 유지한다.

02 관계언 답 ②

정답이 정답인 이유

②에서 주어는 '새 친구가'이며, 여기서 '가'는 체언 뒤에 결합한 주격 조사이다.

오답이 오답인 이유

①에서 '이'는 체언 뒤에 결합한 것으로 '어느 곳이'는 문장에서 부사어로 쓰였다. ③에서 '이'는 '-고 싶다' 구성에서 본동사 '먹다'의 목적어 뒤에 결합한 것이다. ④에서 '가'는 연결 어미 '-지' 뒤에 결합한 것이며, ⑤에서 '가'는 부사어 뒤에 결합한 것이다. 이들에서 '이/가'는 앞말을 지정하여 강조하는 뜻을 나타내는 기능을 수행한다.

03 국어사전 정보 답 ④

정답이 정답인 이유

자료로 보아 '가까이[Ⅰ]'은 중심 의미와 주변 의미를 가진 다의어이다. 중심 의미는 구체적인 물리적 공간과 관련되어 있다. 그런데 주변 의미인 「2」에서는 의미 적용 영역이 확대되어 그 의미가 '시간'과 관련되어 있다. 또한 「3」에서는 '사람 사이의 관계나 상태'와 관련하여 추상적 대상을 의미하고 있다.

오답이 오답인 이유

① '가까이'와 '멀리'는 모두 부사와 명사의 두 품사로 쓰인다.
②, ③ '가까이'와 '멀리'가 명사로 쓰이면, 두 단어는 서로 반의 관계에 있는 공간 개념을 나타낸다.
⑤ '멀리[Ⅰ]'은 부사로, '한 시점이나 지점에서 시간이나 거리가 몹시 떨어져 있는 상태로.'의 뜻을 가진다. '우리는 서울과 멀리 떨어진 시골로 이사했다.'는 '서울을 기준으로 거리가 몹시 떨어져 있는 상태로'의 의미를 가지고 있으므로 적절한 예문이라 할 수 있다.

04 표준 발음법 - 음의 동화 답 ④

정답이 정답인 이유

'핥는'은 '핥-'에 '-는'이 결합한 형태이다. 그런데 'ㄾ, ㅀ'과 같은 겹받침은 자음 앞에서 [ㄹ]로 발음이 되므로 뒤에 비음이 올 때 비음화 현상이 적용될 수 없다.

오답이 오답인 이유

①, ② 'ㅎ'이 대표음 'ㄷ'으로 바뀌면서, 'ㄲ'이 대표음 'ㄱ'으로 바뀌면서 비음화 현상이 적용된다.
③, ⑤ 겹받침 'ㄻ'에서 'ㄹ'이 탈락한 후, 겹받침 'ㅄ'에서 'ㅅ'이 탈락한 후 비음화 현상이 적용된다.

05 담화의 구성 요소 답 ②

정답이 정답인 이유

담화의 맥락으로 보아 ⓑ는 '하영'이 말하는 '여기'와 동일한 장소인 '가까이 있는 풀밭'을 가리키므로, 청자의 이전 발화 전체를 가리키는 것이 아니다. ⓒ는 '하영'이 말한 '야트막한 언덕'을 가리키므로, 이 역시 청자의 이전 발화 전체를 가리키는 것이 아니다.

오답이 오답인 이유

① '여기'는 화자에게 가까운 곳을 가리키는 지시 대명사이고 '거기'는 청자에게 가까운 곳을 가리키는 지시 대명사이다. 대화의 흐름으로 보아 ⓐ와 ⓑ는 동일한 장소를 가리킨다.
③ ⓒ는 '소나무들이 서 있는', '야트막한 언덕'을 가리킨다. '하영'이 '그래. 거기.'라고 하였으므로 ⓓ는 동일한 지시 대상을 가리킴을 알 수 있다.
④ ⓔ의 '접때'는 '오래지 아니한 과거의 어느 때'를 이르는 말이다. 대화의 흐름으로 보아 ⓕ는 '하영'이 '어릴 때'를 가리킨다.
⑤ ⓖ는 '하영'과 '가은'이 대화를 나누고 있는 현재를 기준으로 '십 년 후'를 가리킨다.

11 언어

본문 97~99쪽

01 ④ 02 ② 03 ⑤ 04 ④
05 ③

01 형태에 관한 조항 답 ④

정답이 정답인 이유

'따-+-아 → 따', '따-+-았-+-다 → 땄다'는 한글 맞춤법 제34항이 적용된 예이다. 이를 볼 때 다른 형태의 모음이 연속될 때에만 제34항이 적용된다는 설명은 적절하지 않다. 또한 제34항의 [붙임 1]이 동일한 형태의 모음이 연속될 때에만 적용된다는 설명도 적절하지 않다.

오답이 오답인 이유

① '젓-+-어', '젓-+-었-+-다'는 모두 모음이 줄어든 형태로 적지 않는다. 즉, 한글 맞춤법 규정에 따라 '*저', '*젔다'와 같은 형태로 적지 않는다. 그리고 '따-+-아', '따-+-았-+-다'는 모두 줄어든 형태로 적어야 한다. 한글 맞춤법 규정에 따라 '*따아', '*따았다'와 같은 형태로 적지 않는다.

② '병이 나았고'와 '죽을 저었고'에서 '낫다'와 '젓다'는 모두 활용할 때 어간에서 'ㅅ'이 줄어드는 불규칙 용언에 해당한다. 그러므로 어간에 원래 자음 'ㅅ'이 있었음을 고려하여 'ㅏ/ㅓ'가 줄어들지 않는다.

③ 모음 'ㅏ'로 끝난 어간에 '-아'가 어울릴 적에는 준 대로 적어야 한다. 그러므로 용언의 어간 '가-'에 연결 어미 '-아'를 결합할 경우, '가'로만 적어야 한다.

⑤ 제34항에서 '어울릴 적에는 준 대로 적는다'고 한 것은 항상 줄어든 형태로 적는다는 뜻이고, 제34항의 [붙임 1]에서 '어울려 줄 적에는 준 대로 적는다'고 한 것은 줄지 않는 경우도 있다는 뜻이다.

02 형태에 관한 조항 답 ②

정답이 정답인 이유

ㄷ의 '(큰길을) 건너-+-어', ㅁ의 '(학교에) 가-+-았-+-고'는 모두 제34항의 적용을 받는다. 모음 'ㅏ, ㅓ'로 끝나는 어간에 어미 '-아/-어', '-았-/-었-'이 결합할 때는 'ㅏ/ㅓ'가 줄어드는 경우에 해당하므로, '건너', '갔고'와 같이 두 모음이 하나로 줄어든 형태로만 적어야 한다.

오답이 오답인 이유

ㄱ의 '(상표를) 떼-+-어'는 'ㅔ' 뒤에 '-어'가 어울려 줄어든 경우에만 준 대로 적는다. 또한 ㄴ의 '(도로가) 패-+-어'는 모음이 줄어들어서 'ㅐ'가 된 경우여서 '-어'가 결합하더라도 다시 줄어들지 않는다. 그리고 ㄹ의 '(숫자를) 세-+-었-+-고'는 'ㅔ' 뒤에 '-었-'이 어울려 줄어든 경우에만 준 대로 적는다. 그러므로 ㄱ, ㄴ, ㄹ은 모두 항상 모음이 줄어든 형태로만 적어야 하는 경우에 해당하지 않는다.

03 국어의 음운 변동 답 ⑤

정답이 정답인 이유

a에서 설명하는 음운 변동은 'ㄴ' 첨가이고, c에서 설명하는 음운 변동은 구개음화이다. 'ㄴ' 첨가의 경우 앞말이 자음으로 끝나고 뒷말이 모음 'ㅣ'나 반모음 'j'로 시작할 때 일어나지만, '솜이불'과 같은 예에서 보듯이 모음 'ㅣ'나 반모음 'j'로 시작하는 말이 형식 형태소여야만 하는 것은 아니다. 반면 구개음화의 경우 끝소리가 'ㄷ, ㅌ'인 형태소가 만나는 말이 모음 'ㅣ'나 반모음 'j'로 시작되는 형식 형태소여야만 한다.

오답이 오답인 이유

① '두통약[두통냑]'은 '두통+약'으로 구성된 합성어이고, '한여름[한녀름]'은 '한-+여름'으로 구성된 파생어이다. 두 단어 모두에서 'ㄴ' 첨가가 일어난다.

② '국밥[국빱]'은 'ㅂ'이 'ㅃ'으로, '믿지[믿찌]'는 'ㅈ'이 'ㅉ'으로, '춥고[춥꼬]'는 'ㄱ'이 'ㄲ'으로 바뀌는 된소리되기(경음화)가 일어난다.

③ 구개음화는 조음 위치와 조음 방법 모두에 변화가 일어나는 음운 변동이지만, 된소리되기(경음화)는 그렇지 않다.

④ 'ㄴ' 첨가는 음운 변동이 일어난 후 음운 변동이 일어나기 전에 비해 음운의 전체 개수가 늘어난다. 하지만 된소리되기(경음화)와 구개음화는 음운 변동이 일어난 후와 음운 변동이 일어나기 전의 음운의 전체 개수가 동일하다.

04 피동 표현과 사동 표현 답 ④

정답이 정답인 이유

'인터넷 연결이 끊겼다.'는 '인터넷 연결이 끊어졌다.'와 같이 용언 어간에 '-어지다'가 결합된 피동문으로 바꿀 수 있다.

오답이 오답인 이유

① '의사가 심정지 환자를 응급실로 옮겼다.'를 주동문으로 바꾸면 '심정지 환자가 병실로 옮았다.'가 되는데, 이는 어법에 맞지 않는 문장이다.

② '어머니가 아이에게 젖을 물렸다.'는 주동문으로 바꾸면 '아이가 젖을 물었다.'가 되어 서술어의 자릿수가 세 자리에서 두 자리로 줄어든다.

③ '어머니가 아이에게 젖을 물렸다.'를 용언 어간에 '-게 하다'가 결합된 사동문 '어머니가 아이에게 젖을 물게 했다.'로 바꿀 수 있다.

⑤ '의사가 심정지 환자를 응급실로 옮겼다.'와 '인터넷 연결이 끊겼다.'의 서술어에는 동일한 형태의 접사 '-기-'가 결합되어

있다. 하지만 전자는 '사동'의 뜻을 더하는 접사이고, 후자는 '피동'의 뜻을 더하는 접사이다.

05 국어의 변천

답 ③

정답이 정답인 이유

'ᄉᆞᅀᅵ'는 'ᄉᆞᅀᅵ > ᄉᆞ이 > 사이'로 변화한다. 이는 첫째 음절에 놓인 모음 'ㆍ'가 'ㅏ'로 변화하기 때문이다. 그리고 'ᄒᆞᄆᆞᆯ며'는 'ᄒᆞᄆᆞᆯ며 > ᄒᆞ믈며 > 하믈며 > 하물며'로, 'ᄀᆞᄅᆞ치다'는 'ᄀᆞᄅᆞ치다 > ᄀᆞ르치다 > 가르치다'로 변화한다. 이는 'ᄒᆞᄆᆞᆯ며'와 'ᄀᆞᄅᆞ치다' 모두 둘째 음절에 놓인 모음 'ㆍ'가 'ㅡ'로 변화한 뒤, 첫째 음절에 놓인 모음 'ㆍ'가 'ㅏ'로 변화하기 때문이다.

12 언어

본문 100~103쪽

01 ③	02 ④	03 ①	04 ⑤
05 ②	06 ④		

01 국어의 음운 변동

답 ③

정답이 정답인 이유

'덥다'의 활용형이 모두 예측 불가능한 것은 아니다. '덥고[덥:고]'처럼 자음으로 시작하는 어미가 결합했을 때 'ㄱ, ㄷ, ㅂ' 뒤에 예사소리가 오는 환경이 만들어지고, 이에 따라 된소리되기가 적용된 형태가 나타나는 것은 예측 가능하다. 모음으로 시작하는 어미가 결합했을 때 연음이 일어나지 않고 '더워[더워]'와 같은 형태 변화를 보이는 것이 예측 불가능한 것이다.

오답이 오답인 이유

① 음운 변동이 일어나면서 형태소가 다른 형태로 나타나므로 음운 변동이 하나의 형태소가 여러 가지 다른 형태로 나타나는 원인이라고 할 수 있다.

② '국도', '집도'에서 음운 변동이 일어나는 까닭은 'ㄱ, ㄷ, ㅂ' 뒤에 예사소리가 왔기 때문이다. 따라서 자음의 배열만 파악해도 형태를 예측할 수 있다.

④ 현대 국어에서 용언의 기본형만 비교해서는 불규칙한 형태 변화를 알아낼 수 없다. 예를 들어, '입다, 좁다, 집다, 줍다'는 모두 기본형으로 어간이 'ㅂ'으로 끝난다는 공통점을 가졌지만, '줍다'만 불규칙 활용을 한다.

⑤ 'ㅸ', 'ㅿ'이 소실되는 음운의 역사적인 변화 때문에 불규칙적인 형태 변화가 일어났다는 점에서 음운의 역사적인 변화도 형태소가 여러 가지 다른 형태로 나타나는 데 영향을 미친다는 점을 알 수 있다.

02 중세 국어 자료 탐구

답 ④

정답이 정답인 이유

'짓다, 잇다'와 같은 'ㅅ' 불규칙 용언들도 중세 국어 시기에는 종성에 'ㅿ'을 가진 단어로 규칙적인 형태 변화를 보여 준다는 점이 지문에 언급되어 있다. 따라서 '짓더니, 지ᅀᅳ니'는 연음이나 규칙적인 음운 변동으로써 설명할 수 있는 규칙적인 형태 변화라고 추론할 수 있다.

오답이 오답인 이유

① 형태소를 'ᄎᆞᆽ-'으로 파악하면, 모음으로 시작하는 어미가 연결될 때는 연음이 되어 'ᄎᆞ자'로 나타나고, 자음으로 시작하는 어미가 연결될 때는 종성의 제약이 작용하여, 'ᄎᆞᆺ고'로 나타난다고 설명할 수 있다.

② 현대 국어에서 종성 자리에 'ㅈ'이 오면 'ㄷ'으로 변하는 음운 변동이 규칙적으로 일어난다. 따라서 '찾-'을 형태소로 잡고, 발음에서 관찰되는 형태 [찯]은 음운 변동을 활용하여 규칙적으로 설명할 수 있다. [차ㅈ]은 'ㅈ'이 연음된 것으로 설명할 수 있다.

③ 형태소를 '칠-'으로 파악하면, 모음으로 시작하는 어미가 연결될 때는 연음이 되어 '치버'로 나타나고, 자음으로 시작하는 어미가 연결될 때는 종성의 제약이 작용하여, '칩ᄃᆞ록'으로 나타난다고 설명할 수 있다.

⑤ '짓-'에 모음으로 시작하는 어미가 붙었기 때문에 연음이 일어나 [지스니]로 발음될 것이라고 예측할 수 있다. 그런데 [지으니]로 발음되므로 예측할 수 없는 형태가 나타났다. 이는 '씻-'에 '-으니'가 붙으면 '씻으니[씨스니]'로 발음되는 것과 비교하면 쉽게 알 수 있다.

03 파생어의 형성

답 ①

정답이 정답인 이유

'풋-'과 '-꾼' 모두 명사인 어근에 붙어서 명사를 만들어 내고 있다.

오답이 오답인 이유

② (나)에서 접사 '-꾼'이 붙은 어근은 모두 명사이다. 그러나 (다)에서 '-이'가 붙은 어근은 형용사 어간, 동사 어간, 부사로서, '-이'가 다양한 품사에 결합할 수 있음을 알 수 있다.

③ (나)에서 접사 '-꾼'이 붙은 단어는 모두 사람이라는 의미를

가지고 있다. 그러나 (다)에서 '덜렁이'는 사람, '몰이'는 행위나 사람이지만 '높이'는 사람도 행위도 아니다.

④ (다)에서 어근 '높-', '몰-'은 용언의 어간, '덜렁'은 부사이다. 이 어근들에 접사 '-이'가 붙어서 명사가 만들어졌다. 그러나 (라)에서 접사 '-이-'는 동사 어간인 어근에 결합하여 다시 동사를 만든다.

⑤ (마)에서 '끓이다', '녹이다', '줄이다'는 사동사로서 각각 '끓다', '녹다', '줄다'와 비교하면 필요한 문장 성분의 개수가 늘어남을 알 수 있다. 그러나 (라)에서 '-이-'는 피동사를 만든다. 피동사가 서술어로 쓰이면 문장 성분의 개수는 변화가 없거나 줄어든다.

04 선어말 어미 답 ⑤

정답이 정답인 이유

(마)의 '-겠-'은 과거 시제 선어말 어미 뒤에 쓰여서 과거에 일어난 일에 대해 추측하는 의미로 사용되었다.

오답이 오답인 이유

① 앞으로 일어날 일을 나타내는 데에 '-ㄴ-'이 사용되었다.

② 일정하게 반복되는 일을 나타내는 데에 '-ㄴ-'이 사용되었다.

③ 음식점 운영이라는 직업을 나타내는 데에 '-ㄴ-'이 사용되었다.

④ 화자가 노력하고자 하는 의지를 드러내는 데에 '-겠-'이 사용되었다.

05 담화의 구성 요소 답 ②

정답이 정답인 이유

㉡은 회의에 참여한 사람들을 가리킨다. 그런데 ㉢은 '영호'가 회장을 맡고 있는 동아리를 의미하므로 '영호' 외에는 ㉡에 포함되지 않는다.

오답이 오답인 이유

① 대화 참가자 모두 동아리 회장이므로 ㉠에 포함된다.

③ ㉢은 '영호'가 회장을 맡고 있는 동아리를 의미하므로 '서준'은 포함되지 않는다.

④ ㉢은 '영호'가 회장을 맡고 있는 동아리이고, ㉣은 '서준'이 자신이 회장을 맡고 있는 동아리를 나타내는 데에 쓴 것이므로, ㉢과 ㉣이 가리키는 대상은 다르다.

⑤ '우영'이 '서준'에게 협업을 제안하고 있으므로 ㉤에는 '서준'이 포함된다.

06 문장의 짜임 답 ④

정답이 정답인 이유

(다)의 관형사절 '내가 그때 본'에는 서술어 '보다'의 목적어가 빠져 있다. 반면에 (라)의 관형사절 '김 씨가 다리를 다쳤다는'에는 더 필요한 문장 성분이 없다.

오답이 오답인 이유

① (마)에는 명사절 '버스가 얼른 오기'만 있고, 서술절은 없다.

② (라)에서 부사어는 '얼른'이고 부사이다. 부사절은 없다.

③ (나)에도 체언을 꾸미는 관형어가 있다. 명사인 '문법'이 '실력'을 꾸미는 관형어로 기능하고 있다.

⑤ (라)에서 소식을 들은 것이 사고 현장으로 간 것보다 먼저 일어난 일이므로, 앞 절의 사건과 뒤 절의 사건이 순차적으로 일어났다.

13 언어

본문 104~107쪽

01 ⑤　02 ④　03 ①　04 ③
05 ⑤

01 단어의 구성 요소 답 ⑤

정답이 정답인 이유

㉤에 따르면 '달리기'는 이미 존재하는 단어로, 어근에 해당한다. 따라서 '달리기'를 어근으로 간주할 수 없기 때문에 '오래달리기'를 합성어로 분류하기 어렵다는 서술은 ㉤에 대한 이해로 적절하지 않다.

오답이 오답인 이유

① ㉠에 해당하는 예로 '산'과 '짐승'으로 구성된 단어와 '들'과 '짐승'으로 구성된 단어가 서로 다른 의미를 갖는 별개의 단어라는 것을 들 수 있다.

② ㉡에 해당하는 예로 구성 요소가 '유리'와 '창'으로 같으나 그 배열이 '유리창'과 '창유리'로 다르면 서로 다른 의미를 갖는 별개의 단어가 되는 것을 들 수 있다. 또 ㉡에 해당하지 않는 예로 구성 요소가 '위'와 '아래'로 같은 경우 그 배열이 '위아래'이든 '아래위'이든 같은 의미를 갖는 단어가 되는 것을 들 수 있다.

③ '큰부리새'는 '큰 부리를 가진 새'라는 의미를 가진 단어이므로 '큰부리'와 '새'로 직접 구성 요소를 분석하고, '큰가슴근'은 '가슴에 있는 큰 근육'이라는 의미를 가진 단어이므로 '큰'과 '가슴근'으로 직접 구성 요소를 분석한다.

④ ㉣과 같이 단어를 분석할 때, '줄넘기'는 '줄을 넘는'이 '행위'를 수식하는 의미 구조를 가지므로 [[줄넘]기]의 구조로 분석할 수 있다.

02 단어의 분류 답 ④

정답이 정답인 이유

〈보기〉의 '코웃음'은 '코', '웃-', '-음'의 세 개의 형태소가 결합한 것인데, 직접 구성 성분이 '코'와 '웃음'이며 둘 다 어근이므로 합성어이다. '뜨개질'은 '뜨-', '-개', '-질'의 세 개의 형태소가 결합한 것인데, 직접 구성 성분이 '뜨개'와 '-질'이며 '-질'이 접사이므로 파생어이다. '갈비찜'은 '갈비', '찌-', '-ㅁ'의 세 개의 형태소가 결합한 것인데, 직접 구성 성분이 '갈비'와 '찜'이며 둘 다 어근이므로 합성어이다. '잠꾸러기'는 '자-', '-ㅁ', '-꾸러기'의 세 개의 형태소가 결합한 것인데, 직접 구성 성분이 '잠'과 '-꾸러기'이며 '-꾸러기'가 접사이므로 파생어이다.

오답이 오답인 이유

① '놀이터'는 직접 구성 성분이 '놀이'와 '터'이며, 둘 다 어근이므로 합성어이다. '민물고기'는 직접 구성 성분이 '민물'과 '고기'이며, 둘 다 어근이므로 합성어이다.
② '살얼음'은 직접 구성 성분이 '살-'과 '얼음'이며, '살-'이 접사이므로 파생어이다. '오르막길'은 직접 구성 성분이 '오르막'과 '길'이며, 둘 다 어근이므로 합성어이다.
③ '싸움꾼'은 직접 구성 성분이 '싸움'과 '-꾼'이며, '-꾼'이 접사이므로 파생어이다. '헛발질'은 직접 구성 성분이 '헛발'과 '-질'이며 '-질'이 접사이므로 파생어이다.
⑤ '거짓말쟁이'는 직접 구성 성분이 '거짓말'과 '-쟁이'이며, '-쟁이'가 접사이므로 파생어이다. '돈벌이'는 직접 구성 성분이 '돈'과 '벌이'이며, 둘 다 어근이므로 합성어이다.

03 교체 답 ①

정답이 정답인 이유

'을'과 '이'는 둘 다 조사로, 형식 형태소이다. 따라서 '팥을'이 [파틀]로, '팥이'가 [파치]로 발음되는 것은 뒤에 오는 형태소의 종류에 따른 것이 아니므로 ㉠의 사례로 볼 수 없다.

오답이 오답인 이유

② '꽃이'는 [꼬치]로, '꽃잎이'는 [꼰니피]로 발음되는 것은 '꽃' 뒤에 오는 형태소의 종류가 '이'라는 형식 형태소인지, '잎'이라는 실질 형태소인지에 따라 연음이 일어날지 음절의 끝소리 규칙이 적용될지 달라지므로, ㉠의 사례로 적절하다.
③ '곧이'는 [고지]로, '곧이어'는 [고디어]로 발음되는 것은 '곧' 뒤에 오는 형태소의 종류가 '-이'라는 형식 형태소인지, '잇-'이라는 실질 형태소인지에 따라 구개음화가 적용될지 연음이 일어날지 달라지므로, ㉠의 사례로 적절하다.
④ '뜻이야'는 [뜨시야]로, '뜻있는'은 [뜨딘는]으로 발음되는 것은 '뜻' 뒤에 오는 형태소의 종류가 '이야'라는 형식 형태소인지, '있-'이라는 실질 형태소인지에 따라 연음이 일어날지 음절의 끝소리 규칙이 적용될지 달라지므로, ㉠의 사례로 적절하다.
⑤ '값있어'는 [가비써]로, '값을'는 [갑쓸]로 발음되는 것은 '값' 뒤에 오는 형태소의 종류가 '있-'이라는 실질 형태소인지, '을'이라는 형식 형태소인지에 따라 자음군 단순화가 적용될지 연음이 일어날지 달라지므로, ㉠의 사례로 적절하다.

04 '못' 부정문 답 ③

정답이 정답인 이유

'별로 편안하지 못한'의 '못한'은 동사로 된 본용언 뒤에 쓰인 것이 아니며, 이때 '못하다'는 형용사 '편안하다' 뒤에 쓰여 앞말이 뜻하는 상태에 미치지 아니함을 나타내므로 ㉢의 예에 해당하지 않는다. ㉢의 예로는 '저희 모두는 그 일에 협조하지 못한다는 의견입니다.' 등을 들 수 있다.

오답이 오답인 이유

① '못하다'가 동사 '잇다'가 뜻하는 행동이 이루어지지 않거나 이룰 능력이 없음을 나타내고 있으므로 ㉠의 예로 적절하다.
② '못하다'가 동사 '수입하다'가 뜻하는 행동을 '금지'한다는 의미를 나타내고 있으므로 ㉡의 예로 적절하다.
④ '못하다'가 형용사 '옳다'가 뜻하는 상태에 미치지 않음을 나타내고 있으므로 ㉣의 예로 적절하다.
⑤ '못하다'가 형용사 '고프다'가 뜻하는 상태가 극에 달해 그것을 더 이상 유지할 수 없음을 나타내고 있으므로 ㉤의 예로 적절하다.

05 중세 국어의 음운 답 ⑤

정답이 정답인 이유

'이 샹해 사ᄅᆞᄆᆡ 효되라(이 보통 사람의 효도이다)'의 '효되라'는 '효도 + ㅣ라'로 분석되는데, 체언의 끝소리가 'ㅚ'여서 '∅라'가 결합한 사례가 아니다. 따라서 'ㅚ'가 반모음 'j'로 끝나는 이중 모음임을 확인할 수 있는 사례로 적절하지 않다.

오답이 오답인 이유

① '이 시내예 사ᄂᆞᆫ(이 시내에 사는)'의 '시내예'는 '시내 + 예'

로, 부사격 조사로 '예'가 결합한 것을 통해 '시내'의 'ㅐ'가 반모음 'j'로 끝나는 이중 모음임을 알 수 있다.
② '져고맛 時節 디내욤ᄃᆞᆯ ᄒᆞᆫ(조그만 시절을 지냄은)'의 '디내욤'은 반모음 'j' 첨가가 일어나 '디내옴'이 아니라 '디내욤'으로 나타난 것이다. 이를 통해 '디내–'의 'ㅐ'가 반모음 'j'로 끝나는 이중 모음임을 알 수 있다.
③ '형뎨 사괴요ᄆᆞᆯ(형제와 사귐을)'의 '사괴욤'은 반모음 'j' 첨가가 일어나 '사괴옴'이 아니라 '사괴욤'으로 나타난 것이다. 이를 통해 '사괴–'의 'ㅚ'가 반모음 'j'로 끝나는 이중 모음임을 알 수 있다.
④ '金剛ᄋᆞᆫ 쇠예셔 난(금강은 쇠에서 난)'의 '쇠예셔'는 '쇠 + 예셔'로, 부사격 조사로 '예셔'가 결합한 것을 통해 '쇠'의 'ㅚ'가 반모음 'j'로 끝나는 이중 모음임을 알 수 있다.

14 언어

본문 108~110쪽

01 ⑤	02 ④	03 ③	04 ③
05 ③			

01 국어의 음운 변동 답 ⑤

정답이 정답인 이유

ⓒ는 겹받침 'ㄼ' 뒤에 모음으로 시작되는 형식 형태소 '–아'가 와서 자음 'ㅂ'이 연음되었다.
ⓔ는 음절 종성에서 발음되지 못하는 자음 'ㄲ'이 'ㄱ'으로 바뀐 경우이다. 이어지는 어미 '–지'의 초성 'ㅈ'은 된소리되기의 적용을 받는다.

오답이 오답인 이유

ⓐ는 겹받침 'ㄿ' 뒤에 모음으로 시작되는 형식 형태소가 오지 않아 겹받침 중 'ㄹ'이 탈락하였다.
ⓑ는 음절 종성에서 발음되지 못하는 자음 'ㅊ'이 모음으로 시작되는 형식 형태소가 와서 연음되었다.
ⓓ는 음절 종성에서 발음되지 못하는 자음 'ㅎ'이 탈락하였다.

02 중세 국어의 음운 답 ④

정답이 정답인 이유

〈보기〉의 '이ᅌᅡ', '보ᅌᅩ리'는 중세 국어에서 연구개 비음 'ㆁ'이 초성에 올 수 있는 경우를 보여 준다. 이는 한 단어 내부의 초성에서 발음된 연구개 비음 'ㆁ'을 확인할 수 있는 예이다. '스ᅌᅳᆯ'은 '스승'에 목적격 조사 '을'이 결합한 형태이다. 초성에 연구개 비음 'ㆁ'이 온 것은, '스승'의 종성에 있던 연구개 비음 'ㆁ'이 다음 음절에 연음되어 표기되었기 때문이다. 그러므로 종성에서 연구개 비음 'ㆁ'이 발음되지 않았다는 진술은 적절하지 않다.

오답이 오답인 이유

① 〈보기〉의 'ᄣᆞᆯ', 'ᄠᅳᆮ', 'ᄩᅳ다'에서 초성에 오는 자음군을 확인할 수 있다.
② 〈보기〉의 '벗디'와 '빗과'에서 종성에서 발음된 'ㅅ'을 확인할 수 있다.
③ 〈보기〉의 '옰디', 'ᄆᆞᆰ도다'에서 종성에 오는 자음군을 확인할 수 있다.
⑤ 〈보기〉의 '스ᅌᅳᆯ'은 '스승'에 목적격 조사 '을'이 결합한, '스ᅌᅵ'는 '스승'에 주격 조사 '이'가 결합한 형태로, 초성에 연구개 비음 'ㆁ'이 왔다. 이는 모음으로 시작하는 조사가 결합할 때, '스승'의 종성에 있던 연구개 비음 'ㆁ'이 다음 음절에 연음되어 표기되었기 때문이다.

03 안은문장 답 ③

정답이 정답인 이유

ⓐ는 명사절로 안겨 있고, 조사와 결합하여 문장의 주성분인 목적어 기능을 한다. ⓓ와 ⓔ는 관형사절로 안겨 있고, 부속 성분인 관형어 기능을 한다.

오답이 오답인 이유

① ⓐ는 명사형 어미 '–음'이, ⓑ와 ⓒ는 명사형 어미 '–기'가, ⓓ는 관형사형 어미 '–ㄴ'이, ⓔ는 관형사형 어미 '–ㄹ'이 각각 결합하여 안긴절이 되었다.
② ⓐ는 명사형 어미 '–음'이, ⓑ와 ⓒ는 명사형 어미 '–기'가 결합되어 있는 명사절이다.
④ 명사절 ⓒ는 '전'을 수식하는 관형어로, 관형사절 ⓓ는 '사람'을 수식하는 관형어로, 관형사절 ⓔ는 '예정'을 수식하는 관형어로 쓰였다.
⑤ ⓐ는 명사절로 조사 '을'이 결합하여 목적어로, ⓑ는 명사절로 조사 '에'가 결합하여 부사어로 쓰였다.

04 어말 어미 답 ③

정답이 정답인 이유

'오후에는 날이 개니 외출하기에 좋겠구나.'의 '좋겠구나'에는 문장을 끝맺어 주는 종결 어미 '–구나'가 결합해 있다. '개니'에는 문장과 문장을 연결하는 어미 '-니'가 결합해 있고, '외출하기에'에는 명사형 어미 '-기'가 결합해 있다.

오답이 오답인 이유

① 관형사형 어미 '-은(심은)'과 종결 어미 '-란다(동백꽃이란다)'를 찾을 수 있다.

② 관형사형 어미 '-ㄴ(바쁜)'과 부사형 어미 '-게(늦게)', 종결 어미 '-지(오겠지)'를 찾을 수 있다.

④ 연결 어미 '-고(보고)'와 종결 어미 '-여라(하여라)'를 찾을 수 있다.

⑤ 연결 어미 '-는데(출발했는데)'와 종결 어미 '-을까(도착했을까)'를 찾을 수 있다. '요'는 청자에게 존대의 뜻을 나타내는 보조사이다.

05 파생어의 형성 답 ③

정답이 정답인 이유

'뒤-'는 '몹시, 마구, 온통'의 뜻을 더하거나, '반대로' 또는 '뒤집어'의 뜻을 더하는 접두사이다. '뒤섞다'는 접두사 '뒤-'가 동사의 어근 '섞-'에 붙어 만들어진 파생어로, 이때 접두사 '뒤-'는 어근의 품사를 바꾸지 않는다.

오답이 오답인 이유

① '벼'에 접사 '올-'이 붙은 '올벼'는 원래의 품사인 명사를 유지한다.

② 명사 '힘'에 접사 '-껏'이 붙어서 품사가 부사로 바뀌었다.

④ '담다'의 어근에 접사 '-기-'가 붙은 '담기다'는 피동사로 문장의 구조를 바꾼다.

⑤ '높다'의 어근에 접사 '-이-'가 붙은 '높이다'는 사동사로, 형용사가 동사로 품사가 바뀌었으며 문장의 구조도 바꾼다.

15 언어

본문 111~115쪽

01 ⑤ 02 ④ 03 ④ 04 ①
05 ④

01 국어의 변천 답 ⑤

정답이 정답인 이유

'곧아서(곧- + -아서)'는 어미의 첫째 음절의 모음만 모음 조화를 따랐다. 하지만 '먹어서(먹- + -어서)'는 어미의 전체 음절의 모음이 모음 조화를 따랐다.

오답이 오답인 이유

① 'ㅡ, ㅜ, ㅓ'는 설소축에 속하는 모음이고, 'ㆍ, ㅗ, ㅏ'는 설축에 속하는 모음이다. '쑤믈(숨 + 을)'은 설소축에 속하는 모음 'ㅜ'와 'ㅡ'가, '말쏨'은 설축에 속하는 모음 'ㅏ'와 'ㆍ'가 어울리는 현상이 일어난 것이다.

② 15세기 국어의 '오ᄂᆞᆯ'은 현대 국어의 '오늘'로 변화하며, 모음 조화가 지켜지지 않게 된다. '오ᄂᆞᆯ'은 형태소 내부에서 모음 조화가 지켜진 예이지만, '오늘'은 형태소 내부에서 모음 조화가 지켜지지 않은 예이다.

③ '꼴깍'은 한 형태소 내부에서 양성 모음 'ㅗ'와 'ㅏ'가, '꿀꺽'은 한 형태소 내부에서 음성 모음 'ㅜ'와 'ㅓ'가 어울리는 모음 조화가 지켜진 예이다.

④ '사ᄉᆞᆷ'은 형태소 내부에서 'ㅏ'와 'ㆍ'가 어울리는 모음 조화가 지켜진 예이고, '가ᄂᆞᆫ(가- + -ᄂᆞᆫ)'은 형태소의 결합에서 'ㅏ'와 'ㆍ'가 어울리는 모음 조화가 지켜진 예이다.

02 음운의 이해 답 ④

정답이 정답인 이유

'뽀독 : 뿌둑', '도탑- : 두텁-', '뽀얗- : 뿌옇-'은 모두 형태소 내부에서 모음 조화가 작용한 말들이다. 또한 '알록 : 얼룩', '파랗- : 퍼렇-'과 같이 양성 모음과 음성 모음의 대립이 나타나는 말의 쌍에 해당한다.

오답이 오답인 이유

'깡충 : 껑충'은 양성 모음 'ㅏ'와 음성 모음 'ㅓ'의 대립이 나타나는 말의 쌍으로 볼 여지도 있다. 하지만 '깡충'은 형태소 내부에서 모음 조화가 지켜지지 않았다.

03 문장의 짜임과 활용 답 ④

정답이 정답인 이유

'형이 축구를 하면 웃는다.'는 '형이 축구를 한다.'와 '형이 웃는다.'가 연결 어미 '-면'을 통해 이어져 있다. 이 문장은 종속적으로 연결된 이어진문장이다.

오답이 오답인 이유

① '웃는 형이 축구를 한다.'는 '웃는'이라는 관형사절을 가진 안은문장이다. '형이 웃는다.'가 명사절로 쓰이지 않았다.

② '형이 축구를 해서 웃는다.'는 연결 어미 '-아서'가 활용된 문장이다. '형이 축구를 한다.'가 서술절로 쓰이지 않았다.

③ '축구를 하는 형이 웃는다.'는 '축구를 하는'이라는 관형사절을 가진 안은문장이다. '형이 웃는다.'가 관형사절로 쓰이지 않았다.

⑤ '형이 축구를 하니까 웃는다.'는 '-니'를 강조하여 이르는 말인 '-니까'가 활용된 문장이다. '형이 축구를 한다.'와 '형이 웃는다.'가 대등하게 연결된 이어진문장이 아니다.

04 파생어의 형성 답 ①

정답이 정답인 이유

'되묻는'은 직접 구성 요소로 분석했을 때 '접사+어근'으로 분석되는 단어이므로 ㉠의 조건을 충족한다. 하지만 직접 구성 요소로 분석된 접사 '되-'는 어근의 품사를 바꾸지 않으므로 ㉢의 조건을 충족하지 않는다.

오답이 오답인 이유

② '선잠'은 직접 구성 요소로 분석했을 때 '접사+어근'으로 분석되는 단어이므로 ㉠의 조건을 충족한다. 직접 구성 요소로 분석된 접사 '선-'은 어근의 품사를 바꾸지 않으므로 ㉣의 조건을 충족한다.

③ '헛웃음'은 직접 구성 요소로 분석했을 때 '접사+어근'으로 분석되는 단어이므로 ㉠의 조건을 충족한다. 직접 구성 요소로 분석된 접사 '헛-'은 어근의 품사를 바꾸지 않으므로 ㉣의 조건을 충족한다.

④ '높일'은 직접 구성 요소로 분석했을 때 '어근+접사'로 분석되는 단어이므로 ㉡의 조건을 충족한다. 직접 구성 요소로 분석된 접사 '-이-'는 어근의 품사를 형용사에서 동사로 바꾸므로 ㉢의 조건을 충족한다.

⑤ '놀이꾼'은 직접 구성 요소로 분석했을 때 '어근+접사'로 분석되는 단어이므로 ㉡의 조건을 충족한다. 직접 구성 요소로 분석된 접사 '-꾼'은 어근의 품사를 바꾸지 않으므로 ㉣의 조건을 충족한다.

05 국어사전 정보 답 ④

정답이 정답인 이유

'오싹-하다'는 수정 후에 '[Ⅱ]「형용사」【…이】 몹시 무섭거나 추워서 갑자기 몸이 움츠러들거나 소름이 끼치는 듯하다.'가 새롭게 추가되었음을 알 수 있다. 형용사로 쓰이는 문형 정보와 뜻풀이가 새롭게 추가되었다.

오답이 오답인 이유

① 주변적 의미에 해당하는 뜻풀이 「3」 매우 좋아서 현실이 아닌 것 같다.'를 새롭게 추가하였다.

② 중심적 의미에 해당하는 뜻풀이를 '~ 강구함.'에서 '~강구하거나 실행함. 또는 그런 조치나 방법.'으로, 주변적 의미에 해당하는 뜻풀이를 '~ 짜는 일.'에서 '~ 강구하거나 실행함.'으로 수정하였다.

③ 주변적 의미에 해당하는 뜻풀이 중 「3」 ((일부 동사 앞에 붙어)) '주저 없이', '함부로'의 뜻을 더하는 접두사.'를 삭제하였다.

⑤ 뜻풀이에서 성별과 관련된 부분인 '주로 여성이'를 삭제하였다.

01 매체

본문 116~124쪽

01 ③ 02 ④ 03 ④ 04 ②
05 ⑤

01 매체 언어의 의미 전달 방식 답 ③

정답이 정답인 이유

(가)에서는 파일 첨부 기능을 활용하여 추가 정보를 사용자가 '다운로드'를 하거나 '바로 보기'를 할 수 있도록 하고 있다. 그러나 파일 형식은 'pdf'로 고정되어 있어서 사용자가 원하는 형식의 파일을 선택해서 내려받을 수 있는 것은 아니다.

오답이 오답인 이유

① '응모하기 (바로 가기)' 메뉴를 제공하여, 포스터 공모에 응모하고자 하는 이용자가 편리하게 이용할 수 있도록 하였다.

② 댓글을 등록할 수 있도록 하여, 이용자가 궁금해하는 점을 담당자에게 물어보고, 이에 대해 담당자가 답변을 제공할 수 있도록 하였다.

④ '제3기 대학생 온라인 나눔 공부방'과 관련된 영상을 제공하여, '대학생 온라인 나눔 공부방'에 대한 이용자의 이해를 돕고 있다.

⑤ 검색 메뉴를 제공하여, 이용자가 검색어를 입력하면 이와 관련된 정보가 제공되어 관련 정보를 쉽게 찾아볼 수 있도록 하였다.

02 매체 유형에 따른 특성 답 ④

정답이 정답인 이유

'미영'은 자신의 화면을 공유하여 자신이 만든 시각 자료를 회의 참여자들과 함께 볼 수 있도록 하였다. 그러나 화면을 공유했다고 해서 회의 참여자들이 시각 자료를 회의 중에 직접 수정할 수 있는 것은 아니다.

오답이 오답인 이유

① '영현'은 회의 참여자들의 동의를 구한 후에 회의 내용을 디지털 형태로 저장하기 위해 온라인 화상 회의를 녹화하였다.
② '미영'은 대화에 방해가 되는 소음을 없애기 위해 '지호'에게 외장 스피커 음량을 줄여 달라고 요청하였다.
③ '은형'은 지저분한 자신의 방을 노출하고 싶지 않아서 배경 화면의 설정 기능을 사용하여 카페 이미지의 배경 화면을 사용하였다.
⑤ '지호'는 포스터 시안을 만드는 데 필요한 자료인 '○○시 교육청 로고'를 이미지 파일 형태로 '미영'에게 전송하였다.

03 매체 언어의 표현 방법 답 ④

정답이 정답인 이유

말풍선 이미지를 사용해 전달한 내용은 사업에 참여하는 대학생이 얻을 수 있는 혜택이지 대학생과 고등학생이 함께 얻을 수 있는 혜택은 아니다. 그리고 '영현'은 대학생들이 더 많이 참여할 수 있도록 대학생에게 주어지는 혜택을 시각적인 이미지로 표현하자고 하였으므로, 말풍선에 담긴 내용은 영현의 의견을 바탕으로 한 것도 아니다.

오답이 오답인 이유

① 하나의 학습 모둠을 구성하는 인원수를 표현하기 위해 대학생 한 사람과 고등학생 세 사람을 그린 각각의 그림을 포스터에 제시했다. 이것은 '은형'의 의견을 따른 것이다.
② 대학생과 고등학생을 연결해 주는 교육청의 역할을 표현하기 위해 콘센트에 플러그를 꽂아 연결해 주는 이미지를 포스터에 제시했다. 이것은 '지호'의 의견을 따른 것이다.
③ 사업을 주관하고 있는 기관을 알리기 위해 ○○시 교육청의 로고 이미지를 포스터 하단에 제시했다. 이것은 '영현'의 의견을 따른 것이다.
⑤ 사업의 취지가 부각될 수 있도록 '사교육에는 의존하지 않고 방과 후 학습은 더 알차게'라는 문구를 만들어 포스터 상단에 제시했다. 이것은 '지호'의 의견을 따른 것이다.

04 매체 자료의 정보 구성 답 ②

정답이 정답인 이유

㉡에는 회원의 등급을 정회원과 준회원으로 나누어 제시하고 있다. '활동 규칙 1'을 보면, 정회원은 카페 활동에 제약이 없으나 준회원은 읽기만 가능하다고 했으므로 정회원과 준회원 모두 게시글을 읽을 수 있다. 따라서 회원의 등급을 둘로 나누어 게시물의 열람이 가능한 범위를 달리했다는 것은 적절하지 않다.

오답이 오답인 이유

① '개설 목적'에서 밝힌 내용을 고려하여 컴퓨터 동호회의 성격이 잘 드러나도록 '컴퓨터를 사랑하는 사람들이 모여 컴퓨터에 대한 지식과 의견을 나누기 위한 컴퓨터 동호회'와 같이 활동 주체와 활동 목적을 ㉠에 제시하였다.
③ 컴퓨터 관련 정보와 비평을 위한 게시물을 각 게시판의 성격에 맞게 게시하라는 '활동 규칙 2'를 고려하여 ㉢에는 체계적으로 항목화한 게시판을 구성하여 제시하였다.
④ '활동 규칙 3'에서 밝힌 내용을 고려하여 카페 운영의 윤리 지침을 어긴 회원이나 게시물에 대한 처리 방침을 공지글 형식으로 ㉣에 제시하였다.
⑤ '활동 규칙 3'의 내용을 고려하여 민감한 개인 정보가 타인에게 노출된 게시글을 운영자가 임의로 삭제했음을 ㉤을 통해 확인할 수 있다.

05 매체 자료 수용의 관점과 가치 답 ⑤

정답이 정답인 이유

'민서'와 '준서'는 모두 대화형 인공 지능 서비스의 기술적인 문제보다 윤리적인 문제가 더 심각하다고 인식하며 이에 대한 우려를 표명하였다. 두 사람 모두 대화형 인공 지능 서비스의 윤리적 문제의 해결을 위해 기술 개선이 선행되어야 한다고 판단한 것은 아니다.

오답이 오답인 이유

① '지연'은 대화형 인공 지능 서비스를 통해 자신에게 필요한 유럽 여행 일정을 손쉽게 얻은 경험을 근거로 대화형 인공 지능 서비스가 큰 도움이 되었다고 평가하였다.
② '윤석'은 자신이 일주일에 걸쳐 한 코딩 작업을 대화형 인공 지능 서비스가 단 1분 만에 했다는 점을 근거로 대화형 인공 지능 서비스의 성능이 뛰어나다고 판단하였다.
③ '창윤'은 대화형 인공 지능 서비스가 산출한 결과물로 과제를 제출했으나, 거기에 잘못된 정보가 많아 나쁜 점수를 받았던 경험을 근거로 제시하며 대화형 인공 지능 서비스에 문제가 있다고 판단하였다.
④ '윤석'은 사람들의 일자리 문제, '창윤'은 잘못된 정보를 그럴듯하게 꾸며서 제공하는 문제와 관련하여 대화형 인공 지능 서비스의 문제점을 지적하였다. 그리고 이것을 근거로 대화형 인공 지능 서비스가 사회에 미칠 부정적 영향에 대한 우려를 제시하였다.

02 매체

본문 125~131쪽

01 ④ 02 ③ 03 ② 04 ④
05 ①

01 뉴 미디어의 특성 답 ④

정답이 정답인 이유

전자책의 메모 기능은 쓰기도 쉬우며 수정할 수도, 쉽게 삭제할 수도 있는 기능이다. ㉣의 메모는 하이라이트로 강조한 문장을 읽고 자신이 프레젠테이션을 진행해야 하는 특정 청중에 대해 적어 놓은 것으로, 메모 기능을 사용하면 실시간으로 관련된 다른 자료가 검색되는 것은 아니다.

오답이 오답인 이유

① 즐겨찾기 목록은 전자책 내용 중에서, 다시 볼 필요가 있는 부분을 추가할 수 있는 기능이다.
② 글자 크기, 글꼴, 여백 등을 조절할 수 있는 설정 기능을 통해 가독성을 높일 수 있다.
③ 강조 표시인 하이라이트 기능을 통해 중요하다고 판단되는 부분을 표시할 수 있다.
⑤ 검색 기능을 통해 해당 책에서 관련 내용이 언급된 부분을 찾아 참고할 수 있다.

02 매체 자료의 주체적 수용 답 ③

정답이 정답인 이유

(가)를 통해 프레젠테이션의 청중은 인문학 계열을 진로로 희망하는 학생들임을 알 수 있으며, (나)에는 청중의 관심도에 대한 분석이 필요하다는 내용이 언급되어 있다. 따라서 '메모 3'에서 인문학에 대한 청중의 관심과 배경지식 등을 분석하겠다는 것은 적절하다. 그렇지만 '메모 3'에서의 설문 조사와 분석 내용이 진로 교육의 현황과 문제점에 대한 것은 아니므로 ③의 진술은 적절하지 않다.

오답이 오답인 이유

① (나)를 통해 프레젠테이션의 목적을 분석하는 것이 중요한 것임을 알 수 있다.
② (나)에서 프레젠테이션을 잘하기 위해서는 장소에 대한 분석이 필요함을 알 수 있다.
④ (나)에서 청중의 수준에 맞는 적절한 어휘를 사용해야 함을 알 수 있다.
⑤ (나)에서 제시된 화면 구성 방식을 위한 전략과 관련하여 계획을 세우고 있음을 알 수 있다.

03 매체의 유형에 따른 특성 답 ②

정답이 정답인 이유

(나)는 휴대 전화 메신저로 나눈 대화이다. 대화의 모든 참가자들은 점심 방송을 들었으며, 이를 바탕으로 영상 공모전의 주제를 정한 후 영상 제작과 관련한 대화를 나누고 있다.

오답이 오답인 이유

① (가)는 교내 라디오 방송으로, '순간'이라는 단어를 통한 연상에 대해 말하고 있다. 상반된 관점의 정보를 전달하고 있지 않다.
③ (가)에서는 진행자의 일방향적인 멘트로 라디오 방송을 진행하고 있으므로, 정보 수용자의 반응을 실시간으로 수용한다고 볼 수 없다.
④ (나)에서는 시각 자료인 그림 기호가 사용되고 있지만, 청각 자료는 나타나지 않는다.
⑤ (가)에서는 정보 전달자 및 수용자가 동시에 정보를 공유하며 정보를 수정하고 있지 않다.

04 매체 언어의 의미 전달 방식 답 ④

정답이 정답인 이유

㉣은 이번 대화가 끝난 후 각자 올린 사진들을 보면서 새로 찍어야 할 것에 대해 대화하자며 추후에 논의해야 할 내용을 언급하고 있다. 그렇지만 진행된 대화 내용을 점검하고 있지는 않다.

오답이 오답인 이유

① 특수 문자를 통해 상대의 의견에 대한 긍정적인 반응을 드러내고 있다.
② 대화방에 새로 참가한 민수를 위해 지금까지의 대화 내용을 요약하여 전달하고 있다.
③ 점심 방송에서 언급된 '순간이 모여 인생이 된다.'라는 내용을 바탕으로 '우리가 살아온 순간들'로 영상을 구성할 것을 제안하고 있다.
⑤ 의견을 취합할 수 있는 기능을 가진 투표함을 만든다면서 투표 참여를 요청하고 있다.

05 매체 언어의 표현 방법 답 ①

정답이 정답인 이유

(나)의 대화에서는 대화 참가자들이 모두 하나씩의 영상 제목을 말했고, 최종 제목은 대화에서 언급한 세 개의 제목 중에서

투표를 통해 결정하자고 하고 있다. 따라서 아직 영상의 제목은 결정되지 않은 상태이다. '순간이 모여 인생이 된다.'는 영상의 제목이 아니라 점심 방송에서 언급한 내용으로, 이 멘트를 참고하여 영상 제작 계획을 세운 것이다.

오답이 오답인 이유

② '첫 화면을 고등학생인 현재의 모습으로 하는 거야. 그리고 책을 뒤에서 앞으로 넘기는 것처럼 해서 갓난아이의 모습을 보여 준 후, 다시 시간의 흐름에 따른 아이의 성장을 보여 주는 거야.'라는 대화 내용을 반영하고 있다.
③ '시간의 흐름을 보여 주기 위해 이전 화면을 밀어내면서 다음 화면이 나타나게 하는 거야.'라는 대화 내용을 반영하고 있다.
④ '화면을 분할하여 주 화면은 아이의 모습, 보조 화면은 부모님의 모습으로 구성하면 지루하지도 않고 좋을 것 같아.'라는 대화 내용을 반영하고 있다.
⑤ '아이의 성장과 함께 부모님은 조금씩 나이가 들어가는 모습을 보여 주면 아이와 부모님을 함께 배치한 우리의 의도가 잘 드러날 것 같지 않니?'라는 대화 내용을 반영하고 있다.

03 매체

본문 132~138쪽

01 ① 02 ② 03 ③ 04 ③
05 ③

01 정보 구성 언어 답 ①

정답이 정답인 이유

○○시장에서 열리는 다양한 행사를 안내하기 위해 다양한 프로그램 목록이 안내된 표를 제시하고 있다.

오답이 오답인 이유

② ○○시장의 변화를 강조하기 위해 변화 전후의 모습을 화면에 제시하고 있지만, 공연 출연진과의 인터뷰 장면을 제시하고 있지는 않다.
③ 보부상과 관련된 시청자의 기억을 환기하기 위해서 다큐멘터리가 아니라 이효석의 소설 「메밀꽃 필 무렵」을 각색한 애니메이션의 한 장면을 제시하고 있다.
④ ○○시장에 대한 긍정적 평가를 보여 주기 위해 청소년 체험단원의 인터뷰를 제시하고 있으나, 시장 방문객의 반응을 보여 주기 위해 청소년 체험단의 만족도 조사 자료를 삽입하고 있지는 않다.
⑤ ○○시장의 변경된 운영 방식에 대한 정보를 안내하기 위해, 시장 상인회장과 기자와의 대화가 아닌 시장 상인회장이 ○○시장 축제 개회식에서 언급한 내용을 제시하고 있다.

02 매체 자료의 주체적 수용 답 ②

정답이 정답인 이유

시청자 2는 매체에서 인용한 애니메이션의 제목과 제작사에 대한 정보를 묻고 있으나, 자료의 전체 내용을 제공해 줄 수 있는지 묻고 있지는 않다.

오답이 오답인 이유

① 시청자 1은 뉴스 보도에서 ○○시장의 운영 방식에 대해 안내한 내용을 바탕으로 자신이 이해한 대로 27일에 ○○시장이 열리는지를 질문을 통해 확인하고 있다.
③ 시청자 3은 정보를 정확하게 전달하기 위해 인터뷰 자료에 자막을 추가하여 복합 양식(음성 언어 및 문자 언어)으로 제공해 줄 것을 요청하고 있다.
④ 시청자 4는 뉴스 보도에 언급된 축제 안내 자료를 구할 수 있는 방법에 대해 문의하고 있다.
⑤ 시청자 5는 뉴스 보도에 담긴 정보에 대한 관심을 강조하며, 보도 내용을 다시 볼 수 있도록 다시 보기 영상을 올려줄 것을 요청하고 있다.

03 매체 언어의 복합 양식성 답 ③

정답이 정답인 이유

보도에서는 기자가 보부상놀이 공연, 공예품 만들기 체험, 줄타기 체험, 먹거리 장터 등 ○○시장 축제의 다양한 프로그램을 자료 화면으로 제시하고 있다. 이를 안내 자료에서는 진행 순서가 아니라 '공연, 체험, 시장' 세 가지 항목으로 분류하여 제시하고 있다.

오답이 오답인 이유

① 보도에서는 기자가 방문객들이 무료로 이용할 수 있는 공영 주차장에 대해서 언급만 하고 있으나, 안내 자료에는 약도를 활용하여 공영 주차장의 구체적 위치를 안내하고 있다.
② 보도에서 '상인회장'이 언급한 운영 방식의 변경 시기에 대해, 안내 자료에는 3월 말까지 오일장 방식으로 운영되고 4월 1일부터 주말 시장으로 변경될 예정임을 명시하고 있다.
④ 보도에서는 ○○시장 축제의 운영 시간이 언급되지 않았지만, 안내 자료에는 ○○시장 축제의 운영 시간을 '09:00~21:00'로 명시하고 있다.

⑤ 보도에서는 ○○시장 누리집에 접속할 수 있는 방법에 대해 언급하지 않았지만, 안내 자료에는 QR 코드를 첨부하여 이를 스마트 기기로 스캔하면 ○○시장 누리집에 접속할 수 있음을 안내하고 있다.

04 정보 구성 언어 답 ③

정답이 정답인 이유

문헌 자료인『자산어보』에는 거북손의 다른 이름인 오봉호라는 명칭과 관련하여 거북손의 외양 묘사는 제시되어 있지만, 거북손이라는 명칭의 유래에 대한 정보는 제시되어 있지 않다.

오답이 오답인 이유

① 방송 순서가 표시된 자막을 제시하여 방송이 어떻게 전개되는지에 대한 정보를 제공하고 있다.
② 거북손과 보말을 사진 자료로 제시하여 거북손의 모양에 대한 시각적인 정보를 제공하고 있다.
④ 거북손 비빔밥을 만드는 과정을 촬영한 영상을 제시하여 거북손을 활용한 음식의 조리 과정에 대한 정보를 제공하고 있다.
⑤ 거북손 채취 장면이 담긴 영상의 하이퍼링크를 제시하여 거북손 채취와 관련된 정보를 제공하고 있다.

05 사회적 사고 작용 답 ③

정답이 정답인 이유

[C]에서 진행자는 거북손을 채취할 때 유의 사항에 대한 정보를 제공하고 시청자에게 자신이 제공한 정보 외에 추가 정보를 요청하고 있으나, 자신이 제공한 정보의 적절성 여부에 대해 점검해 줄 것을 요청하고 있지는 않다.

오답이 오답인 이유

① [A]에서 진행자는 시청자에게 자신의 목소리가 잘 들리는지 질문을 통해 점검하였고, 진행자의 얼굴이 잘 안 보인다는 시청자의 의견을 수용하여 카메라 각도를 조정하고 있다.
② [B]에서 진행자는 거북손이 식물인지, 동물인지를 묻는 시청자의 질문에 답변하면서 갑각류라는 정보 외에 맛에 대한 정보도 추가로 제공하고 있다.
④ [D]에서 거북손은 반드시 해감을 해야 한다는 진행자의 발언에 대해 시청자가 반드시 해감을 해야 하는 것은 아니라는 정보를 제공하였고, 진행자는 추가적인 정보 검색을 통해 자신의 발언을 정정하고 있다.
⑤ [E]에서 진행자는 시청자 퀴즈에 대한 반응을 확인하며, 다음 방송에서 추첨을 통해 다섯 명의 퀴즈 정답자에게 선물을 주겠다는 언급을 통해 시청자들이 다음 방송에 참여하도록 유인하고 있다.

04 매체

본문 139~146쪽

01 ③	02 ④	03 ④	04 ②
05 ②			

01 매체 언어의 의미 전달 방식 답 ③

정답이 정답인 이유

진행자는 다섯 번째 발화 시에 '○○신문과 △△일보의 기사를 보니 해루질 사고를 막기 위한 대책이 필요해 보이네요.'라고 밝히고 있다. 하지만 이 말이 △△일보의 기사 내용에 빠진 정보가 있다고 지적한 것은 아니며, 여러 신문을 상호 보완적으로 수용할 필요가 있다고 밝히는 것도 아니다.

오답이 오답인 이유

① 진행자는 첫 번째 발화 시에 방송 주제와 관련된 이번 주의 사고 사례 및 관련 신문 기사를 언급함으로써 방송의 내용이 시의성을 갖추고 있다는 점을 드러내고 있다.
② 진행자는 두 번째 발화 시에 그래프를 활용해 기사의 내용을 복합 양식적으로 제시하고 있다.
④ 전문가는 세 번째 발화 시에 해루질 관련 사고 발생의 다른 이유에 대한 진행자의 질문에 답을 함으로써 ○○신문 기사에서 제공하지 않은 '갯골' 관련 정보를 추가로 제시하고 있다.
⑤ 전문가는 네 번째 발화 시에 자신이 준비한 수치 자료를 활용하여 △△일보에서 다루고 있는 야간 해루질의 위험성과 관련된 현황을 제시하고 있다.

02 매체 자료의 주체적 수용 답 ④

정답이 정답인 이유

'시청자 2'는 전문가가 방송에서 '질퍽질퍽한 갯벌에서는 평상시 자신이 이동하는 속도보다 느려'진다고 밝힌 것과 관련하여 '갯벌에서 사람의 이동 속도가 얼마나 느려지는지 자세히 알려 주셨다면 더 좋았을 것 같네요.'라며 정보의 구체성이 부족하다고 평가하고 있다.

오답이 오답인 이유

① '시청자 1'은 '해루질 관련 사고가 많이 늘었다는 통계는 믿

을 수 있는 기관의 자료겠죠?'라며 자료의 신뢰성을 점검하고 있지만, 기사의 자료에 오류가 있다고 지적하고 있지는 않다.
② '시청자 1'은 □□신문 기사에서 해루질 관련 사고를 줄이기 위해 노력했던 행정 기관의 사례를 빠짐없이 제시했는지 점검하고 있지 않다.
③ '시청자 2'는 해루질이 지나치게 부정적으로 다뤄지고 있다고 언급하고 있지만, 진행자가 해루질 관련 사고에 대해 일관된 관점을 유지하고 있는지 점검하고 있지는 않다.
⑤ '시청자 3'은 '해루질 안전 지도'가 실제로 있는 것인지 확인하고 있으나, 지자체에서 '해루질 안전 지도'를 만든 것은 빠른 구조 요청을 위해서가 아니라 해루질 사고에 대한 시민들의 경각심을 높이기 위한 것이다.

03 정보 전달과 설득

답 ④

정답이 정답인 이유

세 번째 카드에서는 갯골로 인해서 발생하는 사고 유형인 고립 사고와 물에 빠지는 사고를 나란히 제시하고 있다. 하지만 진행자가 네 번째 발화에서 언급한 갯골로 인해 발생하는 사고 유형은 물에 빠지는 사고 한 가지이다.

오답이 오답인 이유

① 첫 번째 카드에서는 해루질의 의미를 진행자가 첫 번째 발화에서 요즘에 널리 사용된다고 언급한 '갯벌에서 어패류를 채취하는 활동.'이라고 제시하고 있다.
② 두 번째 카드에서는 전문가가 두 번째 발화에서 비교한 갯벌에 밀물이 들어오는 속도와 성인 남성이 걷는 속도를 각각 시속 7~15km와 시속 4km라는 수치 자료를 추가해서 제시하고 있다.
③ 두 번째 카드에서는 전문가가 두 번째 발화에서 밀물의 속도감을 드러내기 위해 언급한 자전거의 이미지를 제시하고 있다.
⑤ 네 번째 카드에서는 전문가가 마지막 발화에서 언급한 해루질 시 주의해야 할 사항을 네 가지로 항목화하여 제시하고 있다.

04 매체 언어의 의미 전달 방식

답 ②

정답이 정답인 이유

(가)의 1문단에서는 '새벽 한 시까지 문을 여는 이런 약국'이라고 서술하는 문자 언어와 오른쪽에 제시된 달이 떠 있고 불이 켜진 약국 이미지를 통해서 공공 심야 약국이 야간에도 운영된다는 점을 복합 양식적으로 제시하고 있다.

오답이 오답인 이유

① (가)에서 밑줄 그은 내용은 공공 심야 약국을 운영해 본 결과 나타난 긍정적 효과에 관한 것이 아니라 공공 심야 약국 확대 운영 정책의 목적과 기대 효과에 관한 것이다.
③ (가)에서 글자의 크기와 굵기를 달리하여 강조한 것은 공공 심야 약국을 이용해 본 시민들의 만족도 조사 결과이지 공공 심야 약국을 확대 운영하기로 한 것에 대한 만족도 조사 결과가 아니다.
④ (가)의 지도에 운영 예정인 공공 심야 약국과 운영 중인 공공 심야 약국이 다르게 표시되어 있지는 않다.
⑤ (가)에서 활용한 하이퍼링크는 지자체 정책 관련 글이 모여 있는 블로그 내의 게시판으로 연결되는 것이지 블로그 글에서 인용한 시청 누리집의 보도 자료로 연결되는 것이 아니다.

05 매체의 유형에 따른 특성

답 ②

정답이 정답인 이유

[장면 2]에서는, (가)의 2문단에서 언급된 공공 심야 약국의 확대 운영 규모를 약국 이미지로 화면에 표현하고 있지만, 각각의 구별로 운영될 공공 심야 약국의 수를 내레이션으로 드러내고 있지는 않다. 구별로 운영되는 공공 심야 약국의 수는 [장면 3]의 화면과 내레이션을 통해 드러난다.

오답이 오답인 이유

① 장면 1에서는, (가)의 1문단에서 언급된 지자체의 지원에, 언급되지 않았던 지역 약사의 협조를 추가해서 화면과 내레이션을 통해 제시하고 있다.
③ 장면 3에서는, (가)의 2문단에서 언급된 6개의 공공 심야 약국을 표로 목록화한 화면을 제시하면서 내레이션을 통해 소개하고 있다.
④ 장면 4에서는, (가)의 3문단에서 언급된 시민들의 기대를 "가까운 곳에 생겨서 이용이 편리할 것 같다.", "밤에 급하게 약국을 찾을 일이 많았는데 다행이다."와 같이 구체화하여 화면에 말풍선으로 제시하면서, 이와 어울리는 밝고 희망찬 배경 음악을 활용하고 있다.
⑤ 장면 5에서는, (가)의 4문단에서 언급된 노년층 대상 홍보 개선 방안의 효과를 등장인물의 어두웠던 표정이 밝아지는 화면의 변화와 무거운 분위기에서 밝은 분위기로 전환되는 배경 음악의 변화를 통해 나타내고 있다.

05 매체

본문 147~153쪽

01 ⑤ 02 ④ 03 ⑤ 04 ③
05 ③

01 매체 자료의 주체적 수용 답 ⑤

정답이 정답인 이유

(가)와 (나)는 모두 출처를 밝히지 않은 설문 조사 자료를 제시하고 있다. 출처를 밝히지 않은 자료는 신뢰성이 떨어지므로 이 자료가 과연 신뢰할 수 있는 정보인지 확인한 후에 자료를 수용해야 한다.

오답이 오답인 이유

① (가)는 사실 보도 위주로 작성된 기사문이다. 따라서 다양한 의견이 작성자에 의해 절충되고 있다는 설명은 적절하지 않다.
② (가)는 객관적인 사실을 위주로 작성된 기사문으로, 작성자의 주장이 나열되어 있지 않다.
③ (나)는 학생회가 자신들의 입장을 알리기 위해 작성한 카드 뉴스로, 의견이 대립하고 있는 상황을 다루고 있지 않다.
④ (나)는 학생회장의 말을 인용하고 있으므로, 이것을 특정하기 어려운 인물의 말을 인용했다고 볼 수 없다.

02 매체 자료의 정보 구성 답 ④

정답이 정답인 이유

'카드 4'에서 질문 문장의 글꼴과 답하는 문장의 글꼴을 서로 다르게 제시하여 질문 문장을 강조하였다. 그러나 이 질문은 동아리 홍보 전시회의 만족도를 높이는 해결 방안과 관련된 질문이므로, 문제의 원인을 강조하기 위한 것이라고 보기 어렵다.

오답이 오답인 이유

① '카드 1'에서 사람의 이미지를 활용하여 행사에 참여한 신입생의 비율은 어둡게, 행사에 참여하지 않은 신입생의 비율은 밝게 표현하여 시각화하였다. 이것은 (가)의 통계 자료에 담긴 신입생의 높은 행사 참여율을 보여 주기 위해 제시된 것이다.
② '카드 2'에서 계기판의 대조적인 이미지를 활용하여 동아리 홍보 전시회에 만족한다고 답한 비율과 홍보 전시회의 개선이 필요하다고 답한 비율을 대비하여 제시하였다. 이것은 (가)의 설문 조사 결과에 담긴 동아리 홍보 전시회에 대한 학생들의 문제의식을 드러내기 위한 것이다.
③ '카드 3'에 동일한 이미지를 반복적으로 나열하여 천편일률적인 동아리 홍보 내용을 표현하였다. 이것은 (가)의 학생(정○○) 인터뷰에서 언급된 동아리 홍보 전시회의 만족도가 낮은 이유에 해당한다.
⑤ '카드 4'에 학생회장이 주먹을 쥐고 말하는 이미지를 제시하였다. 이것은 (가)의 학생회장 발화 속에 담긴 행사 지원 의지를 강조하기 위한 것이다.

03 매체 자료의 주체적 수용 답 ⑤

정답이 정답인 이유

동아리 홍보 전시회 개선을 위해 노력한 동아리에는 학생회가 여러 가지 혜택을 주겠다고 하였으나 구체적인 지원 방안은 (나)에 제시되어 있지 않다. 따라서 학생회의 동아리 지원 방안이 구체적으로 담긴 '카드 B'를 추가하면 동아리의 행사 개선 노력을 유도하는 데 도움이 될 수 있다.

오답이 오답인 이유

① (나)에서 동아리 홍보 전시회에 대한 신입생의 관심이 높은 이유는 언급되지 않았다. 그러나 '카드 A'에도 그러한 내용은 없으므로 이것을 활용하더라도 그 이유를 보여 줄 수는 없다.
② (나)에는 동아리 홍보 전시회의 만족도가 낮은 이유가 제시되었을 뿐 동아리 홍보 전시회의 개선에 장애가 되는 다양한 요인은 제시되지 않았다.
③ (나)에서 학생회가 동아리 활동 지원에 나서야 하는 이유는 제시되지 않았다. 그리고 '카드 B'에도 그러한 내용은 없으므로 이것을 활용하더라도 그 필요성은 보여 줄 수 없다.
④ (나)에서 신입생을 유치하기 위한 각 동아리의 다양한 노력들이 제시되지는 않았다.

04 매체의 유형에 따른 특성 답 ③

정답이 정답인 이유

(가)에서 회의 참여자가 웹툰을 본 독자와 실시간으로 의견을 교환하는 것을 확인할 수 없다. 왜냐하면 온라인 화상 회의는 주최자에 의해 초대된 특정한 사람만 참여할 수 있기 때문이다.

오답이 오답인 이유

① '동아리실이 공사를 하는 바람에 여기서 회의를 하려고 하는데'를 통해 알 수 있듯이 (가)는 회의 참여자들이 공간의 제약 없이 소통할 수 있음을 보여 준다.
② '내가 화면을 공유할 테니까 한번 읽어 봐 줄래?'를 통해 알 수 있듯이 (가)는 회의 참여자가 자신의 화면을 전체 참여자와 공유할 수 있음을 보여 준다.

④ '아래를 클릭하면 '감사 전달 게시판'으로 이동합니다.'에서 알 수 있듯이, (나)는 웹툰의 독자가 하이퍼링크를 통해 다른 웹 게시판으로 이동할 수 있음을 보여 준다.
⑤ '★★★★☆ 4.0'을 통해 알 수 있듯이 (나)는 웹툰의 독자가 웹툰을 보고 느낀 만족감을 수치로 환산되는 기호, 즉 별점으로 표시할 수 있음을 보여 준다.

05 매체 언어의 표현 방법 답 ③

정답이 정답인 이유

세 번째 장면을 보면 학생들에게 큰 그늘을 만들어 주신 선생님께 전하는 감사의 마음을 문구로 만들고 어울리는 그림과 함께 제시하였음을 알 수 있다. 그러나 선생님이 평소에 학생들에게 강조한 내용인 '나눔'과 '배려'는 웹툰 속 문구로 담겨 있지 않다.

오답이 오답인 이유

① 선생님이 교직에 몸담았던 기간을 드러내기 위해 선생님이 교직을 시작하고 마치는 연도인 '1990년'과 '2024년'을 각각 나무 이미지 속에 넣어 첫 번째 장면과 두 번째 장면에 제시하였다. '선생님의 사랑이 점점 커져 선생님 주변에 많은 학생이 모일 수 있게 된 것을 크게 자라난 나무로 표현하면 더 좋을 것 같아.'에서 알 수 있듯이 나무는 선생님을 상징한다고 할 수 있다.
② 35년 동안 선생님의 사랑이 더욱 커져 더 많은 학생과 사랑을 나누게 되었음을 드러내기 위해 잎이 무성해진 나무와 그 나무 그늘에 모여서 쉬고 있는 학생들의 이미지를 두 번째 장면과 세 번째 장면에 제시하였다.
④ 선생님과 학생 사이에 형성된 유대감을 드러내기 위해 학생들이 환한 표정으로 선생님의 품 안에 안겨 있는 모습을 네 번째 장면에 제시하였다.
⑤ 네 번째 장면에 선생님에 대한 학생들의 마음을 분명하게 드러내기 위해 말풍선에 '선생님, 그동안 감사했습니다.', '선생님의 정년 퇴임을 축하합니다.'와 같은 문구를 넣어 제시하였다. 이와 함께 선생님과 학생 간의 사랑을 상징적으로 나타낼 수 있는 하트 이미지를 배경으로 제시하였다.

06 매체 본문 154~160쪽

01 ①	02 ③	03 ⑤	04 ③
05 ①			

01 매체의 유형에 따른 특성 답 ①

정답이 정답인 이유

신문사의 웹 페이지 화면에 있는 기사의 등록 시간과 수정 시간을 통해 기사가 수정되었음을 확인할 수 있다.

오답이 오답인 이유

② 기사 아래의 그림 기호를 누른 횟수를 통해 후속 기사에 대한 수용자들의 요구를 확인할 수 있지만, 기사의 공정성 여부를 판단하는 것과는 관련이 없다.
③ 기사 아래의 그림 기호를 누른 횟수를 통해 기사에 대한 수용자들의 선호를 확인할 수 있지만, 수용자 개인의 주관적인 선호도는 기사의 신뢰도와는 관련이 없다.
④ 같은 기자가 작성한 다른 기사를 열람할 수 있도록 하이퍼링크가 제시되어 있지만, 제시된 정보와 관련된 심화 정보는 아니다.
⑤ 문자와 그림 등 복합 양식으로 기사를 작성했지만, 청각과 관련한 정보는 나타나지 않기 때문에, 시각과 청각을 결합하여 기사 내용을 이해한다는 내용은 적절하지 않다.

02 매체 언어의 표현 방법 답 ③

정답이 정답인 이유

기사의 마지막에 한국 관광 공사의 팀장과 인터뷰한 내용을 인용하면서 빅 데이터 분석을 문화 관광 축제 전체로 확대하고 분석 모델 개선을 지속 추진할 예정이라고 언급하고 있다. 그렇지만 팀장은 지역 축제의 문제점과 해결 방안을 설명하고 있지는 않다.

오답이 오답인 이유

① '1990년대 초중반까지는 주민 화합 한마당 성격의 행사가 대부분이었지만, 1990년대 후반 들어서 지역 이미지를 높이고, 관광객을 유치하기 위한 축제가 증가하였다.'라며 지역 축제의 변화 양상을 언급하고 있다.
② '경복궁 별빛 야행, 대백제전 등의 전통 역사 유형, ▽▽ 청보리밭 축제, ◆◆ 나비 대축제 등의 생태 자연 유형, △△ 야생차 문화 축제, ☆☆ 옹기 축제 등의 특산물 유형' 등 구체적인 지역 축제들을 예로 들고 있다.

④ 문화 관광 축제를 보여 주는 그림지도를 통해 지역 축제의 전국적인 운영 상황을 제시하고 있다.
⑤ 축제 전후와 축제 기간의 일평균 카드 소비액을 대비한 그래프를 제시하고 있다.

03 매체 언어의 표현 방법 답 ⑤

정답이 정답인 이유

메모에서는 지역 축제 달력을 제시하면서 축제 참가를 권유하는 자막으로 장면을 구성한다고 되어 있다. 영상 제작 계획에 '나만의 지역 축제 일정표를 만들어 보는 것은 어떨까요?'라는 자막이 배치되어 있지만, 지역 축제 달력이 아닌 지역 축제 관련 정보를 알 수 있는 여러 사이트를 제시하는 장면이므로 '메모'의 내용과 일치하지 않는다.

오답이 오답인 이유

① 기사의 제목을 영상 제목으로 활용한다는 '메모'를 반영하여 문화 관광 축제 지도를 보여 주면서 그 위에 영상 제목이 나타나도록 장면을 구성하고 있다.
② 기사에서 언급한 다양한 축제 현장을 제시하고, '문화와 자연, 사람이 어울리는 축제의 현장'이라는 지역 축제의 의의를 자막으로 구성하고 있다.
③ '메모'를 반영하여 지역 축제 현장을 보여 주면서 방문객과의 인터뷰를 제시하고 있다.
④ 댓글에 나온 안성 바우덕이 축제를 보여 주면서 지역 축제 참가의 의미를 자막으로 구성하고 있다.

04 정보 구성 언어 답 ③

정답이 정답인 이유

(가)에서 진행자는 쇼핑계의 선두 주자로 거듭나고 있는 건강 기능 식품에 대해 언급하고 있으며, 기자 또한 최근의 건강 기능 식품 열풍에 대해 말하고 있다. 따라서 시의성 있는 정보로 구성되어 있다고 할 수 있다.

오답이 오답인 이유

① 기능성 원료와 관련한 식품 의약품 안전처의 판단을 언급하고 있지만, 전문가 집단이 뉴스의 정보를 구성하는 주체는 아니다.
② 정보 수용자와 관련된 고민과 상황이 언급되어 있지만, 수용자가 정보 구성의 주체는 아니다.
④ 수용자의 유형을 구분하여 차별화된 정보를 제공하고 있지 않다.
⑤ 인터뷰 영상은 건강 기능 식품 열풍이 20대에도 불고 있음을 보여 주는 것으로, 건강 기능 식품과 건강식품을 구분하는 다양한 방법을 인터뷰를 통해 보여 주는 것은 아니다.

05 매체 언어의 표현 방법 답 ①

정답이 정답인 이유

(나)는 광고의 대상이 되는 식품의 효과를 열거하면서 식품의 장점을 강조하고 있다. 핵심 용어에 대한 개념 정의는 나타나지 않는다.

오답이 오답인 이유

② (나)에서는 '기적 같은 선물'이라는 표현을 통해 건강 기능 식품을 '선물'에 비유하고 있으며, '자료'에는 '건강한 삶을 위한 동반자'라는 비유적 표현이 나타나 있다.
③ '자료'는 자연에서 찾은 원료임을 강조하는 야채 및 과일의 그림 이미지와 기능성 원료들을 제시한 특정 용어를 보여 주고 있다.
④ (나)는 섭취 전후의 모습을 대비시킨 이미지를 제시하고 있으며, '자료'는 건강 기능 식품 인정 마크를 제시하고 있다.
⑤ (나)는 신체 사이즈 변화, 체내 지방 세포 분해 · 배출, 요요 현상 없음, 혈관 청소, 노폐물 및 독소 배출 등의 긍정적 효과를 열거하고 있다. '자료'는 질병을 치료하지는 않는다는 건강 기능 식품의 특성을 '약'과 대조하여 드러내고 있다.

07 매체 본문 161~167쪽

01 ③	02 ④	03 ①	04 ③
05 ⑤			

01 매체 언어의 표현 방법 답 ③

정답이 정답인 이유

[장면 3]을 보면, 『파우스트』, 『신곡』 등과 같은 책을 언급하기는 하였으나 인문학책을 사진으로 제시하지는 않았다.

오답이 오답인 이유

① [장면 1]을 보면, 방송 처음 화면에 프로그램명 자막을 제시하고 배경 음악을 삽입하였음을 알 수 있다.
② [장면 2]를 보면, 연주자를 소개할 때 시청자가 이름을 확인할 수 있도록 이름을 자막으로 제시하였음을 알 수 있다.
④ [장면 4]를 보면, 연주곡을 시청자에게 들려주기 위해 라흐

마니노프의 피아노 협주곡 중 3번의 결선 실황 영상을 제시하고 있음을 알 수 있다.

⑤ [장면 5], [장면 6]을 보면, 인터뷰 내용에 대해 시청자와 소통할 수 있도록 시청자 게시판의 실시간 댓글 질문을 살펴본 후, '연주회 계획은 따로 없으신지요?'와 같이 진행자가 댓글과 관련된 질문을 제시하고 있음을 알 수 있다.

02 매체 언어생활의 특징 답 ④

정답이 정답인 이유

㉣은 괴테의 『파우스트』, 단테의 『신곡』 등을 읽은 사례를 제시하며, 이러한 경험이 「단테 소나타」와 같은 곡을 연주하는 데에 도움이 되었음을 밝히고 있다. 그러나 책을 읽은 사례를 제시하여 피아노 연주의 어려움을 시청자에게 강조하고 있지는 않다.

오답이 오답인 이유

① ㉠은 '조회 수 약 550만 회'라는 대략적인 수치를 활용하여 결선 영상에 대한 대중의 높은 관심을 보여 줌으로써 시청자의 흥미를 불러일으키고 있다.

② ㉡은 '연습 벌레'라는 비유적 표현을 활용하여 연주자의 연습량이 많다는 정보를 시청자가 이해하기 쉽게 전달하고 있다.

③ ㉢은 스승에게 피아노를 배울 때의 일화를 활용하여 스승이 지향하는 음악의 방향이 무엇인지를 시청자에게 설명하고 있다.

⑤ ㉤은 '대회 결선 실황 중 라흐마니노프 피아노 협주곡 3번을 들어 보실까요?'와 같이 의문형 문장으로 대화의 화제를 전환하여 시청자에게 연주 영상을 제공하고자 한다.

03 매체 언어와 개인적 · 사회적 소통 답 ①

정답이 정답인 이유

라흐마니노프의 삶에 대한 대화를 나누었으나, 인터넷 기사를 공유하여 라흐마니노프의 삶에 대한 정보를 제공하지는 않았다.

오답이 오답인 이유

② 준서의 네 번째 발화를 보면, 대화 중 인터넷 매체를 활용하여 라흐마니노프의 음악을 모티프로 하는 곡을 찾아 공유하였음을 알 수 있다.

③ 윤지의 첫 번째 발화, 준서의 두 번째 발화를 보면, 한글의 특정한 자음자를 활용하여 텔레비전 인터뷰를 본 것에 대한 자신의 감정을 표현하였음을 알 수 있다.

④ 준서의 두 번째 발화를 보면, 이모티콘을 활용하여 텔레비전 인터뷰에서 소개된 연주의 특징에 대한 공감을 표현하였음을 알 수 있다.

⑤ 윤지의 첫 번째 발화를 보면, 하이퍼링크를 이용하여 박△△의 또 다른 연주 영상을 제공하고 있으므로, 텔레비전 인터뷰의 대상자와 관련된 추가 정보를 준서에게 제공하였음을 알 수 있다.

04 매체 자료의 주체적 수용 답 ③

정답이 정답인 이유

(나)의 출판사 서평을 보면, 책의 장점만이 드러나 있음을 알 수 있다. 그리고 (가)를 보면, 출판사 서평 역시 상업적 목적이 있는 광고이므로 과장된 내용은 없는지 살펴봐야 한다. 따라서 출판사 서평에서 과장된 부분은 없는지 살펴봐야겠다는 진술은 적절하다.

오답이 오답인 이유

① (나)를 보면, 리뷰 작성자의 소속과 실명을 밝히고 있지는 않다.

② (나)를 보면, '사러가기'와 같이 소비자의 구매를 고려한 장치가 있으며, (가)를 바탕으로 할 때 소비자의 구매를 고려하지 않은 책 소개만을 광고로 보기는 어렵다.

④ (나)를 보면, 작가 정보와 책의 일부 페이지는 확인할 수 없다.

⑤ (나)의 리뷰를 보면, '이 책도 오늘부터 읽을 거예요.'와 같이 책을 아직 읽지 않은 독자의 리뷰도 제시되어 있음을 알 수 있다.

05 매체의 유형에 따른 특성 답 ⑤

정답이 정답인 이유

㉤이 리뷰에 포함된 구매자 총점을 시각적으로 구성한 것이라는 내용은 적절하다. 그러나 인터넷 광고는 시 · 공간적 제약이 없으므로 인터넷 광고가 지닌 시 · 공간적 제약을 극복하게 해 준다는 진술은 적절하지 않다.

오답이 오답인 이유

① ㉠은 책의 전체 디자인 중 표지를 보여 주는 것으로, 인터넷 광고에서는 책의 실물을 직접 볼 수 없다. 따라서 ㉠이 실물을 대신하여 책의 디자인을 보여 주는 기능을 한다는 진술은 적절하다.

② ㉡은 방송에 추천 도서로 소개되었음을 밝혀 책을 홍보하는 것으로, 다양한 매체의 책 광고에서 활용될 수 있는 내용이다. 따라서 ㉡이 인터넷 광고에서는 물론 다른 매체의 책 광고에서도 활용될 수 있다는 진술은 적절하다.

③ ㉢은 광고하고 있는 책을 소비자가 바로 구매할 수 있게 해 주는 장치이다. 따라서 ㉢이 광고를 통해 자극된 구매 욕구를 즉각적인 구매 행위로 연결할 수 있는 장치라는 진술은 적절하다.
④ ㉣은 간단한 어휘 목록을 통해 연관된 도서에 대한 탐색이 가능하게 하는 장치이다. 따라서 ㉣이 간단한 어휘 목록을 통해 연관된 책에 대한 관심을 유도하는 것으로, 해당 광고를 접한 소비자의 관심을 확장할 수 있는 계기가 된다는 진술은 적절하다.

08 매체

본문 168~173쪽

01 ④ 02 ③ 03 ③ 04 ③
05 ①

01 매체 언어와 개인적 · 사회적 소통 답 ④

정답이 정답인 이유

'학생 2'의 세 번째 발화를 보면, 답사 영상에서 여러 장소를 소개하는 순서는 답사 일정에 따라 영상을 촬영한 순서에 따르기로 하였음을 알 수 있다.

오답이 오답인 이유

① 답사 영상 촬영의 담당자는 언급되어 있지 않다.
② 답사 영상 촬영 후의 편집 일정은 언급되어 있지 않다.
③ 답사 영상에 어울릴 만한 자막의 내용에 대해서는 언급하였지만, 자막의 형태는 제시되어 있지 않다.
⑤ 답사 영상의 마무리 부분에서 동아리원의 이름을 자막으로 넣기로 하였지만, 동아리원의 소감 소개 영상은 제시되어 있지 않다.

02 매체 언어생활의 특징 답 ③

정답이 정답인 이유

[B]에서 '학생 3'은 음악 파일을 활용하고 있지 않으며, '학생 2'의 의견에 동의하고 있다. 따라서 '학생 3'이 음악 파일을 활용하여 '학생 2'의 의견에 문제점을 지적하며 새로운 의견을 제안하고 있다는 진술은 적절하지 않다.

오답이 오답인 이유

① [A]에서 '학생 1'은 '화상 회의의 링크 접속이 어려울까 봐 걱정했는데, ~ 순천만 생태 답사에 대해 함께 이야기해야 하는데, 이번에는 답사 영상을 제작해 보기로 했었지?'와 같이 회의 참석자가 회의에 모두 접속한 것을 확인한 후 논의할 내용을 언급하고 있다.
② [B]에서 '학생 2'는 'https://www.○○○.go.kr'과 같이 하이퍼링크를 이용하여 필요한 내용을 공유하고 있다.
④ [C]에서 '학생 1'은 '여기 찾아보니까 흑두루미에 대해 자세하게 소개한 자료가 있네. 잠깐 내가 화면을 공유해서 보여 줄까?'와 같이 자신이 가지고 있는 자료를 화면으로 공유하였다. 그리고 '공유한 자료를 보면 순천만이 우리나라의 대표적인 흑두루미 서식지라고 되어 있어.'와 같이 화면으로 공유한 내용을 회의 참석자에게 설명하고 있다.
⑤ [C]에서 '학생 2'는 '내가 1학기 수행 평가에서 람사르 협약에 대해 조사한 내용이 있는데, 채팅 창으로 파일을 보내 볼게.'라고 하며 첨부 파일을 활용하여 자신이 소개하고자 하는 내용을 제공하고 있다.

03 매체 자료의 주체적 수용 답 ③

정답이 정답인 이유

'학생 2'의 네 번째 발화를 보면, 순천만에는 약 110종의 식물들이 서식하고 있다는 내레이션은 ㉢이 아니라, ㉡에서 제시하기로 하였다.

오답이 오답인 이유

① '학생 3'의 세 번째 발화를 보면, 사계절에 따라 비발디의 「사계」를 배경 음악으로 활용하기로 하였음을 알 수 있다.
② '학생 3'의 네 번째 발화를 보면, 순천만이 생물종의 보고이며 연구할 가치가 있는 중요한 지역임을 밝히는 내레이션을 제시하기로 하였음을 알 수 있다.
④ '학생 1'의 네 번째 발화를 보면, 근접 촬영 방법으로 대상을 생생하게 담아내고자 하였음을 알 수 있다.
⑤ '학생 1'의 다섯 번째 발화를 보면, 흑두루미에 대한 영상과 함께, 조류의 월동 및 서식지로서 갈대 군락의 가치를 내레이션으로 제시하기로 하였음을 알 수 있다.

04 매체 자료의 주체적 수용 답 ③

정답이 정답인 이유

블루 문에 대한 천문과학관장의 설명을 보면, 블루 문은 실제 푸른빛을 띠고 있지 않으므로, 블루 문이 실제 푸른빛을 띠고 있다는 것을 보여 주기 위해 ㉢을 활용해야겠다는 진술은 적절하지 않다.

오답이 오답인 이유

① 개기 월식에 대한 기자의 설명을 보면, 개기 월식이 벌어지는 조건을 밝히면서 개기 월식을 보여 주기 위해 ㉠을 활용하였음을 알 수 있다.
② 슈퍼 문에 대한 천문과학관장의 설명을 보면, 슈퍼 문이 일반적인 보름달보다 크게 보인다는 것을 보여 주기 위해 ㉡을 활용하였음을 알 수 있다.
④ 블러드 문에 대한 천문과학관장의 설명을 보면, 블러드 문이 어두운 붉은색으로 보인다는 것을 알려 주기 위해 ㉣을 활용하였음을 알 수 있다.
⑤ 맨눈으로 개기 월식, 슈퍼 문과 블루 문, 블러드 문을 관측할 수 있다는 기자의 설명을 보면, 맨눈으로도 우주 쇼를 관측할 수 있다는 것을 드러내기 위해 ㉤을 활용하였음을 알 수 있다.

05 매체 언어의 의미 전달 방식 답 ①

정답이 정답인 이유

'저처럼 달에 대해 궁금해했던 사람들에게 방송 내용이 도움이 될 것 같아요.'를 보면, '시청자 1'은 방송 내용의 유용성을 평가하며 들었음을 알 수 있다.

오답이 오답인 이유

② '시청자 2'는 슈퍼 문이 왜 달과 지구가 가장 멀리 떨어져 있을 때보다 14% 더 크게 보이는지에 대한 이유를 궁금해하고 있으므로, 슈퍼 문에 대한 설명이 정확한 내용인지를 점검하며 들었다는 진술은 적절하지 않다.
③ '시청자 3'은 블루 문이 포함된 영어 표현에 관심을 보이며, 우주 쇼를 꼭 봐야겠다는 생각이 든다고 하였으므로, 개기 월식에 대한 자신의 경험을 떠올리며 들었다는 진술은 적절하지 않다.
④ '시청자 4'는 개기 월식에 대한 자신의 경험을 떠올리며 들었으므로, 방송에서 제시한 정보의 신뢰성에 대해 점검하며 들었다는 진술은 적절하지 않다.
⑤ '시청자 5'는 세 가지 모습의 달을 모두 볼 수 있는 것에 대한 기대감을 나타내고 있으므로, 자신의 생각과 방송 내용의 차이점을 비교하며 들었다는 진술은 적절하지 않다.

09 매체

본문 174~178쪽

01 ③ **02** ⑤ **03** ⑤ **04** ③
05 ④

01 매체의 유형에 따른 특성 답 ③

정답이 정답인 이유

텔레비전 생방송 진행자는 마지막 발화에서 다음 방송의 시작 시간을 안내하고 있으나 방송 시간을 놓친 시청자가 방송을 다시 볼 수 있는 방법을 안내하고 있지는 않다.

오답이 오답인 이유

① 텔레비전 생방송의 출연자인 진행자와 전문가는 발화하는 문장을 해요체 또는 하십시오체로 끝맺고 있다. 대화 상황에서 두 사람은 서로 상대방을 높이는 표현을 사용하여 소통하고 있다.
② 진행자는 자신의 첫 발화에서 시청자들이 실시간 채팅으로 방송 내용에 관한 질문을 보낼 수 있는 방법을 안내하고 있다.
④ 전문가는 자신의 여덟 번째 발화에서, 자율 주행 무인 택시가 교통 신호를 오인하는 동영상 자료가 재생된 이후 자료와 같은 문제 상황의 원인을 밝히는 일이 어려워졌다는 설명을 덧붙이며 시청자의 이해를 돕고 있다.
⑤ 전문가는 자신의 여섯 번째 발화에서, 방송 중간에 시청을 시작한 참여자가 딥 러닝 기술에 대해 묻자 이전에 딥 러닝 기술에 관해 언급했던 내용을 요약하여 전달하고 있다.

02 매체 언어의 표현 방법 답 ⑤

정답이 정답인 이유

전문가는 자신의 여덟 번째와 열 번째 발화에서 '설명 가능한 인공 지능'이 필요한 이유와 의의를 설명하고 있으나, '설명 가능한 인공 지능'이 야기할 수 있는 부작용에 대해서는 언급하지 않았다.

오답이 오답인 이유

① 진행자는 자신의 두 번째 발화에서 인공 지능이 콘텐츠 추천을 해 주고, 운전을 해 주는 시대가 되었다고 하였다. 이는 실생활 속에서 인공 지능 기술이 활용되고 있는 경우를 몇 가지 언급한 것이다.
② 진행자는 자신의 네 번째 발화에서 알고리즘이 컴퓨터 프로그램처럼 인간이 치밀하게 설계한 바에 따라 만들어진 것이 아닌지 전문가에게 묻고 있다. 이어진 '시청자 4'의 채팅 직후

전문가는 현재 인공 지능 기술에서의 딥 러닝 기술에 대해 간략히 설명하였다. 이는 진행자가 화제와 관련한 개념인 알고리즘에 대해 스스로 이해하고 있는 바를 언급하여 전문가로부터 적절한 설명을 이끌어 낸 것으로 볼 수 있다.

③ 진행자는 자신의 다섯 번째 발화에서 실시간 채팅을 확인하며 직전에 '사람의 개입이 최소화'된다는 바로 전의 전문가의 말뜻을 알기 힘들다는 시청자 채팅이 이어지고 있다고 했다. 이는 진행자가 시청자들이 이해를 어려워할 만한 부분에서 시청자들의 반응을 확인하고 전문가에게 전달한 것으로 볼 수 있다.

④ 전문가는 자신의 다섯 번째 발화에서 개와 고양이의 이미지를 인공 지능이 구별하는 경우를 들어 딥 러닝에 대해 설명하고 있다. 이는 진행자의 추가 설명 요청에 시청자들이 쉽게 떠올릴 수 있을 만한 예를 들어 설명을 한 것으로 볼 수 있다.

03 매체 자료의 주체적 수용 답 ⑤

정답이 정답인 이유

'시청자 6'은 앞서 '시청자 2'가 했던 채팅을 자신의 채팅에서 언급하였다. '시청자 6'의 채팅 직전에 진행자는 인공 지능이 딥 러닝을 통해 다양한 상황이나 맥락에 더 유연하게 대처할 수 있게 되었다고 설명했는데, '시청자 6'은 이와 관련한 정보로써 '시청자 2'의 발화를 기억하고 다시 제시한 것이다. 즉 '시청자 6'은 다른 시청자의 채팅 내용을 떠올리며 그것을 진행자의 설명 내용과 연결 지어 제시하고 있다.

오답이 오답인 이유

① '시청자 1'의 의문은 이번 방송의 소재인 '설명 가능한 인공 지능'에 대해 시청자로서 흥미를 느끼고 있음을 표현한 것이다. 이는 방송된 내용에 의문을 품고 문제를 제기하는 것으로 볼 수 없다.

② '시청자 2'는 자신의 채팅에 앞서 전문가가 제시한 정보가 아니라 진행자가 언급한 내용과 관련한 경험을 언급했다고 볼 수 있다. 또한 '시청자 2'가 언급한 경험은 진행자가 언급한 내용의 적절성을 평가하려는 목적을 띠고 있다고 볼 수 없다.

③ '시청자 3'은 앞서 진행자가 언급한 바에 대한 자신의 경험을 말하고 있다. 이는 진행자가 언급한 바에 대한 이해 정도를 스스로 점검하는 것이 아니며, 부가 설명을 요청하는 것으로도 볼 수 없다.

④ '시청자 4'의 채팅은 방송 중 진행자가 전문가에게 한 질문에 대한 답변으로 볼 수 있으나, 앞서 전문가가 답변한 바에 이의를 제기하고 있는 것이 아니다.

04 정보 구성 언어 답 ③

정답이 정답인 이유

#1~#3의 상황은 '○○이 짐이 됩니다.'라는 짧은 자막으로 제시되고 있다. 이는 배송 기사의 업무에 관한 오해를 바로잡는 것이 아니라 광고의 수용자가 배송 기사와의 관계에서 지양해야 할 바를 명료하게 드러내기 위한 것이다.

오답이 오답인 이유

① #1의 이미지에서는 오토바이가 도로를 위험하게 가로지르고 있는 모습이 조감되고 있다. 이는 배송 시 도로 위에서 겪는 어려움이 잘 드러나도록 멀리서 오토바이의 움직임을 촬영한 것으로 볼 수 있다.

② #2, #3의 이미지에서 무시와 재촉을 받은 배송 기사는 풀이 죽은 표정을 짓고 있고, #4의 이미지에서 존중을 받은 배송 기사는 밝은 표정을 짓고 있다. 이는 배송 기사 표정이 #2, #3과 #4에서 대비되도록 배우에게 연기를 지시함으로써 영상화할 수 있다.

④ #1~#3의 각 이미지 및 시각 효과 설명을 통해 배송 기사가 운반하는 상자 위로 특정 단어('짜증', '무시', '재촉')가 적힌 상자가 내려옴을 확인할 수 있다. 이는 배송 기사에게 부담을 주는 일들이 행해지고 있음을 시각 효과로 나타낸 것이다.

⑤ #4의 내레이션에는 배송 기사에게 힘이 될 수 있는 여러 문장이 있다. 이는 배송 기사를 존중하는 태도가 드러나는 문장들로, 이를 다양한 목소리로 녹음하여 배송 기사를 존중하자는 뜻을 나타낼 수 있다.

05 매체 언어의 표현 방법 답 ④

정답이 정답인 이유

스토리보드에서 청유문을 반복하여 활용하면서 수용자에게 부드럽게 권고하는 느낌을 주는 내레이션은 찾을 수 없다.

오답이 오답인 이유

① 스토리보드에서 자막으로 제시하는 글귀들은 동일한 문장 구조로 이루어져 있다. 이는 주제를 명료하게 전달하여 전달 효과를 높이기 위한 목적으로 볼 수 있다.

② 스토리보드의 #1~#3에서는 자막에 '짐'이라는 한 음절 단어를 사용하고, #4에서는 '힘'이라는 한 음절 단어를 사용하였다. 이는 주제를 명료하게 드러내고자 맥락상 상반되는 의미의 단어를 사용한 것으로 볼 수 있다.

③ 스토리보드의 자막에서는 평서문이 활용되고 있다. 그것은 #1~#3과 같은 상황이 실제로 벌어진다는 것을 시청자에게 강조하는 의미로 다가갈 수 있다.

⑤ 스토리보드의 #1～#3에서는 '짜증', '무시', '재촉'과 같이 부정적인 어감을 지닌 단어들을 동일한 문장 구조 속에서 교체하여 수용자가 경계해야 할 점을 강조하며 드러내고 있다.

10 매체

본문 179～183쪽

01 ⑤ 02 ② 03 ④ 04 ③ 05 ②

01 매체 자료의 주체적 수용 답 ⑤

정답이 정답인 이유

(가)에는 배달 앱과 관련하여 배달 앱 사업자의 영업 이익이 2022년에 크게 증가했다는 사실과, 배달 앱을 이용하는 음식점주들이 앱 운영 방식에 개선이 필요하다고 응답한 설문 조사 결과가 제시되어 있다. 하지만 업계의 상황을 나타내는 내용이 설문 조사 대상인 음식점주의 인식 변화를 도모하는 것은 아니다.

오답이 오답인 이유

① (가)의 세 번째 항목에 있는 설문 결과를 부제로 제시하여 배달 앱 운영에 개선이 필요하다고 생각하는 음식점주가 대다수임을 드러내고 있다.
② (가)의 세 번째 항목에서는 설문 조사 응답자인 음식점주들이 문제로 느끼고 있는 상황에 대한 원인이 무엇인지를 설문 조사의 응답 결과를 통해 다양하게 제시하고 있다.
③ (가)의 첫 번째 항목에서는 타 기관인 △△청에서 발표한 자료를 통해 배달 앱을 통한 배달이 일반화되었음을 제시하여, 설문 조사의 배경이 되고 있는 현황을 먼저 제시하고 있다.
④ (가)의 네 번째 항목에서는 설문 조사의 실행 주체인 ○○부가 설문 조사로 확인된 문제 상황의 개선을 개선하려는 의지를 지니고 있음을 드러내고 있다.

02 매체의 정보 구성 방식 답 ②

정답이 정답인 이유

(가)의 네 번째 항목에서는 배달 앱 사용의 일반화가 음식점주의 영업 편의성 향상으로 이어졌다고 하였다. 배달 앱 이용이 늘면서 음식점주는 고객 응대와 배달에 들이는 노동을 절감하고, 주로 음식 만들기만 담당하는 것이다. 이는 [슬라이드 1]의 화살표 좌측과 우측을 비교하여 확인할 수 있지만, 음식점주의 손동작을 통해 드러나고 있지는 않다.

오답이 오답인 이유

① (가)의 네 번째 항목에서는 음식점주가 담당했었던 광고, 주문, 배달을 배달 앱이 담당하게 되었음이 드러난다. 이는 (나)의 [슬라이드 1]에서 음식을 제외한 세 가지 그림이 배달 앱 속에 들어가 있는 것으로 나타나 있다.
③ (가)의 두 번째 항목에서는 배달 앱이 음식점주와 소비자, 양 고객 집단의 거래를 활성화한다고 하였다. 이는 [슬라이드 2]에서 배달 앱이 소비자 및 음식점주와 손을 잡고 있는 이미지로 나타나고 있다.
④ (가)의 세 번째 항목에 있는 설문 조사 결과를 [슬라이드 3]에서 원그래프로 나타내고 있고, 그중 응답 비율이 높은 두 가지 항목은 글자 크기를 크게 하고 글자를 굵게 처리하여 제시하고 있다.
⑤ (가)의 세 번째와 네 번째 항목을 통해 음식점주들이 배달 앱의 중개 수수료나 광고료에 대해 느끼는 부담이 큼을 알 수 있다. 이와 관련하여 [슬라이드 3]에서는 음식점주의 우울한 표정을 통해 그래프의 내용에 대한 음식점주의 반응을 드러내고 있다.

03 매체 언어의 표현 방법 답 ④

정답이 정답인 이유

(나)의 [슬라이드 4]와 달리 수정된 [슬라이드 4]에는, 배달 앱에 음식점주가 지출하는 비용으로 인한 영향이 소비자에게도 미친다는 점을 나타내는 일러스트와 텍스트가 추가되었다. 이는 음식점주가 겪는 상황이 소비자와도 관련이 크다는 사실을 드러낸다. 그리고 수정된 [슬라이드 4]에서는 수수료 체계의 개선이 음식점주와 소비자의 효용 증가로 이어짐을 표정 변화를 통해 시각적으로 나타내고 있다.

오답이 오답인 이유

① (가)에 배달 앱 운영에 개선이 필요하다는 상황이 제시되어 있으나 그 상황이 소비자 측에서 문제를 제기함으로써 드러난 것은 아니다. 또한 [슬라이드 4]에는 배달 앱 및 음식점을 평가하는 주체가 소비자라는 내용이 나타나 있지 않다.
② 음식점주들의 운영상 어려움이 소비자에게 전가되고 있다는 내용이 (가)에 등장하지만, 바뀐 [슬라이드 4]에 배달 앱에서 설정되는 가격의 적절성을 소비자가 판단해야 한다고 드러내는 부분은 찾을 수 없다.
③ 바뀐 [슬라이드 4]를 통해 '중개 수수료, 광고료 인하'가 '가격 내리기 / 양 늘리기'로 이어짐을 알 수 있다. 이는 수수료 체계의 개선이 소비자에게도 긍정적인 영향을 미친다는 뜻으

로, 소비자가 음식점주를 배려하는 문화가 조성되는 것이 필요하다는 의미를 나타내는 것이 아니다.
⑤ (가)에서 배달 앱의 등장 이후 음식점주들이 어려움을 느낀다는 상황이 제시되어 있지만 그러한 상황에 소비자가 영향을 미쳤다는 내용은 찾을 수 없다. 또한 바뀐 [슬라이드 4]에는 소비자가 자신의 배달 앱 이용 습관을 돌아보아야 한다는 내용이 나타나 있지 않다.

04 매체의 정보 구성 방식 답 ③

정답이 정답인 이유

진행자는 자신의 네 번째 발화에서 연구원이 준비해 온 표를 보여 준다고 하였다. 자료의 출처에 대해 언급한 사람은 연구원이다.

오답이 오답인 이유

① 진행자는 자신의 첫 번째 발화에서 우리나라가 2025년부터 초고령 사회로 진입할 것이라고 하며 이와 관련한 이슈를 오늘 방송에서 다룬다고 하였다. 이는 방송 주제가 우리 사회가 당면한 변화와 관련한 것임을 제시한 것이다.
② 진행자는 자신의 세 번째 발화에서 방송 중 채팅에 연구원이 반응을 제대로 할 수 있도록 돕고 있다. 이는 초대 손님인 연구원과 구독자 사이의 의사소통을 중간에서 연결하고 있는 것이다.
④ 진행자는 자신의 다섯 번째 발화에서 운전면허 자진 반납 제도에 대해 회의적인 '모과빛'의 의견을 확인하고 자신 역시 운전면허 자진 반납이라는 제도와 관련하여 고령자가 이동권의 큰 부분을 포기하도록 만드는 셈이라고 생각한다는 말을 덧붙였다. 이는 구독자의 의견을 확인하고 그 의견이 적절하다고 판단하여 진행자 자신이 동의하고 있음을 드러낸 것이다.
⑤ 진행자는 자신의 여섯 번째 발화에서 잠깐 쉬는 시간을 보낸 뒤에 이어질 방송의 내용이 무엇일지를 연구원에게 묻고 있다. 이는 구독자들이 이어질 방송의 내용이 무엇인지 알 수 있도록 한 것이다.

05 매체 언어의 표현 방법 답 ②

정답이 정답인 이유

'곰곰'은 고령 운전자의 돌발 상황 대처 속도가 늦다는 연구 결과에 대해, 자신의 할아버지는 운전을 더 조심히, 천천히 하셨다며 주변의 사례를 제시했다. 이에 연구원은 고령자의 운전 특성상 고령자들이 운전을 안전하게 하는 데 더욱 신경을 쓴다고 해석될 수 있는 자료를 바탕으로 한 설명을 덧붙였다. '곰곰'을 통해 연구원은 앞선 자신의 답변에서 제시한 정보와 상반되는 관점의 정보를 구독자들에게 전달하였다.

오답이 오답인 이유

① '포도'는 연구원이 제시한 경찰청 자료의 수치와 관련하여 전체 운전자 중 65세 이상 국내 운전면허 소지자의 비율을 물었다는 점에서 심층적인 정보를 요청했다고 볼 수 있다. 그러나 연구원은 요청된 정보와 관련한 수치를 시각 자료가 아닌 말로 전달하였으며, 이는 수용자가 정보의 의미를 찾도록 유도한 것도 아니다.
③ '방그레'는 운전자의 나이가 운전에 긍정적인 영향을 미치는지 아닌지를 물었다. 이는 이전에 제시된 연구 결과들을 해석하는 것으로 볼 수 없다. 또한 연구원은 구체적인 수치의 발표 결과를 언급하며 일반적으로 운전자의 나이가 운전에 긍정적인 영향을 미치지 않는 것으로 여겨진다고 대답했다. 이를 연구원이 자신의 견해를 표명한 것으로 볼 수는 없다.
④ '손깍지'는 진행자가 제시한 표에 나타난 경향성을 객관적으로 해석하여 제시했다. 연구원은 손깍지의 채팅 이후에 현재 시행 중인 관련 제도를 언급하고 있으나 이는 손깍지의 해석을 바로잡기 위한 것이 아니다.
⑤ '모과빛'은 운전면허 자진 반납 제도에 회의적인 자신의 견해를 드러내고 있지만, 이를 현행 제도의 역기능을 언급한 것으로 볼 수는 없다. 모과빛의 채팅 이후 연구원은 교통과학연구원에서 여러 연구를 진행 중이라는 사실과, 고령 운전자의 이동권과 도로 위 안전이 양립할 수 있다는 자신의 견해를 제시했다. 연구의 주요 내용을 요약하여 제시한 것은 연구원의 해당 발화에 포함된 내용이 아니다.

11 매체 본문 184~189쪽

01 ⑤ 02 ④ 03 ④ 04 ⑤
05 ②

01 뉴 미디어의 특성 답 ⑤

정답이 정답인 이유

(나)에서 맨 아래에 위치한 기사의 하단에는 관련 기사가 함께 제시되어 있다. 따라서 수용자는 관련 기사를 클릭해 화제와 관련된 정보를 추가로 확인할 수 있다.

오답이 오답인 이유

① (가)의 화면 상단에는 기사를 배포한 언론사의 기사를 구독할 수 있는 버튼이 있다. 수용자는 이 기능을 활용하여 해당 언론사의 기사들을 제공받아 볼 수 있다. 하지만 수용자가 구독 기능을 활용해 기사를 작성한 사람과 즉각적으로 소통할 수 있는 것은 아니므로 이는 적절하지 않다.
② (가)의 표제 아래에는 기사가 최초로 입력된 일시와 수정된 일시가 제시되어 있다. 수용자는 이를 통해 기사가 최초 입력된 이후 수정된 적이 있음을 확인할 수 있다. 그러나 수용자가 이를 확인하여 해당 기사의 내용이 그동안 어떻게 수정되었는지를 살펴볼 수 있는 것은 아니므로 이는 적절하지 않다.
③ (나)는 기사들이 최신순으로 정렬되어 있어 수용자가 그중 원하는 기사를 클릭하여 내용을 열람할 수 있다. 수용자는 기사가 목록에 올라온 순서와 관계없이 기사를 선택할 수 있으므로 이는 적절하지 않다.
④ (나)에는 여러 언론사의 기사가 한 화면에 제시되어 있다. 수용자는 이를 통해 특정 언론사의 기사를 선택하여 열람하거나 화제에 대한 여러 언론사의 입장을 비교해 볼 수 있다. 그러나 수용자가 이를 통해 언론사에 대한 다른 수용자들의 선호 정도를 서로 비교할 수 있는 것은 아니므로 이는 적절하지 않다.

02 매체 자료 수용의 관점과 가치 답 ④

정답이 정답인 이유

㉠은 표제에서 쌈지에 든 돈처럼 적은 돈을 이르는 '쌈짓돈'이라는 표현을 제시하여 적은 돈을 벌려다가 피해를 볼 수 있음을 경고하고 있다. 이는 앱 테크를 통한 이득이 기대에 미치지 못한다는 점을 드러낸 것이라고 볼 수 있다. 그러나 ㉡은 표제에서 많지 않은 몇 푼의 돈을 이르는 '푼돈'이라는 표현을 제시하여 앱 테크를 통해 적은 돈이 모여 큰돈이 될 수 있음을 제시하고 있다. 이는 앱 테크를 통한 이득을 긍정적으로 표현한 것으로, 이득이 기대에 미치지 못한다는 점을 드러낸 것이 아니다.

오답이 오답인 이유

① ㉠은 표제에서 주로 기상으로 인한 피해가 우려될 때 이를 주의하고 경계하라는 뜻으로 사용되는 단어인 '주의보'를 활용하고 있다. 이는 수상한 앱 테크라는 표현과 함께 쓰여 수용자에게 앱 테크 업체 중 의심스러운 곳이 있으므로 주의하라는 의도를 전달하는 것으로 볼 수 있다.
② ㉡은 '언제든 어디서든 간편하게'라는 표현으로 표제를 시작하고 있다. 이는 앱 테크가 시간과 공간에 제약이 없다는 점을 내세운 것으로, 수용자에게 앱 테크에 참여하는 방법이 간편하다는 점을 강조하는 것으로 볼 수 있다.
③ ㉢은 "쉽게 돈 벌어 볼까?"라고 앱 테크를 해 보려는 사람이 할 법한 발언을 표제에 포함하고 있다. 이는 앱 테크 사기에 대한 표제 뒷부분의 내용과 연결되어, 앱 테크를 실제로 이용한 결과가 기대와 다를 수 있음을 드러내는 것으로 볼 수 있다.
⑤ ㉠은 뜻밖에 당하는 불행이나 재난을 뜻하는 '날벼락', ㉢은 몹시 분하여 마음이 쓰리고 아프다는 뜻의 '분통'이라는 표현을 표제에 사용하여 강조하고 있다. 이는 기사에서 앱 테크로 인한 이용자의 피해를 소재로 다루고 있음을 드러내기 위한 것으로 볼 수 있다.

03 매체 자료의 주체적 수용 답 ④

정답이 정답인 이유

(다)의 1문단에서는 앱 테크에 다양한 방식이 있다고 언급하면서 회원 가입, 퀴즈 맞히기, 광고 시청, 설문 참여 등의 방식을 제시하고 있다. 이는 여러 종류의 앱 테크 방식을 제시한 것으로, 앱 테크에 다양한 방식이 있다는 내용을 적절히 뒷받침해 주고 있다. 따라서 이는 논리적으로 모순된 내용이라고 볼 수 없다.

오답이 오답인 이유

① (다)의 1문단에서는 걷기 앱 테크가 최근 가장 선풍적인 인기를 끌고 있는 방식이라고 언급하고 있다. 하지만 가장 인기가 있다는 사실을 뒷받침하는 객관적인 근거 자료는 제시되지 않았으므로 이는 적절하다.
② (다)의 3문단에서는 유명한 재테크 전문가가 '포인트 ♧♧' 앱의 걷기 앱 테크를 추천한 바 있다고 했지만, 본문에 이 정보의 출처는 제시되지 않았으므로 이는 적절하다.
③ (다)의 3문단에서는 소비자 설문 조사 결과 '포인트 ♧♧' 앱에 대해 긍정적인 평가를 하는 경우가 대부분이었다는 정보를 제시했지만, 누구를 대상으로 언제 어떻게 시행한 조사인지를 밝히지 않았다. 이 설문 조사 결과가 왜곡된 것일 가능성이 있으므로 이것이 타당한 정보인지 살피는 것은 적절하다.
⑤ (다)는 앱 테크에 대한 정보를 전달하는 기사의 형태를 띠고 있다. 하지만 본문에서 A 금융 그룹의 '포인트 ♧♧' 앱을 설치하면 추첨을 통해 100만 포인트를 지급하는 이벤트에 참여할 수 있다는 내용을 제시하고 있다. 이러한 내용을 바탕으로 이 기사가 결국 특정 금융 그룹의 앱을 광고하는 기사형 광고가 아닌지 살피는 것은 적절하다.

04 매체 언어의 의미 전달 방식 답 ⑤

정답이 정답인 이유

기자는 첫 번째 발화에서 '이번 정책의 재활용 대상에는 패각뿐만 아니라 수산물에서 발생하는 뼈, 지느러미, 내장, 껍질 등도 포함된다'고 언급하고 있다. 이는 보도의 소재인 패각을 포함하여 해양 수산부의 정책이 적용되는 대상의 범위를 알려 준 것이다.

오답이 오답인 이유

① 진행자는 보도의 소재인 패각과 관련하여 많은 사람이 굴과 꼬막을 겨울철 별미로 좋아한다고 언급하고 있다. 이는 굴과 꼬막에 대한 사람들의 반응을 언급한 것이지, 진행자 자신의 경험을 언급한 것은 아니다.
② 진행자는 보도의 소재인 '패각'을 '껍데기'라고도 지칭하고 있다. 정책에서 우려되는 점을 부각하기 위해 동일한 용어를 사용하여 보도의 소재를 일관되게 지칭하고 있지는 않다.
③ 기자는 두 번째 발화에서 이미 해외에서 패각을 해안선 복원을 위한 재료나 수질 정화제 등으로 재활용하기도 하고, 산업 자재로도 활용하고 있다고 밝히고 있다. 이는 패각의 재활용 정책에 참고가 되는 해외의 사례일 뿐, 정책이 축소될 가능성을 논하기 위한 것은 아니다.
④ 기자는 패각의 재활용에 대한 기대를 드러내는 어민과 정책의 추진 계획을 언급한 정책 담당자를 인터뷰하여 제시하고 있다. 이는 보도의 소재와 관련된 사람들의 입장을 소개한 것으로 볼 수 있다. 그러나 이 인터뷰를 통해 예상되는 문제점을 강조하고 있는 것은 아니다.

05 매체 언어의 표현 방법 답 ②

정답이 정답인 이유

㉡은 패각이 보관 과정에서 경관을 훼손하고 악취를 풍겨 어촌의 큰 고민거리였다는 기자의 첫 번째 발화 내용의 일부를 화면에 제시한 것이다. 이는 기자의 발화에서 언급된 내용이므로, 발화에서 직접 언급되지 않은 정보를 제시한 것이라고 볼 수 없다.

오답이 오답인 이유

① ㉠은 진행자가 해양 수산부의 정책에 대한 보도를 시작하면서 보도의 주요 내용을 자막으로 제시한 것이다. 이는 보도의 중심 내용을 요약한 것으로, 시청자의 관심을 유도하기 위한 것으로 볼 수 있다.
③ ㉢은 어민의 인터뷰 내용을 자막으로 제시한 것이다. 자막은 어민의 발화에서 생략된 문장 성분을 보완하여 제시하고 있다. 이는 어민의 말에 담긴 의미를 시청자가 정확하게 알 수 있게 하기 위한 것으로 볼 수 있다.
④ ㉣은 정책 담당자의 인터뷰 내용 중 일부를 글자의 크기와 굵기를 달리하여 나타낸 것이다. 이는 정책 담당자의 발화 중 이번 정책의 목표와 관련한 내용을 부각하기 위한 것으로 볼 수 있다.
⑤ ㉤은 보도를 마치며 기자의 소속 부서, 이름, 제보 및 문의를 위한 이메일 주소를 화면에 노출한 것이다. 이는 기자에 대한 추가 정보로, 시청자가 기자와 소통할 수 있는 방법을 안내한 것으로 볼 수 있다.

12 매체

본문 190~196쪽

01 ⑤	02 ⑤	03 ⑤	04 ④
05 ③			

01 매체의 유형에 따른 특성 답 ⑤

정답이 정답인 이유

지호는 첫 번째 발화에서 VR 콘텐츠를 제작해 온라인으로 배포하기로 했다고 언급하며 VR 콘텐츠는 학교 공간들을 삼차원적으로 담아낼 수 있어 학교 공간을 실제처럼 관찰할 수 있을 것이라고 말했다. 그리고 (나)에는 학교 건물 로비의 실제 모습과 공간에 대한 정보가 제시되어 있다. 이를 바탕으로 이용자는 각 공간의 메뉴나 아이콘을 클릭해 해당 공간으로 이동하거나 공간에 대한 정보를 얻을 수 있다. 하지만 이용자가 각 공간을 클릭한다고 해서 공간에 대한 정보를 실제와 다르게 변경할 수 있는 것은 아니므로 이는 적절하지 않다.

오답이 오답인 이유

① 지호는 첫 번째 발화에서 VR 콘텐츠가 학교의 공간들을 삼차원적으로 담아낼 수 있다는 점을 언급했다. 그리고 (나)는 학교 건물 로비의 실제 모습을 입체적으로 보여 주고 있다. 이를 통해 (나)에 공간의 모습을 삼차원적으로 담아낼 수 있음을 알 수 있다. 따라서 이용자는 (나)를 체험하며 공간의 모습을 입체적으로 관찰할 수 있다.
② 연재는 첫 번째 발화에서 미술관 투어 VR 콘텐츠를 보았던 경험을 언급하며 관람객 시선의 높이에서 작품들을 볼 수 있다고 말했다. 그리고 (나)는 학교 건물 로비의 모습을 사람의 시선 높이에서 보여 주고 있다. 따라서 (나)를 통해 이용자는

공간을 눈앞에서 보는 듯한 느낌을 경험할 수 있다.
③ 도현은 첫 번째 발화에서 학교 건물의 각 층을 메뉴로 구성해서 순서에 상관없이 원하는 공간을 클릭해 바로 이동할 수 있다는 점을 언급했다. 그리고 (나)에는 화면 상단에 학교 건물명, 화면 좌측에 건물의 각 층이 메뉴로 제시되어 있다. 따라서 실제 공간에서의 동선과 상관없이 이용자는 (나)에 제시된 메뉴를 클릭하여 각 공간들을 탐색할 수 있다.
④ 지호는 첫 번째 발화에서 중학생들이 직접 학교에 방문해서 둘러볼 수 있으면 좋겠지만 그게 쉽지 않으므로 VR 콘텐츠를 제작해 온라인으로 배포하기로 했다고 언급했다. 그리고 (나)는 이를 위해 제작한 VR 콘텐츠이다. 따라서 이용자는 학교에 직접 방문하는 것보다 시·공간적 제약에서 비교적 자유롭게 (나)에 접속하여 공간과 관련한 정보를 얻을 수 있다.

02 정보 구성 언어 답 ⑤

정답이 정답인 이유

지호는 네 번째 발화에서 건물 내부 말고 각 건물의 외관이 보고 싶은 학생들도 있을 것이라는 점을 언급하였고, 이에 도현은 화면 아랫부분에 따로 나가기 버튼을 두어서 이를 클릭하면 건물 외관의 모습이 담긴 페이지로 이동하도록 구성하자고 제안했다. 현재 (나)의 화면 아랫부분에는 나가기 버튼이 없으므로 이를 추가하는 것은 적절하다.

오답이 오답인 이유

① 지호는 두 번째 발화에서 화면 상단에 건물의 이름을 배치하고, 좌측에는 선택한 건물을 층별로 이동할 수 있도록 메뉴를 구성하자고 제안했고, 연재는 이에 동의했다. 현재 (나)의 상단에는 건물명 메뉴가, 좌측에는 층별 메뉴가 제시되어 있으므로 이 두 항목을 맞바꾸는 것은 적절하지 않다.
② 연재는 세 번째 발화에서 건물 내부 화면에서는 다른 학교의 샘플에서처럼 각 공간으로 향하는 화살표가 표시되고, 그것을 클릭하면 각각의 위치로 바로 이동할 수 있게 하는 거냐고 물었고, 도현은 그게 좋을 것 같다고 답했다. 현재 (나)에는 도서관과 과학실로 향하는 화살표가 표시되어 있으므로 이 화살표를 삭제하는 것은 적절하지 않다.
③ 지호는 세 번째 발화에서 층별 배치도 안에 각 공간의 이름과 위치를 나타내는 아이콘을 넣고 클릭하면 이동할 수 있게 하자고 제안하였고, 연재는 이에 동의했다. 현재 (나)의 우측 밑에는 층별 배치도가 있고, 각 공간에 이름과 위치를 나타내는 아이콘이 있다. 따라서 여기에서 각 공간의 이름을 삭제하는 것은 적절하지 않다.
④ (가)에서 도현은 두 번째 발화에서 내부 공간 중에 설명이 필요한 부분에는 마우스 포인터를 대면 설명 창이 뜨게 하자고 제안하였고, 유진은 그런 곳에 느낌표 아이콘을 넣어 추가 정보가 있음을 나타내자고 답했다. 현재 (나)에서 마우스 포인터가 위치한 '○○ 갤러리'에는 정보를 나타내는 느낌표 아이콘과 설명이 제시되어 있다. 따라서 느낌표 아이콘을 화살표 모양으로 수정하는 것은 적절하지 않다.

03 매체 자료의 사회적 파급력 답 ⑤

정답이 정답인 이유

사회자는 첫 번째 발화에서 대담을 시작하며 대담 참여자들의 이름과 소속, 직위에 대한 정보를 공개했다. 이는 방송의 내용이 대중에게 미치는 영향력이 크다는 점을 고려하여 대담 참여자의 정보를 구체적으로 언급한 것이다. 하지만 시청자 게시판에 질문을 올린 시청자에 대해서는 질문의 내용만 언급할 뿐, 구체적인 정보를 공개하고 있지 않다.

오답이 오답인 이유

① 사회자는 첫 번째 발화에서 최근 10대 유명 아이돌이 인터뷰에서 '고지식하다'라는 말의 뜻을 몰라 말실수한 사건을 언급하며 청소년의 문해력 부족 문제라는 화제를 소개하고 있다. 이는 방송에서 다룰 내용이 시의성 있는 소재임을 드러내기 위한 것이라고 볼 수 있다.
② 대담에서 사회자와 대담 참여자인 박 교수, 김 연구원은 격식체의 표현을 사용하고 있다. 이는 대담이 다수의 시청자를 대상으로 하는 공적 담화라는 점을 고려했기 때문이라고 볼 수 있다.
③ 사회자는 첫 번째 발화에서 시청자에게 지금부터 방송을 보면서 궁금한 점을 방송 누리집 시청자 게시판에 올려 달라고 말하고 있다. 이는 온라인으로 공간의 제약을 넘어 소통할 수 있다는 점을 활용하여 시청자에게 질문을 올릴 것을 당부한 것으로 볼 수 있다.
④ 사회자는 두 번째 발화에서 시청자 게시판의 질문에 대한 답변을 김 연구원에게 요청하고 있다. 또한 세 번째 발화에서도 시청자 게시판의 질문에 대한 답변을 박 교수에게 요청하고 있다. 이는 방송이 실시간으로 진행된다는 점을 활용하여 시청자의 의견을 방송 내용에 즉각적으로 반영하고 있는 것으로 볼 수 있다.

04 매체 언어의 표현 방법 답 ④

정답이 정답인 이유

[장면 4]의 자막은 박 교수의 주장 중 젊은 세대와 기성세대가

서로 간에 열린 마음을 가져야 한다는 내용을 보여 주고 있다. 이는 앞서 김 연구원이 글을 읽는 데에 열린 마음을 가져야 한다고 언급한 것과 관련지어 박 교수가 자신의 생각을 이야기한 것이다. 따라서 앞서 대담의 다른 참여자가 주장한 내용을 보여 준 것이라고 볼 수 없다.

오답이 오답인 이유

① [장면 1]의 자막은 대담의 주제를 보여 주고 있다. 이는 시청자가 주제와 관련하여 대담의 내용을 예측할 수 있도록 한 것이라고 볼 수 있다.
② [장면 2]는 화면을 이등분하여 대담 참여자를 한쪽씩 배치하고 자막으로 각각의 의견을 대치해 보여 주고 있다. 이는 시청자가 대담 참여자 간의 입장 차이를 파악할 수 있도록 돕기 위한 것이라고 볼 수 있다.
③ [장면 3]의 자막은 문해력을 기르려면 어떻게 해야 하냐는 질문에 대한 김 연구원의 발화 내용을 요약하여 보여 주고 있다. 이는 시청자가 김 연구원의 의견을 이해할 수 있도록 돕기 위한 것이라고 볼 수 있다.
⑤ [장면 5]의 자막은 앞서 [장면 1]에서 보여 준 대담의 주제를 다시 보여 주고 있다. 이는 사회자가 대담 주제를 다시 언급한 것과 어우러져 시청자가 대담의 주요 내용을 환기하도록 유도하기 위한 것으로 볼 수 있다.

05 매체 자료의 주체적 수용 답 ③

정답이 정답인 이유

학생은 시청자 중 방송을 통해 도움을 얻고자 하는 사람들도 있을 것 같다고 추측하며, 대담에서 독서나 대화의 구체적인 방법을 자세히 말해 주지 않은 점이 아쉽다고 평가하고 있다. 이는 매체를 통해 전달된 정보를 실제 삶에 적용해 보려는 수용자가 있다는 점을 고려하여 문제를 해결할 방안을 구체적으로 제시할 필요가 있음을 지적한 것이다.

오답이 오답인 이유

① 학생은 방송에서 특정한 대상을 지칭하는 용어를 문제 삼고 있지 않으며, 방송에서 일관성 있는 용어를 사용해야 함을 지적하고 있지도 않다.
② 학생은 방송에서 문해력에 대한 정보를 전문가와 생생하게 이야기하며 다룬 것이 좋았다고 언급했다. 하지만 방송에서 다양한 방식으로 정보를 전달하지 않은 점을 지적하고 있지는 않다.
④ 학생은 시청자들이 방송을 통해 재미나 도움 등 다양한 것을 얻고자 할 것이라는 점을 언급했다. 이는 방송에서 다룬 내용이 수용자에게 미치는 영향이 크다는 점과 관련된다. 학생이 전문가의 출연과 관련해 방송에 대해 긍정적으로 언급한 부분이 있기는 하지만, 방송에서 출처가 확실한 정보를 바탕으로 신뢰할 만한 내용을 전달해야 한다고 지적하고 있지는 않다.
⑤ 학생은 방송 내용이 방송 프로그램에 할애된 시간으로 인해 제약을 받는 점을 언급하지 않았으며, 최신 정보를 중심으로 내용을 구성할 필요가 있음을 지적하고 있지도 않다.

01 통합

본문 197~200쪽

01 ④	02 ②	03 ③	04 ⑤

01 매체의 유형 답 ④

정답이 정답인 이유

기사에 사용된 사진을 찍은 장소가 '여우 생태 관찰원'이라는 것을 확인할 수 있고, 기사의 내용을 통해 생존해 있는 148마리의 여우 중에 자연에서 생활하고 있는 76마리를 제외하고 방사를 앞둔 여우들과 방사 후에 다쳐서 돌아온 여우들이 생태 관찰원에서 생활하고 있음을 알 수 있다. 따라서 사진 속 여우들이 생태 관찰원에서 생활하고 있는 방사 예정이거나 방사 후에 다쳐서 돌아온 여우 중 일부라는 점을 파악할 수 있다.

오답이 오답인 이유

① 광고에 사용된 이미지를 함께 볼 수 있는 것은 기사의 내용을 복합 양식적으로 수용하는 것과 관련이 없다.
② SNS에 기사의 내용을 공유할 수 있다고 해서 기사에 나와 있는 인식 개선의 필요성에 관한 내용을 일부 수정해서 다른 언론 매체에 게시할 수 있는 것은 아니다.
③ 기사의 최초 입력 시간과 최종 수정 시간을 확인할 수 있다고 해서 여우 복원 사업의 현황에 관한 내용 중에서 수정을 한 부분과 하지 않은 부분을 구별할 수 있는 것은 아니다.
⑤ '주간 뉴스 순위'에서 김△△ 기자의 다른 기사는 3위지만, 현재 화면의 기사는 없다. 따라서 '주간 뉴스 순위'를 통해 수용자들이 '기자의 다른 기사'에 비해 여우 복원 관련 기사를 접한 횟수가 더 많다는 점을 파악할 수는 없다.

02 매체 자료의 주체적 수용 답 ②

정답이 정답인 이유

'독자 2'는 '기사에 나온 61%라는 수치는 정확한 건가요?'라며 의문을 제기하고 있는데, '61%'는 방사한 여우의 생존율이라고 (가)에 제시된 수치이다. 따라서 '독자 2'는 기사에서 밝힌 여우의 생존율 정보가 정확한 정보인지 의문을 제기하고 있다고 할 수 있다.

오답이 오답인 이유

① '독자 1'은 자신이 어제 보았던 기사의 내용이 (가)의 기사 내용과 관련이 있다고 판단하고 있다. 하지만 (가)의 기사가 시의성이 있어 긍정적이라고 평가하고 있는 것은 아니다.
③ (가)에서 언급한 '2010년대 초'는 생존 여우의 개체 수 확인 시점이 아니라 토종 여우 복원 사업 시작 시점이므로 '독자 3'이 기사에서 생존 여우의 개체 수 확인 시점을 2010년대 초라고만 밝히고 있어 구체성이 부족하다고 평가하고 있다는 설명은 적절하지 않다.
④ '독자 4'는 (가)의 기사에서 여우가 200km 이상의 거리를 이동했다고 한 것이 과장된 진술이 아닌지 의문을 제기하고 있지 않다.
⑤ '독자 5'는 (가)의 기사에서 여우에 대한 범법 행위를 막지 못하고 있는 이유를 제시하지 않았다는 점에서 정보 보충의 필요성을 밝힌 것이 아니라 올무 설치가 불법 행위임을 밝히지 않았다는 점에서 정보 보충의 필요성을 밝히고 있다.

03 매체 언어의 의미 전달 방식 답 ③

정답이 정답인 이유

(가)에서는 여우가 겁이 많고, 경계심이 강한 동물이라고 밝히고 있다. 그런데 (나)에 제시된 여우 캐릭터 이미지와 문자 언어를 통해서 이러한 여우의 실제 성격이 드러나지는 않는다.

오답이 오답인 이유

① (나)의 제목에 (가)의 기사에서 사용한 '생태계 유지를 위한 연결 고리'라는 문구가 나타나 있다.
② (나)에 제시된 여우의 역할에 (가)에서는 다루지 않았던 청소부 역할이 추가되어 있다.
④ (가)에서 인터넷 주소로 제시했던 정보를 (나)에서는 QR 코드로 제시하고 있다.
⑤ (나)에서는 (가)에서 밝힌 바와 같이 토종 여우가 멸종 위기라는 점을 '멸종 위기 1급'이라는 문구를 통해 제시하여 복원 사업의 필요성을 부각하고 있다.

04 매체 언어의 표현 방법 답 ⑤

정답이 정답인 이유

ⓔ가 포함된 문단에서는 여우 복원 사업의 문제를 다루고 있다. 그 하나는 방사된 여우들이 자연에 정착하는 데에 어려움을 겪고 있다는 점이고, 다른 하나는 잘못된 편견 때문에 여우 복원 사업 자체를 부정적으로 보는 시각의 문제이다. 이러한 맥락으로 보아 ⓔ에서 보조사 '도'는 둘 이상의 대상이나 사태를 똑같이 아우름을 나타내는 것으로 볼 수 있다.

오답이 오답인 이유

① ⓐ에서 '셈'은 의존 명사로, '-는 셈이다'의 구성은 어떤 형편이나 결과를 나타낸다.
② '있다'가 '-ㄹ 수 있다' 꼴로 쓰이면, 어떤 일을 이루거나 어떤 일이 발생하는 것이 가능함을 나타낸다.
③ '-가량'은 수량을 나타내는 명사 또는 명사구 뒤에 붙어 '정도'의 뜻을 더하는 접미사이다.
④ '못하다'가 동사 뒤에서 '-지 못하다' 구성으로 쓰이면, 앞말이 뜻하는 행동에 대하여 그것이 이루어지지 않거나 그것을 이룰 능력이 없음을 나타낸다.

02 통합

본문 201~204쪽

01 ⑤　02 ④　03 ⑤　04 ③

01 매체의 유형에 따른 특성 답 ⑤

정답이 정답인 이유

저작권자가 자유로운 배포와 사용을 허가한 이미지라고 표시되어 있으니 사용이 가능하다고 한 것이므로, 이미지를 활용하기 위해 저작권자에게 이미지의 사용에 대한 허가를 요청한 것은 아니다.

오답이 오답인 이유

① 제한된 시간 내에서 효율적으로 회의를 진행하기 위해 자신이 발언할 때가 아니면 마이크를 음 소거로 해 줄 것을 요청하고 있다.
② 기존 영화제 방식을 개선할 필요가 있다는 발언의 근거를 제시하기 위해 기존 동아리 영화제에 대한 만족도 조사 결과를 공유하고 있다.
③ 기존 영화제에 대한 대안으로 비대면 영화제의 실현 가능

성을 보여 주기 위해 성공적으로 비대면 영화제를 실시한 사례를 다룬 기사를 공유하고 있다.
④ 이미지를 화면에 띄우는 방식에서 대화창에 이미지 파일을 공유하는 방식으로 변경한 것은 제공하는 시각 자료의 선명도를 높이기 위한 것이다.

02 매체 언어의 복합 양식성 답 ④

정답이 정답인 이유

'카드 3'에서 QR 코드를 활용한 것은, 카드 뉴스 생산자의 편의성을 강조하기 위한 것이 아니라, 카드 뉴스 수용자의 편의성을 고려하자는 '명호'의 의견을 반영한 것이다.

오답이 오답인 이유

① '카드 1'에서 이미지를 삽입한 것은, 영화제의 특징을 시각적으로 강조할 수 있다는 '지수'의 의견을 반영한 것이다.
② '카드 1'에서 영화제 제목의 글자를 크게 제시한 것은, 변경된 영화제 명칭을 강조할 수 있을 것이라는 '명호'의 의견을 반영한 것이다.
③ '카드 2'에서 표를 활용한 것은, 기존 영화제와 비교해서 차이점을 표로 제시하자는 '지수'의 의견을 반영한 것이다.
⑤ '카드 4'에서 문구와 어울리는 이미지를 활용해 메시지를 전달한 것은, 불법 공유 금지를 강조할 수 있는 이미지를 찾아서 문구와 함께 삽입하자는 '서진'의 의견을 반영한 것이다.

03 매체의 언어적 특성과 파급력 답 ⑤

정답이 정답인 이유

〈보기〉의 학생은 (나)에서 온라인 매체의 특성을 적극적으로 활용하지 못한 점을 지적하며, 더 많은 사람이 영화제에 대한 정보를 얻을 수 있도록 학교 누리집뿐 아니라 여러 누리 소통망을 활용해 영화제를 홍보하면 좋을 것 같다고 언급하고 있다. 따라서 카드 뉴스의 정보를 전달하는 대상을 확대할 필요가 있음을 지적하고 있는 것이다.

오답이 오답인 이유

① (나)에서 복합 양식을 활용한 것의 적절성에 대해 지적하고 있지 않다.
② (나)에서 전달하는 정보의 양에 대해 지적하고 있지 않다.
③ (나)에서 활용된 언어의 수준이 매체 수용자의 이해도를 고려하지 않았음을 지적하고 있지 않다.
④ (나)에서 쌍방향 소통이 가능한 온라인 매체의 특성을 고려하지 않았음을 지적하고 있지 않다.

04 매체 언어의 표현 방법 답 ③

정답이 정답인 이유

'서진'이 한 말에서 ㉮는 담화에서 언급된 말을 대신하는 대용 표현에 해당한다. 즉 ㉮ 바로 앞에 있는 '지수'가 한 말 중 '카드 4'에서 불법 공유 금지에 대해 안내하자는 말을 대신하고 있다.

03 통합 본문 205~208쪽

01 ②	02 ④	03 ⑤	04 ②

01 뉴 미디어의 특성 답 ②

정답이 정답인 이유

요리 연구가는 방송에서 삼계탕용 닭을 사면 손질에 어려움을 겪을 수 있다고 언급하고 있지만, 이러한 어려움을 해결하는 방법을 시범 보이지는 않는다.

오답이 오답인 이유

① 요리 연구가는 '시청자 게시판에서 방송 요청이 가장 많았던 음식'이라고 밝히며 음식 선정에 시청자의 의견이 반영되었음을 드러내고 있다.
③ 진행자가 시청자들이 궁금해할 수 있다며 감자나 양파를 손질하는 방법에 대해 질문을 하고 요리 연구가가 이에 대해 답변하고 있다.
④ 요리 연구가가 '시간상 끓이고 있는 걸 다 찍을 수는 없'어서 '완성품을 준비해 놓았'다고 밝히고 있다. 이를 통해 녹화 시간을 고려해서 미리 준비한 음식을 보여 주고 있음을 알 수 있다.
⑤ 진행자는 방송의 마지막 부분에서 방송 누리집에 접속하면 방송 내용을 간추려 놓은 동영상을 볼 수 있음을 안내하고 있다.

02 정보 구성 언어 답 ④

정답이 정답인 이유

㉣에서 제시하는 정보는 모두 요리 연구가가 언급한 내용이므로 추가적인 정보를 더한 것이라고 볼 수 없다.

오답이 오답인 이유

① ㉠은 진행자가 날씨와 관련하여 '쌀쌀한 날씨'라고 언급한 내용을 방송 시기에 맞게 바꿔서 '따뜻한 봄날'이라고 제시하고 있다.

② ㉡은 요리 연구가가 밝힌 양념 재료와 관련된 정보를 보다 구체화하여 제시하고 있다.
③ ㉢은 진행자가 밝힌 내용 중에서 핵심적인 정보를 정리해서 제시하고 있다.
⑤ ㉤은 진행자가 묻는 내용에 대한 요리 연구가의 답변 내용을 '하나', '둘'로 항목화하여 제시하고 있다.

03 매체 자료의 주체적 수용 답 ⑤

정답이 정답인 이유

'참깨 들깨'는 '닭볶음탕은 정말 좋은 요리죠. 좋은 요리를 이렇게 소개해 주셔서 감사합니다.'라는 '버터 사랑'의 반응에 대해 요리 연구가가 방송에서 '영양 만점 요리죠.'라고 언급한 내용을 활용하여 '방송에 소개된 것처럼 영양 만점인 좋은 음식을 알려 주니까 너무 좋아요.'라며 공감적 반응을 드러내고 있다.

오답이 오답인 이유

① '요리 고수'는 방송 내용과 달리 청주를 활용한 요리 경험을 다른 이들과 공유하고 있다.
② 진행자는 시청자들에게 방송에서 다뤘으면 하는 음식을 추천해 달라고 안내하고 있으나, '참깨 들깨'가 방송에서 다뤄 줬으면 하는 음식을 추천하고 있지는 않다.
③ '요리조리'는 진행자가 닭볶음탕과 관련하여 언급한 다른 방송을 볼 수 있는 방법을 다른 이에게 소개하고 있다. 하지만 진행자는 해당 방송에 출연했다고 밝혔지, 해당 방송을 시청했다고 밝히지는 않았다.
④ 방송에서 특정 정보를 제시하지 않은 이유에 대해 '버터 사랑'은 '아마도 최대한 쉽고 간편한 요리 방법을 안내해 준다는 방송 취지 때문인 것 같아요!'라고 의견을 밝히고 있다. 하지만 '요리 고수'가 이와 상반된 의견을 제시하고 있지는 않다.

04 매체 언어의 표현 방법 답 ②

정답이 정답인 이유

요리 연구가가 채소를 다듬는 법을 설명하면서, 감자와 양파는 4분의 1 크기로 등분을 하라고 했고, 대파는 가르라고 했다. 채소를 다듬는 방법이 다 다른데, '가르다'라는 동사를 써서 대파를 다듬는 방법을 나타내고 있다.

오답이 오답인 이유

① '이런'은 관형사가 맞지만, 직접 손질해야 하는 어려움이 있는 닭을 가리키기 위해서 사용되었다.
③ '쫄깃쫄깃하다'는 부사가 아니라 형용사이다.
④ '팔팔'은 형용사가 아니라 부사이다.
⑤ '와'는 감탄사가 맞지만, 뜻밖에 기쁜 일이 생겼을 때 내는 소리로서 일의 결과가 만족스러움을 나타내고 있다.

04 통합

본문 209~212쪽

01 ⑤	02 ⑤	03 ①	04 ②

01 매체 언어의 의미 전달 방식 답 ⑤

정답이 정답인 이유

지난 시간의 내용과 연속되는 프로그램이므로 진행자가 지난주에 다루었던 주제와 방송 이후 청취자의 반응에 대해 간단히 언급하고 있으나, 이에 대하여 청취자에게 질문이 있는지 묻고 있지는 않다.

오답이 오답인 이유

① 박사가 AI 화가 프로그램을 이용하여 출력한 그림을 제시했으나 라디오라는 매체의 특성상 청취자들이 그림을 볼 수 없으므로 진행자는 출력된 그림을 말로 설명해 주고 있다.
② 인터뷰를 시작하고 마무리할 때 경쾌한 배경 음악이 삽입되어 적절한 분위기를 연출하고 있다.
③ 진행자는 다음 주 방송 주제가 '클라우드 컴퓨팅'임을 언급하며 해당 코너를 마무리하고 있다. 또한 '다음 주도 기대 많이 해 주시기 바랍니다.'라는 진행자의 발화를 통해 다음 방송에 대한 청취자의 관심을 유도하고 있음을 알 수 있다.
④ 청취자가 생성 AI의 개념에 대해 좀 더 쉽게 이해할 수 있도록 박사가 직접 프로그램을 시연하며 생성 AI가 활용된 사례에 대해 설명하고 있다.

02 매체 자료 수용의 관점과 가치 답 ⑤

정답이 정답인 이유

'청취자 5'가 방송에서 언급되지 않은 내용과 관련하여 궁금증을 드러낸 것은 맞지만, 이에 관해 직접 정보를 탐색하고자 할 뿐 추가적으로 정보를 요청하고 있지는 않다.

오답이 오답인 이유

① '청취자 1'은 방송에서 소개한 생성 AI에 대한 내용에 대해 AI 작곡 프로그램, AI가 디자인한 옷 등 방송에서 언급되지 않은 사례를 적용하여 이해의 폭을 확장하고 있다.
② '청취자 2'는 AI 화가 프로그램을 직접 사용하고 이에 대한 긍정적인 소감을 밝히면서 프로그램의 체험판 앱이 공개된 사

이트로 연결되는 하이퍼링크를 제시하고 있다.

③ '청취자 3'은 생성 AI 기술과 관련된 저작권 침해 문제를 언급하며 방송에서 AI 기술의 긍정적인 측면만 부각한 것에 대해 비판적 시각을 드러내고 있다.

④ '청취자 4'는 AI가 인간이 예술을 창작할 때 사용하는 도구이며, AI를 잘 활용한다면 AI가 생성하는 다양한 이미지들은 새로운 아이디어의 차원에서 우리 인간을 자극하고 창의적 영감의 원천으로 기능할 것이라는 박사의 견해에 의문을 제기하며, AI가 그린 그림을 새로운 형태의 예술이라고 보는 박사의 관점을 부정하고 있다.

03 매체의 유형에 따른 특성 답 ①

정답이 정답인 이유

라디오 생방송은 전파를 이용하여 정보 제공 즉시 수용자에게 전송되므로 정보의 생산과 수용이 동시에 이루어진다고 할 수 있다(ㄱ). 또한 진행자는 상대방을 높이는 표현을 사용하고 있다. 이는 라디오 생방송이 불특정 다수의 수용자를 대상으로 하여 방송되는 매체임을 고려했기 때문으로 볼 수 있다(ㄴ).

오답이 오답인 이유

ㄷ. 라디오 방송은 불특정 다수의 수용자에게 정보가 전달되어 정보 유통의 개방성이 높다. 따라서 정보 유통의 폐쇄성이 높다는 진술은 적절하지 않다.

ㄹ. 일상의 다양한 분야에서 활용되고 있는 AI 기술에 대한 내용을 중심으로 방송이 구성되어 있다는 점에서 공익적 목적이 있다고 할 수 있다. 그러나 전문가가 자신의 발언에서 공신력 있는 기관의 자료를 활용하고 있음을 드러내지는 않았다.

ㅁ. 청취자 게시판을 활용하고 있으나 진행자가 방송 내용과 관련된 청취자의 의견을 실시간으로 반영하고 있지는 않다.

04 매체 언어의 표현 방법 답 ②

정답이 정답인 이유

'것이시군요'에 선어말 어미 '-시-'가 사용된 것을 통해, '그 말씀', 즉 '박사'가 한 말을 높임으로써 '박사'에 대한 간접 높임을 실현하고 있음을 알 수 있다.

오답이 오답인 이유

① ㉠에는 인용절이 사용되지 않았다.

③ '업로드됩니다'에 사용된 피동 접사 '-되다'는 그림을 업로드하는 행위의 주체가 생략된 피동문을 구성함으로써, 오히려 행위의 주체를 명확히 드러내지 않고 있다.

④ '나누어 봅니다'에 사용된 보조 용언 '보다'는 '어떤 행동을 시험 삼아 함을 나타내는 말'로, 지속적인 진행의 의미를 나타내고 있지 않다.

⑤ '봅니다'에 사용된 종결 어미 '-ㅂ니다'는 하십시오체로 청취자를 공손하게 높이고 있다. 담화 맥락상 '공학 칼럼니스트 ◇◇◇ 님'은 청자가 아니므로 '-ㅂ니다'를 사용하여 높이는 대상이 아니다.

05 통합

본문 213~217쪽

01 ①	02 ⑤	03 ②	04 ④

01 매체 언어의 표현 방법 답 ①

정답이 정답인 이유

기자는 체력 인증 센터에 방문하여 체력 측정을 한 시민의 의견을 취재하여 언급하고 있다.

오답이 오답인 이유

② (가)의 [장면 2], [장면 3], [장면 4]에서 건강 운동 관리사와 시민과 전문가의 인터뷰 장면이 제시되고 있으나, 각각의 발언 내용의 일부를 자막으로 제시하지는 않았다.

③ (가)의 [장면 1]에서는 보도 주제가 자막으로 제시될 뿐 사건과 관련된 이미지가 제시되지는 않았다.

④ (가)의 [장면 2]는 한 화면을 두 개로 분할하여 제시하고 있으나, 이는 건강 운동 관리사를 인터뷰한 내용을 전달하기 위해 화면을 분할한 것이다. 따라서 진행자와 기자가 서로 다른 곳에서 소통하고 있음을 드러내기 위한 것은 아니다.

⑤ (가)의 [장면 4]에서 출처가 명시된 그래프가 제시되고 있으나, 이는 기자의 리포트 내용과 관련한 자료이며 전문가의 설명과는 관련이 없다.

02 매체의 정보 구성 방식 답 ⑤

정답이 정답인 이유

(가)에서 '기자'의 발언을 통해 전국의 체력 인증 센터에서 국민 모두를 대상으로 연령별 무료 체력 측정 서비스를 제공하고 있다는 정보가 제시되어 있다. (나)에서 말풍선이 활용되기는 하였지만 말풍선의 내용은 수용자에게 체력 측정 서비스 이용을 권하는 것이므로 이는 적절하지 않다.

오답이 오답인 이유

① (가)에서 '기자'의 발언을 통해 체력 인증 등급이 체력 수준에 따라 1, 2, 3등급으로 나뉜다는 정보가 제시되어 있다. (나)에서는 이러한 체력 인증 등급 기준의 종류를 숫자와 메달의 이미지를 활용하여 시각적으로 표현하였다.

② (가)에서 '건강 운동 관리사'의 발언을 통해 체력 측정 이후에는 체력 수준에 따라 국가 공인 인증서를 발급하고, 개인별로 맞춤형 운동을 처방한다는 정보를 알 수 있다. (나)에서는 이러한 '국민체력100'의 진행 과정을 3단계로 구분하여 그림과 함께 제시하고 화살표로 그 절차를 표시하였다.

③ (가)에서는 '기자'의 발언을 통해 체력 인증 센터에서 검사를 받아 보고 싶다면, '국민체력100' 누리집에 회원 가입을 한 후 체력 측정 신청서를 작성하면 된다는 정보가 제시되어 있다. (나)에서는 누리집 주소를 제시하여 체력 측정 서비스를 받고자 하는 학생들에게 누리집에 접근할 수 있는 경로를 알려 주고 있다.

④ (가)는 불특정 다수의 시청자를 대상으로 하는 방송 보도인 반면, (나)는 교내에 게시하기 위해 만든 포스터로 특정 학교의 학생들을 대상으로 하므로 (가)에 비해 수용자의 범위가 한정된다고 할 수 있다. 또한 (나)에서는 '○○고등학교 생활 체육 동아리'라고 하여 이 동아리가 정보 제공자임을 명시하고 있으며, '○○고 친구들'이라고 하여 정보 수용의 대상이 ○○고 학생임을 명시하였다.

03 매체 자료 수용의 관점과 가치 답 ②

정답이 정답인 이유

'시청자 2'는 최근 정부나 공기업 채용에서 이 인증 결과를 요구하는 경우가 늘고 있음을 언급하면서 각 체력 인증 등급에 해당하는 구체적인 수치를 알려 주었으면 채용을 준비하는 사람들에게 도움이 되었을 것이라고 말하고 있다. 따라서 자신의 배경지식을 바탕으로 보도에서 다룬 정보의 양이 충분했는지 점검하고 있는 것이라고 볼 수 있다.

오답이 오답인 이유

① '시청자 1'은 운동을 어떻게 시작해야 할지 막막했는데 큰 도움이 되었다며 보도 내용을 긍정적으로 평가하고 앞으로 꾸준히 운동해야겠다는 뜻을 드러내고 있다. 그러나 보도를 통해 새롭게 알게 된 정보와 기존에 알고 있던 정보와의 차이점에 관해 언급하지는 않았다.

③ '시청자 3'은 65세 이상 어르신들의 건강 체력을 주제로 한 보도를 보면서 그 내용이 청소년들에게 적용될 수 있겠다고 이해하고 있다. 그러나 보도 내용이 특정 연령층만을 대상으로 한 점을 지적하며 보도의 공정성을 부정적으로 판단하지는 않았다.

④ '시청자 1'과 '시청자 2' 모두 보도에서 전문가가 언급한 내용의 신뢰성에 대해 의문을 제기하지는 않았다.

⑤ '시청자 3'은 앉아서 공부하는 시간이 많은 청소년들이 신체 활동량을 늘리기 위해 참고할 만한 내용이었다고 말하며 보도 내용을 긍정적으로 평가하고 있다고 볼 수 있다. 그러나 '시청자 2'는 보도에서 각 체력 인증 등급에 해당하는 구체적인 수치를 알려 주었으면 채용을 준비하는 사람들에게 도움이 되었을 것이라고 말하고 있으므로 보도에서 제공한 정보가 부족했음을 드러낸 것이라고 볼 수 있다.

04 매체 언어의 표현 방법 답 ④

정답이 정답인 이유

ⓓ에서 '보다'는 '먹어 보다.', '입어 보다.'에서처럼 어떤 행동을 시험 삼아 함을 나타내는 뜻하는 보조 동사이다.

오답이 오답인 이유

① '있다'가 동사 뒤에서 '-고 있다' 구성으로 쓰이면, 앞말이 뜻하는 행동이 계속 진행되고 있거나 그 행동의 결과가 지속됨을 나타내는 보조 동사이다.

② '않다'가 형용사 뒤에서 '-지 않다' 구성으로 쓰이면, 앞말이 뜻하는 상태를 부정하는 뜻을 나타내는 보조 형용사이다.

③ '주다'의 높임말인 '드리다'가 보조 동사로 쓰여, 객체인 '어르신들'을 높이고 있다.

⑤ '싶다'는 동사 뒤에서 '-고 싶다' 구성으로 쓰여, 앞말이 뜻하는 행동을 하고자 하는 마음이나 욕구를 갖고 있음을 나타내는 보조 형용사이다.

06 통합

본문 218~221쪽

01 ③	02 ⑤	03 ②	04 ⑤

01 매체 언어생활의 특징 답 ③

정답이 정답인 이유

학생 2가 동영상 재생 화면을 공유한 것은 전시회를 함께 관람하지 못해 몰입형 전시에 대해 궁금해하는 학생 1의 이해를 돕기 위한 것이다. 따라서 공통의 경험을 환기하기 위해 동영상 화면을 공유했다는 설명은 적절하지 않다.

오답이 오답인 이유

① 학생 1은 첫 번째 발화에서 '다들 들어왔지?'라고 말하여 참여자들의 참석 여부를 확인한 후 '이제 화상 회의 시작하자.'라고 하여 회의의 시작을 알리고 있으며, 서로의 말이 잘 들리는지 확인할 것을 요구하면서 음성 언어의 전달 여건을 확인하고 있다.

② 학생 1은 두 번째 발화에서 '지난주 전체 동아리 대표 회의에서 결정된 사항을 우선 전달'하겠다고 하면서 화면을 공유하고 내용을 전달하고 있다.

④ 학생 3은 네 번째 발화에서 몰입형 전시에 대해 추가로 탐색하였음을 밝히면서 그 결과를 파일로 공유하고 있다.

⑤ 학생 4는 세 번째 발화에서 마이크 이상으로 음성 언어 사용이 어려워졌음을 밝히고 채팅 기능을 활용하여 의견을 제시하고 있다.

02 매체 언어의 표현 방법 답 ⑤

정답이 정답인 이유

학생 4는 동아리 전시 방식의 특성인 '몰입'의 의미를 잘 드러내기 위해 안내 화면에서 선택한 작품의 크기를 화면 전체 크기로 확대하여 보여 줄 것을 제안하고 있다. 크기를 다양하게 하여 여러 작품을 한꺼번에 배치할 것을 제안한 것은 아니다.

오답이 오답인 이유

① 학생 3은 화면의 내용을 체계화하기 위한 방안으로 화면 왼편에 게시판을 항목별로 나눌 것을 제안하였고, 이는 (나)에서 [화면 1] 왼편의 메뉴 배열로 구현되었음을 확인할 수 있다.

② 학생 1은 관람 시간대가 구별되어 있다는 점을 드러내자고 제안하였으며, 이는 [화면 1]을 거쳐 [화면 4]에서 다양한 관람 가능 시간대를 제시하는 방식으로 구현되었다.

③ 학생 2는 동아리에서 제안된 몰입형 전시 방식이 학교 최초로 시도되는 것임을 강조하자고 제안하였으며, 이는 [화면 1]의 전시회 제목과 함께 화면 중심에서 제시되는 방식으로 구현되었다.

④ 학생 1은 시간대별 관람 인원을 예측하기 위해 선호하는 관람 시간대를 선택할 수 있는 예약 항목을 추가할 것을 제안하였으며, 이는 [화면 4]에서 선호 시간대를 선택할 수 있도록 하는 방식으로 구현되고 있다.

03 매체 언어의 의미 전달 방식 답 ②

정답이 정답인 이유

안내 화면에 관람자들이 전시에 대한 간단한 의견을 적을 수 있도록 '직접 보았습니다 – 나도 한 줄 평!'이라는 공간을 추가한 것은 전시 후 관람자들의 반응을 확인하기 위한 장치로 볼 수 있다.

오답이 오답인 이유

① 제시된 '안내 화면 보완 방향'은 관람자가 관람 후기를 작성할 수 있는 화면을 추가하자는 것이며, 몰입형 전시의 일반적 특징에 대한 정보를 제공하기 위한 것은 아니다.

③ 전시의 특징을 강조하자는 내용은 보완 방향과는 거리가 있으며, 작품의 개수 조절을 개별화하자는 내용도 제시되어 있지 않다.

④ '안내 화면 보완 방향'은 전시회 관람자들의 반응을 확인하기 위한 것이며, 안내 화면에 대한 반응을 확인하기 위한 것으로 보기 어렵다.

⑤ 제시된 '안내 화면 보완 방향'은 관람자가 관람 후기를 작성할 수 있는 화면을 추가하자는 것이며, 이용자들의 규모를 구체적으로 파악하자는 내용과는 관련이 없다.

04 매체 언어의 표현 방법 답 ⑤

정답이 정답인 이유

'–면서'는 두 가지 이상의 움직임이나 사태 따위가 동시에 겸하여 있음을 나타내는 연결 어미이다. ⓔ에서는 '–면서'를 활용해 관람자가 이동하는 것과 감상하는 것이 동시에 겸하여 있음을 나타내고 있다.

오답이 오답인 이유

① '–지만'은 '–지마는'의 준말로, 어떤 사실이나 내용을 시인하면서 그에 반대되는 내용을 말하거나 조건을 붙여 말할 때에 쓰인다.

② '–은데'는 뒤 절에서 어떤 일을 설명하거나 묻거나 시키거나 제안하기 위하여 그 대상과 상관되는 상황을 미리 말할 때 등에 쓰인다.

③ '–면'은 불확실하거나 아직 이루어지지 않은 사실을 가정하여 말할 때, 일반적으로 분명한 사실을 어떤 일에 대한 조건으로 말할 때 등에 쓰인다.

④ '–고'는 두 가지 이상의 사실을 대등하게 벌여 놓을 때, 앞뒤 절의 두 사실 간에 계기적인 관계가 있음을 나타낼 때, 앞 절의 동작이 이루어진 그대로 지속되는 가운데 뒤 절의 동작이 일어남을 나타낼 때 등에 쓰인다.

3부 실전 학습

실전 학습 1회

본문 224~235쪽

01 ⑤	02 ②	03 ③	04 ②	05 ⑤
06 ⑤	07 ①	08 ④	09 ②	10 ④
11 ④				

01 국어의 음운 변동 답 ⑤

정답이 정답인 이유

'피-'가 '-어'와 결합하면 '피어', '펴'의 두 형태가 가능하다. '펴'는 [펴:]로 발음되는데, 이는 두 개의 단모음 'ㅣ + ㅓ'가 '반모음 'j' + ㅓ'의 구조로 된 이중 모음 'ㅕ'로 바뀐 것이 반영된 발음이다.

오답이 오답인 이유

① ⓐ와 ⓑ는 모두 연음 현상이 일어난다. ⓑ는 자음 'ㅎ'이 탈락한 후에 연음이 일어난다.

② ⓒ의 [지여]와 ⓔ의 [피여]는 모두 반모음 'j'가 첨가된 발음이다.

③ ⓒ에서 '져'가 [저]로 발음되는 것은 반모음 'j'가 결합된 이중 모음 'ㅕ'에서 반모음 'j'가 탈락한 결과로 볼 수 있다.

④ ⓓ에서는 모음 'ㅡ'가 탈락하여 음운 수가 줄었다.

02 중세 국어의 문법 답 ②

정답이 정답인 이유

②에서 'ᄀᆞᆮ'은 형용사 'ᄀᆞᆮ다'의 어간이 바로 부사로 쓰인 예로, 서술어 '디니이다'를 수식하고 있다.

오답이 오답인 이유

①에서는 부사절 '맛 업시'가 부사어가 되었다. ③에서는 '蓮(연)ㅅ 곳 웋'에 부사격 조사 '의'가 결합하여 부사어가 되었으며, ④에서는 '中國(중국)'에 부사격 조사 '에'가 결합하여 부사어가 되었다. ⑤에서는 부사 '어ᄂᆞ'와 '다'가 부사어로 쓰였다.

03 선어말 어미 답 ③

정답이 정답인 이유

〈보기〉의 자료에서 선어말 어미 '-겠-'은 추측(ㄱ~ㄷ) 또는 주체의 의지나 의도(ㄹ~ㅂ)를 나타낸다. ㄷ을 '지금쯤 제주에도 비가 오고 있겠지?'와 같이 바꾼다면 진행의 뜻이 있겠지만 이는 '-고 있다'에 의한 것이다.

오답이 오답인 이유

①, ② ㄱ~ㄷ에서 '-겠-'은 모두 추측을 나타내는데, ㄱ은 미래, ㄴ은 과거, ㄷ은 현재 상황과 어울려 쓰이고 있다.

④ ㄹ과 ㅁ에서 '-겠-'은 모두 주체의 의지나 의도를 나타내고 있다. 그런데 ㄹ과 ㅁ에서 보듯이 '-겠-'이 의지나 의도를 나타낼 때는 과거 시제와 어울려 쓰일 수 없다.

⑤ ㅂ에서 보듯이 의문문에서는 의지나 의도를 나타내는 '-겠-'이 이인칭 주어하고만 어울려 쓰이는, 인칭의 제한이 있음을 알 수 있다.

04 합성어의 형성 답 ②

정답이 정답인 이유

'남다르다'는 '남'(명사)과 '다르다'(형용사)가 결합한 합성어이다. '남과 다르다'의 의미로 해석되므로 '부사어 + 서술어'의 구성으로 볼 수 있다.

오답이 오답인 이유

① '그늘지다'는 '그늘'(명사)에 '어떤 현상이나 상태가 이루어지다.'의 뜻을 가진 '지다'(동사)가 결합한 합성어이다. 이 말은 '그늘이 지다.'의 뜻을 가졌으므로 '주어 + 서술어'로 해석할 수 있다.

③ '마음먹다'는 '마음을 먹다.'의 뜻을 가졌으므로 '목적어 + 서술어'로 해석할 수 있다.

④ '애쓰다'는 '애를 쓰다.'의 뜻을 가졌으므로 '목적어 + 서술어'로 해석할 수 있다.

⑤ '힘들다'는 '힘이 들다.'의 뜻을 가졌으므로 '주어 + 서술어'로 해석할 수 있다.

05 안은문장 답 ⑤

정답이 정답인 이유

⑤에서 관형사절 '맨손으로 물고기를 잡는'의 의미는 이 절이 수식하는 명사 '경험'과 내용상 같다. 그러므로 이 관형사절은 동격절이다. 동격절 '맨손으로 물고기를 잡는'에서, 관형사형 어미 '-는' 앞에는 '맨손으로 물고기를 잡-'과 같이 불완전한 절 형식이 있다.

오답이 오답인 이유

①에는 '내일 저녁에 도착한다고'가 인용절로 안겨 있다.

②에는 '이 작품을 쓴'이 관계절로 안겨 있다.
③에는 부사절 '그 나무가 잘 자라도록'이 안겨 있다.
④에서 '당사자들이 서로 합의해야 한다'는 '의견'과 내용상 같으므로, '당사자들이 서로 합의해야 한다는'은 동격절이다. 이 동격절에서 관형사형 어미 '-는' 앞은 완전한 문장 형식이다.

06 관형사절을 안은 문장 답 ⑤

정답이 정답인 이유

〈보기〉의 관계절 '부드럽고 따스한'에는 주어로 해석할 수 있는 '바람'이(바람이), 관계절 '벚꽃이 피어 있는'에는 부사어로 해석할 수 있는 '강변'이(강변에), 관계절 '집에서 준비해 온'에는 목적어로 해석할 수 있는 '점심'이(점심을) 각각 생략되어 있다.

07 매체 언어의 표현 방법 답 ①

정답이 정답인 이유

(가)에서 기자는 이번에 만든 책 목록에 실린 책의 제목이 1만 4천 개가 넘는다는 내용을 언급한 후, '~실제 발행된 책의 양은 어느 정도였을까요?'라고 질문을 던진 후에 그에 대한 대답을 제시하면서 시청자들에게 추가적인 정보를 제공하고 있다.

오답이 오답인 이유

② 기자가 시간적 제약을 고려하여 정보의 양을 조절했다고 밝히는 부분은 없다.
③ 두 개의 인터뷰를 활용하고 있지만, 인터뷰의 내용은 모두 조선의 금속 활자 책 목록과 관련하여 긍정적인 인식을 드러내고 있을 뿐, 대립적인 입장이 존재함을 드러내고 있는 것은 아니다.
④ 기자는 학생 수, 훈장 수 등 통계 자료를 활용하여 화제와 관련된 당시 상황을 효과적으로 드러내고 있다.
⑤ 기자가 자신이 과거에 보도한 내용과 관련지어 진행자가 언급한 정보를 분석하고 있는 부분은 제시되지 않았다.

08 매체 자료 수용의 관점과 가치 답 ④

정답이 정답인 이유

학생 4는 책값이 저렴해진 것이 출판 혁명과 관련이 있다는 내용을 듣고 책값을 알아본 것인데, 의외로 과거 철학책인 『대학』의 값이 당시 양민들의 수입과 관련지어 볼 때 현재 철학책의 값보다 높은 수준이라는 것을 알고 놀라고 있다. 이는 책값의 수준이 자신의 예상과 다르다는 것을 깨닫게 된 것일 뿐, 인터뷰에서 다룬 내용의 사실 여부를 점검한 것은 아니다.

오답이 오답인 이유

① '학생 1'은 전문가인 교수가 인터뷰한 내용이라 더 확신하게 됨을 언급하면서 뉴스에서 다룬 내용에 신뢰성이 있다고 판단하고 있다.
② '학생 2'는 자신이 새롭게 알게 된 사실로 인해 잘못된 지식을 바로잡을 수 있었다는 점과 자신이 새롭게 알게 된 내용이 자신이 조사하고 있는 조선 시대의 인기 도서에 대한 사실적인 정보에 해당한다는 점에서 뉴스의 내용이 유용하다고 여기고 있다.
③ '학생 3'은 조선 시대의 책 모양이나 구성에 대한 실물 사진 자료가 제공되지 않은 점을 언급하며, 해당 자료가 제공되었다면 뉴스 내용의 이해에 도움이 되었으리라고 추측하고 있다.
⑤ '학생 5'는 일간지 발간에 대한 정보가 있었다면 조선의 출판문화 수준이 높았다는 점을 보강할 수 있었다고 판단하고 있다.

09 매체 자료의 주체적 수용 답 ②

정답이 정답인 이유

(가)에서는 조선 시대 농가에도 항상 책이 있었다는 점을 드러내고 있을 뿐, 조선 시대 사람들의 독서 습관에 대해서는 특별히 제시하지 않았다. 또 현대인들이 실천할 수 있는 독서 습관에 대한 언급도 없다.

오답이 오답인 이유

① (가)에서 다룬 뉴스 내용의 순서에 따라 (나)의 각 슬라이드의 내용을 구성하여 제시하였다.
③ (가)에서 다룬 조선의 출판 혁명이 서양보다 앞섰다는 내용을 (나)에서는 조선 책이 서양 책보다 빠르게 달리는 상징적인 그림을 통해 드러내고 있다.
④ (가)에서 출판 역량을 가늠할 때에는 서당만 언급했으나 (나)에서는 서당 외에도 성균관, 서원, 사찰 등의 기관을 추가로 제시하였다.
⑤ (가)에 제시한 조선의 출판 역량을 시각적으로 드러내기 위해 농가마다 책이 있는 이미지를 활용하고 있다.

10 매체의 유형에 따른 특성 답 ④

정답이 정답인 이유

(나)에서 훈식은 휴대 전화의 투표 기능을 활용하고 있는데, 이 기능은 하나의 사안에 대한 대화 참여자들의 의견을 쉽게 취합할 수 있기 때문에 대화방 내에서 의사소통의 편의를 도모하고 있다고 볼 수 있다.

오답이 오답인 이유

① (가)에서는 파일 전송 기능을 활용하고 있지 않다.
② (나)에서는 불특정 다수의 수용자를 대상으로 정보를 제공하는 것이 아니라, 사회 탐구반 동아리원들만이 정보를 공유하고 있다.
③ (가)의 진행자는 정보 수용자인 청자의 반응을 확인하고 있지 않다.
⑤ (가)는 청취자를 대상으로 하는 방송이므로 문자 언어를 대체할 수 있는 이미지를 사용할 수 없다.

11 매체 자료의 주체적 수용 답 ④

정답이 정답인 이유

(나)에서 '진아'는 전문가 대담 영상에 문제를 진단하는 내용만 담아서 학생들이 자신들 나름의 방안을 생각해 볼 수 있게 하자고 제안하고 있고, 이에 '태진'은 '진아'의 말에 동의하면서 영상 밑에 질문을 적으면 학생들이 전문가의 진단을 들으며 자신의 생각을 정리해 볼 수 있을 거라고 말하고 있다. 전문가의 말을 들으며 학생들은 그 말에 동의할 수도 있고, 자신의 생각과 다른 점을 찾아볼 수도 있으며, 자신만의 방안을 생각해 볼 수도 있다. 그러므로 장면 구상에서 학생들에게 전문가들과 같은 입장에서 저출생 문제의 해결 방안을 모색해 볼 것을 유도하는 문구를 넣어야겠다고 하는 것은 적절하지 않다.

오답이 오답인 이유

① 구체적인 수치도 활용하며 사태의 심각성이 잘 드러날 수 있도록 하자는 '훈식'의 의견을 반영하여 '0.78'이라는 수치로 출산율을 제시하여 저출생 실태의 심각성을 효과적으로 드러내고 있다.
② 실태를 시각적으로 드러내자는 '훈식'의 의견과 꺾은선 그래프를 활용하자는 '태진'의 의견을 반영하여 꺾은선 그래프를 통해 최근 출산율의 감소 추이를 시각적으로 드러냄으로써 저출생 문제를 부각하고 있다.
③ 저출생 문제에 대한 전문가들의 진단 내용을 두 번째 장면에 제시하자는 '진아'의 의견과 '훈식'이 제공한 자료를 반영하되 '문제', '진단' 등의 용어를 활용하여 영상이 저출생 문제에 대한 전문가들의 진단 내용을 담고 있음을 제시하고 있다.
⑤ 저출생 문제에 대한 장기적인 대책에 초점을 맞추자는 '태진'의 의견을 반영하고 '훈식'이 제시한 최근 주목을 받는 저출생 문제의 장기적인 대책 두 가지를 제시한 후 각각의 핵심 내용을 제시하고 있다.

실전 학습 2회

본문 236~246쪽

01 ②	02 ②	03 ③	04 ①	05 ②
06 ⑤	07 ②	08 ②	09 ②	10 ③
11 ③				

01 국어의 음운 변동 답 ②

정답이 정답인 이유

지문의 1문단에서 음운 변동의 적용 순서는 일관된 것이 원칙이라고 하였으며, '넓고'와 같은 용언의 활용형에서는 'ㄹ' 뒤에서 된소리되기가 일어나지 않으므로 자음군 단순화를 먼저 적용하면 [널꼬]와 같은 표면형을 설명하기 어렵다. 따라서 '넓-+-고 → [널꼬]'는 '넓-+-고 → 넓꼬 → [널꼬]'와 같이 된소리되기가 먼저 일어난 다음에 자음군 단순화가 일어난 것으로 설명하는 것이 타당하다.

오답이 오답인 이유

① '살-+-는 → [사:는]'은 유음 탈락이 먼저 적용되어 [사:는]으로 발음됨에 따라 유음화가 일어나지 않은 표면형이다.
③ '짓-+-는 → [진:는]'은 음절의 끝소리 규칙이 먼저 적용되어 '짓-'의 'ㅅ'이 'ㄷ'으로 바뀐 다음 '는'의 'ㄴ'에 의해 비음화가 일어난 것이다.
④ '닦고 → [닥꼬]'는 음절의 끝소리 규칙이 먼저 적용되어 '닦-'의 'ㄲ'이 'ㄱ'으로 바뀐 다음 'ㄱ' 뒤에서 된소리되기가 일어난 것이다.
⑤ '뚫-+-고 → [뚤코]'는 거센소리되기가 먼저 적용되어 [뚤코]로 발음됨에 따라 자음군 단순화가 일어나지 않은 표면형이다.

02 국어의 음운 변동 답 ②

정답이 정답인 이유

ⓐ '갚-+-는 → [감는]'은 '갚-+-는 → 갑는 → [감는]'의 과정을 거치며, 음절의 끝소리 규칙이 먼저 적용되어 '갚'의 'ㅍ'이 'ㅂ'으로 바뀌지 않으면 비음화가 적용될 수 없으므로 ㉠에 해당한다.
ⓒ '빠지-+-어 → [빠:저]'는 '빠지-+-어 → 빠져 → [빠:저]'의 과정을 거치며, 반모음화가 먼저 적용되어 'ㅈ' 뒤에 'j'가 이어지지 않으면 반모음 'j' 탈락이 적용될 수 없으므로 ㉠에 해당한다.
ⓔ '찾-+-고 → [찯꼬]'는 '찾-+-고 → 찯고 → [찯꼬]'의

과정을 거치며, 음절의 끝소리 규칙이 먼저 적용되어 '찾'의 'ㅈ'이 'ㄷ'으로 바뀌지 않으면 된소리되기가 적용될 수 없으므로 ㉠에 해당한다.

오답이 오답인 이유

ⓑ '맑-+-게 → [말께]'는 '맑-+-게 → 맑께 → [말께]'의 과정을 거치며, 된소리되기와 자음군 단순화가 적용되었다. 3문단의 내용을 통해 이 두 규칙은 '맑-+-게'에 모두 적용될 수 있으나 잘못된 표면형이 나오지 않도록 된소리되기를 자음군 단순화보다 먼저 적용한다는 순서를 인위적으로 정한 것임을 확인할 수 있다. 이는 ㉠에 해당하지 않는다.

ⓓ '짧-+-다 → [짤따]'는 '짧-+-다 → 짧따 → [짤따]'의 과정을 거치며, 된소리되기와 자음군 단순화가 적용되었다. 3문단의 내용을 통해 이 두 규칙은 '짧-+-다'에 모두 적용될 수 있으나 잘못된 표면형이 나오지 않도록 된소리되기를 자음군 단순화보다 먼저 적용한다는 순서를 인위적으로 정한 것임을 확인할 수 있다. 이는 ㉠에 해당하지 않는다.

03 문장의 짜임 답 ③

정답이 정답인 이유

'믿었었지마는'은 '믿-+-었었-+-지마는'으로 분석된다. '-었었-'은 시제를 나타내는 선어말 어미이고, '-지마는'은 앞 절과 뒤 절을 연결해 주는 연결 어미이다.

오답이 오답인 이유

① '예측하길'은 '예측하-+-기+ㄹ'로 분석되는데, 명사절 '… 예측하기'에 목적격 조사 'ㄹ'이 결합한 형태이다. 여기에는 선어말 어미가 사용되지 않았고, 전성 어미만 사용되었다. '-기'는 용언을 명사처럼 기능하게 하고 있다.

② '예상하셨나요'는 '예상하-+-시-+-었-+-나+요'로 분석되는데, 맨 끝의 '요'는 보조사로 볼 수 있다. 여기에는 선어말 어미 두 개와 종결 어미가 사용되었다. '-시-'는 주체 높임을, '-었-'은 시제를 나타내고, '-나'는 문장을 끝맺는 기능을 하고 있다.

④ '이르렀습니다'는 '이르-+-었-+-습니다'로 분석되는데, '이르다'가 불규칙 활용을 하므로 '이르렀습니다'로 나타난 것이다. 여기에는 선어말 어미 한 개와 종결 어미가 사용되었다. '-었-'은 시제를, '-습니다'는 문장을 끝맺는 기능을 하고 있다.

⑤ '냈을'은 '내-+-었-+-을'로 분석된다. 여기에는 선어말 어미 한 개와 전성 어미가 사용되었다. '-었-'은 시제를 나타내고, '-을'은 용언을 관형사처럼 기능하게 하고 있다.

04 안은문장 답 ①

정답이 정답인 이유

㉠에 있는 안긴절인 명사절 '벼농사를 짓기'에는 '사람들이' 따위의 주어가 생략되어 있고, ㉣에 있는 안긴절 중 관형사절 '자기가 원래 소속된'에는 '그 집단에' 따위의 필수적 부사어가 생략되어 있다.

오답이 오답인 이유

② ㉡의 주어는 '바로 그 결정이'인데, 절로 이루어지지 않았다. ㉢에서는 '부지런한'이 관형사절에 해당한다.

③ ㉠에 있는 안긴절인 '벼농사를 짓기' 속에는 부사어가 없다. ㉠의 부사어인 '벼농사를 짓기에'와 '퍽'은 안긴절 속에 있는 부사어가 아니다. ㉢에 있는 안긴절 중 '가구에 윤기가 흐르도록' 속에는 부사어 '가구에'가 있다.

④ ㉡에 있는 안긴절인 '깔끔히 된'의 서술어인 '된'과 '깔끔히 된 일을 그르친'의 서술어인 '그르친'은 둘 다 보어를 요구하지 않으므로, ㉡에 보어가 생략된 안긴절이 있다고 볼 수 없다. '깔끔히 된'의 '된'은 '일이 잘 이루어지다.'의 뜻으로, 이때는 보어를 요구하지 않는다. ㉢에 있는 안긴절인 '부지런한'과 '가구에 윤기가 흐르도록' 역시 둘 다 보어가 생략된 안긴절이라 볼 수 없다.

⑤ ㉡에 있는 관형사절 중 '깔끔히 된'의 서술어 '된'은 목적어를 요구하지 않으며, '깔끔히 된 일을 그르친'에는 목적어 '깔끔히 된 일을'이 드러나 있다. ㉣에 있는 관형사절 '자기가 원래 소속된'의 서술어 '소속된'은 목적어를 요구하지 않는다.

05 중세 국어의 문법 답 ②

정답이 정답인 이유

'ᄉᆞᆲ보ᄃᆡ'는 주어가 지시하는 대상인 '달바마라'가 아니라, 부사어가 지시하는 대상인 '부텨'를 높이기 위해 쓰였다.

오답이 오답인 이유

① '부텨씌'의 '씌'는 높임의 부사격 조사로, 부사어가 지시하는 대상인 '부텨'를 높이기 위해 쓰였다.

③ '나ᅀᆞᄫᆞ시니잇고'의 '-ᅀᆞᇦ-'은 객체 높임의 선어말 어미로, 목적어가 지시하는 대상인 '여래'를 높이기 위해 쓰였다. 어간 '낳-'의 끝소리가 'ㅎ'이어서 'ㅎ'과 'ㅅ'이 결합하여 '-ᄊᆞᇦ-'으로 나타난 것이다.

④ '세존하'의 '하'는 높임의 호격 조사로, 현대어 풀이 '세존이시여'에서 알 수 있듯이 '세존'을 높이기 위해 쓰였다. '나ᅀᆞᄫᆞ시니잇고'의 어미 '-잇고'는 상대 높임의 선어말 어미가 결합

한 형태로, 청자인 '세존'을 높이기 위해 쓰였다.
⑤ '닷ᄀᆞ시며'의 '-ᄋᆞ시-'는 주체 높임의 선어말 어미로, 주어가 지시하는 대상인 '마야부인'을 높이기 위해 쓰였다. '나ᄊᆞᄫᆞ시니잇고'의 '-ᄋᆞ시-' 역시 '낳다'의 주체이자 생략된 주어가 지시하는 대상인 '마야부인'을 높이기 위해 쓰였다.

06 매체 언어의 표현 방법 답 ⑤

정답이 정답인 이유

㉤은 인터뷰 대상의 발화를 촬영한 장면으로, 대상자의 신분을 밝히는 자막이 추가되었다. 발화에서 생략된 내용을 보완하고 있지는 않다.

오답이 오답인 이유

① ㉠에서는 소음 피해를 시각화한 이미지를 제시하고 화면 아래에 자막을 깔아 뉴스에서 전달하고자 하는 내용을 집약적으로 드러내었다.
② ㉡에서는 낮과 밤의 소음도 수치를 글자 크기와 굵기를 달리하여 제시함으로써 전달 내용을 부각하였다.
③ ㉢의 자막은 앞서 제시된 '실제로 그럴까요?'라는 질문에 대한 답변으로 기능하면서 시청자의 집중을 유도하였다.
④ ㉣에서는 도로와 아파트의 간격, 낮과 밤에 소음에 노출되는 아파트의 층고 차이를 시각화하여 기자가 전달하고자 하는 내용에 대한 이해를 도왔다.

07 문장 성분 답 ②

정답이 정답인 이유

ⓐ는 보조 용언 '있다'를 사용해 '실시간 소음 측정치'라는 정보 제공이 계속 진행되고 있음을 나타내고 있다. 앞말이 뜻하는 행동을 시험 삼아 함을 나타내는 보조 용언은 '보다'이다.

오답이 오답인 이유

① ⓐ의 '환경부에서 운영하는 국가 소음 정보 시스템에서는'은 격 조사 '에서'가 단체 명사 '환경부'에 붙어 '국가 소음 정보 시스템'을 운영하는 주체가 '환경부'임을 나타낸 것이다.
③ ⓑ의 '그 결과'는 앞 문장의 '수도권 17곳의 실시간 데이터를 확인한 결과'를 의미하며, 앞 문장의 서술을 반복하는 대신 '그'를 사용하고 있다.
④ ⓑ의 '서울 지역 8곳의 소음 측정치는'은 주제 보조사 '는'이 결합한 것으로, 문장의 화제가 '서울 지역 8곳의 소음 측정치'임을 보여 주고 있다.
⑤ ⓑ의 '온종일 옆에서 전화벨이 울리는 것과'에서 부사격 조사 '과'는 서울 지역 8곳의 소음 측정치가 어느 정도 수준인지를 비교하여 보여 주고 있다.

08 매체 자료의 수용 답 ②

정답이 정답인 이유

학생 1은 보도에서 도시 소음으로 인한 피해 사례로 해외와 국내의 것이 모두 제시되어 있어 문제 해결의 당위성이 강조되었다고 평가하였다. 이는 보도에서 다룬 제재가 현실과 밀접한 관련이 있다는 판단을 드러낸 것이며, 제도의 실현 가능성에 대해 긍정적으로 판단하고 있는 것은 아니다.

오답이 오답인 이유

① 학생 1은 진행자가 '계절의 변화와 함께 소음 문제에 관심을 가질 수밖에 없는 상황이 되었다는 점을 언급하고 있'음에 주목하여 '보도 제재의 도출이 자연스'럽다고 평가하고 있는데, 이는 보도의 제재와 최근 상황을 관련지어 제시한 점에 주목하여 그 시의성을 긍정적으로 판단한 것이라 할 수 있다.
③ 학생 2가 소음 분야 전문가와 환경부 관계자의 인터뷰를 인용한 것에 주목하면서 '믿을 만해 보여.'라고 이야기한 것은 보도 내용의 신뢰성을 긍정적으로 판단한 것이라 할 수 있다.
④ 학생 2가 '저소음 타이어'로 인해 도시 소음 문제가 크게 완화될 것이라 진술한 것은 제도의 실효성에 대해 긍정적으로 판단한 것이라 볼 수 있다.
⑤ 학생 3이 '서울과 수도권 지역의 소음에 대해서만 이야기하고 있'음을 아쉬워한 것은 보도 내용이 충분하지 못함을 지적한 것이라 할 수 있다.

09 매체 언어의 표현 방법 답 ②

정답이 정답인 이유

(가)에서는 글과 함께 이미지, 동영상 등의 자료가 제시되었으나 이들이 소제목을 통해 구분되고 있지 않다.

오답이 오답인 이유

① '치유의 숲', '등장 배경', '목적' 등의 설명 항목이 글자의 굵기와 형태를 달리하여 강조되고 있다.
③ 글의 마지막에서 게시물 작성자의 직접 탐방 경험을 제시하고 있음을 확인할 수 있다.
④ 사진 자료를 첨부하고 치유의 숲 운영 매뉴얼을 파일로 첨부하였음을 확인할 수 있다.

⑤ 하이퍼링크 기능을 활용하여 산림 치유의 효과와 산림청에서 제공하는 자세한 설명과 같은 관련 내용을 다룬 게시물을 참고할 수 있도록 안내하고 있다.

10 매체 언어의 의미 전달 방식 답 ③

정답이 정답인 이유

'카드 6'과 '카드 7'에서는 프로그램 활동 사진을 통해 각 프로그램의 정적인 성격과 동적인 성격을 드러내고 있으나, 이들 프로그램의 효과가 대조적이라는 점은 카드 뉴스에서 확인할 수 없다.

오답이 오답인 이유

① '카드 2'에서는 산림 치유의 환경 요소가 사람을 향하는 모습을 시각화하여 치유에 영향을 미치는 요소를 보여 주고 있다.
② '카드 4'에서는 앞에서 소개한 산림 치유를 △△군에서도 경험할 수 있음을 강조하기 위해 효과음을 제시하였다.
④ '카드 8'에서는 '맡을수록 향기로운 숲 내음 / 걸을수록 가벼운 발걸음'과 같이 대구를 이루는 문구를 사용하여 산림 치유 참여를 독려하는 의미를 강조하고 있다.
⑤ '카드 8'에서는 상세 정보로 연결되는 QR 코드를 제시하고 있다.

11 매체의 유형에 따른 특성 답 ③

정답이 정답인 이유

[화면 2]에서 나열된 산림 치유의 효과를 '카드 3'에서는 신체적, 정신적 효과로 범주화하여 제시하였으며, 이를 통해 정보의 유형을 명확히 하여 전달하고 있다.

오답이 오답인 이유

① '카드 3'에서는 내용의 출처를 드러내고 있지 않다.
② [화면 2]에서는 산림 치유의 효과를 우울 증상 완화, 혈압 감소 등으로 제시하고 있으며, 이들 항목은 '카드 3'에서도 그대로 제시되고 있다.
④ [화면 2]와 비교할 때 '카드 3'에서 정보 전달의 주체와 대상을 더 명확하게 드러낸 것은 아니다.
⑤ '카드 3'에서는 산림 치유의 신체적, 정신적 효과를 구분하여 제시하였을 뿐, 효과가 나타나기까지의 단계를 세분화한 것은 아니다.